民国史料笔记丛刊

一士类稿续集

徐一士 著

徐泽昱 徐 禾 选编

中华书局

图书在版编目（CIP）数据

一士类稿续集/徐一士著;徐泽昱,徐禾选编. —北京:中华书局,2019.3
（民国史料笔记丛刊）
ISBN 978-7-101-13242-7

Ⅰ.一⋯ Ⅱ.①徐⋯②徐⋯③徐⋯ Ⅲ.中国历史-近代史-史料 Ⅳ.K250.6

中国版本图书馆 CIP 数据核字（2018）第 106235 号

| | |
|---|---|
| 书　　　名 | 一士类稿续集 |
| 著　　　者 | 徐一士 |
| 选 编 者 | 徐泽昱　徐　禾 |
| 丛 书 名 | 民国史料笔记丛刊 |
| 责任编辑 | 吴冰清 |
| 出版发行 | 中华书局 |
| | （北京市丰台区太平桥西里 38 号　100073） |
| | http://www.zhbc.com.cn |
| | E-mail:zhbc@zhbc.com.cn |
| 印　　　刷 | 北京瑞古冠中印刷厂 |
| 版　　　次 | 2019 年 3 月北京第 1 版 |
| | 2019 年 3 月北京第 1 次印刷 |
| 规　　　格 | 开本/850×1168 毫米　1/32 |
| | 印张 14⅜　插页 2　字数 334 千字 |
| 印　　　数 | 1-3000 册 |
| 国际书号 | ISBN 978-7-101-13242-7 |
| 定　　　价 | 58.00 元 |

# 目录

1

# 前　言

　　先父徐一士一生的精力主要从事历史掌故的研究著述,在北京、天津、上海、南京、香港诸多报刊上发表文章以千万言计。作为一代掌故学家,他治学严谨,下笔必有实据。他的掌故文章,常常大量引用来自各方面的资料,经过科学的剖析、比较、论辨,尽可能展现真实的历史,对众说纷纭、难做定论之事,必以商榷态度分析,不作武断的一家之言。为文也深自珍秘,只在报刊发表,从不轻付剞劂。他曾对从事新闻事业的晚辈这样说过:"出书不像在报纸上登篇文章,别人看过就忘,出了书,就有人推敲了,我就怕有错误未能发现,个人名誉事小,谬种流传事大。"然而先父的写作生涯并非一帆风顺,大致可以分为两个阶段。

　　第一个阶段是1910年至1937年7月。在这二十七年中,他在北京、天津、上海、南京、香港等地十余家报纸刊物先后担任过通讯、编辑、特约撰稿人等。这一时期最重要的著作是与胞兄徐凌霄合作,开始撰写《凌霄一士随笔》。其起因是1928年出版了《清史稿》一书,各界(特别是史学界)对这部史书普遍不满意,先父有意以掌故文章为撰写清史提供资料,并做了长期打算。1929年7月7日,天津《国闻周报》在第六卷二十六期开辟了《凌霄一士随笔》专栏,先父发表了第一篇文章,在"前言"中说:"居恒窃念,有清一代,专三百年中华之政,结五千年专制之局,为世界交通新陈代谢

1

之关键,是非得失,非止爱新一姓所关,辄思爬梳搜辑,贡一得之愚。年来分载平、津、沪报章者,尚未尽其什一,继兹以往,当赓续前绪,以竟全功。"怀着这一宏愿,一般每周必在《周报》上发表文章,持续达八年之久,发表文章约四百篇。最后一篇刊登在1937年7月19日第十四卷二十八期。由于"七七"事变爆发,日寇侵华,占领了北京,国府南迁,他无法再继续写下去,只好停笔,把主要精力集中于辞书的编纂,每日都到位于中南海的大辞典编纂处上班。

哪知正在此时,祸从天降,在当年深秋的一天,日本宪兵队的几个宪兵突然闯进魏染胡同43号我们家中,当场逮捕了先父,关押在炮局监狱。全家惊慌,不知所措。后经五堂兄徐泽民(徐凌霄三子)多方打探,得知起因是先父在香港《大风》杂志上发表的一篇文章,内容涉嫌反日。在狱中关押近三个月,因未发现更多问题,又经多个有身份的文友努力营救,获释出狱。回家后,对狱中情况,先父闭口不谈,怕家人担忧。据堂兄泽民从先父的同狱难友中了解到真实的情况是:"犯人"入狱后,被责令面对着墙蹲在地上,不许说话。第一次提审,先父被四条壮汉分别拉着手脚,把人扬起翻个过儿重重掼在地下,当时昏厥,审讯中并用皮带抽打。先父本是一介文弱书生,经此一劫,终生留下腰腿疼痛的后遗症。此后若干年不再在报刊发表文章。

第二个阶段是进入20世纪40年代,先父在知心好友瞿兑之、谢刚主(国桢)、周劭(黎庵)、孙思昉等人的鼓舞下,遴选了一部分过去发表过的文章,认真审查订正,由上海《古今》杂志(自第九期始为半月刊)的周劭先生负责,先后出版了《一士类稿》和《一士谭荟》两个单行本。同时再度拿起笔来,先后在北京的《中和月刊》

《逸经》《京报》《实报半月刊》，上海的《古今》等多家报刊杂志上发表掌故文章，直到40年代末。中华人民共和国成立时，先父已年过花甲，身体衰弱，患有头痛病，虽然记忆力不减，但提笔写字已非常困难，一般不再发表文章。

近年来，中华书局恢复出版《近代史料笔记丛刊》（现本书收入《民国史料笔记丛刊》）希望我们提供先伯徐凌霄和先父徐一士生前的历史掌故著作，准备纳入出版。我们开始注意搜集资料。2007年以来，中华书局已先后印发了近年出版过的四部先父的遗著。最近几年我们注意搜集先父未出版过的资料，首先是我的长子徐禾通过中国现代文学馆的协助提供了先父40年代左右发表的一些著作，其次是堂兄徐列搜集到先父30年代在北京《实报半月刊》发表的一些著作，此外是我平时从各方面搜集保存的资料，经过遴选整理后，总共有六十七篇文章，三十三万余言。经与中华书局欧阳红女士商议，即以《一士类稿续集》为名出版。这一时期先父有一些文章署自己的斋名，如亦佳庐、未冉庐、如如斋等，敬请读者注意。整理工作中若有不当之处，谨请方家谠正。

徐　泽　昱

二〇一一年八月于京寓亦佳庐

# 关于"一士"

余写稿以"一士"自署,逾三十年,近者辑理旧稿一部,为单行本之印行,亦即以"一士类稿"标名,是余之为"一士",固无疑问矣。(无论取名"一士"者,尚有几何人,余总为若干"一士"中之一也。)至余之何以取得此名,其中尚有一段轶事,若不自行说破,谁其知之乎?

当清末宣统三年辛亥民国将建之际,上海等处新出之报纸颇夥,征求地方通信。余与吾兄凌霄,时均在济南。遂起而担任,凡为之通信者三数报,笔名亦有三数种。其中之一即为"一士",用诸上海《民声报》。为此报执笔者,非余,实吾兄凌霄,其时"彬彬""凌霄"等笔名,吾兄尚未用之也。此际若问"谁是一士",当然吾兄是"一士"而我非"一士"。

民国元年,北京《新中国报》出版,亦日刊之报纸也。出版之前,接其致"徐一士"函,敦约担任济南通信事务,盖以组织此报之人物,内有旧在上海《民声报》者,主张必须延揽"一士"相助,故有此举。(吾兄为《民声报》通信时,以优美之文词写清民递嬗间之地方社会情状,虽为期甚暂,已博读者欢迎。后来为上海《时报》等作北京通信,遐迩交称,实发轫于是。)时吾兄在北京,余乃书告,谓可语以在京,就近改以杂著相助。答书谓不克兼顾,属余即以"一士"自承,为作济南通信,可省周折。好在昔任通信事务时,本含有分工合作之性质也。经此一番授受，余遂俨然"一士"矣。

余之于《新中国报》，始而专作济南通信，继则因性之相近，或以谈掌故之笔记代之，间亦为写论评之属。《新中国报》主者汪君览而善之，函属多为杂著，通信之多寡有无，反若无大关系矣。时通信及杂著均署"一士"也。

翌年春，至北京（清季两至北京，此为第三次）仍从事新闻事业，惟变通信之役为编辑之役，发端即由《新中国报》之文字因缘也。北京新闻界相识者，莫不相称以"一士"，渐且不限于新闻界焉。久假不归，以至于今。

编辑职务之余，又每为上海各报作北京通信，并仍撰笔记之属，载之杂志或报纸，惟其间作辍不恒耳。大抵笔记之属署"一士"者为多，而通信则另用其它笔名，且常有更易。

余用"一士"之名，始于新闻事业，后乃专属于笔记类之撰述，而当余从事新闻事业时，亦颇好以研究掌故之态度临之，对于制度及人物，最为留意。（惟其时重要人物之言论，每难令人满意，因其不免隐讳粉饰之习，不易据为典要也。今若《古今》所载，则异乎是，常可饷吾人以珍贵之现代史料。周佛海先生多所发表，为益尤宏，盖光明坦白之态度，济以畅达谐适之笔调，能使情事昭然，引人入胜，允为《古今》之特色。朱朴之先生《往矣集序》有云："他的文字之能博得大众之热烈欢迎，依我个人的分析，全在一个'真'字。"知之深故言之切也。）当时史料，如杂志报纸之类，存储颇夥。迨值非常时期，乃荡然焉。

余性拙滞，实与新闻事业非宜，故由厌倦而脱离，久已不谈此道，惟以此与"一士"有关，略言其一番过程而已。

民国十八年间，天津《国闻周报》社特约吾兄暨余为撰笔记，乃以《凌霄一士随笔》等稿，用兄弟合作之方式，逐期披露。（其后《随笔》外之专篇，每仅署"一士"。）稿多由余执笔，吾兄助搜资料，并酌加指导。此项稿件，常期登载，引起读者之注意，而发生"凌霄""一士"为一人抑为二人之问题。其误认"凌霄一士"四字为一人所用之一个笔名者，殊不乏人，知者或笑之。然推本溯源，二者固先后为一人之笔名也。

"一士"二字，三画一竖，共仅四笔，易于书写，易于记忆，可谓有相当之便利。因此之故，同时用之者往往而有。就近数年间之事言之，其非我而被误认为我者，如王小隐君某次由鲁来北京，相约小叙，座间有昆剧名伶韩君青（世昌），忽问余询及常为《立言画刊》写稿，余茫然，答以未曾，后乃知《立言画刊》屡载有署名"一士"者谈咏剧伶之稿，君青误以为即余所作也。又《新民报》尝载某君一稿，谈徐季龙（谦）事，引"徐一士"之说而驳之，双方之是非可不论，而确与我无干，盖另有一"徐一士"曾发表此项文字，或另一"一士"而被误认即"徐一士"耳。至"徐一士"，除余而外，据余所知，实更有其人。民国十余年间，友人薛君在南京，来书道及，于某浴室留言牌上，见"徐一士"云云，以为余亦至南京矣，亟从事访问，乃知此"徐一士"为一素不相识之人也（此"徐一士"亦未必即是谈徐季龙之"徐一士"）。同名或姓名均同，亦属寻常，要均为关于"一士"之事，故类书之。

（原载《古今》1944 年第 57 期）

# 自行检举

我干写稿的事情,总算已有多年。起初不过兴之所至,偶尔消遣,所谓玩票而已。其后写来写去,读者注意的渐多,给我以不少的鼓励,于是笔谈关于掌故等事,东涂西抹,好像是我一种长期工作了。因为学识浅薄,加之素不工文,下笔时总取谨慎的态度,不敢掉以轻心,打算借慎补拙,拿所谓"不求有功,但求无过"的心理用之于写稿,希望少出点毛病,少闹点笑话。根柢既差,又因体弱多病,精神时常感觉疲倦,一照顾不到,便要发生错误。愈疲情形,垂老愈甚,更须格外注意检点。所以写稿的工作,在我是已颇视为畏途,不过欲罢不能,不得不勉竭思力,继续为之,总不能如年富力强者的精神充沛"游刃有余"也。追溯从前所写的稿子,其间发生过的错误,就现所想起的,检举一次,以志我过,聊作自忏。

如民国二十二年述清代公牍舛错诸事,由李莼客(慈铭)《越缦堂日记》转引戊寅六月上谕:"此次贵州按察使吴德溥递万寿贺折,误将恭祝慈安端裕康庆昭和庄敬皇太后万寿折呈递,殊属疏忽,着交部议处。"底下说:"贺皇帝万寿,而误贺已故之皇太后,尤可笑。"我这个笑话闹得不小。戊寅是光绪四年慈安太后还健在(到光绪七年辛巳才逝世),正和慈禧太后一同垂帘听政,怎么好说是"已故"呢?

又如此年纪光宣间大学士世续的父亲之轶事,也出了个大错。

世续的父亲，名叫崇光，我却误作崇礼，并且加了个注，说道："此又一崇礼，非光绪时官大学士者。"本来一个是崇光，一个是崇礼，被我闹成两个崇礼了！

又如民国二十五年谈李鸿章挽曾国藩"师事近三十年，薪尽火传，筑室忝为门生长；威名震九万里，内安外攘，旷世难逢天下才"一联，言其颇有语病，并云："薛福成在国藩两江督幕，国藩卒，为襄理丧事，选录挽联之'周密无疵，为当时所推诵者'，载于《庸盦笔记》卷三（轶闻），为一时最注目之鸿章此联竟未与焉，或亦以其未为'周密无疵'欤。"这真太可笑了！《庸盦笔记》卷一（史料）"李傅相入曾文正公幕府"一条，结尾明明说道："同治十一年文正薨于两江总督官廨，傅相邮寄挽联云云（联同上），盖纪实也。"自是因为"史料"门内已经述及此联，所以"轶闻"门内，不再录入，岂能以"未与"而妄作臆测之语呢？《庸盦笔记》一书，最为习见，乃竟以一时精神恍惚，闹这么个笑话，实在是"荒乎其唐"，可笑之极！（以上三误，均见《国闻周报》。）

这类错误，或者因为偶不经意，失于检点，或者因为听人谈及，未加考索。涂抹愈久，出品愈多，愈觉得此事之不易。老惫当此，时深兢兢业业之苦。

（原载《文史》[上海]1944年第1期）

# 一　亦佳庐睉谭

　　标点旧书,看似容易,却亦未尝非一种烦难之工作,其妄劣者
无论矣,即学有根柢,郑重矜慎以从事者,亦有时不免舛误。旧小
说之有新式标本,盖始于汪原放君之标点《儒林外史》《红楼梦》
《水浒传》等书。汪君于版本句读,研究破费心力,良非轻率为之
者,并经文化大师胡适之博士之指导,故大体精审,有裨学子。当
所标点《儒林外史》出版之初,不佞偶摘举数则,聊贡所见,盖以为
拾遗补阙,读者有责,土壤细流,或可小补,非故意吹毛索瘢,以冀
胜人也。(向来态度如此,如近者所作《读〈曾孟朴先生年谱〉》,亦
是此意。)汪君见之,大以为然,再版时一一依照改正,且以新本相
赠,托顾尹宜兄致意,请再为纠正,因复举出数则,以相商榷。汪君
又于第四版照改,仍以新本相赠,其虚心雅度,盖颇可佩。嗣更举
数则;后以牵于他务,遂未赓续,而与汪君固未识面也。十年后在
适之博士处相晤,谈及旧事,其意犹甚殷殷云。

　　由旧小说而兼及其它旧书,加新式标点符号之风气既开,从
事于斯者,纷然竞起。其善者固在所不乏,而卤莽灭裂无知妄作
者亦实繁有徒,以致笑话百出,令人齿冷。(如对于"选色征歌"
句,竟讹"色"为"巴",而将"巴征歌"三字认系一个名词,加以
专名词符号。类此者不一。)民国十九年十月间,与适之博士谈
及,颇以此辈之自误误人为慨。适之谓:"此事吾始作俑者。平

1

心论之,标点各书,固有不善者,而各书之有标点符号,究于一般青年读者为便利。统计得失,仍可谓之利余于弊也。"其言亦颇有理。

（原载《实报半月刊》1935 年第 3 期）

# 二 亦佳庐睟谭

近岁就一般之标点旧书工作观之，似有相当之进步，然标点符号之误用，尚时有之，尤以使用"引号"之失宜者，将文中所引之词句或谈话，乱其限断，所误较大。例如上海杂志公司新近出版之《中国文学珍本丛书》第一辑第一部《袁小修日记》为阿英君所校点，以《公安县志》中《袁小修传》弁于卷，如下：

袁中道，字小修，伯修中郎同母弟也，万历癸卯，魁北闱，丙辰成进士，牧斋钱先生谦益为之传曰："小修十岁著《黄山》《雪》二赋，凡五千余言，(中略)余尝语小修：'子之诗文有才多之患，若游览诸记，放笔芟薙，去其强半便可追配古人。'小修曰：'善哉子能之，我不能也，吾尝自患决河放溜，发挥有余，淘练无功，子能为我芟薙，序而传之，无使有后世谁定吾文之感，不亦可乎'，小修之通怀乐善如此，而予逡巡未果，实自愧其言，小修尝语予杜之《秋兴》，白之《长恨》，元之《连昌宫词》，皆千古绝调，文章之元气也，楚人不知，妄加评窜，吾与子当昌言击排，点出手眼，无令后生堕彼云雾，盖小修兄弟间师承议论如此，而今之持论者，彝公安于竟陵，等而排之，不亦过乎，公与牧斋及黄之梅公客生为至交，故其言如此，深于禅理，卒时鼻垂玉

3

筋〔觔〕①，人以为禅定云，所著诗文有《珂雪斋集》二十卷，《游居柿录》二十卷。"

"余尝语小修"下之一段（子之诗文……便可追配古人）即用引号括出，后文"小修尝语予"下之一段（杜之《秋兴》……无令后生堕彼云雾），事同一律，何便省却引号？此犹其小焉者。而就文意观察，《公安县志·袁传》所引钱牧斋所为传中语，当止于"等而排之，不亦过乎"句，自"公与牧斋"云云而下，应皆为县志本文口气，非直录钱氏语，盖县志《袁传》，自撰一首一尾，而中以钱氏所为传中语实之，若如此校点本所加引号，尾段亦作为钱氏口气，细按自辨其不然耳。又如出版较前之上海中华书局印行左舜生君选辑之《中国近百年史资料》初编，内有袁世凯《戊戌日记》一篇，如下：

（上略）荣相复抚茶杯笑曰："此非毒药，你可饮之。"惟耿耿于心，寝食难忘者，恐累及上位耳。越四日："荣相奉召入都，临行相约，誓以死保全皇上。予曰："赵盾弑其君，并非赵盾，中堂世笃忠贞，现居要津，而皇上万一不安，天下后世，其谓中堂何。我亦世受国恩，倘上有不安，惟有以死报之。"荣相曰："此事在我与庆邸，决不至累及上位，勿虑也。良以慈圣祖母也，皇上父亲也，处祖母父亲之间，为子孙者惟有出死力以调和，至伦常之变，非子孙所忍言，亦非子孙所敢闻。"谨述大略，五衷如焚。（下略）

除"越四日"下"荣相奉召入都"上之"："显然为不经意之错误外，"良以慈圣祖母也……亦非子孙所敢闻"一段，细按文意，当为袁

---

① 错字、别字、文字颠倒，改正加〔〕，以下同。

世凯自表心迹之口气，不宜承上而阑入荣禄答世凯之语内。（至此项日记内容之是否可信，为另一问题。）阿英君及左舜生君盖均非率尔操觚之流，其偶有类此之失，亦足征此事之颇匪易易也。

十月廿三日稿

（原载《实报半月刊》1935 年第 4 期）

# 三　亦佳庐睉谭

光绪庚子之役，江南勤王之师北上。时交通不便，均由清江浦陆行，一入红花埠，即山东境，属郯城县，下站则兰山县也。故事，遇有大兵大役，本县夫马车辆不敷用时，邻县应接济，但不得打过站。打过站者，甲县送至乙县，乙县又令送至丙县也。然此种故事，浸成官样文章，过站之事□固往往有之矣。袁世凯时为山东巡抚，亲驻黄山店，督办勤王夫马，兼迎迓李秉衡（本膺巡阅长江之任，以勤王奉旨率师北上）。会郯城、兰山两县知县，因车辆事发生争执，盖兰山知县陈公亮以每日需车数百辆，应付甚难，不得已而用郯城之车过站，致令郯城无以应付。郯城知县仓尔爽与之相争不下，遂同上禀互讦于沂州府。（兰山为沂州首邑，郯城亦属沂州。）郯城令谓兰山不应以其车打过站，兰山令则谓数次调车协济，郯城置之不理。双方均为公事，各有苦衷。禀牍到府，知府胡建枢觉批示綦难，乃携禀偕至黄山店，谒巡抚请示办法。世凯同时接见一知府两知县，谓曰："亲民之官莫如令，亲官之官莫如守。这三人均系好官，知府体恤僚属，郯城县轸念民艰，兰山县注重公务。两县之禀牍，余亦不必批，各自带回，嗣后和衷共济为要。"盖世凯亦颇难评判是非，故以圆滑之态度做调人耳。

李秉衡光绪甲午巡抚山东，时邱县知县凌芬调署聊城，东昌府首邑也。府署用品，相沿由首县供给。东昌知府洪用舟，久官鲁省,曾任历城、荷泽等首县,颇以芬供给不能如意,存芥蒂。会因事至省城谒秉衡,语次甫露不满于芬之口气,秉衡即曰:"凌令书生,措施纵偶有未当,其心自属无他;余所深知。"洪舟遂不敢再言。盖芬为秉衡前权广西巡抚时监临乡试所得士,后由翰林院庶吉士散馆改官山东,平时为秉衡所器也。用舟知旨,回东昌后,值芬母寿,登堂称觞,并送兰谱。芬对兰谱逊谢不遑,而以门生帖相报云。

(原载《实报半月刊》1936 年第 2 期)

# 四　亦佳庐晬谭

封邱何家琪(字吟秋,别号天根),以光绪乙亥举人官至汝南府教授,为河南有名之古文家。少年随宦山左,后又作鲁游,所为文言鲁省事者颇多。有《三客传》,首列韩城薛澜。《传》云:"薛澜,字晓湘,韩城诸生也;同治朝客山东巡抚平远丁公宝桢幕府。幕府类以平寇功赏监司以下官,独不与。最后以知县荐,资千金俾入觐,反其金曰:'澜秀才也,分当力国事,何官为?'遂归。性孤介,为诗朴直。初客济南,居城西土室,无仆马,惟一丑妾供役使。公檄廉郡县事,草笠短衣,步千里,如期反,不受一钱。公或有馈,乃市酒,钓大明湖中鱼,命妾煮之,饷寒士。泊归,负妾走山谷。日将落,野风大起,忽闻吼声甚恶,一虎至,登秦始皇冢狂叫曰:'畜类敢侮正人耶!'虎掉尾去。"《传》后系之以论,有云:"澜从军府久,不失故诸生,傥所谓天下士非邪?"盖甚示推许。薛氏磊落振奇人,此所叙事迹尚简,未遑表述尽致耳。

薛氏有《徐嬉春小传》一文,嬉春为其妾,殆即何氏所云也。《小传》有云:"……光彩照人。河南有李太守需次济南,公寓对李氏门,(按据上文,嬉春为李姓家侍女。)窥嬉春面首,退邀媒姥曰:'有能致嬉三娘子于我室者,赏千金。'又吴兴丁观察工书画,美容仪,多金璧,为德州粮道,倩李氏戚好阎某、刘某及诸媒媪,多方购求。大众惑矣。嬉春不可。(按据上文,嬉春对薛氏早已心许。)……晓湘以媒请于李氏，嬉春竟归晓湘。嬉春明目善睐，针黹绝伦。性豪放，不拘仪检。闻棘闱发榜，连珠炮罢，金鼓喧阗，捶床大叫曰：'恨此身不得为男子！男子识字，皇上顾如此惊宠耶！'尝与晓湘上元夜泛舟大明湖，倚汇波楼危栏，望鹊华烟柳在明灭中。又重阳冒雨，携晓湘手，登千佛山，拜英皇庙，浩歌而返。晓湘狷介自喜，有终焉之志，当世大人欲强以官，晓湘再辞，不得脱，终日戚戚，蹙眉寡语。同治十二年腊月十三，嬉春为晓湘栉发，曰：'人贵知足耳。不耕不织，披重裘，对佳丽，郁郁太息者何也？'晓湘曰：'澜爱人而未工事上，忧世而不能谐俗，作民则安，作官则危；转念卿从我苦，决然引去，藜藿终老，甘乎？辞之不勇，是以忧耳。'嬉春曰：'噫！君岂宜官，妾岂强君官者？出处大事，夫子主之，无与妇人谋也。'晓湘再拜曰：'卿真爱我，我匪直辞官，且将去齐。士用知己，知己既去，不可为不甚爱惜者留。'时东抚丁稚璜少保奉毅皇帝恩诏，赏假一年，回黔修墓，任事者如前檄晓湘月支营务薪水，辞不敢受，厚赠其生母徐氏，束装西去。嬉春连年小产，经殽函天险，病骨难支。晓湘负之行五百余里，入潼关，过风陵渡。嬉春命舆夫回辕南向，时积雨晚晴，五色仙云捧莲花峰，隐天蔽日而开，华阴山村，牛鸣求牡，山摇谷应，如撞万钟。嬉春狂喜，谓晓湘曰：'山东人道老陕水土恶，今观终南太华，不特王气所钟，确为神仙窝宅。'抗声读李太白坯上怀张子房诗，声情哀厉，豪宕感激，不自知其为女子。晓湘亦为之读'残云归太华，疏雨过中条'一律。嬉春渴，求饮路旁雨水。晓湘曰：'雨水寒，伤人甚。'嬉春曰：'傥归韩城，得死所矣！'由汾阴渡河，归韩城，七日而殁，得年二十六岁。"

　　薛氏所自叙其妾徐嬉春者如是，则亦异乎平凡女子一流，且其美尝歆动一时焉，"丑妾"云乎哉！薛氏在鲁先有一妾曰迎春，附见于《小传》中，未言其妍媸若何，岂何氏所谓"丑妾供役使"之妾为迎春，所谓"负妾走山谷"之妾为嬉春，而未判别耶，殆弗可知矣。

（原载《实报半月刊》1936年第8期）

# 五　太太夫人

按之旧习,对朋友介绍或称及己之妻,大都用"内人"一类称谓,今则新人物多直称"我的太太",或是尊重女性之意。北平土著民众,本有对人自称其母为"我的老太太",自称其妻为"我的太太"之一种习惯,然旧日士大夫阶级则罕如是,与今异。

忆民国初年之某日,驻北京之丹麦公使夫人,在史家胡同公使馆,招待新闻记者,报告伊与中外贵妇人所办慈善事业"养老院"之经过状况,操华语颇娴熟,惟谈次称及伊等,恒曰"太太们",闻之稍觉刺耳,以对人以"太太"自称,近于吾国戏剧或小说中泼妇一流之口吻也。盖此丹使夫人,仅知"太太"为妇人之称,而于其应用之场合,未甚措意,故有此误。

梁绍壬(清嘉道间人)《两般秋雨盦随笔》有云:"近广东某洋商《黄埔竹枝词》云:'丈量看到中舱货,"太太"今年税较多。'初不知所谓,后阅粤海关报税单,开载:'某船"太太"一十二名,该税九十六元之数。'始知外夷因中国妇人尊称'太太',故带来夷妇,皆呼'太太',以示矜贵也。"外国妇人之与"太太"发生关系盖久矣。

某岁国民政府明令表扬财政部长宋子文之母,称曰"宋太夫人"。政府明令中著"太夫人"字样,斯为创见,殆亦含有尊重女性之意欤。(令中述及宋子文之父,仍直呼姓名,不过缀以"同志"二字而已。)

　　某次战役,某军某将领发电,报告敌军某首领之眷属逃往某处,有"□逆□□之夫人"字样,颇为趣文。至其是否特为尊重女性起见,不得而知矣。


（原载《实报半月刊》1936 年 10 期）

# 六 亦佳庐睡谭

何氏称薛氏"为诗朴直",薛有《题何子吟秋诗集后》云:"中流无砥柱,苦口效虫吟。惨惨渔阳鼓,冷〔泠〕冷〔泠〕海上琴。狂歌非中酒,救世岂初心？年少何公子,人谁辩古今？"又有《哀何天根》云:"韶年失怙恃,累汝早持家。好古时人病,怜才女史夸。伤春看弟妹,归骨痛阿爷。握手明湖上,东风拂柳花。"亦可略见其概。何氏有《关中豪士歌送薛晓湘》云:"一人掉头关中去,东邦海岳屏藩开。近年幕府大官起无数,咄汝青鞋布袜旧秀才。来时父初死,病床妻未起。邻翁相送返自崖,勉树勋名荣故里。中原豺虎孤客行,长揖眼底无公卿。此身不爱况官爵,但见高歌徒步来去天地如门庭。片策功成真反掌,满世簪缨能长往,黄河□水负关上,终南太华左右杖,龙门剑倚千万丈,长安豪杰汝雄长,独立两望何浩荡。"宜与所为传合读。

（原载《实报半月刊》1936年第11期）

# 七　亦佳庐睉谭

封邱何天根(家琪)《逃兵叹》:"去年辽海逃兵至,能言辽海兵溃事。兵家胜败古之常,共赖主帅勇曰智。主帅夙称博雅儒,弱冠早直承明庐。群书遍览况兵法,韬略前欲无阴符。曩时朝鲜首定约,湘中持节又上万言书,一战计能擒孟获,再战颈欲系单于。敌未见兮我炮一何多,炮发尽兮敌来可奈何!可奈何,敌炮发我兵弃炮逃则那。乱马退飞二百里,大雪风卷烟尘起,单衣枵腹满道旁,横尸敢信国殇死,望见中营不敢奔,森森幕帐列壁垒,左右图史故依然,三日前已有乌止。于虖湘军昔号天下之劲兵,连岁制造战器利且精,惜哉一旦勤王名!"讥吴大澂也。甲午之役,大澂在湖南巡抚任,自请督师出关,欲以湘军雪淮军挫败之耻,意气甚盛。翁同龢在政府力赞之,遂如所请。当时甚见谓忠勇,面临敌军,世乃知其大言无实焉。大澂督师时,曾出招降告示,中有"迨至该兵三战三北之时,本大臣自有七纵七擒之计"等语,传为笑柄。二陵近有《清代名人咏》,其咏翁同龢有句云:"等诮叶公徒好伪,宁知房琯任非边?"亦言荐吴督师事。大澂学问甚优,以书生自负知兵,遂致身败名隳,而心固出于敌忾,此其可原处。

其时谑者为联以嘲云:"翁同龢三番访鹤,吴大澂一味吹牛。"以大澂徒作大言,同龢同当大局艰危之际,而有访鹤之逸致也。曾孟朴《孽海花》(新本)第二十五回《疑梦疑真司农访鹤,七擒七纵

14

巡抚吹牛》，所写即此。虽小说家言，颇有事实之根据。同龢甲午十二月朔日记云："鹤篱为风所败，一鹤南飞而去。"初三日云："是日事简，闲步东院，一鹤既去，因作零丁帖求之，得于海岱门外人家，白金八两赎归，一足微损。"亦可印证。

大澂在山海关时，有与同龢书云："十六日折弁回关，奉到初九日手教，过蒙垂爱，诱掖奖劝，且感且惭。旅顺不守，畿防更形吃重，幸封河伊迩，十日以后海防渐松，只须扼守山海关一路，倭兵不能飞渡〔度〕。北门管钥，责无旁贷。前陈一疏，藉以上慰宸廑，非敢轻视敌兵。若统兵大员，人人以危言悚听，动谓兵单械少，战事毫无把握，朝廷何所恃以无恐，又何赖以御敌乎？可为浩叹！伏念皇太后圣德如天，皇上善继善述，畿辅重地，必无意外之虞。若如前敌之望风而靡，几疑中国无一能战之将，国家无一倚重之臣，宜为汉纳根所笑也。大澂日督诸将，认真演练枪炮准头，破除从前剿发、剿捻之成见，此训练中根本工夫。彼用阴谋，不能不以奇计敌之，战法一卷，附呈台览，不足为外人道也。大雪以后，敝部各军陆续到来，须勤操两月，方可稍有把握。"此亦关于甲午之役之小史料也。大澂作此书时，岂料未几己军亦"望风而靡"乎？

大澂军败讯达政府，恭王奕䜣愤然曰："吴大澂可斩也！"同龢意不能平，即抗声曰："依克唐阿亦可斩！"奕䜣正色曰："叔平，话不能如此说！若论国法，你我都该斩！"意谓大臣不应显挟满、汉成见也。

同治七年戊辰，大澂成进士，膺馆选，年已三十四。何氏诗谓"弱冠早直承明庐"，稍稍误。

（原载《实报半月刊》1936年第15期）

# 八　亦佳庐睟谭

章太炎(炳麟)精研文学,岿然大师,于近世文家,罕所称许,而独对王壬秋(闿运)之文,颇示心折,尝谓:"并世所见,王闿运能尽雅。"又谓:"王闿运文学湛深,近世咸非其俦。"推重可见,非泛为虚誉也。要之,王、章两家,学古深造,才力过人,蔚为大手笔,其文章均足不朽,寻常操觚者流,因望尘莫及已。浚县孙思昉君(至诚),淹雅好学,著作斐然,为太炎高足,得其法乳,兼宗湘绮楼,亦跻堂奥,盖取法乎上,造诣可观焉。所居署曰"拜炎揖秋之蔗",示崇拜太炎与壬秋,尤足觇其志矣。昨以近作《清授登仕郎分发甘肃试用从九品李府君暨妻王孺人合祔墓志铭》一文见示,洵弗愧师傅,而于湘绮楼为更近,佳构也。兹录质当世:

> 府君讳士林,字志卿,陕西长安人也。曾祖讳杰,祖讳世荣,父讳寅率,却扫闭关,潜光弗曜。府君秉塞渊之德,修敕慎之行,粤自孤幼,独能安贫,梁鸿为炊,耻于因人,班超佣书,志在供养,固已藐然著㸌节矣。若乃穆穆之度,休休之容,隐括足以检身,静密足以应物,故绅佩景附,州郡倚重,见者以远大期之。清光绪庚子,两宫狩长安,省垣创保甲,金推府君董其事,觯理密察,犁然有当,报最奖从九品,分发甘肃试用,非其好,不赴也。辛亥光复后,出为骑兵一营书记官,民国七年,任陕西督军公署服装股股长,□□自安而已,旋乞休去。于时栖

16

迟衡门,皈依佛法,奉西方之净名,以檀施为妙果,乃孳孳焉,恤邻赡族,好礼轻财,五德六度,咸据其首,邈乎不可尚已。十九年六月十二日卒,享年六十。娶王孺人,同县王伯仲公之女也,椎髻布衣,上方德曜,挽车提瓮,远慕少君,以勤持家,以孝事姑,以义相夫,以严教子,懿被风烈,蔚为女宗。二十五年四月十六日卒,年亦六十,将于是年六月十日合祔于省垣北枣园村,礼也。子二,翰华,冀察绥靖主任公署经理处长,兼北平财政部印刷局局长,平绥铁路管理局总务处处长;翰文,冀察政务委员会秘书处科长。女四,长适王,早亡;次适陶玉堂,北平财政部印刷局科长;三适张耀斗,陕西高等法院推事;四肄业陕西省立女子职业学校。孙男三,孝先,肄业西安民立中学;宽贤,福贤。孙女二,淑贤,玉珍。仁者有后,斯足征已。乃为铭述德永撼无穷,其词曰:緊贞固足以干事兮,天胡为而靳其施。緊厚重足以载福兮,福胡为而不盈眦。抑明德之逡有达人兮,固终足壮其门楣。愿质史迁而让孝标兮,其共劝善奚疑。

思昉此文,曾就正本师,太炎以为可,惟于字句间,修改二三处,如"敕慎之行"句,"敕慎"原作"谨敕","奉西方之净名"句,"西方"原作"弥陀","五德六度咸据其首"句,原作"可谓佛心儒行",均以太炎所改,又杨云史(圻)评此文,谓"叙事简洁扼要,词气渊懿朴茂,如读汉魏六朝碑铭"云云,颇为中肯。

(原载《实报半月刊》1936年第16期)

17

# 九 亦佳庐睉谭

四月十九日，大风中作颐和园之游。在园遇王琴希、杨文轩、汪一厂、彭心如诸君，因同游园中各处。狂风怒吼，不免杀风景之感，而洪波涌起，气象壮阔，亦自饶别趣。玉兰盛开，为风所厄，稍形减色；红杏则当风吐艳，丽秾依然。此游颇可纪，而余不工写景，未能有述。一厂、心如善吟咏，均有诗志游。

心如《谷雨前一日重游颐和园口占》云："清明佳节记曾游，杨柳才黄拂水柔。乐寿堂前重驻足，玉兰花好且句留。"其二："后山辇路车如砥，所惜春风似虎狂。多感天公知雅趣，松涛迭奏拟笙簧。"其三："看花湖上任逍遥，风景依稀似六桥。红杏满园春意足，不愁动地起惊飙。"其四："爱新王气黯然尽，剩有昆明湖水清。自笑小诗成谶语，护花心事太憨生。"（前作有"从此西郊花事好，东风切莫太狂颠"句，兹游适遇大风。）诗中道及前游之作，兹并录次：《丙子清明日游颐和园》"朝辞凤阙白云边，瞬息身临翠岫前。车走雷声夸缩地，尘清风伯拟游仙。夭桃含粉初经雨，稚柳才黄解弄烟。从此西郊花事好，东风切莫太狂颠。"

一厂《谷雨前一日颐和园看杏花四首》云："亭前春柳自纤纤，亭外春波碧涨添。别有杏花开更好，绯红粉白两相兼。（知春亭）""岂畏春风似虎狂，看花依旧往来忙。后山景物最堪爱，红杏青松画意长（后山）。""后湖水木亦清华，艳杏烧林散绮霞。一笑忽逢杨孟载，短篱幽舍试新茶。（后湖路。时遇杨舍子，即至其寓斋小憩。）""才闻曲院松涛响，又听长桥水浪声。白羽掠烟飞去疾，墙头红衬夕阳明（涵虚堂）。"又前游有《春日游颐和园后山》云："流水声清树影寒，后山毕竟胜前山。劫余残塔依然在，不管兴亡夕照闲。""春风吹放小桃枝，花外长松态自奇。谁道冶红颜色好，苍苍独耐岁寒时。"又词《玉楼春》（清明后一日游颐和园）云："一春料峭春来晚，几度寻春春未见。昨宵微雨过清明，今日晴云添婉娈。故宫春在垂杨岸，绾住新愁春不管。昆明湖水碧波凉，骚客幽魂谁与唤？（谓王静庵。）""回廊处处闻啼鸟，难得芳园依旧好。亭前细柳带烟飘，桥畔夭桃迎客笑。无端绮思萦怀抱，怕看枝头春意闹。算来多事是东风，日上闲阶吹碧草。"

王君精摄影，为余等摄于龙王庙大杏树前。承以一帧相赠。心如题诗云："丙子谷雨偕一厂、一士、文轩游颐和园，遇王君琴，希为摄一影，诗以识之，附录以博一士先生一粲：'龙堂一角夕阳明，古杏霏红趁晚晴。多感辋川留画本，相期无负水云盟。'"

（原载《实报半月刊》1936 年第 19 期）

# 十　亦佳庐睟谭

西山潭柘寺,有古银杏树一株,号称"帝王树",甚有名。顷阅《宇宙风》第二十一期《北平特辑(三)》,中有驯羊《北平传说》一文,言此云:"西山群峰的潭柘山中有潭柘寺,寺中有一棵千年以上的银杏树,高凡九丈,枝干丛生,便是所说的'帝王树'了。相传每代新皇登基的时候,树上必生一支干,年余就可高及一丈,每逢帝王死时,那支干就会自裂,与母干合而为一,不过在清朝咸丰、同治、光绪、宣统年间所生的支干,却都是细不盈握的,到宣统登基时,树旁又忽然生出十几株支干来,有见地的人便预知清室的大数已尽,天下行将大乱了;不过另外有一个传说,说宣统的那株支干是在登基后的不久自行折断了,不知哪一说是正统的?"盖神话性质之传说如此。杭县汪一厂君今岁夏至后三日游潭柘,作《浣溪沙》词,于此树有"老树居然号帝王,争知银杏叶绵长"之句,自注谓:"殿旁有银杏一株,丛生而高大,俗称帝王树。近今瑞典地质学家新常富(Nystrom)言:'凡树叶每多演变,而银杏独否。'帝王随时代而变革,何能比拟!"又作诗(潭柘寺观帝王树感赋)详言之,云:"植物之中孰最古,我觉银杏良足数。此树当在古生代,鸭脚叶形已楚楚。("银杏叶如鸭脚,故亦名鸭脚子。"见《墨客挥犀》。再,最近地质学家新常富[Nystrom]言:"银杏在古生代之二叠纪[Permian]即发现,叶之形迹与今无异。")同时爬虫早灭绝,

20

郁苍现尚生琳宇。遗传经阅亿万年，依然毫不差黍黍。人言公种孙方食，大器晚成自有序。（银杏又名公孙树，言其实公种而孙方食，见《汇苑》。今植物学中之公孙科，即以银杏居首。）此虽雄花却可珍，乔木丛生虬龙舞。（银杏本乔木，雌雄异株，此所为帝王树者，本干相抱分出，有类丛生，且不结实。）拔地摩空何突兀，境胜神王冠幽墅。桃李敢与争娇妍，桫椤似并逊高举。（寺殿前有桫椤二株亦有年，但无其高大。）况复繁生在中华，考名合证殊方语。（日文于银杏外，称公孙树或鸭县树。法文称 Ginkgo 或 Cingo，与银果音极相近，或即用原音而稍转变者。法文《百科全书》，称此树最盛于中国。）绛囊入贡贵夷门，自此分支离故土。（欧阳修诗有"绛囊因入贡，银杏贵中州"及"结实夷门陬"等句。）转辗移植古幽州，吴鸭竟将柘林补。（梅尧臣诗有"高林似吴鸭，满树蹼铺铺"句。）不唤公孙号帝王，名实果能相副否？树色常新帝若何，青史昭昭容记取。君不见祖龙痴心万代延，才及二世难继武。辽金以来一例耳，尘消灰平同朽腐。曷若祇园迹尚存，盘根千载犹堪抚！吁嗟乎！此树婆娑固可欣，江南回首多烟雨。昔日林林今若何，蹼铺铺涡殊罕睹。无生古物知保存，有生古物应兼拊。闻得新君考古余，一株尚向庭阶树。（新常富氏以其历古不变之故，特于其家种植一株。）多此为豪夸我邦，（梅尧臣诗有"多以此为豪"句。）他年毋让嗤涸窭。"则征考赡博，斯题之有关系文学也。

银杏又名白果，清醇贤亲王奕譞园寝有古白果树一株，高十余丈，荫数亩，形如翠盖。光绪二十二年，孝钦后以不慊于德宗，并惑于风水之说，（内务府大臣英年，素讲堪舆，谓后曰："此树罩墓上，按地理非帝陵不能当，况白果'白'字，加于'王'字之上明是'皇'字，于大宗不利，请速伐之。"）定议斫伐，德宗阻之不得，卒由孝钦率人亲往伐却。王小航《方家园杂咏》咏其事云："甘棠余荫犹知爱,柳下遗邱尚禁樵。濮国大王天子父,南山莫保一株桥。"慨乎言之。此树虽不以帝王名,而被伐则因帝王之关系,盖可谓为帝王而牺牲者。孝钦此举,固含有破风水之意;而风水虽破,其后新君竟又出自醇府,岂风水虽破,犹有余验耶? 亦适见厌胜行为之无聊而已。

（原载《实报半月刊》1936 年第 21 期）

# 十一　亦佳庐睟谭

　　民国十九年，胡适之四十生日，其友人刘半农等寿以诗云：
"适之说不要过生日，生日偏又到了。我们一般爱起哄的，又来跟
你闹了。今年你有四十岁了都，我们有的要叫你老前辈了都；天天
听见你提倡这样，提倡那样，觉得你真有点儿对了都；你是提倡物
质文明的咯，所以我们就来吃你的面；你是提倡整理国故的咯，所
以我们都进了研究院；你是提倡白话诗文的咯，所以我们就啰啰唆
唆的写上了一大片，我们且别说带笑带吵的话，我们且别说胡闹胡
稿〔搞〕的话，我们并不会说很巧妙的话，我们更不会说'倚少卖
老'的话；但说些祝颂你们康健的话——就是送给你们一家子大
大小小的话。适之兄先生嫂夫人，四十双寿！！拜寿的是谁呐？一
个叫刘复，一个叫丁山；一个叫李济，一个叫裘善元。一个叫容庚，
一个叫商承祚；一个叫赵元任，一个叫陈寅恪。一个叫徐中舒，一
个叫傅斯年；一个叫赵万里，一个叫罗莘田；一个叫顾颉刚，一个叫
唐擘黄。毛子水算一个；最后是李芳桂。（有星儿的夫妇同贺，没
星儿的"十分惭愧"。）民国十九年十二月十七日。"以诙谐出之，亦
新文学潮流中之一件有趣作品也。（闻为赵元任所作。"有星儿
的"者，指名上加星号也。）

　　语体寿诗，前乎此者，更有林长民于民国十一年寿林贻书〔开
謩〕六十之作。其诗云："世俗爱做寿，近来尤喧哗。人人征诗文，

称述〈他〉①爹嬷；爹比古贤人，嬷是今大家；若是做双寿，鸿光来矜夸；我那儿有空，下笔恭维他。彦京好孩子，孝敬老太爷；表章两三事，事实倒不差！分笺来索诗，我诗太槎枒。贻书三先生，认识我的爹；我小的时候，常听爹咨嗟；称赞文恭后，个个有才华；后闻先生显，更乘东海槎；我时在日本，仿佛迎公车；一览已无余，公言无乃夸；前事一转眼，沧海填平沙；先生六十岁，我发也成华；六十不为老，公健尤有加；我爹早下世，楸树几开花；彦京诸兄弟，你真福人呀！做寿来娱亲，用意良可嘉；倘若举音觞，那么就过奢；门外多饥寒，日暮啼无家！"又是一种格调。此诗在当时虽亦可云新诗，而仍用旧五言诗之体，盖力趋新潮，犹未解放到家者耳。

长民诗中"嬷是今大家"之句，"大家"自指曹大家而言。或以此"家"字应不读本音而读"姑"，谓音节未免不调。按俞樾《春在堂随笔》卷九有云："虞山王应奎《柳南随笔》谓'曹大家"家"字，当读"姑"。钱宗伯诗，误读本音'。余谓此论亦未是。盖'家'字读如'姑'，乃古音如此。《左传》：'侄以其姑，六年其逋；逃归其国，而弃其家。'《离骚》：'羿淫游以佚畋兮，又好射夫封狐；固乱流其鲜终兮，浞又贪夫厥家。'并其证也。若以古音读音，不特大家之'家'应读'姑'，即凡国'家'室'家'字无不应读'姑'；若依今音读，则何不可皆读如'加'也？《后汉书·曹世叔妻传》：'帝数召入宫，令皇后诸贵人师事之，号曰"大家"。'章怀注，'家'字无音。可知唐初并无异读。《广韵》《集韵》十一模，皆不收'家'字。不从今音，则曹大家之'家'字，竟无韵可归矣！唐、宋妇人，每称其姑曰'阿家'，以曹大家例之，似阿'家'亦应读'姑'，然马令《南唐

---

书·李家明传》注曰:'江、浙谓舅为"官",谓姑为"家"。'若'家'必读如'姑',岂'官'必读如'公'耶!"是长民于此句中之"家"读本音,未为不可矣。

其"称赞文恭后"句,"文恭"谓贻书先德锡三先生天龄也。(尝于同治间以翰林为帝师,官至侍读学士,卒于江苏学政任,后来追谥文恭。)

(原载《实报半月刊》1936年第22期)

## 十二　未冉庐睉谭

我国自兴办近代式之学校以来，历数十年，至今虽较之世界文明各国犹多逊色，而不能不谓之已有相当之成绩。回溯晚清办学致力之人物，寔有荜路蓝缕之劳，宜事阐述，以备史料而资观感，不可听其淹没也。阳湖（今并入武进）张鹤龄，起家翰苑，官至奉天（今辽宁）提学使，为晚清兴学人才之一。故友杭县汪建斋先生（立元），曾与共事京师大学堂，为余谈及，称其才敏。近杭县汪一厂先生（怡），偶话曩事，尤示推许。其新撰之《张氏传略》，属草甫竟，余获先睹，以为足传其人，亟遂录之，以谂留心兴学前辈之事迹者。

张筱圃先生，名鹤龄，清江苏阳湖人，以光绪己丑举人成壬辰进士，改庶吉士，散馆用主事，分户部，管学大臣张百熙奏派为京师大学堂总教习，章制多所规画，甚负时望。旋以道员需次湖南，先后署理粮储道、按察使，总办全省学务处，历佐巡抚赵尔巽、陆元鼎、端方、庞鸿书兴学，绩效粲然；于民立学校，扶持尤力，关于遣送学生留学海外，建议当道，奏设湖南游学预备科，以英、法、日语文等分别教授，而躬任监督。造就甚众，咸其根柢。留学归来，多能自效于民国。光绪三十二年，以办学有声，擢授奉天提学使，责任益重，志事更得发舒。时奉省甫经战祸，外军麇处，民生凋敝，兴学维艰，且风气未开，一切设施，易生扦格，先生莅任，持节财纾困渐进务实之旨，权度缓急，剖析利弊，然后以果毅之精神，为勤敏之策进，首挈全省教育纲领，立教育总会于省垣，设劝学所于各属，公举正绅，分派学董，其有才品卓著者，必破格优遇，假以事权；而于振拔士气，提倡学风，最所重视。其筹办各项学校，自中等以上，以及女子师范，保姆传习所，蒙养院等莫不完备，并设图书馆，搜罗篇籍，嘉惠多士；而尤注重于小学。向者，偏僻之区，往往官绅并力筹备□不能成一校，乃颁筹办乡学及学董办事简章，设各路模范小学，改良私塾，严甄教师，而各属小学遂日臻发达矣。

（原载《实报半月刊》1937 年第 6 期）

# 十三 未冉庐畦谭

杭县汪一广（怡），尝居江西学政吴士鉴幕府，吴癸卯（光绪二十九年）作《七君咏》，咏幕中诸友，其汪氏一首云："东来遗法费潜挈，绝业应争项戴先。余事商量评笛谱，请词三影写芊绵。"盖汪已以工为词典〔曲〕见称矣。（时汪兼治算学，故首二句云然）。三十余年来，造诣益进，余事亦足名家。诸季迟（以仁）与同里，为昆季之交，长汪一龄，汪兄事之，亦自少即工此道，均个中老手也。去岁诸氏六十生日，汪制曲以寿之，近汪亦周甲，诸复制曲至祝，兹并迻录，以质知音：

△汪寿诸 《南〈北〉仙吕入双调套曲》

（步步娇）气候清和香飘袖，红药当阶茂，遥瞻海上楼，满座春生，仙乐琅璈奏，甲子正平头，倚新声寄祝齐眉寿。

（醉扶归）我喜君早结神仙偶，我佩君佛学肯勤修，我爱君清高似阮刘，我羡君书法如苏柳，天生洒落啸沧洲，今日个真稀有。

（皂罗袍）笑向南天拜手，看吴云蓟树，两地悠悠，岁月匆忙去如流，记鄂城识面那时候，垂髫相共，嬉游鹤楼，而今词客，江湖白头，这交情淡远还依旧。

（好姐姐）自古人材成就，历艰苦天心岂负，文字起家，盛名寰宇留，芝兰又，瑞集庭阶多英秀，更咏絮才工亦尽优。

（尾声）歌成再进一杯酒，愿无病无忧无咎，老诗翁安享高龄到九十九。

△诸寿汪　《南〈北〉仙吕入双调合套散曲》

（新水令）万梅花酿就一家春，祝嘉平寿星高映，粥香红豆熟，酒美玉柑新，双蜨词人，月初四，满甲子齐眉庆。

（步步娇）羡同德同心夫人郑，静好调琴轸，荆钗合布裙，教子持家，到老弥宾敬，还有个如君，伴东坡比似朝云俊。

（折桂令）大郎是考工家富擅专门，瀛海归来，名动儒绅，小郎是国学莘莘，崔凤陆（作平）龙，玉友金昆，大娘是香闺道韫，小娘是绣闼灵芸，绕庭阶桐也生孙，竹也生孙，每日价争博欢颜，直舞得莱彩缤纷。

（江儿水）鄂渚鸥招客，章门雁款宾，望九疑曾吊湘妃影，上西楼曾赋辽宫锦，东瀛曾访吾妻镜，更一度平山为令，等到意倦投冠，却暂托宣南花荫。

（雁儿落带得胜令）你能够演天元，广借根。你能够辨华岩，通切韵。你能够纂鸿辞，集亿鳞。你能够创飞书，传寸蚓。你有枝妙笔写天真，拟歌诗香草西昆近，偶填词烟柳一销魂，曲子儿金缕新声品，殷勤，嘱推敲删旧本，璘彬，待精刊仿聚珍。

（侥侥令）看花乘薄露，啜茗遣斜曛，最爱的听一曲霓裳忘宵永，除此外着盘棋败亦欣。

（收江南）不住的挟书包三海走逡巡，不住的向西山屐齿遍留痕，有时节忽飘然抽出岁寒身，前年啊独探云太华莲峰顶，今年啊既天都趁云，又龙湫凑云，扭回头跨石梁撒住浙东云。

（园林好）敞胸窝从无点尘，耸眉头从无皱纹，说什么红愁绿恨，多只为少艰屯，因此上越精神。

（沽美酒带太平令）记当初总角亲，到如今鬓似银，这其间言难尽，经过离合愁欢万种因，叹龙蛇厮混，仍依旧碎乾坤，见几个殉黄粱魂游春枕，见几个哀宿草泪洒秋坟，见几个唤落日卖浆光景，见几个泣西风吹箫行径，只你我啊，保遗编青箱尚存，守前盟青松共敦，老弟兄们牢绾着长生印。

（尾声）诌篇小史堪传信，若付与按笛秦娥可试绛唇，定许春降九霄丹凤引。

诸氏答汪书有云："奉祝曲稿，确为晚年经意之作，所谓务头暨格律精严等处，未敢稍背，去、上二声，并极斟酌。弟虽奖许过情，而甚中肯綮。'宝剑赠烈士，红粉送佳人'。知音之雅，乐何如耶！近于散曲倍感兴趣，倘能多作，汇为一集，自谓可较诗词为易于流传，惜好苦思，不宜病体，内子且监视太严，恐未必能如所愿。前作适在内子赴龙谭五小女处盘桓之时，得以从容按拍。稿凡数易，盖已极缝云裁月之工夫矣。一笑。"为自道甘苦之言，非漫事矜诩也。

汪氏《丙子十二月六十初度感怀》，附志于次："过隙光阴似白驹，平头甲子意何如。每嗟故旧渐寥落，却喜英髦自展舒。学步龙龛工未了，（龙龛谓辽时释行均所著《龙龛手鉴》，余年来亦正偕同人编纂《国语辞典》。）飞书虫篆术还疏。（余所制之速记，用线状式，见者或以为有似虫篆。诸季迟兄近谱套曲见赠，有"你能够创飞书，传寸蚓"句。）虚名浪得成何用，镜里徒看华发余。遣怀无计听筝琶，闲向园林阅岁华。难得名山身涉历，（今秋曾作黄山、雁荡、天台之游。）岂关浊世眼昏花。（两度病目，左眼几失明，右眼视力亦逊,稍远即难辨。)同居危幕空怜燕,枉叹颓风执式蛙,一事差堪慰素愿,膝前文若语牙牙。(余幼治韵学,见空谷传声,即有意于拼音文字,数十年来,时随同志从事提倡。今注音汉字已有明令实用,于民教、义教及普通小学,而孙辈肄业师大附小一年级者,每取民众读物依旁注之音读之,其国语课本之未习者,以上栏生字有注音,亦多能自行诵解。即此以观,注音汉字之效有可想。)"

(原载《实报半月刊》1937 年第 10 期)

# 十四　未冉庐睟谭

禹县王槐三（棽林），以所居角山，自号角山老农，绩学阍修，中州宿儒也。近卒于里，其门人浚县孙思昉（至诚），为作《王先生传》《角山先生碑》，以章其人，余已采入《随笔》（见今年《国闻周报》第三期）。顷孙君复新撰《角山文集序》，以稿相示，盖亦翔赡渊雅辞意兼到之作，兹迻录于此，可与《碑》《传》合览：

《诗》序曰，发乎情，止乎义。蓟汉章先生资以论文，藉义为义法，此论文之惇则也。发乎情，内籀也，止乎义，外籀也，徒有其外，此七子桐城所以同为人陷，而无其外者，又公安竟陵所以未蹈大方欤。本师角山先生，少年议论纵横，睥睨长沙龙川，而才情蔎流，更挢迹西堂毂人，晚乃以桐城绳墨自矫。其不任强墨者，乃旁溢为湘绮者也。近世作者能轶出桐城封域，卓然自名其家，吾得二人焉，曰湘绮，曰蓟汉，然湘绮则摈桐城而直追古人，蓟汉则援桐城以匡救时弊，故蓟汉以其义法在今日为有用，取其稍存纲纪，比之佛家四分律，而湘绮直以八股文斥之，故悦湘绮之风者，或乱越无条理，而守蓟汉之说者，率有友纪，顾蓟汉病黄君季刚之文枯槁，湘绮之徒则无是也。庄周曰，夫外韄者不可缪而捉，将内揵，内韄者不可缪而捉，将外揵。二者长短之数，概可睹已。角山先生尝游长沙曹公门，渊源上接湘绮，属辞得其诙诡之趣，复于桐城诸子，不废讽诵,守其椠橥,免于二累,倜乎远矣。井北先生称其《民史传》诸序似《汉书·艺文志》,四言诗似曾涤生,碑版寿序诸作,其事皆戋戋者,而文尤幼眇也。夫鬼魅易图,犬马难绘,先生为文如写真,修短黑白,唯肖唯妙,极称物逮意之能事,而于薄物细故之中,逐可深观得其精和,往往勃窣为理窟,可谓五经鼓吹,此则自辟户牖,独有千古者也。虽然,昔枚皋自论其文敪骫,曲随其事,皆得其意,颇诙笑不甚闲靡,故班《书》分列为可读不可读各若干篇,愿异日知言之士,更取得集而抉择之,则尽善矣。

(附识)第二年第十期所载《睡谭》页五五第三栏首行"南仙吕"应作"南北仙吕",又第一栏第七行"典"为"曲"之误。①

(原载《实报半月刊》1937 年第 11 期)

---

① 已在本书中改正。

## 十五　未冉庐睉谭

阅《艺风老人年谱》，江阴缪荃孙自订也。缪氏起家翰林，著作甚多，为一时宿学。（光绪元年乙亥，以举人在四川总督吴棠幕中，执贽学政张之洞门下受业。张之《书目答问》，即缪氏承命代撰。）卷首有缪氏遗像及李诜所录《自题像赞》，文云："少年遭难离乡曲，中年服官糜禀禄，老年革命逃海角，装无陆贾之金，怀抱卞和之玉，天禄读未见之书，明夷无待访之录，叹世事兮茫茫，逐风尘兮碌碌，是耶非耶，有腼面目。"其"老年革命逃海角"一语，指因辛亥革命逃往上海而言，（《年谱》是年有云："湖北兵变，湖南、江西应之，山西、陕西应之，天下大乱。全家窜上海。"）而承上文一气读下，几若缪氏曾从事革命也者，以"遭难""服官"均谓本人也。

缪氏卒于己未（民国八年，寿七十有六），《年谱》则编到辛亥而止，谓："十二月二十七日，皇帝逊位于民国，南北合同，国破家亡，生不如死！"盖以有清贞臣自命；而当袁世凯营帝制之际，未能自洁其身，贻人口实。张一麘《古红梅阁笔记》云："缪艺风荃孙金石目录之学，卓绝一时，乃艺风以洪宪江苏代表首列其名，遂为平生之玷。闻当时伪造国民公意者，以江苏文物之邦，须求一老儒为弁冕，乃由当轴饵缪以白镪二万，先致五千为寿，俟登极后补赠如约；不料西南起义，代表取消，一万五千之契约，遂成泡影。艺风不容于公论，抑郁以终。夫以艺风之学，虽不能比亭林、船山、梨洲之蒙难明夷,开有清一代风气,欲如近世王湘绮,樊云门之俳优嬉戏,身享大年,固自易易,乃名山坛坫,尚不如投阁之大夫,吾悲艺风,吾思牧翁,后之君子,当阳九百六之交,其亦知所自择夫!"于其晚节,深致慨惋。

夏孙桐所撰缪氏行状,谓:"先生三十通籍,(按光绪二年丙子成进士,时年三十三。)早负时望,以性刚不能谐俗弁官,时迨逾五十,(按光绪二十年甲午大考翰詹,以翰林编修与试,列三等一百二十四名,罚俸二年,遂乞假离京,时年五十一。)取竹垞语'以七品官归田'刻小印,用识微尚。后勉应召一出,(按宣统二年庚戌应召入京,任京师图书馆正监督,并以学部参议候补。)本拟即赋遂初,寻遭世变,(按谓辛亥革命。)终隐海滨,溯二十年来,名山坛坫,著述自娱,自谓不以富贵易其乐也。"使其于袁氏帝制一事,弗染尘氛,不益善乎?夏氏为其内兄,又亲家也。

(原载《实报半月刊》1937 年第 15 期)

# 十六 《清史稿》与赵尔巽

民国三年,内战甫止,袁世凯欲以文事饰治,议修清史。赵尔巽既应招至自青岛,遂受清史馆总裁之聘。(后称馆长。)任职十余年,《史稿》粗就而卒,盖可谓始终其事者,临终遗书,于斯极示惓惓,诚晚年心力所寄也。其表侄奭良,实与斯役,为尔巽所撰行状中,纪其任职经过有云:

清史馆开,属以总裁。公曰:"是吾志也。"公深念一代有一代之事,始有一代之史。有清关内外垂三百年,事绩既多于往代,变迁亦甚于前朝,列帝精勤为治,手批章牍,成为家法,又与历代垂拱者有间。又史以昭法戒,心当据事直书,远年之遗事,或待野史而后详,兵戎之方略,或翻中旨而后备。公近取翰苑名流,远征文章名宿,广搜密档,博采图经。开馆之日,鱼鱼雅雅,礼容极盛。奭良属以事辞,未能趋跄将事,而耳熟犹能详也。始公请于项城曰:"往代修书,即以养士,欲援囊例以絷逸贤可乎?"项城诺之。公按籍而求,闻名而致。其人或久之乃至,或竟不一至,或数年得一文,或竟不著一字。公皆礼貌有加,饩廪勿绝。公日一到馆,校视已成文史,间有勒削。尝一日阅至二万字,精力滂魄如此。宏纳士流,士有一技之长,一言之契,无不录之庑下。其有悉心考索,矜慎下笔,刻期成文者,尤深敬异。庚申三月,有西馆编比之举。丙寅九月，又有修正纪、传、志、表之举。两月一交课，二年而视成，较之前事，少严少密。此及数月，而公病矣……先是项城殁后，馆中经费骤减十万，其后递减，月至三四千。此三四千者，犹不时至，或参以国库券、公债票之类，损折难计，拮据日形。公知司邦赋者不足与争，乃乞拨于诸军帅。诸军帅慕义乐善而重公之名德，如龙江吴将军、山东张将军，皆慨输巨款，山东发棠之请，至于再三，其它义助甚众。今大元帅主持于上，为之筹画料拨，尤详以巨。公念祈请不可以屡为，修正刻期尚远，即修之亦未必果正也，莫若速付剞劂，告一结束；既而曰："吾不能刊'清史'，独不能刊《清史稿》乎？"会袁京卿洁珊自辽阳来，公夙契也，慨然以身任之，即就馆发刊。七月十日以瑞学士所修《宣统本纪》付乘良修改，且追促之，十日而毕，呈稿于公，少有增删〔删〕，送稿馆中。八月病复作，自知不起，七日亟觅袁君至，付以刊资，曰："有不足者，君任之。"是夜加丑，公遂长逝矣，实民国十六年九月三日也……享年八十有四……自丁巳以来，每至越甲有鸣，馆门辄闭，公恐成书受毁，护持维谨，极劳神思，故其急于发刊者，亦欲少释危责也。

于尔巽与《清史稿》之关系，摅写颇尽致。尔巽耄年矻矻，以勤斯职，《史稿》之成，端推首功已。虽斯书以违悖潮流，致遭禁抑，而网罗一代事迹，要为一部大著作，未尝不可作史料观，（此书自有相当价值，其内容当更论之。）尔巽之劳，未可没也。

乘良，字召南，素颇究心文史，有八旗才子之目，二十九岁，即官奉天东边道，后在湖北荆宜施道任，被劾降官，再起为江苏淮扬海道。辛亥革命军起武昌，江北提督段祺瑞至彰德谒袁世凯，俾护提督印务，旋清江浦兵变，跳而免。家丰于财，选色征歌，以豪侈著。入民国后，业渐替，竟至生计艰窘。尔巽引参史事，为馆中负责人物之一，史馆既结束，蘡良益困顿无憀，赖友人资助度日。尝设馆讲《庄子》，听讲者醵资为束脩，月共银三十圆耳。民国十八年卒于旧都，年逾七十矣。所著有《野棠轩文集》《野棠轩摭言》《史亭识小录》等，于清代史料、史馆情事，时有述及，堪供考镜。

上引所为《尔巽行状》中修史部分，自史馆开馆，以迄《史稿》付刊，可与金梁《清史稿校刻记》（附见梁所印《清史稿光宣列传》）所述：

> 甲寅年始设清史馆，以赵尔巽为馆长，修史者有总阅、总纂、纂修、协修及征访等职，先后延聘百数十人，别有名誉职约三百人，馆中执事有提〈调〉、收掌、科长及校勘等职，亦逾二百人，可谓盛矣。开馆之初，首商义例。馆内外同人，如于君式枚、梁君启超、吴君士鉴、吴君廷燮、姚君永朴、缪君荃孙、陶君葆廉、金君兆蕃、朱君希祖、袁君励准、王君桐龄等，皆多所建议。参酌众见后，乃议定用《明史》体裁，略加通变……其取材则以《实录》为主，兼采国史旧志及本传，而参以各种记载与夫征访所得，务求传信，不尚文饰焉。庚申初稿略备，始排比复辑。丙寅秋，重加修正。自开馆至是，已岁纪一周，其难其慎，盖犹未敢为定稿也。丁卯夏袁君金铠创刊稿待正之议，赵公题之，即请袁君总理发刊事宜，而以梁任校刻，期一年竣事。梁拟总阅全稿，先画一而后付刊，乃稿实未齐，且待修正，只可随修随刻，不复有整理之暇矣。是时留馆者仅十余人，于是公推以柯君劭忞总纪稿，王君树楠总志稿，吴君廷燮总表稿，夏君孙桐、金君兆蕃分总传稿，而由袁君与梁校阅付刊……惜仓猝付刊，不及从容讨论耳……是秋赵公去世，柯君兼代馆长，

一仍旧贯。岁暮校印过半，乃先发行。至今夏全书告成，幸未逾预定之期……《史稿》本非定本，望海内通人，不吝指教。当别撰校勘记，为将来修正之资。幸甚，幸甚。戊辰端节，金梁。

参阅，以相印证。

尔巽馆长之任，由柯劭忞竟其绪，本居馆中修史要职，且以所著《新元史》负国内外重名者也。而奭良深不满之，有贬词。如《再覆夏闰庵书》(与《尔巽行状》均见《野棠轩文集》)，谓："前此二十五日之会，凤公间语弟曰：'馆长拳拳，而慎于专属，殆难成事。余不自揣，请以本纪及各志见付编辑，期以二年毕事，薪俸在所勿论。其列传及表，馆长托之闰庵、晋卿诸公，(其时晋卿在旁。)诸公义所不辞，则可以有成矣。'弟当告之馆长，次日又作小启申言之，会值乔迁，暂从辍议，事局平定，谅相咨商矣。"附跋云：

柯公自任之说，以告馆长，不答。次日又言之，并递小启。馆长曰："君等以其为《元史》而信之耶？彼亦假人为之耳。且置之。"次年丙寅九月改组，柯分修本纪，凡四阅月而得太宗一纪，属余参订。余见其横涂竖抹，不可辨识，盖就邓孝先原稿，粗加点窜，即付之馆中，馆中人不能识，请之柯，柯亦不辨识也，乃请李星樵、金雪孙为校理之，两太史均在，可证也。率易若是，何以修？及柯代理馆长，将余所修六朝本纪，不寻事义，随意涂抹。其《雍正》《乾隆》论中均牵及圣祖，大失谨严之意。又于《道光朝纪》祖穆而黜林。其它脱漏讹谬者，所在多有，(余校勘中详言之，在金息侯所，索之不付。)史录中略言之。乃服赵馆长之远识，而余之轻信也。

误信柯言，不止一事。在西馆时，一日偕行至东馆穿堂门,谓余曰:"今上本纪,不可不修也。"其后馆长属瑞学士修《宣统本纪》成书,又令余删润之,经馆长鉴阅,略有更定,送至馆中发刊。迨柯代领受事,乃曰《宣统纪》不必修,众议不可乃止。盖二三其德如此。

所述如是,且谓尔巽亦尝讥之焉。其可信之程度如何,当再考之。

世凯之设馆修史,本含有借是延揽胜朝遗老山林隐逸之用意,犹之清初修《明史》故智。尔巽以"援囊例以縶逸贤"之说进,在世凯自属"正合孤意",宜其有针芥之契,而优予经费,供"养士"之用也。尔巽曾由胜清东三省总督改任民国奉天都督,其作青岛寓公时,实已不能以遗老论,惟尚与遗老为缘耳。余尝闻人谈及当时情事。世凯拟以尔巽为清史馆总裁,而以于式枚、刘廷琛副之,命总统府秘书吴镠赍函至青岛延致(时青岛为遗老萃集之地。)此三人者,清末一总督一侍郎一京卿,且均起家翰苑者也。尔巽得函,意甚欣然,即往访式枚,询其就否。式枚曰:"公意如何?"尔巽曰:"当视君与幼云意见为从违。如二君允北上,亦当勉为一行。"式枚乃曰:"既如是,公可先询幼云肯就否,某将以幼云之意见为意见。"盖明知廷琛必不肯就也。尔巽旋往访廷琛。廷琛以其父与尔巽为同治甲戌会试同年,待以父执之礼。尔巽语以来意,并曰:"我辈均受先朝厚恩,今逢鼎革,所以图报先朝者,惟此一事。修史与服官不同,聘书非命令可比,似可偕往致力于此。"廷琛咈然曰:"年伯已视袁世凯为太祖高皇帝耶!历朝之史,均国亡后由新朝修之,今大清皇帝尚居深宫,何忍即为修史?年伯如以为可,则与袁世凯好为之;小侄不能从,晦若当亦不能从也。"尔巽更欲有言,廷琛曰:"愿勿再谈此事,否则当恕小侄不接待矣!"尔巽太息而去,复往劝式枚,式枚亦固拒之;尔巽遂独北上。世凯慰之曰:"得公来,此事可成矣,固知公不忘先朝也。晦若、幼云不免拘执太甚,听之可耳。"尔巽既受事,十余年中,恒以报答先朝为言也。(乘良所为《行状》,谓:"至于皇室,尤极惓惓,力所能至,必图安全。本年乡举重逢,拜'燕桂重劳'之额,躬诣天津申谢,事君尽礼,浅人不知也。"尔巽会仕民国,颇为遗老所讥,兹特为作斡旋语。)比卒,廷琛挽以联云:"恩重先朝,秉笔亦报先朝,人间何事未忘情,列圣典谟千载鉴。""父殉国难,介弟又遇国难,地下相逢应痛哭,九州豺虎一龙潜。"自是复辟派要人之口吻,而于其修史之举,若已加谅解焉。或谓下联有微词,言有愧其父与弟也。(介弟指赵尔丰。父文颖,咸丰间在山东阳谷县知县任殉难。)式枚著有《纂修清史商例按语》(民国五年出版之《中国学报》第五册曾载之),商榷体例,盖虽不入史馆,而于此事亦未忘情。

段祺瑞为临时执政时,为优待前辈起见,任尔巽为临时参政院议长,年八十二矣,精神犹强固,惟患重听。院开幕日,祺瑞亲莅致词。当由执政席至演台,他人于其往返之际均未行敬礼,尔巽独起位肃立示敬,见者咸称其恭谨。副议长以汤漪任之,祺瑞之意,盖恐尔巽笃老不胜主席之劳,而漪则久为国会议员,且会充宪法起草委员会委员长,谙习议场故事,俾可代主议席;尔巽则雅不愿仅领空名,每开会必躬自主席,报告开会毕,始退而由漪代,以进行议事。（以患重听，会邀漪坐议长之旁以自佐，漪嫌类秘书，未之允。）即不开会时，亦每日到院，坐议长室候画稿，不肯自逸。其阅报亦甚细心，某报笔记言匡源坐肃顺党被诛，特亲笔批注，谓源罢官后，在济南掌教泺源书院，以寿终，交庶务科函报馆更正云。（尔巽尝肄业泺源书院，与源有师生之谊。）此节无关修史，偶忆及，聊附识之。

（原载《逸经》1936年第2期）

# 十七 一个小型方志

故都新(国)旧(废)历两度新年厂甸临时市集,书摊栉比,(旧新年以历史及气候之关系,尤较盛。)上自文化大师,下逮吾辈穷酸之流,多踕蹭其间,冀有所遇,上者力足以得善本珍籍,下者卑无高论,不过随分搜访,聊过书瘾而已。今岁二次,余均以身体不适,未能多往,且是寒不克久作徘徊,各仅匆匆一二过,不足以言逛厂甸也。其间偶于一小书摊上得一油印小册子,曰《齐家司志略》,寥寥十余页,已黮黭。此书之性质,实一小型之方志。齐家司者,据书中"舆地"门云:"齐家司系顺天府宛平县分司,地在县之正西,距京一百六十里,南界房山,北通怀来,西与涿州之三坡相连,东与县属之王平司、石港司并相接,南北七十余里,东西七十余里,重岭叠嶂,深谷逶迤,舟车不通,懋迁有无者,肩挑背负。"盖宛平县辖境之一部分,而分治于齐家司巡检者。此类小型方志,向颇罕见。

书为司人王金度于光绪初年所撰,分舆地、山川三则、城郭二则、土产、风俗、里社、田赋、徭役、衙署、祠宇、经费、形胜、武备、历官、乡贤、坟墓、友弟、节义三则、古迹十九门,而以"齐家司属八景"殿焉。后附其门人王旭(字晓村,亦司人)续稿,为名宦祀及续乡贤三则。金度之略历,著于"续乡贤"中,文云:

> 王先生,讳金度,字式如,居宛平齐家司东北山里。父文

广。先生初入塾,即有志好学。本乡无明师,就学怀来县,受业于孝廉侯先生名国选,二十岁补弟子员,又二年食饩,馆于门头沟,与文生马贡园名翰如,暨其弟文生云章名相如,并教读之遵化州文生鲁霭岚名瑞山,文艺博观,注评互正,如旧相识,继而俱赴京城设帐,文益进。咸丰八年戊午,先生举于乡。九年己未恩科,云章举于乡。同治元年壬戌,云章中式礼闱,由庶常授编修,拨御史。先生仍馆于京师数年,其文名品学,为龚京兆所称许,与太史忠斌等相友善,而与云章交,志合情投,尤契且久。屡试礼闱未第,遂不求仕进。先生立身行事,敦本尚德。生平无急言遽色,暇则终日默坐,无惰容,及酬接则善气迎人。事亲笃孝,兄弟怡怡。乡人有为不义者,惟恐令先生知之;乡中过有争论,闻先生一言立即解纷,闾里熏其德而善良者众。自京师归,馆于房山之南北窖村,主平司之板桥村各有年,惜主本乡之讲席日少。教人不尚严急,人自乐学。为文阐发实义,寄托遥深。讲解精详,贯通经史,并诲以玩索《四书朱注》,研究《近思录》,尤乐称先贤明道程子,其觉悟不止以言见也。学者稍有怠荒,一见先生道貌,侍侧惭夷,好学之心,自油然而生。生平不喜著述,惟晚年奉府谕著《齐家志略》一书。司之巡检呈于府,周京兆览而赞美,书聘先生进府署,助修顺属诸志,聘书到而先生卒已两阅月矣。先生卒于光绪八年壬午,年五十四。未有子,以弟之子成信为嗣。

如所云,金度盖一当时在顺天颇有文誉之乡里善人也。其友马相如,官至陕西按察使;此书有其光绪三十二年所为序,弁于卷首。

此书叙事虽简,而笔致雅饬可观。如"山川"门纪百花山云:

　　群山万壑赴都门,其西南诸峰,悉从百花山起脉。山峙司之西南,高十六七里:一支东下,为达摩岭,蜿蜒为大安山大寒岭峰口庵,至石景山前之小黄河止;一支南下,为房山县之大房山。无名花草,遍山取妍,三时不绝,故山名百花。鸡鸣后登造绝顶,望东海日出处,势如喷火,初升如千叶红莲,约大亩许。当夏秋骤雨,山顶赤日当天,俯视人寰,诸峰尽失,阴云密布,足下雷声轰轰,俄而开霁,众壑水流,四围柯墟,历历在目,始知山下雨矣。

状物生动,写景工倩,可为一则好小品文字。

大凡言地方名胜者,类有所谓八景。景而必八,已成通套,方志往往有之。齐家司虽僻壤乎,书亦特备八景,所叙如下:

(杏花春雨)清明节,杏花开放,漫野遍山,迷离无路,芳香袭人。得有微雨,土人以为有秋之兆。(按"土产"门首列杏子,谓:"杏子成熟,可当一秋。")

(灵桂秋波)即灵桂川。立秋后众壑水趋,晶莹数十里,石子磷磷,游鱼可数,清波可爱。

(白铁晚晴)夏秋苦雨连绵,白铁山后,天痕微露一线,即当晴霁。

(百花晓日)百花山,鸡鸣后登造绝顶,望东海日出处,势如喷火,初升如千叶红莲,约大亩许,奇观也。

(西峰积雪)西灵山,在齐家司西,界涿之三坡,踞群峰之峻。伏庚始尽,遥望峰顶,已有雪色。

(南涧伏冰)马兰村南涧,虽当溽暑伏庚,坚冰不解,土人以为万年冰。

(古寺钟声)灵岳寺,邻近七八村,相隔四五里,晨钟一击,村落皆闻。

（板桥霜信）灵桂川各渡架搭板桥，约数十道。秋时晓行，鸡声月色之余，板桥人迹，霜信最早。

写来亦颇楚楚有致，可称为小型之八景。

"风俗"门有云："石田山陇，稼穑艰难，人以奢丽为大戒，男子不饰边幅，妇女不施脂粉，布衣濯浣以为礼。孝友慈睦，意实恳恳，而不为靡文。户皆土著，人各谋生，无巨富亦无奇贫，无为仆隶妾奴者。"是虽瘠区，而不失为善地焉。

"坟墓"门载"皇明忠烈毛将军墓"碑，毛盖明末抗敌不屈而死者也。碑文云：

将军讳立芳，浙之余姚人，以镇抚科效劳于易州兵宪幕下，缘沿河中统乏人，借将军扬麾镇之。将军之治沿河也，以崇祯二年七月受事，拮据营务，殚厥心力。迨仲冬而敌人犯，震逼京师，散掠攻围，内外不通，殆几两月；将军防守甚固。三年孟春，洪水口、小龙门悉报警，将军率众出御，曾不逾时，与同官守口张炳、张桂奇，合兵出战。方出口至老龙凹，布阵未定，虏已驰数骑冲我军，将军急拒之。继而虏齐至，跳梁健斗，扬尘迷目，冰雪难行，士卒失利，将军与二张同被掳。挟将军降，诱以厚利，期为先驱，同入洪水口。将军怒骂，自刭而卒。本地士民争捐资购棺殓之，复捐爽垲之地以葬，且持牍请于道府，期为代题旌扬，而朝议尚有待而未果也。仲春竣其葬事，将军两嗣，长宝哥，次金哥，俱在龄幼，诸士民复以墓碑请；予嘉其意而叙其颠末。予固暂代守戎事者，恨不能挽而起之九原也。然虏虽戕将军之生，追歼于牛角岭，将军之愤少伸，而忠魂亦可瞑目矣。是为记。巡抚保定标下听用，署马水路参将府事，前任永宁参将，都指挥刘灏撰。崇祯、岁次庚午、仲夏端阳之吉立。捐墓地人谈元，谈朴。（碑额字"忠义流芳"。

墓碑在辑宁门外路北。）

民族英雄，自是值得表彰者。明崇祯二年，清太宗大举进攻，由喜峰口入，薄京师。毛立芳即死于是役。

"友弟"门云："张公名璩，字玉衡。其先楚人，明永乐中迁灵桂川之马兰村，遂家焉。其兄经历江西，中道而亡。嫂有他志，公义留之。嫂曰：'叔若无夫妇之欢，奴即守！'公曰诺。公仅一子，未满岁，令嗣其兄，终身不入妻室，遂绝嗣。"读之惨然。古不以寡妇改嫁为可耻，例证甚多，不胜枚举，自程颐、朱熹辈铸成一种宋儒礼教，传衍后世，于是改嫁不独为寡妇自身之辱，且为其亡夫及家门之辱，阻遏改嫁，乃成为盛德事矣。张之嫂欲改适，见尼于张，激而直以"夫妇之欢"为言，其志已决，其情亦甚可悯。张则确认非夺其志而迫其守，不足以保持其从一而终之大节，不足以保持亡兄与家门之声誉，且不足以保持纲常名教之尊严，乃毅然以自绝"夫妇之欢"为抵制之武器，以杜嫂口，并"不孝有三，无后为大"之儒家信条，亦弗暇顾焉；至其妻本居事外，在此叔嫂相持之僵局下连带而被牺牲，亦绝"夫妇之欢"，（谚所谓"守活寡也。"）尤属无端受累，不知张亦兴"我误妻房"之感否。"友弟"门仅此一人，金度之意，盖以其难能斯最可贵，特揭举而褒之，以风当世耳。书至此，不禁联想而及于桐城派古文大家梅曾亮之《书杨氏婢》。其文云："杨氏之寡妾，以贫故，不安于室，嫁有日矣。未嫁前一夕，呼其婢不应者三，怒曰：'汝，我婢也，何敢如是？'婢叱曰：'我杨氏婢耳！汝今谁家妇者，曰我婢我婢！'妾方持剪刀，落于地。起，环走房中，至天曙，呼其婢曰：'汝今竟何如？吾复为尔主矣！'婢叩头泣，妾亦泣，竟谢媒妁之不行。后将嫁其婢，婢曰：'人以我一言，故忍死

47

至今;我亦终不去杨氏门!'亦不嫁。妾之夫,杨勤恪公锡绂子也。"可贵由于难能,梅氏书此,当亦不外斯意,正可合看,而字里行间,尤适充分呈露其不自然、非人情之态,令人觉此种宋儒礼教之可畏。此名门之婢,盖服膺程颐"饿死事小,失节事大"之训至深者也。(所引梅氏此文,系就适在手头之王文濡评校音注本王先谦《续古文辞类纂》录之。录毕,见文濡眉批云:"淫风甚而闺德衰,恨不起先生于九原,多作此种文,为之教贞!"读之肃然而又喟然。)

王伯恭《蜷庐随笔》有云:"袁爽秋……女适高子衡观察尔伊——世为杭州首富。子衡四十余以疾卒,袁夫人欲改适。子衡之弟尔嘉号子羡……跽请于嫂:'幸无夺志,家非不足于财者,有侄数人听择为嗣,且年近五十,宁又更贻家门羞也?'袁氏曰:'君言诚有理,惟贞节之说,迂儒不近人情之谭也,吾当力破此戒,以开风气,无庸更为烦聒!'于是嫁一大腹贾去。子羡后与吾相见京师,尚垂涕而道也。"此高家之事,亦可与彼张家之事对照而观;袁氏则打破宋儒礼教而断行己志,使叔无如嫂何者也。至所嫁为何种人——大腹贾抑非大腹贾,不关守或嫁之根本问题。要之寡妇之守或嫁,应尊重其本人之志愿,他人不宜加以强制。"夺志"一词,每用以指寡妇改嫁,实则愿守而强以嫁,固可曰夺志,愿嫁而强以守,亦何独不然? 若愿嫁即嫁,犹之愿守即守,只可云如志,不能云夺志也。(伯恭《随笔》,此一则见于民国初年北京某报。某报曾载其若干则,题曰《王蜷翁兰隐斋笔记》。后伯恭名笔记全稿曰《蜷庐随笔》,凡五卷。阚铎于其卒后所印一册,不分卷,乃全稿之节本,此一则未录入。)

纪昀《姑妄听之》卷四有云:"《春秋》有原心之法,有诛心之法……里有少妇,与其夫狎昵无度,夫病瘵死。姑察其性佚荡,恒自监之,眠食必共,出入必偕,五六年未尝离一步,竟郁郁以终。实为节妇,人不以节妇许之,诛其心也……此妇心不可知,而身则无玷,《大车》之诗所为'畏子不奔、畏子不敢'者,在上犹为有刑政,则在下犹为守礼法,君子与人为善,盖棺之后,固应仍以节许之。"此种被强制守节之禁锢的节妇,真难乎其为节妇矣!纪氏以轻宋儒,被崇尚宋学之桐城派宗师姚鼐斥以"猖獗",其笔记对宋儒理论,恒持怀疑或讥评之态度,此处之仍以节许彼禁锢而死之节妇,意盖亦示不满"讲学家责人无已时",动为"诛心"之刻论,然不敢谓应开笼放鸟,听其改嫁,徒斤斤于节不节,实犹泥于此种朱儒礼教,未能跳出程朱之手掌耳。

连类而及,拉杂志之,"跑野马"与"打死虎"之诮,或不免欤。

(原载《逸经》1936 年第 4 期)

# 十八　关于《清史稿》

前撰《〈清史稿〉与赵尔巽》一稿，（见本刊第二期。）言及尔巽临终遗书，于《史稿》极示惓惓。顷偶在故纸堆中，睹当时录存尔巽遗书之原文（称《〈清史稿〉发刊缀言》），覆阅益见其对斯之情绪与态度，因更移录左：

尔巽承修清史十四年矣。任事以来，慄慄危惧，盖既非史学之专长，复值时局之多故，任大责重，辞谢不获，蚊负贻讥，勉为担荷。开馆之初，经费尚充；自民国六年，政府以财政艰难，锐减预算，近年益复枯竭，支绌情状，不堪缕述，将伯呼助，垫借俱穷，日暮途远，几无成书之一日。窃以清史关系一代典章文献，失今不修，后来益难着手，则尔巽之罪戾滋重。瞻前顾后，寝馈不安，事本万难，不敢诿卸。乃竭力呼吁，幸诸帅维持，并敦促修书同人，黾勉从事，获共谅苦衷，各尽义务，竭蹶之余，大致就绪。本应详审修正，以冀减少疵颣，奈以时事之艰虞，学说之庞杂，尔巽年齿之迟暮，再多慎重，恐不及待。于是于万不获已之时，乃有发刊《清史稿》之举，委托袁君金铠经办，数月后当克竣事。诚以史事繁巨，前史每有新编，互证得失。《明史》之修，值国家承平，时历数十年而始成，亦不无可议之处，诚戛戛乎其难矣。今兹《史稿》之刊，未臻完整，夫何待言？然此急就之章，较诸《元史》之成，已多时日。所有疏略纰缪处，敬乞海内诸君子切实纠正，以匡不逮，用为后来修正之根据；盖此稿乃大辂椎轮之先导，并非视为成书也。除查出疏漏，另刊修正表外，其他均公诸海内，与天下以共见。绳愆纠谬，世多通人。尔巽心力已竭，老病危笃，行与诸君子别矣，言尽于此，以上所述，即作为《史稿》披露后向海内诸君竭诚就正之语，幸共鉴之。中华民国十六年丁卯八月二日，赵尔巽，时年八十四岁。

盖病殁数日前所书也。虽有回护之语，而深示歉然之意。"未臻完善"也，"急就之章"也，"疏略纰缪"也，"并非视为成书"也，固自知其难餍人望，而以"竭诚就正"之态度，属望于"君子""通人"之"切实纠正""绳愆纠谬"。临死哀鸣，亦颇足令人恻然动念，而略宽其责备耳。清史馆开馆之初，经费饶裕，尔巽以"养士縻贤"之说，上契袁世凯之衷，故一时领执笔之名义者，坐领厚薪饱食而嬉者不乏，奭良所谓"公按籍而求，闻名而致。其人或久之乃至，或竟不一至，或数年得一文，或竟不著一字。公皆礼貌有加，饩廪勿绝"也。馆中其它人员，亦不免冗滥，金梁所谓"馆中执事有提调、收掌、科长及校勘等职，亦逾二百人，可谓盛矣"也。其后以经费不继，局势动摇，虑以无结果而终，（此是尔巽有责任心处。）乃亟亟作交卷之计，赖"诸帅"之"维持"，俾以"急就之章"，粗了一桩公案，以卷帙论，以性质论，自是一部大著作，而实际上犹是草稿，故只可以《清史稿》名。纵不以违悖潮流而遭禁锢，其有待修订整理者尚不尠，特以视王闿运主持之国史馆，昙华一见，未有只字之成绩，结局犹为差胜。尔巽文名不足望闿运，史学亦远不逮，得此或稍足解嘲欤。金梁近撰《袁王合记》(见《实报半月刊》第十二期)，记袁大化、王树楠事，于树楠任清史馆总纂事有云："近人每责《史稿》，谓以民国官修清史，不应立言多背时制，而不知史馆修史十余年，实未成

51

书，及议校剔，实临时集款，购稿分印，未用官款一文，不宜以官修官书为衡也。特仓猝报成，不免疏陋，实多可指耳。然当时亦颇注意，即如《洪秀全传》，为晋老手稿，其中贼、匪等字，均已校改为敌字，即此可概其余矣。"为《清史稿》辩护，亦颇持之有故，然有清史馆乃有《清史稿》，清史馆有十余年之历史，未可专以最后时期之临时集款，而谓未用官款一文也。（使清史馆自始即注重效率，努力进行，人不素餐，款不虚糜，其成绩当不止此。）至概余之论，则各人看法不同；《史稿》未敢完全不顾时势，惟于潮流有欠顺应，以致被禁。（《史稿》执笔者虽多追怀先朝之胜清达官，而其中曾仕民国者固不少，即如尔巽、树楠等，皆尝为民国之官。）

尔巽自谓"非史学之专长"，虽若谦词，盖亦实话。馆中人物以"史学专长"见推，宜莫柯劭忞若，以有《新元史》在也。奭良乃深讥之。孙思昉君来书，谓："柯凤老之《新元史》，确为名著。晚年耳目聪明，惟手颤艰于作书，偶一为之，辄不可省，即自审视之，亦或不识，事则有之。奭君以爱憎立论，吾斯之未能信矣。"文人相轻，往往而然，两人之生意见，或亦因是。（劭忞不能自辨其字，古亦有之。宋释惠洪《冷斋夜话》云："张丞相好草书而不工，当时流辈皆讥笑之，丞相自若也。一日得句，索笔疾书，满纸龙蛇飞动，使侄录之。当波险处，侄罔然而止，执所书问曰：'此何字也？'丞相熟视久之，亦不自识，诟其侄曰：'胡不早问，致余忘之！'"与劭忞之事虽不尽类，然可云后先相映成趣也。）奭良病劭忞之欲去《宣统纪》，金梁于《袁王合记》中，述树楠之力争此事，谓："余等校刻《史稿》时，有议删《宣纪》者，众争不得；晋老独至余室，持杖击案，大声责余何不力争。余慰以必不使删此纪。乃问何说，余曰：'余初持《史记》今上本纪之说，主者驳以此出褚补，然既名今上，必马迁自定，本无可驳，今当更以《春秋》定哀为断矣。'晋老始色霁称善,谓:'此事全在君矣。'后果以此定议。一朝完史,晋老一言之力也。"所云主者,未知是否亦指劭悫。(劭悫与金梁素善。)金梁所撰《宣统本纪》赞有云:"虞宾在位,文物犹新,是非论定,修史者每难之,然孔子作《春秋》,不讳定哀,所见之世,且详于所闻,一朝掌故,乌可从阙?傥亦为天下后世所共鉴欤。"即解释不删《宣纪》之故也。

马其昶亦与修史,撰《晚清诸臣传》。民国十九年卒,章炳麟挽以联云:"一朝史事付萧至忠,虽子玄难为直笔。""晚岁文章托李遐叔,想颍士别有胜怀。"上联讥尔巽主修史之事,而对《清史稿》示不满也。(下联指其昶门人李国松。)炳麟于并世文人,少所许可,而对其昶尚相视不薄。(如清末《与人论文书》有云:"并世所见,王闿运能尽雅,其次吴汝纶以下,有桐城马其昶为能尽俗。"并谓:"俗……非猥鄙之谓……世有辞言袭常,而不善故训,不綦文理,不致隆高者,然亦自有友纪,宛儇侧媚之辞薄之则必在绳之外矣。是能俗者也。"民国十余年间与其昶书有云:"平日观先生文字,亦谓世人所能为,此观文士手笔,求惬心者千百不得一,返观尊作,异如孤桐绝弦,其声在尘境之表矣。")顷于思昉处获见所藏其昶《清史馆大臣传稿》六篇,为胡林翼、丁宝桢、曾国藩(纪泽附)、李鸿章(瀚章、鹤章、昭庆附)、张之洞、林绍年诸人,盖即录存所缴诸史馆者,其昶更有删订处,而原稿已于《清史稿》所列不尽同,当是馆中加以改削耳。容就两本对勘之。

(原载《逸经》1936 年第 6 期)

# 十九 《关于〈清史稿〉》补

　　林纾以一老举人而自矢胜清孤忠，颇思入清史馆，参与修史之役，未遂其愿。其跋《满洲老档》（金梁所编）云："我朝发祥漠北，入关以后，世祖，圣祖，以深仁厚泽洽于民心，至今举踵思慕。臣纾以犬马余生，八谒崇陵，岂惟顾恋国恩，亦我列祖列宗亲学重士，沦浃人之肌骨尔。向者清史馆既立，总裁赵尔巽亦叙名及纾，后寝其议。臣纾家贫无书，复不能制为私史，以阐扬先皇帝之圣德，昼夜隐痛，但为纪哀之诗，纾其黍离之悲斯而已。宣统庚申，举人臣林纾谨跋。"庚申，约当民国九年也。其他文亦每言谒陵事，以表忠清之悃；而不获致力清史，实其遗憾。然观所为笔记，喜言清代掌故，时有疏僻，史才固未易言耳。纾卒于民国十三年，清史馆为作专传，列诸《史稿·文苑》，而称其"忠悫之诚，发于至性，念德宗以英主被扼，每述及，常不胜哀痛，十谒崇陵，匍伏流涕，逢岁祭，虽风雪勿为阻……誓死必表于墓曰'清处士'。"如其所自负者，亦足慰其志已。（《纾传》闻亦马其昶手笔，谓其"任气好辨"，颇碻。）

（原载《逸经》1936 年第 7 期）

# 二十　谈徐树铮

北洋派军人知名者,有秀才数人焉。小站老辈,王、段、冯曾有三杰之号,其一即为秀才,冯国璋也。自吴佩孚崛起而为北洋派后劲,声威倾动一时,吴秀才之大名,尤为一般人所津津乐道。(齐燮元亦秀才出身,地位尝与佩孚相若,而名望不逮。)北洋派段系要人徐树铮,知名先乎佩孚,当所谓直皖之战,皖军之徐,直军之吴,各为其军重镇,同为人所注目,虽双方一胜一败,(此役,树铮当东路,战方利,西路主力战,段芝贵大败,奔逃,胜负之局乃定。)而其时二人颇有齐名之概。考树铮之出身,十三岁即进学,为萧县县学生员,(且于十七岁补廪。)亦是清末黉门之客,与佩孚之履历有同焉者。曹锟之衔命攻湘,佩孚以破竹之势抵衡州,声名大起,树铮为联络暨鼓励计,访佩孚于衡,作《衡州谣》以赠,其词曰:

……久闻群贼相戒语,吴公兵来势莫御。吴公何人吾不知,但盼将军自天下。群鸦暮噪啄人肉,吴公破贼何神速!痴虏膏血被原野,黠者弃城遁荒谷。斩馘追奔降贷死,吴公之来为民福。马前瞻拜识公貌,恂恂乃作儒者服。闾巷无复夜叩门,军令如山静不纷。流亡略已还墟邑,安业犹能庇所亲。吾男被兵死郊外,陷身为贼亦何怪!妻女生归绕膝行,人间此乐得难再。吴公爱民如爱军,与爱赤子同殷勤。吴公治军如治民,情感信藉由天真。在军整暇不自逸,雍容雅度尤无匹。静坐好读《易》，天人忧患通消息。起居有常礼，戟门厮卒娴容止。笔千管，墨万定，看公临池发逸兴。香一缕，酒盈卮，时复弹琴自咏诗。老民幼尝事书史，古今名将谁及兹！昔祝吴公来，今恐吴公去。愿似寇君借一年，恂恂此情为谁诉！为谁诉，留公住！吁嗟吴公，尔来何暮！

赞不绝口，颂扬备至。斯时两秀才虽未即真订深交，而形貌之间颇相亲厚也。未几佩孚通电主和，引军北返，旋有直皖之战，两秀才从此参商，不再联欢。佩孚虽以落伍而绝缘政治，今犹矍铄健在，树铮则横死已逾十年矣。

树铮以诸生上书山东巡抚袁世凯，条陈时政及练兵事宜，世凯以属段祺瑞，遂为祺瑞记室，甚见倚信。其后留学日本士官学校，卒业归国，祺瑞方官江北提督，以为军事参议。辛亥之役，祺瑞受命督师，以为总参谋。民国成立，祺瑞为陆军总长，以为军学处处长，调任军马司司长，兼管总务厅事；部中要政，多出主持，号为祺瑞之灵魂。蒋作宾时官陆军次长，莫能与竞也。寻擢陆军次长，益专部务，与当时外交部曹汝霖，交通部叶恭绰，财政部张弧，并称最红之四次长焉。会有财政、陆军、交通三部参案，乃调简而为将军府事务厅长。(时祺瑞兼管将军府。)世凯营帝制，上书谏之，弗省，因劝祺瑞引退观变。迨世凯死，黎元洪继任大总统，祺瑞为国务总理，树铮任国务院秘书长(仍兼将军府职)，在国务会议席上，多所主张，内务总长孙洪伊，不谓然，以为秘书长非阁员，不过以事务官列席阁议，何得恃势越权，每面折之，于是大哄。此为院内之争。至对于元洪，祺瑞入树铮之说，以为内阁制之大总统，惟盖印于内阁所办大总统令稿而已，一切不当过问，元洪方面，则谓大总统居元首之地位，要政理应与闻，不能浸为盖印，于送请盖印之件，时有诘问，祺瑞不悦，遂罕入总统府，专由树铮持稿索盖印，态度强硬，屡与元洪龃龉。总统府秘书长丁世峄则助元洪面斥树铮，于是黎、段之间，恶感日深。此为府院之争。两事息息相通，黎、孙固相合以对抗段、徐也。僵局相持莫解，元洪乃电招北洋派长老徐世昌至京，初意拟令代祺瑞，世昌见祺瑞绝无退志，乃躬任调停，以洪伊免职、树铮罢院秘书长（专任将军府事务厅长）暂解僵局，而府院之扞格未袪，终为后来大政潮之张本，树铮自系此桩公案中之最要人物，关系大局甚巨，缘是其名益大著焉。（此事内容复杂，限于编幅，不能详述其原委，兹略就其轮廓言之而已。）王树楠所撰《树铮家传》，叙此谓："君任秘书长，过事持正，不稍徇人意，严抑奔竞，绝侥幸，用必其才，人皆畏忌之，阴构府院之隙，君遂自免去。"孙宣所撰《行状》，所叙略同。段祺瑞所撰《神道碑》，谓其"法度谨严，不肯稍徇人意。"不言府院生隙事。柯劭忞所撰《墓志铭》，谓"以议论不合自免去。"不言其它。章炳麟《大总统黎公碑》云："时公久失兵，而北洋军势未衰，嫭侮跆藉，无所不至；而国务总理段祺瑞袁氏称制时，独弗顺，功亦高，其秘书长除树铮缘傅《约法》，谓凡事当听国务院裁决，总统徒画诺耳，每拟令直入府要公署名。公任丁世峄为府秘书长，与相枝柱，事稍解，未平也。"两说孰为较近事实，史家当有定论耳。（丁世峄后辞职时，发表辞职书，于府院之争，言之颇详，虽一面之词，而亦可供参考。）

民国八年取消外蒙自治，为树铮得意之举，威棱远憺，雄略惊人，虽未几局面骤更，前功尽弃，而当时树铮之于外蒙，措置之果决、制驭之严厉、魄力之伟大、规画之阔远，众口一词，盛业交称，盖庶几大丈夫得志于时者之非常勋绩。今日抚时事而念畴曩，尤足令人兴斯人不作之叹。孙宣所撰《行状》，述其事云：

己未，蒙古边警亟，公念西北荒徼，屏藩中原，依若唇齿，其广漠险要，系国家安危甚大，镇暴耆奸，首在屯兵，因条陈治边要略，遂奉西北筹边使兼西北边防总司令之命，八月入蒙。是时蒙古自治，佛汗专暴，蒙民苦虐政，莫知所诉，闻公持节南至，师行有纪，皆望风相携扶迎候，公所止辄停车以劳之，父老童稚满车下，莫不感悦。王公剌〔剌〕麻以下数千人，皆徒步出库伦东四十里，拜伏道左。公既至，大会王公剌〔剌〕麻宣德意，赐束帛，悉除一切酷税。佛汗乃自请撤治，不复抗议条件。十一月，举行册封典礼，佛汗冠服躬诣穹庐行礼。时方严冬，而暄和如春日。万民瞻观跪拜，欢呼曰："斯百年奇瑞，皆大将军威灵也！"公恫蒙俗鄙儇，游婚成习，乃撰译文告，剀切晓喻，殖生业，兴地利，创学校、医院、银行，定礼制，改关税，辟道途，立市政，尤以兴筑张恰铁路为当务之急。十二月，还京师，特授勋二位。明年春，再入蒙。时俄罗斯赤军初起，俄民皆怨惧，内徙蒙境。公闻之，即令恰克图驻军筑立大栅，悉内俄民男女老弱居之，严兵守卫。俄民大喜曰："中国常仇我，今大将军待我以恩，保我父母妻子，吾得所归矣。"公又念蒙境寥阔，政多掣滞，宜更旧制，立区道，便敷治，乃召集王公剌〔剌〕麻会议。议甫定，而公遽以远威将军内召。不数月，俄军犯蒙，库伦沦陷，至今言边事者，犹深痛焉。

当时盛况，所谓大将军八面威风也；而其锐意经营，力谋建设，事虽中变，亦足称道焉。段祺瑞所撰《神道碑》云：

是时陈大员毅与外蒙商订六十三条件，即向日俄人所主持之领土一部分，中枢已有允意。余以外蒙横亘俄疆五六千里，傥入俄人彀中，中国事将不堪言。因属将军条陈边务，冀谋挽救，旋奉西北筹边使兼总司令之命，八月入蒙。余作序送之，勖以忠恕接物，坚忍图功。视事后，结纳王公，开诚布公，谕以从俄之害，内附之利，和蔼近人，多数诚服；佛汗自请撤治。越年元旦，举行册封礼。冰天雪地，往返每不及旬日，劳苦异乎寻常；当道终不释然，余从旁慰勉之……

可合看。如所云，树铮此事，乃一遵祺瑞之指示。至惟言"忠恕接物，和蔼近人"云云，不提临以兵威一字，盖其有意回护处，当分别观之。本年西月十六日天津《大公报》社评《外蒙问题之回顾》有云："民国八年徐树铮拜命筹边，提一旅之师，躬赴库伦，迫活佛取消独立，演出一出有声有色的历史剧……假以时日，中国势力，不难稳固。"盖当时之以兵力慑制，实为事实，无庸讳言也。距今十七年前，中国犹能以兵力取消外蒙之自治，使敛手内向，回顾诚有不胜其感喟者矣。（孙谓十一月册封，段谓越年元旦册封，盖阴阳历之不同。孙文用阴历，段文则杂用阴阳历。王树枏所撰《家传》，此节亦采自《行状》。）柯劭忞所撰《墓志铭》云：

公扬历中外，所至有声，而筹边尤为措置之大者。蒙古困虐政久，公师行以律，蒙人望风款附，耄倪相庆，拜公马首。公大会王公、台吉、剌麻，宣布德威，蠲除苛暴。其佛汗大慑，自请撤治，不敢阻挠。公悯蒙俗朴塞，撰译教令，为之殖生业，兴地利，创学校、医院，定礼制，更税则，尤以建筑铁路为通商之要政。公尝一至京师，予谓公："西北游牧之民，公欲以郡县治之可乎？"公鞿然曰："君勿信书，试观吾规画可也。"未几奉内召之命。公去不逾时，俄人入寇，陷库伦，而边事终不可问矣。

似于树铮之所以治外蒙者有微词，要亦以威慑哲布尊丹巴呼图克

59

图汗,取消自治,为树铮之功也。(柯、孙之文,均泛称外蒙曰蒙古,未免界限不清;彼时内蒙岂尝有自治之事乎?)

以治中国近年外交史著称之张忠绂氏(北京大学政治系主任教授),有《外蒙问题的回顾》一文(见《独立评论》第一九八号),则力排恒说,而就当时历史研究,不以树铮此役为有功,且以为有过。其文颇长,兹略举之。据谓外蒙之取消自治官府,实出王公之自请。驻库大员陈毅据情入告,请顺势收回,并催军队速往,借御外患,兼保治安。政府可其请,遂由毅复与外蒙接洽,最后活佛允取消自治,并商定优待蒙人条件六十三款。树铮抵库后,主张先行取消自治,然后再商详细办法。此种主张,活佛及外蒙之议会均不赞成。树铮遂将原定六十三款大加修改,将优待蒙人之条件多数删去,向外蒙内阁总理提出,限三十六小时内完满答复,否则须将活佛拘送张家口。外蒙不得已,遵照提出请取消自治之呈文;但活佛终未肯签字,外蒙议会亦未肯通过,仅由自治官府各部总、次长签盖。其经过如此。并云:

我何以说徐树铮无功?因为:(一)外蒙取消自治系外蒙王公自己提起的,与徐氏无涉。(二)徐树铮被任为西北筹边使及西北边防总司令虽在一九一九年六月,但徐氏赴库伦则在是年十月底。在十月底的时候,匪仅取消自治的建议已由外蒙王公提出(在八月中),即取消自治的条件亦已经陈毅与外蒙商定。(三)徐树铮于就任西北筹边使及西北边防总司令以后,在徐氏本人未到库伦以前,即曾调遣军队赴库。但中国军队进入库伦之议,则并非由徐氏首创,陈毅于一九六〔一〕八年六月即已电请北京政府派兵入库,首先抵库之中国军队为绥远驻军团长高在田所部两营(一九一九年三月抵库)。

我何以说徐树铮有过？因为：（一）陈毅与外蒙既已商定外蒙取消自治条件，且已得活佛允许，用徐氏因为不满意陈毅，定要将原已议定的条件取消，致失去外蒙王公对于中国的信仰。虽徐氏终得以兵威强迫外蒙屈服，但外蒙已存离贰之心，所以不到一年，外蒙即又勾结白俄，想藉白俄的力量将中国驻外蒙的军队驱出……（二）徐氏既任蒙疆要职，他的武力政策又激起了蒙人离贰的意志，然而他并不赴库坐镇，却在国内参预政争。这种办法，就是他不下台，库伦迟早也是要失去的。（三）徐氏对外蒙的处置，所得的只是减低了优待蒙人的条件，而所失的则是外蒙的人心。中国在外蒙的实力已不充足，而又失去外蒙的人心，则外蒙必将叛离，可以预卜。

张氏之论，是一篇翻案文章，而按其所述，却非好为立异，故意将树铮一场大功劳一笔抹杀，盖看法不同，于历史之研究上，亦自有其根据及见地也。吾其时尝闻人言："树铮之手段，或不免操切，然不济以威力，亦弗足使外蒙有所畏慑，而不敢轻视中国。若树铮于自治取消之后，始终坐镇库伦，缜密布置，并多方抚循，惠泽宏施，威以取之，恩以结之，如所谓逆取顺守者然。天津《大公报》所云："假以时日，中国势力，不难稳固"，固在情理之中，则反侧当不易起，对外患亦可有相当之防御，外蒙似不至遂沦入俄人势力范围之内耳。所惜者，值内争渐起，树铮不能长驻外蒙，专致力于此，而时在京师擘画对付政敌之道，卒罢筹边之任，直皖战事亦即爆发，身作逋客矣。以内争而误边事，良可恫哉！（陈毅许外蒙而为附铮推翻之优待条件内容亦应讨究）。

（原载《逸经》1936 年第 9 期）

# 二十一　谈徐树铮（二）

　　树铮虽常以政治军事为生涯，而性甚好学，研诵典籍，孜孜不倦，喜与文人游，对于文学老辈（桐城派或准桐城派者为多），尤致敬尽礼，以相结纳，故渐染有素，其文学上之造诣，实具有相当之功候，所为古文及诗词，时有可观。吴佩孚与之同以秀才号为儒将，文字程度，固不能及之也。孙宣所撰《树铮行状》所叙云：

　　　　公少慕为踔跞，而勤敏好学，强探精索，务极绪本。服官后，簿书填委，而稍暇辄讽诵不辍。舟车往来，必载书自随。性谦抑，尊贤下士，诱掖后进，出于至诚。在京师，尝预胶州柯凤生，新城王晋卿，桐城马通伯、姚仲实、叔节，闽县林畏庐，诸先生论学。而吴县胡绥之、盐山贾佩卿、象山陈伯弢，诸先生，皆为文字交。每慨挽近旧学浸衰，新知鲜获，创立正志学校，躬任校长，叔节、畏庐两先生先后长教务，手定规制，重根柢，严约束，视校事如家事，视学生如家子弟。尝自言："夙昔救时之志，其稍得试于用者，惟此校耳。"又尝设编书局，礼聘耆硕，分门编纂诸经传注。及在巴黎，上书段公，请赠禄存问，因备言尊经重儒之要，与时异趋，不之顾焉。公治经宗汉儒，为古文辞导源班、马，而抉取唐宋柳、欧诸家之长，于近代方、姚，雅所服膺，于诗者少陵，于词者白石、梦窗，曾校刊《赵注孙子》《桐城吴氏诗评点史记》《诸家评点古文辞类纂》等书十余种。

居上海时，杜门谢客，日手一卷，每自恨前困官事，未能婢志经学，乃益周揽甲部，丹黄殆遍，思有所述造。尝谓："十三经之称，传记、训诂，杂羼并列，宜以《大学》《中庸》还《小戴》之旧，而以《大戴》并立，附《国语》《国策》于《左氏传》后，合为十五经传，于《尔雅》后增以《方言》《释名》《说文》《广雅》，共成经训二十种。中国经世大文，殆可包举无遗。学者尽其资力所能，或治专经，或泛诵览，国家兴学育才，此为之基，立贤行政，此为之准，然后益以艺事之学，分门隶事，群智得范，今古无偏泥矣。"又以诸子、诸史、骚、赋、诗、歌、词、曲、八比文，皆我国文粹，分拟目录，广为采辑，末及写定。已定稿者，有《视昔轩文》若干卷、《兜香阁诗》若干卷、《碧梦盦词》若干卷、《遵雅集》若干卷；其《建国诠真》二十三章，则论政之书也。

于其勤学好文诸端，叙次颇为详赅。其《致柯凤孙王晋卿马通伯书》《上段执政书》等，所言可按也。致柯等书并有云："叔节病颇殆，每念及辄为之累日不怡。傥竟不起，宁不又少一人？天果欲仍以文化起我中国，甚愿天之先有以起吾叔节。一粒之谷，食之不足饱，种之则可推衍陇亩，蕃育万方，非细故也。"上段书并有云："读书种子，日少一日……林畏庐与姚叔节两先生后病殁，至为痛惜。树铮辟地频年，奔走南北，兄姊亲爱，死丧迭仍，皆为私痛，未至过戚，惟两翁之殁，不能去怀，每一念及，辄复涕零。"对所交文学耆旧，风义之笃，尤可概见。上段书又云："钧座不欲重整吾华厚施当世则已，如欲之，舍昌明经训无他术也……物质器械，取人成法，即足给用；礼乐政刑，非求之己国，不足统摄民情。且各邦政学，皆在我经训下。二十年之后，全球大小诸国，不尊我经训为政治最精义轨者，树铮不敢复言读书，妄论天下事矣，惟钧座及时图之。"可谓极热烈之尊经论者,(《建国诠真》教养章亦极言尊经之必要。)致柯等书谓八比文(列填词、南北曲后)亦"中国文学粹脥",可与《国闻周报》第十一卷第四十五期载拙著随笔所述参看。(又钱基博《明代文学》于八股文特列专章,论之颇详,谓:"自科举废而八股成绝响,然亦文章得失之林也。")

其《建国诠真》一书,盖著于民国十年秋冬间,为发掘政见之作,分国体(统一、民主)、宪旨(昇政权、平责任)、国会(别资格、减议额、增岁费、持风宪)、政纲(严节制、任法规、修文学)、官制(中枢总管纲要、省权上合下分)、用人(限资格、定任期、避亲籍、严考成、禁兼职、减员额、绝杂任、厚薪俸、诛贿墨、慎名器、明赏罚、核荐引、勤育材)、仕风(重行检、尚气节、芟酬应、勤读书)、邦交(抱信守礼、确保主权、默察恩怨)、吏治(清户口、立田籍、治道路、通沟洫、督警术、务农桑、植林木、练吏材)、民俗(导德礼、崇勤俭、重然诺)、市乡(辅自治、登耆贤、备荒歉)、教养(尊经训、重史籍、娴艺术、课事规、迫设民校、官立末年、同言文、作礼乐)、军政(讲品学、勤训练、厉简汰、重章制、时移调、化省界、专事权、奖制械、昌马政、备舰艇)、财政(谋开源、劝节蓄、严出纳、正圆法、税奢靡、整盐课、采林鱼)、工艺(先常品、务坚洁、竞美艺、制机器)、商业(睦联络、集公司、竞航运、察奸侩)、铁路(募公债、集外资、厘价章、杜弊窦、制车轨)、电报(展杆线、减价额、除译费、停官差、矫积习)、垦牧(掌经纬、殖牧畜、设兵屯)、矿务(联股金、广开采、培工师)、刑法(明国律、顺民情)、边徼(伏礼遇、启文明、屯兵备)、侨民(诚爱护、坚团结、勤慰视)各章,而冠之以"述诣〔旨〕",殿之以"叙论",范围颇广泛也。述诣〔旨〕有云:"吾抱建国之略,亦既有年……谨以报国之忠,敬从南北诸贤之后,致力于建国之业,冀安吾民而致太

64

平，爰举一己智能所及，阅历所积，素循为施政之准者，铨其真旨，笔而出之，与吾民相见以诚。虽仅提大略，未能析及细务，而纲领要不外是。"亦颇自负；而书成未为世重，十余年来，此书若存若亡，罕有称述及之者。然所论亦有可观处，如谓："大抵安民之政，利在万世，亦不肯害于目前；利遍众庶，亦不忍遗于孤独。尧、舜饥溺由己，无一夫不得其所，文王视民如伤，望道而未之见，何则？推己以及人，故忧深而虑远也。今之言乃曰：'吾为万世计，不能顾惜目前；吾为大众福，不得姑息寡弱。'呜呼，何其忍邪！抑自文之词，不由其衷邪？吾不得而知之矣。"（见述旨。）颇示仁人之用心。又谓："考各国宪章，就文字而求其大略，率以立法、司法、行政三权鼎峙，而别视其国之特情，稍参错综。吾国地大人众，交通街多阻滞，骤改民主，风尚情志，诸多扞阁，倘墨守法章，遇事拘文牵义，必多后机失时，为民之厉，故必举广大之权，畀之行政，使得便宜从事，无掣其肘，而后可推行无阻，否则虽有成法，不堪依据，其谓宪何！"（见宪旨章，所谓畀此权也。）则与今日论宪者多相合焉。其边徼章中优礼遇，启文明二节，均言及在外蒙时所行，其治蒙政策之自白也，摘录如次：

（优礼遇）从前边隅之地，多不相属，彼此构衅，驯至用兵，威力征服，甘心内附。故边隅之士，视内地为上国，礼达官若天神，但今非其时，不可狃于故习。稍假词色，彼已欢结于心，一言一笑，皆引为荣；设更优加礼遇，必益诚依无间矣。襄闻人言：外蒙王公入府觐谒，若不听跪拜，彼反以为有意疏远，吾窃疑之。前年吾赴库伦，濒行领府训，犹谆谆以此为属，谓：礼节不可过求新式，致启远人疑沮。甫至库，又有人密语吾，谓："公此来，蒙人皆以清例大将军礼相接。彼礼谒时，可不答礼，免其疑为疏彼。"吾皆未敢为然。待与相见，即年在六十以上之王公、剌麻，示以简礼，莫不谓视跪拜为便。吾与答礼，又莫不欢欣鼓舞，群走相语，谓：久闻大将军威重端严，见者不敢逼视，今相见，乃至和蔼谦让云……

（启文明）……前岁吾以治蒙之政，布告全蒙，（按树铮之为西北筹边使，内蒙亦列入所辖。）有倡文化一条。回京后，枢部有人大不谓然，谓："蒙中文化果兴，人智果开，恐非执事所能制服，是贻国之戚也。"吾应之曰："否否，不然。执事所见太褊。吾特虑蒙中文化未能遽兴，蒙人智识未能尽启耳。蒙智果开，必自审其不能离汉而自存。且即令能自立为国，必知与漠疆左右救援，谊同手足。若为强邻攫去，则害之中于我者，果将何如……"

优礼遇一节，盖对世传其在外蒙专以威力劫制，隐为解辨焉。本章又云："边徼屏障内地，若四肢之于腹心，若毛革之于血肉，若函帙之于书画，辅车之依，安危所系，不容忽视……蒙、藏诸部，人我版图，已历数百年，迄于今日，精神气脉，转若离若合，若相属若不相属，或变端日出，或竟欲据地自王，或转侧难安，不脱强敌之笼罩，或尚密布鲸吞之策，或已公然断割以去。昔也日辟国百里，今也日蹙国百里，俛仰山川，而能不黯然以悲，悚然以惭，忿然以愤，崛然以起者，其人必无心肝矣。然失事于前者，错已铸成，不妨姑置议外，其尚未失事及将次有失事之虑者，殊不容不亟起策之矣。绸缪未雨，虽后其时；亡羊补牢，幸无再晚也！"在内地已成边徼国难严重之今日，吾人读此，其感想更何如乎！

树铮在外蒙时，《致姚仲实兄弟书》，述治蒙及讲学事有云：

到边以来，诸事妥遂。民智虽不开明，好生好利之心，人所共有。为之长上者,因其势而导之,俾各遂其生,均其利,天下决不至有不化之徒,国步亦无不日见起色。正不必多事张皇,徒秒耳目,此树铮所确信者。临民治事,一准此旨,目前进诣〔旨〕,虽不见速,然春园之草,日增不已,似较揠而助之,为有可凭。先生以为然乎,否乎?日前为僚属讲孟子专拒杨墨,杨氏为我,易动愚人耳目,墨氏兼爱,有似乎仁,而其弊皆作以害天下,较他说为更烈,因更针对蒙俗,痛说为我兼爱所以为害之实。蒙员中竟有点头太息,私相告语,谓:"曩知孟氏与杨墨争辩不已,不知杨墨之罪何在,今始恍然知孟氏用心之远。"亦可喜之一事也。又,孔子言仁,孟子始兼言义,先儒多谓仁以辟墨,义以辟杨。是日在讲堂中忽悟一解:孟子言仁以辟为我,又恐为兼爱所袭,故以义定仁之限,是义所以辟兼爱也。汉员中亦有点首者。不审此说于理安否,前入亦有论及者否,敢以质之皋座,幸赐教及。此两事在塞外可称创闻,辄不避自夸之嫌,远以奉报,先生其一哂否?

亦可见其在蒙有心文治之一斑。盖身统雄师,躬任边帅,而犹有秀才风度焉。失势之后,闻库伦发生变故,于其《再致柯凤孙王晋卿书》中有云:"树铮在库设防未周,致不坚牢。近闻噩耗,只有向国家默自引咎而已。人之是非,不足论,亦不必论也!"作引咎之语,襟怀颇达。

《独立评论》第一九八号载张忠绂《外蒙问题的回顾》,于树铮致责备,前稿略引之。继见徐道邻(树铮之子)《外蒙问题回顾的疑问》载于《独立评论》第二〇三号,根据家存当时文语电之抄稿等,对张氏所论,加以辩驳,结论谓:"张先生一篇外蒙撤治的叙述,对于当时事实实在过于隔膜,而所得材料又太缺乏,所以成见过深,而论定失当,或不免轻言妄论之嫌。"《独立评论》第二〇四号又注销张氏《答徐道邻先生关于〈外蒙问题回顾的疑问〉》,结论谓:"道邻先生所提出的理由和证据,据我个人的看法,并不能推翻我在前文中所下的论断。我不是说我的论断一定就是对的,我只是说,要推翻我的论断,尚须有待于新的史料的发现。在没有足以推翻我的论断的新史料发现以前,我仍然认为我的论断是对的。"(胡适之于此号"编辑后记"云:"《外蒙问题的回顾》引起的讨论,是中国外交史上一件最可欢迎的事。我们希望这场讨论可以使我们格外明了这一件重要事件的真相。")均言之有物之长篇文字也。未知徐氏更有所作,继续讨论否。张氏为有名学者,究心史料,徐氏则名父之子,能读父书,所论均足资研讨此问题者之考镜。

段祺瑞之由天津寓公起为临时执政,赖两大势力之拥持,而此两大势力,均缘事不满于树铮,祺瑞不便使居政地,参密勿,乃优给经费,俾以考察欧美日本之名义,出国游历。树铮率随员十余人,历十余国,所至颇受优礼,其言论丰采,亦颇为诸国所重也。迨倦游归国,遂至北京复命。时内争又启,政局杌陧,知交深为危之,多加劝阻,祺瑞亦力止其来,树铮弗顾。既至京,率随员行。式觐见复命之礼,仪容甚盛,并以全体衔名送政府公报登载,款式一仿外国公使之呈递国书,见者或引为谈柄焉。在京稍作盘桓,以祺瑞等咸促速去,始行,临行犹意态阳阳,自以为无患。车至廊坊罹变,一世英物,竟长已矣;时为民国十四年十二月二十九日之夜,寿仅四十六也。各报载廊坊电云:"(衔略)徐贼树铮,性情阴险,人格卑污,包藏祸心,酿成内乱,毒遍全国,天地不容。先君建章公,曾以微嫌,径遭徐贼惨害,国人发指,同抱不平。承武饮泣吞声,于兹七载,衔此不共戴天之恨,固无时不以割刃仇腹为怀;幸赖先君在天

68

之灵，使巨奸无所逃迹，本月二十九遇徐贼于廊房，手加诛戮，以雪国人之公愤，借报杀父之深仇。临电涕零，伏祈公鉴。陆承武泣叩卅。"又张之江电京报告经过情形云："鹿总司令瑞伯弟勋鉴：卅电敬悉。兄于感日抵廊后，即赴落垡杨村一带，分配驻军，并查看阵亡官兵，曾经电达。卅早返廊坊，据侦探队队长田云清报称：车站附近，发现尸体一具，脑部洞穿，想系被人枪杀，该队长曾向居民调查，据述昨夜有自称陆某者，率领二十余人，声言其父陆建章七年前被徐树铮所害，故将徐氏枪杀，为父报仇云云。据报后，常即亲赴尸地暨各处查看，陆某已不知去向，究竟被杀者是否徐氏，尚不得而知。至死者遗体，当饬洪医官妥为照料。此经过情形也。特覆。小兄之江世（三十一）印。"此亦当时见诸报章者。其事盖若明若昧，而论者谓树铮仓猝殒身，情虽兀突，却不能谓为意外耳。（其后树铮之随员孙象震、韩宾礼、刘卓彬三人，曾通函详述当时状况。）祺瑞闻耗大恸，然以己位方岌岌难保，并未追究。有请其明令抚恤者，祺瑞惧触时忌，迟回审顾者良久，卒亦未果。以树铮与祺瑞之关系，常其死于祺瑞居执政之位俨然元首之际，并饰终之典而无闻，亦可喟也。（未几，政局变动，祺瑞卒被迫辞职，苍黄回津矣。）祺瑞所撰《树铮神道碑》云：

> ……自美启航抵日本，历沪到津，昔电止缓行，且派员阻其来京，特惜拘守礼法，未能通权，信宿盘桓，议论宏通，皆经国大计，默审继起者将无其匹。冬月十四日晚，携随员谒辞南行，微服过余，欲言者再，广坐促晷，未出诸口。至廊房而竟遇害。呜呼痛哉，余之过也，所谓仇者伪也。将军怵目赤氛，义形于色，致力盖犹有待，一言之不谨，遂及于难。虽未竟其志，然杀身正所以成仁。夫人寿不过数十寒暑，毫釐期颐，无功言

之立，宁非草木同朽！古语有云："名是无穷寿"。要在保天
命之性，率性之道，存正气于两间，虽夭亦寿也。颜子短命，不
得道统之传，而名仍出乎曾子之上；忠武纵未偿匡辅宋室之
愿，而功在简册，元、明、清以还，人世景仰尤隆。中外文人哲
士，多为将军憾，想将军当亦可以无憾与！

甚致惋惜赞叹之意。虽未甚贴切，要见其师生之谊，匪同泛泛焉。
（按祺瑞此文，似出自撰或更经人润色，不类完全代笔也。）文中于
到京情形与致祸之由，颇隐约其词。至谓来京以"拘守礼法，未能
通权"之故，事实殆非若是之简单。说者谓实欲助祺瑞挽回颓势，
以谋固位之道，有所面陈，为政治上活动之准备，而其于至京之前，
会访东南渠帅孙传芳，尤极惹人注意也。

树铮至京之前，并会访张謇于南通，谈论颇洽，謇以远大期之，
旋闻其死，挽以联云："语谶无端，听大江东去歌残，忽焉感流不尽
英雄血。""边才正亟，叹瀚海西头事大，从何处更得此龙虎人。"追
怀其经营外蒙之旧迹，而致慨于边才难得，边事难图，不是寻常套
语也。又作《满江红》词以吊之云："策骞彭城，看芒砀山川犹昨。
数人物，萧曹去后，徐郎应霸。家世不屠樊哙狗，声名曾隽燕昭马。
战城南小怯亦何妨，能为下。将玉帛，观棋暇，听金鼓，横刀咤。趁
续完骞传，更编《遵雅》（又铮集名）。反命终申知遇感，履凶不论
恩仇价。好男儿为鬼亦英雄，谁堪假！"亦为一时传诵。

具美才，有大志，论树铮者盖无异词也。所惜者，器局未闳，气
量过狭，其政治活动，敢为非常之举，而鉴识每不克副，故志在匡时
经国，而行事时有可议，结果亦往往反乎所期。迨身死非命，嗟悼
者固不乏人，而称快者亦有之，谓少一挑拨政潮鼓动内战之人矣。
平情论之，树铮自为不可多得之人才，然究尚是第二流人才，使遇

望实交隆才德兼优足以冠冕群彦之第一流人才，居倡率之地位，领导而驾驭之，裁成而陶镕之，其有造于国家人民者，当未易量，何至多目为危险分子，身后犹毁誉相参乎！（其活动关于政潮及战争者诸事，将来惇史当有明确之记载，兹不备叙，前稿惟略述府院交恶情事一节，聊著缘起而已。）　　　　六月二十二日脱稿

（原载《逸经》1936 年第 10 期）

# 二十二　由"老头子"问题而介绍所谓"家书"

纪昀才思敏捷,以工为谐谑巧于应对见称,趣事相传甚多,而其中殊不乏附会;高名久播流俗,遂为传说萃集之的,此亦自来通例也。世谓昀尝呼清高宗为老头子,不意为所闻,诘之,昀以巧言解释,竟使霁怒。此项话柄,屡见记载,率谓昀尝有此事。如易宗夔所辑《新世说》卷一"言语"门有云:

> 纪晓岚在翰林院,与同人聚谈。高宗微行来院。时值盛暑,公方肉袒,遂匿复壁中。久之不闻人语,公遽攘臂出曰:"老头子行矣?"帝实未去,公大踧踖。帝问何谓,公跪对曰:"万寿无疆之谓老,首出庶物之谓头,昊天子之之谓子。"帝乃称善。

署"小横香室主人"者所辑《清朝野史大观》卷六(清人逸事)有云:

> 河间纪晓岚先生,一日在朝房待漏,坐久倦甚,戏谓同僚曰:"老头儿胡尚迟迟其来?"语未已,履声橐橐起于座后,则高宗微服至矣。厉声问"老头儿"三字何解。先生从容免冠顿首谢曰:"万寿无疆之谓老,顶天立地之谓头,父天母地之谓儿。"高宗乃悦。

杨汝泉所辑《滑稽故事类编》诡辩类收此项话柄二则,其一同于《清朝野史大观》所收,第二则云:

纪氏与乾隆君臣之间，往往于退朝后私见，所言多诙谐之谈。纪氏体胖而畏暑；当盛夏时，汗流浃背，服衣尽湿。时纪入直南书房，每出到便殿，即将衣服除去纳凉，久之而后出。乾隆闻内监言，知其如此，某日故意有以戏之。时纪与阁臣数人皆赤体谈笑于某殿，忽乾隆自内出，各人仓皇穿衣，纪又短视，乾隆至其前始见之，时已穿衣不及，急伏于御座之下，喘息而不敢动。乾隆越两小时不去，亦不言。纪因酷热，不能忍耐，露其首以外窥，问曰："老头子去耶？"乾隆笑，诸人亦笑。乾隆曰："纪昀无礼，何得出此轻薄之语？有说则可，无说则杀。"纪曰："臣未穿衣。"乾隆乃命内监代穿之，匍匐于地。乾隆曰："汝何得称朕曰老头子乎？"纪对曰："此都中称皇上之普通名辞也。夫称曰万岁，岂非老乎？君曰元首，得非头乎？皇上为天之子而子万民，以谓之子也。"乾隆竟不能难，纪老可谓辩矣。

此三者，皆向所相传为昀之事迹，易氏等撷录旧说入书者也。外此当更有述昀事而为大同小异之记载者，不及备引。就此三则视之，一曰在翰林院，一曰在朝房，皆远于情理；一曰直南书房事，虽所述情节亦嫌支离，而以地点论，较为近之，惟"便殿"云云，仍欠分晓。南书房有便殿耶？抑直南书房者可随意到各便殿休憩纳凉耶？均不了了语。而昀虽文学侍从之臣，考其宦历，固未尝供奉南斋，亦见传说之失据耳。其确曾供奉南斋，而传有"老头子"故事者，为康熙时何焯。礼亲王昭梿《啸亭杂录》卷九有云：

何义门先生值南书房时，尝夏日裸体坐。仁皇帝骤至，不及避，因匿炉坑中。久之不闻玉音，乃作吴语问人曰："老头子去否？"上大怒，欲置之法。先生徐曰："先天不老之谓老，首出庶物之谓头,父天母地之谓子,非有心诽谤也。"上大悦,乃舍之。此钱黼堂侍郎(樾)亲告余者,以南书房侍臣相传为故事云。

昭梿为亲贵而究心掌故者,且与昀年辈相接,曾共朝列,使昀果有"老头子"故事,不应言之凿凿,而反误属诸焯也。(以告昭梿之钱樾,乾嘉时由翰林官至侍郎,以上书房行走久直内廷。)此项话柄,如非子虚,要以属焯为近是,盖与昀了无干涉。话柄(或实或虚)流传,沿而歧出,虽支流每有异同,而大端同出一源,如斯之类,余尝屡言之矣。焯虽亦有名学者,而声誉之家喻户晓,普及而通俗,视昀自远不逮,其为昀所掩,亦无足怪。(杨君辑成《滑稽故事类编》,系于民国二十二年出版,体裁为荟萃含有滑稽性质之群言,分类排比,颇称佳构,惟本非考证之作,余见其书,因与略论纪、何之辨,而以为另一问题,于本书之价值无伤。是年杨君续以所辑《滑稽诗文集》出版,自序言及此节,颇以为然,并谓:"此类例证不独近古有之,即汉时已多此类附会之传说,如《前汉书·东方朔列传》赞曰:"朔之诙谐逢占射覆,其事浮浅,行于众庶,童儿牧竖,莫不眩耀。而后世好事者因取奇言怪语,附着之朔。"可互相印证。如"杯弓蛇影"一事,脍炙人口,《晋书》以为乐广与其亲客事,以史为证,似可置信,然汉应劭《风俗通义》所载,则属应郴与杜宣事,郴为劭之祖父,是劭之所记,当非附会者。诸如此类,事例至夥。"通论也。)何、纪二人之外,更有以属他人者。胡思敬所辑《九朝新语》"机敏"门有云:

乾隆间,有人呼上为老头子,为上所闻,问刘文正曰:"此何解?"对曰:"万寿无疆曰老,首出庶物曰头,父天母地曰子。"上大笑。

则谓以巧言解释"老头子"者为后于煒而前于昀之刘统勋。"一恶化三清","老头子"话柄淘纷纭哉！（余阅书愧少，限于见闻，何、刘、纪三人而外，或更有他人其兹话柄，见诸记载，而为余所未知者。）

相传之昀与"老头子"话柄关系。余既言其不可靠，乃坊间则有所谓"纪晓岚家书"者出售，（上海××书店印行，署曰"虞山××阁主编次"。）其中明明列着"寄内子"自述"老头子"事之家书，特照录于下：（此书之前列一书，亦"寄内子"，系言由戍所还京，派入军机处，因有连属之关系，并录之。）

（寄内子）四年谪戍，一旦还京，在尔闻之，必然喜溢眉梢，额手相庆，在我沐此天恩，愈觉报称为难。盖身当言路，若壅蔽天聪，是谓溺职，若学铁面御史，据直上闻，必为怨府。惟冀早日脱离此职，便可免却许多烦恼。余曾以此意语诸董尚书，尚书曰："兄且少安毋躁。而今否运已除，不日将为兄道贺矣。"余讶其语言吞吐，请申其说。尚书曰："皇上谓兄有运筹帷幄才，在乌鲁木齐，襄赞伊犁将军，平定蒙匪，殊堪嘉尚，现在军机处人才缺乏，皇上颇属意于兄，当贺不当贺？"余尚未之信，不料阅三日果然降旨，派余入军机处。将有官报到家，不论来人多少，只须赏银四两。余本拟乞假归里，现在只好姑作缓图矣。

（寄内子）哈哈，余险乎又赴乌鲁木齐效力！盖因近日京中酷热，为历来所未有者，余素性畏热，而日须穿长袍，入值军机房，苦不堪言。昨日酷热更甚，诸大军机皆未入值，只有余与一朱姓章京，余便放浪形骸，除去长袍，高踞胡床，披襟执扇。正在独乐其乐，朱章京忽顾我低语曰："圣驾来矣。"余如闻青天霹雳,惶遽无措,不及穿袍接驾,一跃而下,匿身坑后。久之,不闻声息,只道圣驾已去,探首谛视,奈余之眼镜摘除在公案上,目光模糊,但见坑上一人,面朝外而背向内,只道是朱章京,问之曰:"老头子去几时矣?尔奚不关切一言,免得余蜷伏坑下?"讵知那人怒目返顾曰:"派尔在此办公,谁教尔蜷伏坑下!"余闻口音,知是皇上,直吓得余屁滚尿流,势不能仍匿坑后,只得匍伏叩头请罪。皇上曰:"擅敢称朕'老头子'该当何罪!"余叩头强辩曰:"此是臣下尊敬圣上之意。'老'犹言天下之大老,'头'即元首之义,'子'即子元元之意,宋儒尊称皆曰'子',如孔子、孟子皆是也。"皇上曰:"尔自恃口才敏捷,还敢强辩饰非!今有一成句曰:'此地有崇山峻岭茂林修竹。'随口对来,恕尔无罪!"余应声对曰:"若周之赤刀大训天球河图。"天颜始霁,挥令起去。圣驾仍由后轩还宫。余至下午退值还寓,即草此函,犹觉心头忐忑。幸遇圣上优容,未曾加罪,然而余胆几乎吓破也。此皆由于目光短视,素性畏热所致。古人云,慎言寡过,洵不诬也。

倘此所谓"纪晓岚家书",果是昀之手笔,则此桩"老头子"公案,主人公显然有在,不烦致疑矣。惟文字类乎不类乎?事迹信乎不信乎?昀一生宦历,由翰林官至尚书协揆,历历可考,几曾一日任职枢垣?而曰派入军机处,遂在直房发生"老头子"交涉,"崇山峻岭"一联亦遂附带而为此际产物,直匪夷所思也!(军机大臣可因天热而皆自放临时暑假,及孔子、孟子之称由于宋儒,均妙。)所录前一"寄内子"中其余之言,亦足令稍知昀之历史者兴莫名其妙之叹。此部"家书",或取材于《阅微草堂笔记》,或就相传之话柄任意结撰。"老头子"话柄,流传已久且广,自不肯被其轻轻放过,于是漫加渲染,大放厥辞,而成此妙文焉。"家书"并弁有所谓"著者小史"亦颇有标新立异之点,(入直军机处一层,却亦未道及。)并云:"先生家书,素不经见。近在河间张氏庋藏秘本中,觅得若干篇。其着墨迥异庸俗,具见才人肇致,要非常人所可冀及者也。"此等"着墨迥异庸俗"之"才人笔致",岂但"非常人所可冀及",其出色惊人之处,即令纪晓岚复生,捧而读之,或当"如闻青天霹雳""直吓得屁滚尿流""胆几乎吓破也"!

　　"纪晓岚家书"之外,尚有其它名人"家书"若干种,同为虞山××阁主所"编次"亦由××书店印行者,光怪陆离,可称蔚然大观。不暇遍览,偶为翻视,如所谓"李鸿章家书"第一篇云:

> 　　(禀父母)月之初八日,接诵手谕,命儿为官清正,毋作贪想,临事尤宜谨慎等,敢不遵命?当儿来此接篆之时,一般谋缺者纷来道贺,户为之穿。彼等有愿以巨金为儿寿,儿弗论财物,却面壁之,盖不义之财,不取为是也。

虽寥寥数语,亦成妙文。"李鸿章"之"才人笔致",与"纪晓岚"不相上下也。鸿章之在仕途,其地位有接篆而令谋缺者以巨金为寿之可能,最早即江苏巡抚,他姑不论,斯时其父文安之卒已七年矣,(同治元年鸿章始拜苏抚之命,其丁父忧则咸丰五年事也。)乃居然街有父可禀焉,妙哉,妙哉!又如所谓"袁世凯家书"第一篇云:

> 　　(与叔保恒书)侄世凯禀叔父大人侍下:九月二十一日,奉到赐示,谆谆告诫,相勖以刚日读经,柔日读史,专力于闱艺策论,腹笥既充,下届秋闱传战,定卜夺得锦标矣。捧读之余,具见勉励之殷,爱矜之切,溢于言表,使侄愧感交并,不知涕泗之何从。侄自小天分不足,素性顽钝,不好读书,稍长日与庸鄙者处,七窍尽被芳草封塞;旋经益友规诚,稍稍致力于文章

词赋间,期年得青一衿。侄不自知侥幸得此寸进,反视学问与功名,可猎取而得,无待钻研攻苦者,才能作得几句时文,公为苏、韩可学而至焉,才能吟成几什俚句,以为李、杜亦可学而至焉,于是广结文社,按期课艺,欲思尽涤旧染之污,克成袁氏之佳子弟,讵知屡试秋闱不第,锐气为之一挫,操劳而成略血之症,锐气又为之一挫。居常每自窃叹,苍苍者天,何限我以天赋,勒我以学问,若斯之酷耶!再图以文章猎取功名,只恐画饼难以充饥耳。故自闱后返里,意志颓唐,经、史、子、集,尽束之高阁,几如祖龙劫后,只字无复寓目,惟日与二三同里少年,驰马试剑,以习武功。侄已逾终军请缨之年,倍切定远从戎之志。至于从青灯黄卷中博取紫袍玉带,则略识之无者,不敢再作此梦想矣。侄之苦哀,如是如是,愿大人留意栽培为幸。肃此谨请万福金安。侄世凯谨禀。

袁世凯虽尝应乡试,岂是以秀才资格?几曾“得青一衿”耶?(误以世凯为秀才者颇不乏人;如张孝若《先父季直先生传记》第一篇中,亦有此误。世凯为总统时,沈祖宪、吴闿生承旨合编之《容庵弟子记》,记其在胜清时事历颇详,应有尽有,并未言曾为秀才。异途入仕者,履历上视生员极重,如异曾入黉门,焉能略而不书乎?)此篇妙文,却大有半通秀才风味;一代枭雄,酸气扑人矣!信手向下翻视,则奇妙之文极多。姑再节钞一篇:

(与夫人书)……予得附直督李公幕下,三月于兹,昨日升充一等文牍员……盖督署中幕僚,除老刑席外,余者都属翰林进士,从未有以生员得列督署幕下者,今余破天荒,竟厕身于一等幕宾之列,其间有以翰林资格屈居二等,经年未得擢任者,尚有二人,予之位置,本是彼二人中之升职,所以若辈啧有烦言，日伺予隙。前日予适为友人招饮妓寮，若辈暗地侦悉之，进谗于居停娇客之前。盖佩纶屡听毁余之谤言，已不如初来时之器重，今闻余挟妓招摇，恐有累乃岳之声威，遂差弁至妓寮，召余返署，饱受一场训斥。余明知为同僚所诬陷，但嫖妓已证实，虽具苏、张之巧辩，亦难洗刷干净，惟有唯唯忍受而已……及见恒叔，以告菊人之言禀之。彼即掀髯大笑曰："如何，如何，余之前言尽验矣！以余愚见，还是用功为上策，否则督、抚署中几无汝容足地矣。"余云："提署中极多秀士作幕宾者，并且接近武事，甚合予之私愿，望我叔留意栽培之。"恒叔云："尔既肯屈就，吴公长庆现任山东提督，前月来书托我物色人才，彼系尔叔祖一手所提拔者，尔去必加青眼……"

世凯曾为李鸿章之一等文牍员，怪话一！当时有山东提督专官，怪话二！吴长庆是山东提督，怪话三！袁甲三一手所提拔，怪话四！世凯未到长庆处之前，张佩纶已为鸿章之娇客，怪话五！袁保恒却尚健在，怪话六！其余怪话，不备举矣。此所谓"袁世凯家书"，怪话累累，殆无一篇不大奇，无一篇不大妙也。

叹观止矣，更有他"书"，吾不敢请矣！未能见怪，敬为介绍。好读异书者，大可将此类"家书"完全购而一读，（上述三种之外，余为"张之洞"及"林则徐""胡林翼""彭玉麟"等"家书"。）奇文共欣赏，亦一消遣法。

（原载《逸经》1936年第17期）

# 二十三　文病偶述

　　清自光绪庚子之役以后,内而政府,外而封疆大吏,相率而以办新政、讲新学为务。对外则力事亲日,惟冀同文同种文明先进之友邦,指导我,援助我,一时派送留日学生极多。毕业归来,虽为期仅数月之所谓速成班,亦极见重于时,若今日之崇拜西洋博士也。新法制、新学术、新思想,既由东瀛大量输入,日本之新名词,亦随之而至,一般文人受其渐染,此种新名词,成摇笔即来之势。张之洞(由湖广总督晋大学士,内召为军机大臣,兼管理学部事务)本以在鄂努力建设新政开办新式学堂著闻于众者。然自负儒臣硕学,目击日本名词之流播,在京朝,在各省,滔滔皆是,大惧国粹沦亡,因思作中流之砥柱,挽既倒之狂澜,特设存古学堂于湖北,以树风声,并对文中用日本名词者,表示深恶痛绝之态度。其在学部事,江庸《趋庭随笔》有云:

　　　　光绪季年,日本名词盛行于世。张孝达自鄂入相,兼管学部,凡奏疏、公牍有新名词者,辄以笔抹之。且书其上云:"日本名词"。后悟"名词"两字即新名词,乃改称"日本土话"。当时学部拟颁一检定小学教员章程,张以"检定"一字为嫌,思更之,迄不可得,遂阁置不行。

　　盖大势所趋,习用已广,之洞所为,不免徒劳矣。至恶"检定"字样而将章程阁置不行,事尤可哂。(《趋庭随笔》之命名,言受教于父也。庸父瀚,清季尝官学部参事。)学部之设名词馆,当亦之洞之意;"名词"二字,竟无以易之也。此馆以能用中国古书之词译西书之严复主其事,拟将新名词悉以经籍中所固有者更定,为一种正名葆粹之工作,然并未闻其工作有何等成绩,且不久此馆即若存若亡云。

推之洞痛嫉新名词之由来,似未始不亦因当时滥用新名词,牙牙学语,文理不通之作品不少,而认为寔有力矫其弊之必要。兹试举清季文病之一例。光绪二十九年癸卯上海商务印书馆创刊《绣像小说》(为一种小说定期刊物,每月两期,共出七十二期),内有《负曝闲谈》(著者署名"蘧园",或谓即南亭亭长李宝嘉,未知然否)一种,其第十九回中所写一篇《自由原理》译本之序文云:

> 自由者,如人日用起居之物,不可一日而废者也。故法以自由遂推倒拿破仑之虐政,美以自由遂赞成华盛顿之大功。我中国二千余年,四万万众,其不讲自由也,如山谷之闭塞,如河道之湮淤,所谓皇帝子孙的种种同胞,皆沉埋于黑暗世界之下。呜呼!人心愦愦,世道昏昏!"不自由,毋宁死!"此欧洲各国上、中、下三等社会人之口头禅也;我中国安有如此之一日哉?是书为日本博藤太谷原著,阐发自由之理,如经有纬,如丝有纶,志士黄君子文及某某二君,以六十日之局促,成三万言之丰富,诚擎天之一柱,照夜之一灯也。但使人人读之而勃发其自由之理想,我中国前途其有望乎!

模仿当时所谓"志士"一流之不通作品,(杂凑新名词,兼效颦梁启超《新民丛报》腔调),甚为妙肖肯,阅之足见一斑。(《自由原理》,实有其书,乃清季马君武之译品,与严复所译之《群己权界论》为同书异译。《负曝闲谈》盖信手写一书名,恰与相合,非对马

81

氏译品有何意见也。)然此犹意在讽刺(照鲁编《中国小说史略》第二十八篇《清末之谴责小说》之说法,亦可谓之"谴责")者所为也;请再举一正面文字之例。

宣统二年庚戌上海群学社出版标曰"立宪小说"之《未来世界》(著者署"春帆"。出单本之前,系先逐回在一种小说定期刊物《月月小说》发表者),第一回《恣说论反观立宪镜,喷热血呼起中国魂》,为开场白,其言云:

立宪! 立宪!! 速立宪!!! 这个立宪,是我们四万万同胞黄种的一个紧要的问题……我们中国自从组织了完全的政体以来,直到现在,四千余年,也不知经了几劫的沧桑,换了许多的朝代。一班皇党贵族里头的人……也没有一点改良政体的思想,只晓得用着那专制的君权,施着那强硬的压力,把那一班同胞的百姓,黄种的国民,弄得个塞了耳目,窒了心思……最可笑的是一班草莽英雄,举兵起义,东荡西除,居然的定了天下,成了大功,他自己原是个民族出身,推倒了专制政府的威权,成了个独立自由国度,该应是崇拜民族主义的了,谁知他另外有一番卑鄙的心思,更说着一派荒唐的议论,只怕他自己死了,到了他子孙手里,仍旧被那些民族里头的豪杰,夺了他的权力,灭了他的主权,所以非但不肯改良政体,并那以前的专制手段越发伸得利害了些……偏偏的当着这个列国争强的时代,中国的百姓,具着这样的奴隶性质,那里还振作得出来,把一个好好的支那全国,弄得个主权削弱,种族沦亡,差不多竟成了那几个强国的领土,眼睁睁的看着那欧风美雨,横波中原,莽莽神州,不分南北,你道可伤不可伤……专制有专制的时代,立宪有立宪的时代,民主有民主的时代……大抵那专制的时代,是政党的资格完全,民党精神腐败;到了那民主的时代,便是民党的思想发达,政党的人格不完……中国目今的时势,既不是那革命民主的时代,也用不着这专制政府的威权,政党中人的资格,自然还没有组织完全,民族里头的精神,却也不见得十分发达,两两相较,轻重适均,除了立宪,更没有别的什么法儿,所以在下做书的竟下了一句断语道:中国这个时候是为立宪之时代……立宪的这个事情,不是凭着那政府的几个大老,外省的几个重臣,就可以自由便组织这个宪法的,要叫那天下二十二行省,全国四万万同胞,一个个都晓得自己身上有对于宪法的问题,有赞成立宪的义务,成了个完完全全立宪以后的国民,这才算得是立宪,这才算得是自强……

书中所写设想为实行立宪以后之事,其最伟大之人物曰陈国柱,即于第二回《陈国柱演说警同胞》出场。其脚色,所叙为:"浙江杭州省内,有一个民立的学堂,叫做民智学校。学堂里助总教习,却是富阳县人,日本早稻田大学毕业生,叫做陈国柱,是个时下的大名家,学贯中西,兼通物理,声光化电,无所不通,东西文字,无所不习,最专门的是英、德〈、法〉三国的语言文字,更兼侠气凌云,热肠照日,身才奇伟,骨格魁梧,真是个爱国的好男儿,热心肠的大豪杰。"下文云:

看着一班同胞的国民,一个个总都还有些糊里糊涂,不明白这个立宪的道理,他便想了一个法儿,每到礼拜日休息的日子,他就拣一个人烟繁盛的地方,借个公所,当场演说……这一天正是陈国柱演说的日期……开口说道:"诸君,诸君,可喜现在的中国,竟成了个立宪的国度了。我们一班人,都是同胞的国民,都有赞成的责任,但是如今的〈时〉代,宪法还没有十分完备,民智还没有十分开通,想也是诸君所晓得的,我们既有赞助的责成,就有调查的义务,须要细细的研究这个原因,究竟是个什么道理呢。诸公可晓得这个宪法为什么还没有十分完备? 这就是国民的资格没有完全的原故,并不是宪法有什么缺陷的地方,所以国民的思想,和着这个宪法的规模,竟是一个大大的国体,国民的资格不完,宪法的规模不备,这就是我们中国立宪时代的现状了……"

堆砌新名词,极缠夹之能事,此项语体妙文,视上引所谓《自由原理》序之一篇文言妙文,更足资唱噱。二种妙文,均可代表清末流行一时之一部分作品也。在今日观之斯类文病,已成陈迹,盖日本名词之于国文,已如油入面,混合日久,当年生吞活剥笑柄累累者,早归淘汰矣。

今日乃更有一种新文病,则为极端欧化。堆砌西文译语,完全袭效西文文法,钩章棘句,诘屈聱牙,玄之又玄,莫名其妙。今日一部分作家,有如是者。林语堂君曾迭论其非,如见于《宇宙风》第三期在"不知所云"标题下引某作者之"名句":"同样在法国小说家普劳斯特也有同样的倾向,他小心地描写一些最无关重要的动作,并且用他特殊的——法国市民的与贵族中的最特殊部分的眼光,给与最特殊部分的——站在支配地位上的最最少数的人物以极精细的描写,不过在这一方面,他是触到了难比的深度同阔度的。""可是心理分析(Psychoanalysis)这方法,在十九世纪初年度发现的时候,原有作为一种极巧妙的剖解人生,理解人生的工具,而今日却被他们利用来掩盖同粉饰活生生的现实的雄姿的工具了。""当市民由进步退为保守,而逐渐没落时,当艺术的自由,创作思想的执拗,超然的文学的存在与发展的可能性同离开社会与政治的文学的独立性等等被热烈地主张着与拥护着时,就有许多作家,在不知不觉之间,缩小了他们对于现实生活观察的范围,放弃了它的广泛的同全面的研究,而停顿于'自己灵魂的孤独',再由于欠缺实生活的认识,自我思想的深化同固执等而隐身于'认识自我'的无结果的企图之中。"评曰:"字句枝节,可以拗断你的廿八根牙齿,而吃不到一口东西。"又曰:"此文如是翻译,不声明为翻译,便是不诚实,且译笔也太那个。如果不是译的,那末中国人请讲中国话。"又如在《人间世》第二十八期所载《今文八弊》(中)有云:"今人一味仿效西洋,自称摩登,甚至不问中国文法,必欲仿效英文,分'历史地'为形容词,'历史地的'为状词,以模仿英文之 Historic-al-ly,拖一西洋辫子,然则'快来'何不因'快'字是状词而改为'快地的来'……此种流风,其弊在奴,救之之道,在于思。"均极中肯。又徐懋庸君有《摩登文章》一文(见《人间世》第二期),指摘上海一篇电影说明书文理之谬,结语有云:"我相信这是一种摩登文章,是我辈虽然不懂而另外有人能懂且以为佳的文章。我辈还当怪自己不能摩登,不懂摩登。并且事实上,这类文章很是流行,不仅见于影戏院的说明书而已。"亦慨乎言之。所引一篇,虽未犹十分欧化,而亦可云力学摩登,固支离而欠分晓者也。

电影院之营业,至今尚可号为一种摩登营业,其说明书用"摩登文章",犹不甚可怪;乃有绝非摩登之营业者,亦居然以"摩登文章"作宣传之用,斯尤足述。北平吴恒瑞茶庄(在宣武门内),茶业中多年老字号,久有相当声名者也,近偶见其新印之门票(门市售货加于货包上者),缀有如下之宣传语:

> 本庄以天然佳产,运用科学进化,对于采摘熏焙之技术,
> 日益精明,历年以来之进步,深蒙社会之辅助,而发展本庄服

务的精神,自当随时代之轮齿,完成人类的幸福,使国产达到极度的目的。

不知系请何等摩登作家,为撰此"摩登文章",盖追逐潮流,大费苦心矣。"这类摩登文章很是流行",殆所谓应运而生者歟。

汉滨读易者(辜汤生)《张文襄幕府纪闻》一书,多解颐语,其卷下有一则,题为《不解》,文云:

> 昔年陈立秋侍郎,名兰彬,出使美国,有随员徐某,夙不谙西文,一日沪西报展览,颇入神,使馆译员见之,讶然曰:"君何时已谙悉西文乎?"徐曰:"我固不谙。"译员曰:"君既不谙西文,阅此奚为?"徐答曰:"余以为阅西文固不解,阅诸君之翻译文亦不解,同一不解,固不如阅西文之为愈也。"至今传为笑柄。

盖调侃译笔费解者之说也。特附录之,愿今日译家之直译而使人"不解"及作家之欧化而"不知所云"者,均一读焉。

(原载《逸经》1936 年第 18 期)

# 二十四　关于段祺瑞

　　段祺瑞在清季为袁世凯(北洋大臣)部将时,即见称"北洋三杰"之一。辛亥革命之际,祺瑞以北洋宿将为清军前敌统帅,与世凯(内阁总理大臣)内外相呼应,共事覆清,卒以倒戈向阙之势,两电促成清室之退位,论功在民国元勋之列,声名丕著,海内属目焉。其后祺瑞有《往事吟》之作,咏胜清旧事云:

　　国家兴与衰,人才为转移。商周国祚永,佐治称吕伊。宰相须读书,意在宗宣尼。行义达其道,推诚勿相欺。章句有大儒,惜难一律窥。发逆猖獗甚,畿辅为之危。戡乱曾胡李,终朝羽檄驰。身在戎行里,举止不忘规。稍安数十载,充耳颂扬辞。随班庆升平,无非相谐嬉。文学诸大老,唱和韵矜奇。自命为清流,浊者究是谁?官守言责在,立异费猜疑。武功为陈迹,秉政讲平治。筹策能贯澈,放目六合弥。元元歌鼓腹,且固吾藩篱。殊知徒专横,内外相乖离。购舰三千万,林园供虚糜。国防未习闻,意气益恣睢。甲午势必战,坚确相主持。养兵为卫国,责言重鞭笞。北洋敌日本,合肥一肩仔。其它廿二省,何尝有所资?当局观壁上,翘首捻断髭。全体都麻木,和缓岂能医?独惜去不早,胡可相追随?失败不负责,委为非职司。庚子复仇教,八国决雄雌。亲贵嘉其义,强悍猛熊罴。三数贤辅佐,致身肝胆披。夸大仅一触,随即撤殿帷。责难严且厉，国几不堪支。旧都还须臾，气概复诡诡。举国兼圻九，强半出八旗。造化神莫测，世事一局棋。剧变出非常，运会似使为。欧化渐东侵，思潮随蓄滋。立宪请求再，待时尚迟迟。造言生事辈，抵隙信口吹。满籍腾达速，相形见参差。种族连类及，怨愤出讥訾。游学既归来，劳诲宜兼施。制军优礼遇，不免骄纵之。人才为败坏，尚复何所期？不合中正道，好恶成偏私。尔时两江督，亦谓道在斯。依附出青云，无术何瑕疵？新迁大司马，郎中曾几时？策画有良弼，下士更可师。沽名礼法外，造乱诚可悲。不重威已去，无形解纲纪。青年经奖励，狂妄岂自知？一往无忌惮，异说足寻思。终为辟所误，纷纷入路歧。边鄙说革命，闻者若聋痴。从中广传播，远推极四陲。附会惑民众，民心失无遗。缔造千万苦，立此太平基。渐成崩颓势，不堪手一麾。造因由来久，识者徒噫嘻。

盖仿诗史性质，自抒其对于胜清自咸同军兴以迄覆亡之论断。祺瑞非文人，不以诗鸣，能有是，是亦足矣，可玩味其旨趣，不必校论其工拙也。其述庚子之后清室致亡之由，大致为：（一）满人在仕途太占优势，致启种族间之怨愤。（二）优遇青年留学生太过，致其骄纵狂妄云云。所见及其意态，与革命党有异同，虽民国伟人，而立场固稍别也。其说如此，要以示清亡实由自取耳。又其《正道居集》自序有云："武昌事变，民意汹汹，势莫能遏。仰观孔子祖述尧舜，孟子亦云民为贵社稷次之，顺应人心，吁请逊政，宫廷法唐虞之揖让，改国体为共和。"亦可参阅。平情言之，无论当时其动机及见解如何，民国之兴，其助成之功实大，兼之后来有不附洪宪及起兵马厂二大事，均彰彰在人耳目，可以大书特书，故近卒于上海，国民政府既明令褒恤，隆以国葬，世论亦颇致推崇也。

祺瑞自信甚坚,而任人亦最专,举事有失败,舆情有怨讟,均肯负其责任,不诿罪于下,其得僚属拥戴者盖多以此。民初为陆军总长及组阁时之信任徐树铮,诸务一听主持,而责任则自负之,从未以某事失宜,某事招怨,而谓系树铮之过也。其信任他人时亦然。民国八年赫赫有名之五四运动,曹汝霖之住宅被焚,章宗祥则身遭痛殴,徐世昌时为大总统,且下令罢汝霖、宗祥及陆宗舆之职,以徇众意。曹、陆、章三人,其时均以为祺瑞尽力于外交事件犯众怒者。三人之为众矢之的,在政潮上实即所以对段。祺瑞并不诿罪于彼等,冀求谅于清议,而作诗曰《持正义》,力为辩雪。诗云:

> 不佞持正义,十稔政潮里。立意张四维,一往前如矢。侧目忌惮者,无词可比拟。谓左右不善,信口相诟訾。唱和声嘈杂,一世胥风靡。卖国曹陆章,何尝究所以?章我素远隔,何故谤未弭?三君曾同学,官商联角徵。休怪殃塘鱼,只因城门毁。欧战我积弱,比邻恰染指。强哉陆不挠,樽俎费唇齿。撤回第五件,智力已足使。曹迭掌度支,谰言腾蕙苡。贷债乃通例,胡不谅人只?款皆十足交,丝毫未肥己。列邦所希有,诬蔑仍复尔。忠恕固难喻,甘以非为是。数虽百兆零,案可考终始。参战所收回,奚啻十倍蓰?

力言汝霖等之贤,而为之呼冤,兼自鸣参战之功,亦足见其自信之坚与不诿罪于下之态度焉。

祺瑞之在民国,高勋硕望,世咸知之,诚有如国府明令所谓"辛亥倡率各军,赞助共和,功在民国。及袁氏僭号,洁身引退,力维正义,节概凛然。嗣值复辟变作,誓师马厂,迅遏逆氛,卒能重奠邦基,巩固政体……老成徂谢,悼悼实深"者,而其枋国之际,设施举措,动关大局,其过失亦多彰彰在人耳目,盖名满天下,谤亦随之,特今当新逝,政府善善从长,不妨略过推功耳。其卒后发表之《正道老人遗嘱》,措词颇为沈挚,如为"……顾瞻四方,蹙国万里,民穷财尽,实所痛心,生平不喜多言,往日徙薪曲突之谋,国人或不尽省记,今仍未识途之验,为将死之鸣"(以下以"八勿"诫国人)云云,惟以先知先觉之态度,为垂教之口吻,足示心乎国家,诚恳动人,而于过去种种,曾无些微引咎之意,尤可征此老刚毅倔强之性,到死依然也。《遗嘱》符其个性,而文字则不类;或谓病笃时口授大意,由其亲信而能文之梁鸿志承旨撰成,当可信。

其所自负"往日徙薪曲突之谋"而谓"国人或不尽省记"者,兹未明言,以意度之,蒙事殆其要端也。所撰《陆军上将远威将军徐君神道碑》有云:

> 先是,民国二年,余兼代国务总理。库伦久为俄人嗾使,要求自治,彼得从而干涉之。几经折冲,始得为我完全领土。曾荐国会十三次,请求通过,格于党见,留难久之,预告迟恐有变,充耳不闻,而俄人借口顿翻前约,国势不振,无以角力,耿耿在心,未尝去怀。己未岁,选徐世昌为总统,当就职之日,呈辞总理,兼开差缺,仍留领边防督办一职。(以下一节,系述主持徐树铮经营外蒙事,已于本刊第九期所载拙稿《谈徐树铮》中引之,可参看,兹不赘录。)

盖对于蒙事,第一次力赞袁世凯所主对俄之约,以国会挟"党见"作梗而无成;第二次力主徐树铮筹边西北绥定蒙局,又突遭挫折,半途而废。观近来蒙事之严重,故追怀"往日徙薪曲突之谋"欤。前岁祺瑞七十生日,章炳麟为序以寿之,有云:

> 自辽沈事起,率兵者失计于前,侵寻三稔,塞北半陷,北畿濒惊,只以长城为界,其危如累棋……今之形势,非若晋、宋二

代可以江左延命也。此中智以上之所为危，其与民国终始如公者，固当计及之矣……襄关东陷后数月，炳麟在天津，与公从容论事。公尝恨往者人情不恕，外蒙古已送款，复为内兵牵制失之，语次恻然。诚令公计不挫，即漠南北皆列巨镇，并与东三省相扶。就不幸失三省，热河必不动矣。此公之经略甚闳远者，而今当为追痛者也。

与《正道老人遗嘱》有互相发明处，宜合看。

徐树铮任蒙事，既取消外蒙自治，方锐意经营，以参加内战而隳，民国九年之所谓"直皖战争"也。祺瑞于此役极愤恚，其《树铮神道碑》，于言树铮经营外蒙一节之后，接叙此役云：

> 未几，吴佩孚衡阳撤防，擅自北归；曹锟等呈劾将军专横，政府从其言，加以处分。若然，以功为罪，是非颠倒，纲纪荡然，国何以存？余表率有责，不忍坐视，力争之；政府不为动。不得已，告以疆吏跋扈，政府无术制止，当为讨伐，胜则国家之福，败则有国法在，庚申之役所由起也。势有可胜，事多中变，知劫数之已成，非人力所能挽回，不愿兵事久持，重苦我民，自请议处，还我寄庐。旋知松树胡同已在半年前设有机关，内外协谋，集议十人，以余为的。其所以然者，不便私图故也。吁，余之愚甚矣！溯自庚申迄今，愈演愈烈，干戈扰攘，无一块干净土，宁非所谋者之厚赐乎？

盖于吴佩孚之回师相陵，尤太息痛恨于纲纪之之废堕焉。袁世凯既卒，北洋军系之"三杰"，除王士珍态度淡然，偶与政治，不过被人牵率，非有雄心，可置不论外，祺瑞秉政中央，冯国璋开府东南，势若两大。迨国璋人摄元首，二人渐不相容，祺瑞对南主战，国璋挠之，卒受制于祺瑞，解任后未几病没，北洋军系首领，惟祺瑞矣。

祺瑞借参战而借巨债,练重兵,志在以武力统一全国,而国璋未死之前,北洋军系已有分为皖派、直派之说,国璋死而两派之形迹犹存,特资望究以祺瑞为最高,直派亦居其下。曹锟之受命率部南征,吴佩孚以师长当前敌战。累胜,入湘而直抵衡州,威名因之而著。祺瑞方督促南进,冀下两广,而佩孚态度忽变,驻衡不前,通电主和。盖佩孚固机警,知深入而与两广周旋,难操胜算,不独恐贻画蛇添足之诮,且"猫爪"之灾是虑,故勒马悬崖,适可而止,并与两广成立默契,别谋发展。(后来佩孚亦颇望以武力统一,而对两广不敢议攻取。其大败湖南赵恒惕军,岳州既下,长沙若唾手可得,而舍之而去,仍留恒惕主湘政,使以保境安民作南北之缓冲。迨恒惕为唐生智所逐,初竟亦欲以待赵者待唐,俾湘省仍为缓冲地带,后以不胜赵系人物及左右急功者之怂恿,乃与唐为敌,缓冲之局破,革命军之完成北伐事业,深得力于是焉。)当其时,祺瑞以亲×借债暨对南用武,大失人心,佩孚既以抗命而处于与段不能相安之势,亦遂乘机力为收拾人心之举,始以主和,继以倒戈矣。且佩孚声望日隆,群情翕附,名流政客,群焉趋之,(如蒋智由致书佩孚衡州有云:"今将军方拥干城,储韬钤,一出而拔岳州,下长沙,饮马洞庭之波,扬旌衡山之麓,席卷千里,用兵如神,功略照烛,冠世无二,而又轸拊疮痍,苏徕流亡,兵之所之而政及之,律明纪饬,无犯秋毫,睊睊遗黎,寓仁饮德,如古王者之师,此当世所未有之休闻也。甚盛,甚盛!"可见其时佩孚声望之一斑。)自不以领孚威将军空名之师长为满足,必有非常之举动,始能得志于时,冒险倒戈,殆非意外之事也。祺瑞以北洋军系领袖,素负知兵之盛名,拥兵精粮足之边防军(原名参战军,欧战停止后,参战督办改称边防督办,军亦改称;器械之精,军容之盛,远非曹、吴之军所能及),一旦败于系下之倒戈者,其愤恚也宜哉!(所谓"内外协谋"云云,亦颇可信,盖当时谋倒段者良多耳。徐世昌以北洋元老为大总统,当选由于段派之拥戴,而以祺瑞名义上虽解政柄,专任边防督办之职,[并以建威上将军管理将军府事务,则空名而已。]段派势犹张甚,且挟军威,有太上政府之目,亦畏其逼而不满之云。)

　　段、吴二人,均一代人物,彼此屡有相厄之事,迨革命军北伐告成,北洋军系完全结局,另是一番世界,往事之得意失意,都成陈迹,政治上之旧隙可泯,师生之谊犹在,报载佩孚闻祺瑞卒,甚表怆悼之意,盖亦宜然。

(原载《逸经》1936 年第 20 期)

# 二十五　杂　缀

## 太炎轶事

前章《章炳麟被羁北京轶事杂记》及《再记章炳麟羁留北京时轶事》,先后披露于《逸经》第十一、十二两期,内容盖多闻之于钱玄同先生,更以曩所知者相印证,仓猝记述,未能周备,嗣阅《逸经》第十三期所载吴宗慈君之《癸丙之间太炎先生言行轶录》、刘成禺君之《癸丙之间太炎先生记事》(均在刘君《洪宪纪事诗本事注》内),与不佞所记为同时间之事,纪载翔赡,多可补拙稿所未及。其谓章氏应共和党之请而入京,系为党人某某所卖,此共和党内部之事,不佞所未能知也。又言章氏出京,党部同人设筵为饯,逆知出京必被阻,约纵酒狂欢以误车表云云。此节亦不佞所未详,当以躬与其事者之言为可信。其它与拙稿互有详略处,可以参看。

吴君谓:"徐医生寓钱粮胡同……居近龙泉寺,每先生怒不可遏,监守者辄急请徐至……乃得由龙泉寺移住徐宅。"此节似未甚谛。徐医生系住本司胡同,章氏由龙泉寺迁居徐宅,后由徐宅更迁钱粮胡同,则为自租之房矣。本司、钱粮二胡同,均在内城东四牌楼间,龙泉寺则在外城之西南隅,相距实颇远也。章氏长女××××自经之原因,不佞不甚了了,惟吴君谓"赴徐宅,诉于先生"云云,据不佞所闻,××××民国四年到京省觐时,章早迁居所租之房,(已与徐医生不洽）。××××亦即居此，数月后乃自经而死。（章氏所作《亡女事略》一文亦可按。）

又《逸经》第十期所载刘君《洪宪纪事诗本事注》有云："元洪入京，太炎改唐诗讥之曰：'……徒令上将挥神腿，终见降王走火车……''……西望瑶池见太后（黎入京谒隆裕），南来晦气满民关。云移鹭尾开军帽，日绕猴头识圣颜。一卧瀛台经岁暮，几回请客劝西餐。'某恨太炎，持猴头句说袁，阴使鄂人郑、胡等借主持共和党名义，迎章入京，遂安置龙泉寺。"按章氏之安置龙泉寺，诚在黎元洪到京之后，而到京实在黎前，袁世凯非因此诗始诱其入京，动机盖因其于二次革命时发表斥责世凯之文字也。章氏民国二年到京之日，虽骤难确忆，而记得总在秋间，（钱君亦谓伊是年九月十三日到京，章已先至而居共和党本部矣。检察厅于章到京后，承袁旨以参加内乱起诉，传章就讯，章以病辞，为十月间事。）至元洪由鄂入京，则时在十一二月间矣。章氏此项谐诗，忆共五首，刘君所引两首外，更有三首，当系在京而于元洪到京后所作耳。"西望瑶池见太后"句，刘君谓"黎入京谒隆裕"，夫隆裕已于是年春间逝世，元洪入京时何能相见乎？意者此句或是虚指之词（隆裕或慈禧），如其他首中之"瀛台湖水满时功，景帝旌旗在眼中"欤。

拙稿《章炳麟被羁北京轶事杂记》附录钱君挽章氏之联，系其初稿，后又修改数字，始行写送。兹更录其定稿如下："缵苍水、宁人、太冲、姜斋之遗绪而革命，蛮、夷、戎、狄，矢志攘除，遭名捕七回，拘幽三载，卒能驱逐客帝，光复中华，国士云亡，是诚宜勒石纪勋，铸铜立像。""萃庄生、荀卿、子长、叔重之道术于一身，文、史、儒、玄，殚心研究，凡著书廿种，讲学卅年，期欲拥护民彝，发扬族性，昊天不吊，痛从此微言遽绝，大义无闻。"又钱君与同门吴承仕、许寿裳、马裕藻、沈兼士、周作人所发之唁电，文为："先师梦奠，惨痛何极！谨唁。"拙稿前亦附录，有未符处，一并订正之。

## 华文日化

《逸经》第十八期所载稿拙《文病偶述》，当预备属草时，搜集资料，有徐树铮《建国诠真》（民国十年著）刑法章中顺民情一节，可作述日本名词输入问题之敷佐，迨此稿写就付邮后，始知漏未征引。兹补录于次，以资参阅：

> ……律章条文，本不能似寻常通用文字平畅易读，然过事深奥，即难责人以共晓。若递篇累幅，率为七颠八倒之日本文句所充塞，绩学之士，犹且瞪目哆口，不谙句读，遑论乡民？著之文字，深思静悟，前后省阅，尚难领会其意，遑论口语？吾尝立观一审判案件，两造均至堂下，法官手黑帽，西服，立堂上，满口中目的手续为替手形，主文如何，理由如何，适用某法第若干条，某条第若干款。吾竟不解所言何事，惟默为肌粟。两造亦各木立相对，不敢置词。法官更手足并动，俄俯俄仰，曲为解说，状亦甚劳。如是者二三。两造乃同声上启曰："我辈不甚通文，请明告孰输孰赢何如？"吾乃失笑而去，不复观其究竟。后偕友好谈谑，始知似此者所在而有，不足为异，故律文宜纯取华句，勿以译语入篇，庶执行律案者，不再以华音发外语，重困吾民也。

所论盖颇近清季张之洞之态度焉。树铮虽武人，而与文学老辈游，好研旧籍，讲国粹，自深不满日本文句之充塞；惟所主张之律文"纯取华句"之"纯"字，则言之易而去之难矣。庚子以后，清廷之举办新政，筹备立宪，一奉东邻为圭臬，学生留日者多，其中学法政者更为最多,章制法条,类出其手,且法律之修订,延聘日人与其役,日本名词及句法,安得而不大占势力乎?(华、日号为同文,许多名词即就日本所通行者用之,不烦重译。)既混合于中国语文中已久,有如油入面之概,除有心作古文,可屏而弗用外,都会之人或曾入学校者之普通语言文字(不仅有关法律者)中,完全避免,实大难事。树铮虽治桐城派古文,而草公牍等文字,以及日常谈话,能自信毫不沾染日本输来之名词与句法,而当得"纯取华句"之"纯"字,绝不以"华音发外语"欤?(如与树铮关系甚深之"安福俱乐部","俱乐部"三字,即用日译名词。)由是言之,去其太甚则宜,未可漫以"纯"诚人也。(法庭审案,对于乡民,应力谋使其易于了解,树铮之言,有可资参镜者;至所写审判案件之情状,盖不无有意调侃处。)

## 遏必隆刀

《逸经》第十七期所载《洪宪纪事诗本事注》,附有濮伯欣、陈仲骞二君之《第八期(按应作第七期)军前诗关于遏必隆本事订正》,谓:"咸丰初年,赛尚阿督师广西,曾赐遏必隆刀。此后清廷赐刀凡四人……"按乾隆间诛纳亲之遏必隆刀,承赛尚阿之后而获赐者,似尚有徐广缙。咸丰二年九月,赛尚阿拿问,命广缙代为钦差大臣,督师湖南。十月谕广缙,有"如有迁延观望,畏葸不前,甚至贼至即溃,贼去不追,贻误事机者,即将朕赐遏必隆刀军法从事,以振积玩而肃戎行"等语,是广缙殆亦可认为蒙赐遏必隆刀矣。十二月广缙拿问,命向荣代为钦差大臣,督师湖北,置湖广总督,张亮基,派员将广缙解京时,即将遏必隆刀一并缴回。至是始收为遏必隆刀也。赛尚阿以后,若并广缙计之,与赐锐捷刀之绵愉,赐纳库尼素刀之僧格林沁,赐神雀刀之胜保,赐白虹刀之奕䜣,清廷赐刀凡五人。

## 品花宝鉴

又是期载赵景深之《品花宝鉴考证》，于书中影指之人物，如毕秋帆、李桂官及袁子才（枚）等，征引篇籍，以相印证。鄙见袁枚之作品中，关于毕、李之事者，似亦可以征引。《小仓山房诗集》卷二十一（戊子己丑）有《李郎歌（郎名桂官将往甘肃作歌送之）》云：

> ……郎家旧住阊阖城，折取天香作小名。撅笛不吹银字管，歌唇时带读书声。受聘南州季姓家，缠头教舞玉鸦叉。双屐偶停游子足，三春羞杀此邦花。镜中自惜红颜好，西施不肯西溪老。直走长安隶太常，万人如海知音早。上公乐部正需人，选入仙班宠赐频。燕楼金屋难轻出，花傍高楼易得春。偶然城外笙歌集，天上人来地上立。分得星眸一寸光，顿增酒面千灯色。秋帆舍人二十余，玉立长身未有须。把盏唤郎郎不起，怒曳郎裾问所以。郎言侬果博君欢，寸意丹心密里传。底事当场为戏谑，竟作招谣过市看。一言从此定心交，孤馆寒灯伴寂寥。为界乌丝教习字，为熏官锦替焚椒。延医秤水春风令，嘘背分凉夜月高。但愿登科居上上，敢辞礼佛拜朝朝。果然胪唱半天中，人在金鳌第一峰。贺袁尽携郎手揖，泥笺翻向李家红。若从内助论勋伐，合使夫人让诰封。溧阳相公闲置酒，口称欲见状元妇。揩眼将花雾里看，白发荷荷时点首……谁肯如郎抱侠肠，散尽黄金遍市义？再入长安万事非，晨星零落酒徒稀。惟有状元官似故，锋车又向陇西飞。年华弹指将三十，身世苍茫向谁说？誓走天涯觅故人，拼将玉貌当风雪……

可与赵君所引赵翼《李郎曲》合看。"从此鸡鸣内助功，不属中闺属外舍",盖犹之"若从内助论勋伐,合使夫人让诰封"也。(乾隆三十二年丁亥冬,毕沅以左庶子授甘肃巩秦阶道;李桂官赴甘以此。溧阳公谓史诒直。)又《随园诗话》卷四有云:

> 李桂官与毕秋帆尚书交好。毕未第时,李服事最殷,病则秤药量水,出则受辔随车。毕中庚辰进士,李为购素册,界乌丝,勤习殿试卷子,果大魁天下。溧阳相公,康熙前庚辰进士也,重赴樱桃之宴,闻君郎在坐,笑曰:"我揩老眼,要一见状元夫人。"其名重如此。戊子年毕公官陕西,李将往访,过金陵,年已三十,风韵犹存。余作歌赠之,序其劝毕习字云:"若教内助论勋伐,合使夫人让诰封。"

亦书其事,时毕已官至总督矣。(曰戊子年毕官陕西者,甘肃本合于陕西也。)

赵君谓:"带着琴言去看侯石翁的屈道翁据说就是张问陶船山",盖有疑词,不佞亦以为此说难信,以经历太殊也。

赵君谓:"姚梅伯的《今乐考证》卷八页中也有《梅花梦》一种,乃陈贞禧所作,陈贞禧是阳羡人,阳羡在江苏宜兴县南五里……是宜兴附近的人……"阳羡县与宜兴县名之沿革,考之记载,汉置阳羡县,隋改为义兴,唐又析置阳羡县,寻仍省,宋以避太宗讳改为宜兴,元升为宜兴府,兼置县,旋又改为宜兴州,明复曰宜兴县,沿用至今,是阳羡与义兴均宜兴之旧名。宜兴人或署籍阳羡或义兴,乃用旧名作别称,亦犹常州之称毗陵或兰陵耳。地理书中有故城在今宜兴县南五里之语,所谓县南为县城之南,非县境之南,仍系宜兴地方。

（原载《逸经》1937 年第 21 期）

# 二十六　谈严范孙

"少时无意逢詹尹，断我天年可七旬。向道青春难便老，岂知白发急催人！两番失马翻徽倖，廿载悬车得隐沦。从此长辞复何恨，九原相待几交亲！"此天津严范孙(修)自挽诗也。严氏卒于己巳正月(民国十八年)，寿七十，遗命不发讣，不收礼。玩味此诗，亦可相见其天怀淡定情致卓越矣。

严氏壬午(光绪八年)领乡荐，时年二十三，翌年癸未连捷成进士，入翰林。甲午(光绪二十年)以翰林院编修督学贵州，课士有声，任满回京，值戊戌政变，乞假归里，致力兴学，绩著誉隆。袁世凯督直隶，举新致，稔其学识，深相引重，癸卯(光绪三十年)以"经术湛深，通达时事"奏保，赏五品卿衔。翌年甲辰，奏准充学校司总办，于直隶教育事宜，多听擘画，世凯益钦重之。翌年乙巳，中央设学部，为全国教育行政最高机关，以荣庆为尚书，熙瑛为左侍郎，赏严氏三品京堂，命署右侍郎。其得此峻擢，亦由世凯论荐，政府兼采物望也。(后真除，并署左侍郎。沈祖宪、吴闿生为世凯所编《容庵弟子记》，于光绪三十二年内云："是岁改学务大臣为学部，行省皆设提学使，专管学务。公既荐举京堂严修入为学部侍郎，因胪陈直隶历年学务情形……"按裁撤各省学政，改设提学使，虽三十二年丙午四月事，而学部之设，暨严氏之简署学部侍郎，则三十一年乙巳十一月事也。)在部以勤敏笃实称，为当时卿贰中之表表者。戊申(光绪三十四年),两宫殂逝,载沣以摄政王监国,罢斥世凯(时官军机大臣外务部尚书),严氏旋亦引疾辞职返津,仍以办学为事,孜孜罔懈,于开通民智,造就人才,瘁心力以赴之,不更置身政界,而以教育家终。其事业如南开大学等,长为国人所称道。(卒后,天津学界开追悼会,陈宝泉报告其苦心兴学之历史时,当场有痛哭者。)

世凯与严氏善,累加保荐,其戊申突被放逐,几遭不测,一时朝士大为震怖,向日以宫保厚我相夸者,率避亲袁之嫌,送行者寥寥。严氏送至车站,申惓惓之意,并抗疏论罢袁之非,继遂引退,具见对世凯之风义,而因之世亦颇以袁党目之。然辛亥革命军起,清廷复起用世凯,使入京组阁,授以魁柄,袁阁阁员发表,度支大臣一席属之严氏,严坚辞不就。迨国体变更,世凯以大总统当国,屡邀相助,授参政院参政,并劝任教育总长,亦概予谢却,介然自持,胸有成竹,世凯无如之何,是岂能以袁党论哉? 立身自有本末,固非势位所能转移也。

戊戌维新,诏举经济特科,从上年丁酉严氏在贵州学政任所奏请也。会政变而停止。(郭则沄《旧德述闻》卷五,述其父曾炘事有云:"戊戌新政举经济特科,值政变而罢。庚子后,东朝欲以新政收人望,严范孙督黔学,后以为请,乃命京官三品以上,外官督、抚、学政,各举所知,以应廷试。文安公时以裁缺通政使权少司空,疏举五人,严范孙修、杨子勤钟羲、张坚白鸣岐、叶揆初景揆、林畏庐纾也。范孙时官编修,旋超擢侍郎……"叙次稍失。严氏请举特科,实丁酉年在黔将任满时所奏,戊戌正月经总理各国事务衙门会同礼部议复获允。至庚子后,严氏早已任满离黔,在籍办学,并未"复以为请"也。曾炘会于经济特科旧事重提时举严，亦征荐贤之雅，至严之超擢，自以世凯之力为多。此次特科，系于癸卯举行考试，严未应考。）大学士徐桐壬午顺天乡试、癸未会试均以礼部尚书充正考官，两为严氏座师，时方兼任翰林院掌院学士，为守旧派领袖，以严氏建议经济特科，且讲新学，经李端棻荐举，大恶之，摒诸门墙之外。严氏之乞假归里，盖亦所以避其锋也。自挽诗"两番失马翻徼倖"句，一盖指以忤桐去官而不罹庚子之祸，其一则似指解侍郎职而得洁身于清末自亡之局也。

癸未会试，张之万以刑部尚书为副考官，严卷其所取定也。之万在闱中，忽文兴大发，就首题"知其说者之于天下也其如示诸斯乎"，自撰一篇，甚得意，欲广其传，而京闱（会试及顺天乡试）闱墨素无刊载考官拟作之例，乃将严氏此篇易以己作刊布之。此为张二陵君所谈，谓闻诸座师定成（壬寅河南乡试正考官，亦癸未进士）者。

江庸《趋庭随笔》有云："清季……王大臣中亦多喜延揽新进，惟严范生师之爱士，出于至诚，然事权不属，不能尽如其意。"又有述及严氏者二则如下：

> 民国元年，天津初设审判厅，某民事案件，传严范生师作证人，推事书记官皆来自田间，不知师为何许人。师至审判厅，证人室已无隙地，师鹄立廊下二小时。嗣厅长至，见师，亟肃入客室。师不入，曰："吾来作证人，非拜客也。"或谓师不必赴厅作证人，师曰："作证人乃国民义务，审判厅初设，吾不可不为之倡也。"

> 余光绪三十二年归国，三十四年始应学部留学生考试，汉文题为"巫臣使吴教吴乘车战阵遂通吴于上国"……此次国文卷中，亦有至可笑者。某君文中有"古之所谓车者，非今日

之人力车、马车软"二句,场中资为谈助,为严范生师所闻。写榜时,范师适过其处,问专门司司长王君九:"人力车马车卷及第否?"答曰:"列优等。"师曰:"不可,不可!"言毕而去。于是专门师互商严侍郎以为不可者。或谓:"置诸优等不可耳,如核减其分数,降至中等,当无异言。"君九力持不可,谓:"主试襄校已出场,专门司无核减分数之权。"其率甚正,无以难之,而又别无解决之法,于是去其文凭分数,专以试题各门所得分数平均之。不料核算结果,某君竟至下第。盖是年考试,学部内定以文凭分数与各门平均分数以二除之为及格分数,某君在外国某私立大学毕业,其文凭分数为百分,平均分数只四十余分即优等,去其文凭分数,故不能及格也。范师后曾语余:当时云"不可,不可",并无深意,不过闻其竟列优等,不免惊讶耳;而某君竟因此落第,深为歉仄。

第一则可见严氏平民之风度,守法之精种,雅量高致,洵堪矜式群伦。第二则所云,其过在学部专门司,因误会堂官之一词,而使例可及格之考生落第,严氏本无所容心也。(八十分以上为最优等,七十分以上为优等,六十分以上为中等,犹今之言甲、乙、丙等也。不及六十分,便为不及格。所谓文凭分数,系按其肄业原校而定其次第,于西洋定分较多,某君既百分,当是西洋留学生。)

周桂笙《新庵随笔》卷上有云:

> 严侍郎某,未达时,本一介寒畯,既而成进士,入词林,然翰苑清苦,冰衔虽贵,究不足为温饱需也。未几,乞假归里。无所聊赖,乃构一书舍,招集旧时生徒,以为讲习之所,旋闻政府有奖励学堂之举,乃乘机以开办学堂当自乡里蒙学为始基之说进,且以自立之小学附陈于当道焉。其办学之费,初仅津

钱五十千文;京津故事以制钱五百为一千,故核其实数,仅得二十五千文而已。禀既上,门稿见之,疑其有误,以为此区区者胡足以办一学堂,遽援笔为之增一撇于"十"字之上,改为五千千文。豪奴眼光,固百倍寒畯。时直督方亟亟谋办学堂,而以款无所出为虑,阅禀大喜,以为神之能为己助也,遽为专折入告,得旨赏四品京堂,于是人咸知其为通达学务之人矣。旋得补某部堂官,未几遂擢升斯职。故知其事者皆目之为一撇侍郎云。

此严侍郎某,所指自无他人,实想入非非之奇怪传闻也。费额竟可由门稿改五十千为五千千,儿戏之谈,可以喷饭。严氏亦未尝赏四品京堂。各部于侍郎之下,不知更有何堂官。("京津故事以制钱五百文为一千",亦未谛。此种以一为二之钱数,虽称曰京钱,而北京实以一百文为一千,乃一为十也。)斯固无足深论,录供噱助而已。沃丘仲子(费行简)《当代名人小传》传严氏于《教育家》之首,文云:

字范孙,天津人,清丙戌进士,授编修,甲午简任贵州学政,屡上疏请废制艺,复蕲开经济特科,定天算、舆地诸艺学岁举法。德宗嘉之。戊戌政变,乞休去。辛丑至日本考察学务,归国,袁世凯延主直隶学务。其时北洋大学及诸专门学,皆所经始,以绩晋五品卿衔,复私立中小各学,称南开学校。已,学部成立,以世凯援引,超授学部右侍郎。宣统初乞病退,仍主持顺直教育。辛亥世凯组织内阁,授学部大臣,不起,为议和代表之一。入民国,曾被推为财政总长,亦辞弗出。袁氏促之力,乃借辞赴欧美各国考察以避之。既还,伏处乡郡,不入京师。袁氏诸子,若克定、克文,皆其弟子,世凯亦视为畏友。其组织天津自治,修赞助力为多。以淡于荣利,故屡辞簪绂,然亦未尝自标高尚,居今之世,犹艾丛之芝兰矣。

品评甚为允当;所叙事实,亦足资参证。(间有失考处,如谓系丙戌进士及辛亥世凯组阁授学部大臣。)范老与吾家有旧,民十六年于报端见吾兄《凌霄汉阁主人笔记》,以为系先艺甫兄所撰,即作函寄王小隐君转致,有"三十年阔别,亟思一接清光,敢请以尊址开示。如在津门,便拟即日上谒;或在都下,亦得时修笺札,借领教言。公其许之乎,不胜企望之至"等语。凌霄与书相告,得其复书谓:"前因凌霄汉阁笔墨与艺甫兄相类,证诸友人王仁安,尤以为然。仁安亦艺兄旧交,且曾在大梁共事者也。弟识艺兄在戊戌政变以前,虽相聚不久,而情意相浃,今隔三十年,忽复得见其近著,不禁欣喜欲狂,而不虞竟有误也。读来札,知艺兄作古已将十年,使人怅惘。贵昆玉中,砚甫兄、莹甫兄皆吾同馆,莹兄又同官学部,而先后下世,今闻艺兄亦已仙去,何以为怀!犹喜群季惠连,尚有人在电……倘念旧,许我纳交,则前者误寄之函,即作为进见之贽可也"云云,肫怀可见。以后更有书札往还。翌年,范老曾至北京,与凌霄晤谈甚欢。卒前一星期,犹自津以《庚子西狩丛谈》(刘焜笔述吴永谈话)一部相赠,盖病中见此书,以其可供纪述旧事之参考,遂即致送也。深情尤可念已。(先二伯父子静公,戊戌在礼部侍郎任以赞新政罹党祸下狱,庚子被释后,隐于杭州。范老官学部侍郎时,先莹甫兄以翰林院编修充学部学制调查局局长,范老语及拟与顺直京官合词请起用,先莹兄以父意婉辞而止。事虽作罢,其意良厚也。)

上稿付邮后,更考之,张之洞丁未(光绪三十三年)以大学士内召,直枢廷,兼管学部事务,在部与严氏相引重。己酉(宣统元年)八月,之洞卒,严氏(已补左侍郎)慨其时朝政之不可为,教育措施亦益难,旋乃引疾解职,盖距袁世凯之去,将一年矣,非与世凯同退也。(于罢袁时,虽尝上疏论之,见地非由阿私,界限固自分明。)其挽之洞联云:"重任似陈文恭,好古似阮文达,爱才如命似胡文忠,若言通变官民,闳识尤超前哲上。""使蜀有《輶轩语》,督鄂有《劝学篇》,余事作诗有《广雅集》,尚冀读书论世,后贤善体我公心。"

(原载《逸经》1937 年第 53 期)

# 二十七　如如斋谈荟

## 梅氏二隽

　　华北近由水患，灾情重大，筹振实当务之急，惟尚未见诗歌写灾区惨状者。梅焯靖（湖南宁乡人）尝有诗纪其乡大水为灾之状态，民国某岁事也。此际读之，足生同感。诗云：

　　　　五月十五日夜，大水，沿河田禾庐舍漂没殆尽，县治亦被沦胥侵，晓登藓花崖，但见巨浪掀天，白痕浩淼，牲畜屋椽，蔽江而下，而绿树团团，中有人高踞其上，哭泣呼号，令人惊心动魄，盖浩劫也。作诗纪之。

　　　　江乡一夜倾盆雨，狞飙挟浪蛟龙舞。

　　　　隔山但听吼狂雷，岩壑崩腾众淙聚。

　　　　无边浊浪接天浮，纷纷庐舍蔽江流。

　　　　纵横禾黍沈泥滓，十万生灵付海沤。

　　　　须臾尘雾腾空起，华屋朱门尽崩圮。

　　　　天容惨淡暗无光，怪雨翻盆殊未已。

　　　　登高眺望惨心目，长风浩浩号林木。

　　　　阴云四合向黄昏，一片凄声闻野哭。

　　　　连年兵燹已堪哀，那堪浩劫又重来！

　　　　嗷鸿哀雁无恤人，何日长天接翅回！

状物能工，兼饶气势。焯靖卒于民国十五年，年仅十九。此诗出于十余龄童子，此才不易遘也。焯靖与其兄焯严，均质美嗜学而早夭，所造已为老辈称叹，可称梅氏二隽，天不假年，甚足惋惜。焯严字叔常，卒于民国十六年，年二十三，遗著曰《梅盦诗存》，焯靖字季直，遗著曰《樗园诗存》，皆尚无刻本。（焯靖等为梅钟澍之曾孙，同邑廖树蘅之外孙，两家均累世绩学，一乡之望。）

其舅氏廖基栻为焯严遗稿撰序，谓："叔常之于书，固已无所不窥，诗则自汉、魏以及唐、宋诸家，皆手录成帙，朝夕讽诵不辍。尝一日于予论诗，谓：'学诗宜从唐、宋以上窥汉、魏，若先学汉、魏，非摹拟不能得，久则必成优孟衣冠。'又云：'诗不以纯净养其体，则为狐禅。'所语凡数十往复，无不曲当，予甚韪之，叔常亦窃自喜。其所为诗，委婉恬适，有才而不逞，有气而不使之露，选词命意，不失风人之旨，此其所以为吾叔常之诗也。嗟乎！叔常之才质既敏矣，而其刻苦自励，实与才质相称，咸谓可以造于古人之域无难，惜其早逝而未成也！"焯靖遗稿有其伯父英杰序，谓："从弟子焯靖季直，天姿聪敏，通晓世事……十三岁婴足疾，几不良于行，废读三载，恒居外家，其外祖珠泉先生爱怜甚，为撰文虔祷于神。久之病已，闻私塾中群儿读书，则皇皇若失，遂从叶先生莼垞游，学为诗文。其舅父次峰见之，辄用夸诩，季直争自奋厉，为之益勤。其诗清微冲淡，迪然自得，所为论辩记事之文，尤劲悍峭折，清矫拔俗，然绝不自襮，故予亦未多见。每岁时归谒，辄喜亲予，思欲搜珠泉遗书，勒为巨集，就予商榷义例，予始异之……乌呼！以季直之才识别明决，苟假以年寿，他日或有所表见；即诗若文之成就，使极其所至，虽古人复绝之境，又岂能限之？抑次峰有恒言：'凡少年文字，光气早敛者，其境特老，其精先亡。'故每向予誉季直，亦颇虑其难寿。今竟以夭死，岂独吾梅氏之不幸耶！"（次峰为廖基栻字；其挽焯靖联云:"荆花倏忽折么枝,忍抛堂背双亲,料汝重泉难瞑目;阿士聪明无我辈,怎奈昙花一现,伤心何处赋招魂!")咸赞叹而深惜之。

（原载《华光》1939 年第 1 卷第 3 期）

# 二十八　如如斋谈荟

## 廖基瑜断肠词

关于梅氏二隽焯严遗著曰《梅盦诗存》，焯靖遗著曰《樗园诗存》，前稿已略谈之。其父毅杰，能闻而不遇，母廖基瑜，为湘中名诗人，有《绎雅堂诗录》，刻于清末，以后所作，尚未付梓。兄弟共四人，伯兄焯宪，仲兄焯良（出嗣伯父梓杰）。焯靖、焯严相继卒后，基瑜悲怀难释，作《断肠词》五章有序，写其生前事实，以摅伤感。序略谓："三子焯严，性行纯笃，读书甚勤苦，诗文颇有家法。痼疾数年不瘳，幼时聘张氏女，闻之忧伤成疾，先数月殁。严儿叹曰：'此女为予致疾而死，可悯也！他日予病稍瘳，当作传以报之。'焯靖颇聪慧，诗文粗有法门，但不及严儿之老炼耳。严性戆直，不轻与人交，靖则和易近人，人多乐与之友。严儿病逝，靖儿常以为忧，一切饮食药物，躬自任之，恐婢媪有误，兼以代吾劳也。服药稍愈，即喜告予曰：'兄病渐好，母可无虑。古人云"贞疾恒不死"，其信然乎。'予亦藉以自宽。靖儿小时曾患脚气，年余始愈，自是体气充满，百病皆消，予以为可无虞矣；不意丙寅秋季忽患奇咳，病三月而夭。严儿以病躯侍予左右，时作欢笑之态，并以达观语慰予，然背予则常暗泣，枕上时有泪痕，病由是日剧"云云。词曰："痛念生前事，家贫绝可怜。忍饥勤励学，多疾并雏年。聘妇图偕老,于飞竟断缘。(两儿均聘妇未娶。)观音成佛日,知汝定生天。(靖儿以九月十九日亡,俗谓是日观音得道。)""去岁悲亡弟,今春自殒身。(靖儿殁时,严儿在病中,为之大痛。)如何造物忌,同与病魔亲!负来嗟兄苦,吟诗见性真。(宪儿客洪江,严儿送以诗,词极凄惋。)茫茫天意老,此恨不能伸!""兄弟承欢态,依稀尚目前。无违遵笃训,养志继先贤。(儿等尝谓:"曾子养志,真能孝也。")绕树悲鸣哺,思家辄泪涟。(靖儿读书舅家,其思亲诗有"怕听松林噪乳鸦"之句。)那堪肠欲断,悲绝此残年!""凤昔渭阳爱,曾夸宅相贤。谓儿成有日,谁料竟无年!泪尽悲难尽,呼天欲问天!可怜贞女恨,此后待谁传!""中表贤郎在,情亲若弟兄。(儿表兄廖丹慰,有子湘玙,聪颖好学,与靖儿齐年,同学甚相得,每解馆必依依不忍别,并相约早来。)生前同勖学,死后不寒盟。此日萧斋里,空余灯火明。凄凉深树鸟,同作断肠声。(靖儿病殁,湘玙方病瘵,闻耗大痛,病遂加剧,后两月亦亡。予以避乱来其家,适逢其惨,尤触悲怀。)"促节哀音,读之恨然。

(原载《华光》1939 年第 1 卷第 4 期)

# 二十九　庚辰述往

　　距今六十年前，为光绪六年庚辰。是年政治上一大事为沈文定桂芬之卒。按有清一朝，以南人预密勿掌丝纶者，固不乏人，然秉钧日久，隐然主持一时风会者，尚不多见。同治中兴以后，朝政一新，领兵节镇皆一时勋望，实一大有为之机会。文定居枢府，以才猷练达为士论所归。光绪建元之初，大开言路，振饬纪纲，海内欣然望治。虽未能大行其志，实有贤辅气象。文定卒后，当国者才望渐不能及，暗中水火，国是不定，清政卒至解纽。固近六十年政治一大关键也。又是年会试翁文恭同龢为副总裁，所得知名士较多，如李慈铭、王懿荣、沈曾植、王颂蔚、于式枚、郭曾炘、志锐、梁鼎芬诸贤皆其选也。此文虽仅胪列诸家所记观者，可以察世变焉。

编　者

　　今岁又届庚辰；前一庚辰，清光绪六年也。漫述往事，以供谈佐，兼备治史者之考镜焉。

　　光绪初年大臣中有沈桂芬与荣禄之争，至庚辰以荣禄获降二级调用之处分告一段落。沈氏（江苏吴江人，寄籍顺天宛平）以汉大臣在军机，虽地位未逮乾隆、道光两朝之于敏中、曹振镛（均枢垣首辅），而久襄政本，清望所归，朝士之南籍者，尤多倚以为重。荣禄以满人历任要职，亦甚为孝钦后所眷畀，枢臣中则李鸿藻与之投分颇深。沈、荣二人,均有为晚清政治上极有关系之人物。其相厄之事,前因后果,耐人寻味。荣禄此次获咎,实为其政界生活上之大挫折,黯黮十余年,始复枋用,晚年尤被孝钦殊眷;沈氏则于荣禄遭谴后,旋即于是年逝世,时人论其相业,亦可述。

荣禄获咎之由来及再起之经过,据陈夔龙《梦蕉亭杂记》卷一云:

穆宗崩逝……(荣)文忠时以工部侍郎步军统领兼内务府大臣……文忠负权略,敢于任事。当穆宗上宾时,夜漏三下……文忠跪奏谓:"此时尚有宗社大事,须两宫主持……请召军机、御前并近支亲贵入见。"两宫命文忠传旨……枢臣文文忠祥扶病先至,宝文靖鋆、沈文定桂芬、李文正鸿藻继到,同入承旨,德宗嗣立……恩诏、哀诏,例由军机恭拟,文定到稍迟,由文文忠执笔拟旨,因病不能成章。文忠仓猝忘避嫌疑,擅动枢笔,文定不悦而无如何,思以他事陷之,文忠亦知之,防御尤力,两端遂成水火。文正与文定不相能,颇右文忠。党祸之成,非一日矣。某月日黔抚出缺,枢廷请简,面奉懿旨:着沈桂芬去。群相惊诧,谓:"巡抚系二品官,沈桂芬现任兵部尚书,充军机大臣,职列一品,宣力有年,不宜左迁边地,此旨一出,中外震骇,朝廷体制,四方观听,均有关系,臣等不敢承旨。"文靖与文定交最契,情形尤愤激。两宫知难违廷论,乃命文定照旧当差,黔抚另行简人。文定谢恩出,惶恐万状,私谓穴本无风,风何由入,意殆疑文忠矣,然并无影响也。南中某侍郎(后官至尚书)素昵文定,与文忠亦缔兰交,往来甚数。文定嘱侍郎侦访切实消息,侍郎遂诣文忠处种种侦视,文忠虚与委蛇。一日侍郎忽造文忠所曰:"沈经笙真不是人……我已与彼绝交。闻彼綦君甚，因外简黔抚事谓出君谋，常思报复，不可不防。"文忠见其语气激昂，且丑诋文定……以为厚我，遂不之疑，将实情详细述之。侍郎据以告文定，从此结怨愈深。会京师大旱，谣言蜂起，谓某县某村镇邪教起事，勾结山东河南教匪，克期入京，九门遍张揭帖，贝子奕谟据以面奏。两宫召见醇邸，询问弭患方略。醇邸因德宗嗣服开去一切差使，闲居日久，静极思动，奏请调北洋淮军驻扎京师，归其调遣，以备不虞。文忠为步军统领，方在假中，醇邸所陈方略，一切不得知也，以讹言孔多，力疾销假，出任弹压。两宫召见，谓京师人心不靖，浮言四起，诚恐匪徒生心，拟调北洋淮军入卫。文忠力陈不可，略谓："……臣职司地面，近畿左右，均设侦探，如果匪徒滋事，讵能一无所知？傥以讹言为实据，遽行调兵入卫，迹涉张皇，务求出以镇定。"事遂寝。醇邸闻之怒甚。文忠后知前议出自醇邸，亟诣邸第婉陈一切，而醇邸竟以闭门羹待之，交谊几至不终，内务府大臣一缺，亦遂辞退。文定知有隙可乘，商之文靖，先授意南城外御史条陈政治，谓："京师各部院大臣，兼差太多，日不暇给，本欲借资干济，转致贻误要公，请嗣后各大臣勤慎趋公，不得多兼差使。"越日文靖趋朝，首先奏言：宝鋆与荣禄兼差甚多，难以兼顾，拟请开去宝鋆国史馆总裁、荣禄工部尚书差缺。时慈禧病未视朝，慈安允之。时论谓国史馆与工部尚书，一差一缺，繁简攸殊，讵能一例？文靖遽以朦奏，意别有在。然文定意犹未餍，复撷拾文忠承办庙工装金草率与崇文门旗军刁难举子等事，嗾令言官奏劾，交部察议。照例咎止失察，仅能科以罚俸，加重亦仅降级留任公罪，准其抵销。所司拟稿呈堂，文定不谓然，商之满尚书广君

114

寿,拟一堂稿缮奏,实降二级调用。文忠遂以提督降为副将,三载闭门。未几文定病逝,醇邸笃念旧交,欲奏请起用,文忠笑却之。适德宗春秋已富,试习骑射,醇邸备有上驷八乘,作为文忠报效,奉旨赏收,加恩开复处分,旋补授京旗都统,骎骎大用,又为枢臣礼亲王世铎等所裁抑,外任西安将军。甲午万寿庆典,特令来京祝嘏……恭邸重领枢廷,扬言于众,谓:"九门提督,非借重仲华不可。"公谓:"提督一差,十年前曾任过……但昔为宝、沈媒糵朦奏,先开去工部尚书,今如以尚书兼差,始能承命,否则愿回西安本任。"尔时无尚书缺出,不得已奏请以步军统领兼总理各国事务大臣。翼年乙未,遂任兵部尚书……以上所言,半系亲闻之文忠者,不敢一字假托也。

所记间有未尽谛处,(清穆宗崩时,荣已于上年由工部调任户部侍郎,步军统领则翌年始以左翼总兵兼署,又两年真除。其开内务府差,系于光绪四年十二月,与解工部尚书职同时。上谕谓:"宝鋆、荣禄差务较繁,宝鋆着开去国史馆总裁、阅兵大臣差使,荣禄着开工部尚书缺,开去总管内务大臣差使。"以翰林院侍讲学士宝廷上疏论政,纠及二人兼差太多也。光绪六年二月,得降二级调用不准抵销之处分,系以兼任陵工差时听从已革知县马河图干求擅准留工奏充监修被劾一案,兵部比照提督、总兵徇情滥举匪人例议奏;光绪五年十一月已引疾开步军统领缺暨神机营差,时正被劾,盖自危矣。光绪十一年十二月,以报捐神机营枪价银两,由神机营王大臣具奏,并称其曾经同管营务,创练枪队,最为着意,懿旨开复降调处分;报效御用马匹,或亦有关,惟懿旨系指神机营事而言耳。诸如此类,陈氏所记,不免失考。)而大体可见光绪初朝臣互相倾轧之概况。(陈氏又谓:"甲戌德宗入承大统,仓猝之际,文忠实预其谋。"以不在军机之侍郎而参与定策，或亦撄时忌之因。）所谓南中某侍郎，盖指翁同龢也。（后官至协揆，不仅尚书矣。）忆尝观他记载，谓荣于醉中泄中伤沈氏情事于翁云。翁、荣之交既漓，荣甲午还朝后，孝钦眷倚日隆，翁之获咎，荣盖与有力焉。翁氏光绪二十九年癸卯三月十六日日记云："闻荣仲华长逝，吾故人也。原壤登木，圣人不绝，其平生可不论矣。"情怀可想。（翁氏庚辰二月十七日日记云："兵部议荣禄处分降二级调，折尾声明系察议，可否改为降一级；旨着照例降二级，不准抵销。晚访仲华。"意似谓沈氏未为已甚；并诣荣慰藉。又戊戌五月四日日记云："荣仲华厚贶，却之，又专使来，乃答受。"时翁罢斥将归也。可合看。）

　　沈、荣之暗争，甫以荣禄之失败告一段落，而沈即卒于是岁除夕，寿六十有四。翌年辛巳正月初三日上谕云："协办大学士兵部尚书沈桂芬，清慎忠勤，老成端恪，由翰林洊升卿贰，外任封疆，同治年间，入参枢务，擢任正卿，朕御极后，重加倚任，晋协纶扉，办理一切事宜，均能殚心竭力，劳瘁不辞，前因偶患微疴，赏假调理，遽闻溘逝，震悼殊深，着赏给陀罗经被，派贝勒载漪带领侍卫十员，即日前往奠醊，加恩晋赠太子太傅，照大学士例赐恤，入祀贤良祠，任内一切处分悉予开复，赏银二千两治丧，由广储司发给，应得恤典，该衙门察例具奏，灵枢回原籍时，着沿途地方官妥为照料，伊子沈文焘，着赏给举人，准其一体会试，伊孙沈锡珪，着赏给郎中，俟及岁时带领引见，以示笃念荩臣之至意。"寻赐祭葬，予谥文定，（据李慈铭日记，内阁拟谥文清，文勤，文端，文恪，旨出，谥文定。）饰终之典甚优。翁同龢庚辰十二月三十日日记云："闻沈相国星陨，驰往哭之。清、慎、勤三字，公可以无愧色。"董恂自编年谱是年云："岁方及除，而文定凶问至，尝论文文忠尽瘁事国，能养重以崇国体，遇有事须稍自贬损国难始纾者，恂辄任之；文定则不忍以谤独遗之恂。二公同一尽瘁，而文忠之忠，人知之，文定之忠，或不尽知之，故恂之恸文定较恸文忠为尤切。"（董氏久任总理各国事务衙门大臣，是年六月甫退出，此论与文祥暨沈氏同办外交事，极引沈氏为同调，而于文祥略寓微词。董在总署，颇不为当时清议所许，此亦有借以自明之意。）李鸿章辛巳正月十二日致左宗棠书，有"沈相忽于除日作古，一切乏人赞襄"之语。左宗棠挽沈联云："入告有嘉猷，击楫应同刘越石；经邦怀远志，筹边还忆李文饶。"曾纪泽《使西日记》辛巳三月初三日云："阅上海寄来函报，知沈经笙相国作古，为之惘然。沈相虽规模稍隘，然勤俭忠纯，始终如一，亦救时良相也。"又有《挽沈文定相国》诗，序云："往岁承恩北阙，奉使西洋，虽拜爵王庭，未列梁公之桃李，而赐筵译署，常叨显父之笋蒲，汕汕歌南有之鱼，甘瓠累于樛木，蜎蜎赋东徂之蠋，苦瓜殁在栗薪。俄而鲸海掀腾，鳌山震荡，侵地未归夫汶上，飞烽不减于澶州，诽疑挠俊杰之权，饫闻尘论，简练乏戎兵之实，空诩鹰扬，啮雪牧羝，仗节之艰难固尔，涉冰履虎，秉钧之惴慄可知，喜中外之同心，叶断金于兰臭，判安危于一发，巩磐石于桑苞，朝廷之威德炳焉，辅弼之谟猷伟矣。武乡侯之尽瘁，宗留守之病疽，虽时势之不同，实忠诚之无异。兴西州之恸，岂独羊昙，发下里之歌，深惭宋玉，九天咳唾，回思珠玉之音，万古云霄，空效羽毛之咏，辄于四万余里之外，成兹五十六字之篇。"诗云："精诚长共日星悬，意量难从竹帛传。好士不嫌求骏骨，矫时非为惜豚肩。功成西域新收地，光暗东垣夜贯天。指下高山流水境，发声谁与辨徽弦？"（俄事棘，曾于庚辰以使臣交涉改约奏绩，此言沈在政府主持之劳也。）凡是多为当时对沈之称誉。其讥之者，则如李慈铭庚辰十二月三十日日记云："是日闻沈经笙协揆卒。沈公……一生以廉谨闻,而柄国十四年,略无建竖,外为避事,而内实持权,阴柔徇私,声气出宝公上,溘焉已没,所得几何!"(宝公谓宝鋆。)王闿运辛巳二月初三日日记云:"阅京报,沈桂芬已死,余前断断不可之,不知其保富贵以终也。浮云变幻,不独不可羡,并不必责,又得增吾识量。"王、李均政治上无责任而好讥诃者,其论宜分别观之。

沈氏于同治六年即为军机大臣(八年兼总理各国事务衙门行走),盖文祥所荐。(荣禄之官侍郎,亦文祥力。)当多事之秋,久居政府,以清勤受优眷,号为有权,故曾纪泽称以"救时良相"。而朝列党争,其时已渐形诸事实,沈、荣之相厄,其一端也。《清史稿·沈桂芬传》,谓:"桂芬躬行谨饬,为军机大臣十余年,自奉若寒素,所处极湫隘,而未尝以清节自矜,人以为难云。"又合论沈与李鸿藻、翁同龢、孙毓汶,称"桂芬以持重见赏",并云:"光绪初元,复逢训政,励精图治,宰辅多贤,颇有振兴之象。首辅文祥既逝,沈桂芬等承其遗风,以忠恳结主知,遇事能持之以正,虽无老成,尚有典型……然以政见异同,门户之争,牵及朝局,至数十年而未已,贤者之责,亦不能免焉。"盖沈氏在时,垂帘听政之下,政纪犹称清明,枢垣汉大臣,沈与李同负清望,能发擿,惟朝端已隐分南、北二派,沈氏被目为南派领袖,李则被目为北派领袖,后来之政潮起伏,斯其滥觞已。

林纾《铁笛亭琐记》(又名《畏庐琐记》)云:"崇地山之割地图于敌人,则沈桂芬所保者也。时梁鼐鼎芬,年二十一,方为庶常,具疏弹之,列名者编修三人,独鼐为庶常,例不能自行递折,必得掌院为之具奏。沈延见诸人,索折本读之,折中语语侵及荐主,沈颜色不变,即曰:'崇厚该死,老夫亦无知人之明。此文章佳极矣,难得出诸少年之手,唯诸君之意如何? 今日吾能战否? 鲍春霆非大将才也,曾沅圃亦老暮,李少荃恐不胜任,将奈何!'语已,端茗趣行,而髯尚侃侃发议。去后,沈大恚曰:'此人吾决不令之留馆。'已而髯文字佳,卒为同官所取,沈不能夺。"崇厚使俄辱命,己卯(光绪五年)十二月逮治,清议沸然,争请对俄作战,并立诛崇厚。梁鼎芬庚辰新得庶常,亦欲加遗一矢也。崇之奉使,未必即为沈所保,沈为兼直总署之有力枢臣,或被指目耳。至谓梁获留馆,沈不能夺,则梁癸未应散馆试时,沈已卒两年余矣。

梁鼎芬庚辰成进士,膺馆选,即于是年在京娶妇。翰林归娶,向称佳话,梁亦其伦也。其同年友李慈铭是年八月二十一日日记云:"同年广东梁庶常鼎芬娶妇,送贺分四千。庶常年少有文,而少孤,丙子举顺天乡试,出湖南龚中书镇湘之房,龚有兄女,亦少孤,育于其舅王益吾祭酒,遂以字梁。今年会试,梁出祭酒房,而龚升宗人府主事,亦与分校,复以梁拨入龚房。今日成嘉礼,闻新人美而能诗,亦一时佳话也。"二十五日云:"诣梁星海、于晦若两庶常,看星海新夫人。"九月三十日云:"为梁星海书楹联赠之,句云:'珠襦甲帐妆楼记;钿轴牙签翰苑书。'以星海濒行,索之甚力,故书此为赠,且举其新昏、馆选二事,以助伸眉。"就此时观之,梁、龚姻缘,佳话重重,岂非极美满者乎? (李看新人,而诣梁、于,盖于式枚时与李同寓也。于亦庚辰翰林。)

庚辰会试,户部尚书景廉为正考官,工部尚书翁同龢、吏部左侍郎麟书、兵部左侍郎许应骙副之,同考官则内阁侍读学士胡聘之,右庶子王先谦,左中允裕德,修撰陆润庠,编修钱桂森、陈启泰、王祖光、龚履中、廖寿丰、袁善、韩文钧、鲍临、林绍年、谢祖源、陈翥、李桂林、陈琇莹,宗人府主事龚镇湘。头场四书文题为"子曰吾与回言终日一章""柔远人则四方归之二句""又尚论古之人五句",诗题为"静对琴书百虑清,得清字"。会元为吴树棻(山东历城人)。殿试,户部尚书董恂、礼部尚书徐桐、吏部右侍郎乌拉喜崇阿、户部左侍郎王文韶、兵部左侍郎许应骙、刑部右侍郎锡珍、工部左侍郎孙诒经、内阁学士桂昶充读卷官,状元为黄思永(江苏江宁人),榜眼为曹诒孙(湖南茶陵人),探花为谭鑫振(湖南衡山人),传胪为戴彬元(顺天宁河人)。林绍年分校会试,房运称最佳,状元、传胪、会元均出其房也。李慈铭自负老宿,亦出林房,以其年少望轻,虽不敢废门生之礼,而颇鄙夷之,日记中时有不满之语气。闻后来林官御史,李见其謇直敢言,乃示推重云。(李入台稍后于林,掌山西道时,林亦为山西道御史。)

李慈铭早负文誉,而科名晚达,同治庚午领乡荐,光绪庚辰成进士,时年五十有二矣,盖欣慰中不无感慨焉。其是年二月二十九日日记云:"得三妹正月廿四日书,寄来食物两篓、番银十元,大妹附寄龙眼肉一合,俱由陈氏昆季携至。天涯骨肉,家事单寒,致此殷勤,祝加餐饭,冀科名之一得,庶团聚之有期,同气相关,俗情难晓;夫岂知黄口登第,贱比蛙虫,白首蹭门,酷踰牢户哉?今年本决计不入试,兹以家人属望之切,当又勉为一行耳。"四月十二日云:"上午岑福自闱中遣人报信,云内中已填榜,余中第一百名。日加午,琉璃厂报红录,加未,报喜人至,名数皆同……作家书,报内子、季弟、三妹、大妹夫、族弟品芳。"(岑福为其旧仆,随监试御史朱以增在闱中者。)十三日云:"晨敦夫出闱,知余卷在林编修绍年房,初不知所谓,以问其乡人陈编修琇莹,陈君力赞之,犹不信,更质之钱辛伯,辛伯谓通场无此卷也,始请陈君代拟评语,呈荐于翁尚书,尚书大喜,二十五六日即以次三艺发刻,本中高魁,后以景尚书取本房一卷作元，乃置第十九名，既翁尚书欲以余卷束榜，始置一百名，而仍刻入闱墨，意别有在也。王益吾在闱中，见余首场及三场，即决为余作，辛伯亦以为然。届填榜时，两君及敦夫（按鲍临字）、汝翼（按陈蕘字），营企之甚，甫填十余名，益吾即出告外收掌官，先取墨卷视之，知为余书，即入语敦夫，共以欣然。衰颓莫齿，得此何所加损，而诸君之意甚厚，虽无以报，感不能忘，故备书之。"李以年老，且早援例以郎中需次户部，不欲为翰林，声请仍就原官，其五月初九日日记云："未刻报至，得旨准以户部郎中原资叙用。皆郎回就，桑榆之景已斜，流品既分，蓬瀛之路遂绝，虚望后车之对，长循选格之名，虽出陈情，实非雅志，羞与少年为伍，乃与俗吏随波乎！金榜一题，玉堂永隔，当亦知己所累欷，后人所深唷者也。"木天清选，世所艳羡，李以宿学不与，故仍深自嗟怅也。又有《殿试赐出身后乞翰林院陈情还郎中本班五月九日得旨以原资叙用感恩述怀二首》云："丹陛除书下，郎曹许却回。逮亲无薄禄，洇俗便凡才。白发心逾短，青云眼倦开。一官宁自择，朝论恤衰颓。""敢薄承明选，清华让少年。主恩容避席，吾意在归田。鱼麦平生梦，桑榆夕照天。任他三岛地，百辈蹴飞仙。（今年得馆选者九十二人。）"意绪亦可见。（诗上加眉注解"洇俗便凡才"句云："此谓洇俗便为凡才耳，流俗之论，以翰林为清班，部曹为俗吏，故此云云。而读者不察，往往读为便安之便，屡以致问，不知便安之便岂能对无字，此由不知对偶虚实之故。"）故事，部曹捐班，补缺前无俸，若考试得官者，则到部后即有半俸。李于同治二年癸亥以赀郎到户部，至是成进士，以郎中即用，始如考班之例而支半俸，其八月十二日日记云："户部送来秋季俸银十六两。五品半俸四十两，秋季应得二十两，而书吏又侵扣其四。行年五十余，今日始得此两流之秩耳。"十一月初二日云:"巡仓李御史送来奉(俗作俸)米七石八斗,每石约一百二十余斤,尚洁白可食。行年六十,得此升斗,而举家色喜,可叹也。"光绪十三年丁亥补郎中缺,乃支全俸。其以赀郎在部,已先有养廉银,户部之特例也。癸亥十二月二十七日作诗,有"冗散初叨禄"之句,自注云:"定制,部曹学习诸员皆无俸,惟户部给养廉银。"养廉银非俸,姑以禄论耳。(考班学习及候补时期均支半俸,非皆无俸也。)

科举时代,士人治举业,以成进士为鹄的,矻矻穷年,蕲偿所愿,唐人诗所谓"太宗皇帝真长策,赚得英雄尽白头"也。李慈铭久困场屋,虽屡言不更应试,而仍锲而不舍,冀望弥切。庚辰成进士,始为其举业之归宿。光绪十二年丙戌倩人为刻"道光庚戌秀才咸丰庚申明经同治庚午举人光绪庚辰进士"印章,见是年十一月初六日日记,有自娱之意,难得四朝逢庚也。(所谓咸丰庚申明经,指是年以廪生捐贡。)自秀才至进士,凡三十年,盖治举业四十年矣。其庚辰五月七日引见养心殿诗,起联云:"名场册载号庞眉,身是宣皇老秀才。"又《纱袍一领是庚戌游泮宫时所制服之三十年矣引觐被雨题诗志之》云:"蓝纱一领制中单,恰称青衿弟子员。千缕每循慈线迹,卅龄还惹御炉姻。芹香袭久痕犹在,柳汁弹来色不鲜。五十孤儿今释褐,宫袍欲换倍潸然。"悲喜交集,情见乎词。俞樾《春在堂随笔》卷十云:"沈毅人庶常,以《藏弆集》见示,皆前明及国初人尺牍……载王相说一牍云:'秀才而中两榜,如一日定于两餐,少一餐便饥,决不可耐。中后做官,如饮酒,兴会所至,不妨多数行,或主人意懈,或席有骂坐客,便可拂袖去。'余谓此语甚隽。吾生平两餐已具,但少饮几杯酒耳。聊记其语,可一笑也。"言中举中进士之不可或缺,可代表一般为举业者之思想。

俞氏道光庚戌进士，咸丰间以翰林院编修督学河南，因故被劾落职，后未再仕，故谓“两餐已具，但少饮几杯酒”。

道光二十年庚子鸦片战争之起，距今岁适百年，当时穆彰阿以首揆领袖枢垣，世称权相，《南京条约》赞宣宗而定，大为清议所不容，文宗立，遂予谴斥，身后犹丛重谤。其子萨廉于光绪庚辰成进士，入翰林。李慈铭是年十一月十一日日记云：“至甘井胡同答拜同年庶常萨廉，故相穆彰阿之子也。第宅宏旷，朱漆剥堕，老木参差，夕阳黯淡。当日手握钧轴，赫翕廿年，珠履趿门，前后相藉，华毂拥路，昕宵不通。自天眷忽回，朝籍尽削，曳裾恩地，遂成故墟，倏忽三朝，盖无过问。故相误国之罪，久定纶言，华夏皆知，亲爱莫讳。惟其引掖后进，道地孤寒，虽多在门墙，而不离文字，较之树援植党传法持权者，尚有间也。且其诸子皆久滞秀孝，待次卑官，无一登华要躐上第者。今之馆选有人，殆以报乎。”李固亦不以穆为然者，而斯有恕词，盖与以奸邪痛诋者异矣。（其翌年辛巳闰七月十七日日记，有“穆彰阿之子萨廉去年入翰林，天道亦乌可论哉”之语，至丁亥正月初七日又及之，谓“天道报施，不可测也”，则仍致憾于其所以应付中英鸦片之役也。）相传曾国藩在道光朝累邀峻擢，亦颇得穆汲引之力，或非无因。（穆为曾戊戌会试座师。）

荣禄庚辰获降二级处分，为其失意时期，而后来同居揆席同在军机尝与之齐名之刚毅，适于是年为宦途得意之初步。刚毅以笔帖式官部曹，是年二月二十二日由刑部郎中外简广东惠潮嘉道，距荣于十七日镌级，甫五日耳，二人此际有升沈之异焉。高树（曾为军机章京）《金銮琐记》有云：“笔政文词尚未通，荣堂考试为包容。迩来协揆位相逼，醉后生嗔掷酒钟。”自注：“荣仲华相国为堂官时，考笔政，刚毅与考，文尚未通，后官至协揆，同为枢臣。在直庐午酌,刚有不豫之色,以酒杯击案有声。荣相问何事,刚曰:'公与昆晓峰各占一正揆缺,我何时补正揆,想及此,是以怏怏。'荣笑曰:'何不用毒药将我与晓峰毒毙!'二公从此水火。"极言刚之躁竞。刚甲午即为军机大臣,早于荣四年,戊戌入阁,后于荣二年。刚为刑部司员时,谙习例案,有能名,平反余杭葛毕氏之狱,与承审有劳。闻其文理亦颇通顺,世传其不学之种种笑柄,殆不尽可信。(金梁《近世人物志》云:"世传刚毅不识字,余尝见其少时课艺,写作俱佳。")

# 三十 内阁谈

古官制无所谓内阁,明代始有此名。以大学士预机务,司票拟,遂为宰相之职。盖事权所属,政本攸在,虽避相名,而世不能不以相目之焉。宰相夙与天子并称,有君相可以造命之语,言其权之重也。然宰相二字连用成一名词,相沿已久,不过谓相天子以宰天下耳,本无一官名曰宰相。至辽时始尝有北府左、右宰相,南府左、右宰相,佐理军国之大政,于事无所不统,为官名即曰宰相者。若三代之际,虽已有相之称,见于经籍,盖辅相之义,未为官名。(《管子》称黄帝得六相而天地治,神明至。《路史》称舜得十六相而天地治。说近附会,难于征信,且亦即辅相之义而已。)后此历代宰相之职,以相名者,有相国、丞相之类;不以相名者,名称甚繁,要皆以权位论之,目为宰相。明太祖废中书省左、右丞相,一时遂有君而无相,(亦可云分相权于六部。)旋置殿阁大学士,为明代有大学士之始。然其性质不过文学侍从,略似清之书房翰林,与相无涉。内阁之名,始于成祖,选翰林、侍读、修撰、编、检等官,入直文渊阁,预机务,为阁臣握相权之权舆。而秩卑望轻,(入阁时亦未加大学士头衔。)虽预机务,尚与清之南书房翰林为近,未可即以相论。仁宗以后,人主非若二祖之英鸷,乾纲难于独揽,于是委政内阁,阁臣以兼官孤卿而阶位渐崇,遂具相体,(入阁以加大学士为常。)票拟之任,实魁柄所寄。嘉靖朝阁权积重,严嵩声势赫奕,为前此阁臣所不及。至万历朝之张居正，大权独操，政由己出，尤号为千古有名之权相。斯二人者，贤不肖大异，而论明代内阁权势之隆，可并举以为代表人物也。明代阁臣，既权重位尊，虽以阉人披猖，阁权时被侵夺，然就大体言之，宰相之任，固舍阁臣莫属焉。大学士五品官耳，以其成为阁臣专有之头衔，异乎初制，遂为宰相之代名词，不能更以品级论矣。清初设内三院，盖内阁与翰林院之合体，顺治间即一度改为内阁（仍分设翰林院），至康熙间而确定，大学士为宰相之任，颇沿明旧。雍正间设军机处，相权渐移，驯至内阁等于闲曹，大学士不兼他项要职者，仅若空衔。然虽失宰相之权，犹有宰相之位，其品级至雍正间已递升为正一品，不待兼官而始尊，体制优隆。百僚之长，关乎大政大礼，犹得以元老重臣之资格，有所表示。故相国之称，沿而弗替。洎夫宣统之际，以预备立宪而内阁改制，另是一番气象，大学士乃与内阁判为两途，惟叙位于翰林院。盖推本溯源，内阁大学士来自翰林，数百年始终保持息息相通之关系，故仍归纳于此耳。

明、清两代之内阁，右略发其凡，以下更就其建置之沿革、事任之变迁、官属之区分，及相关涉诸事，漫述梗概，用备考镜。惟兹题包孕闳广，不学如余，以匆促之时间而草此篇，疏略自不能免。异日当更谋订补，通人匡益，是所望也。

明初尝置中书省，领以左、右丞相。洪武十三年，左丞相胡惟庸以逆案诛，遂废中书省，仿周官六卿之制，以六部尚书（侍郎佐之）直接天子，任政事，而天子自操威柄。二十八年并谕以后嗣君毋得议置丞相，臣下有奏请设立者，论以极刑。（本人凌迟，全家处死。）立法之严峻如此，而其后仍有权类乎相之大学士，代之而兴，内阁地位，冠于百僚，则非太祖所及料也。

明代大学士之设,始于洪武十五年。以礼部尚书邵质为华盖殿大学士,翰林学士朱讷为文渊阁大学士,检讨吴伯宗为武英殿大学士,典籍吴沈为东阁大学士。又置文华殿大学士,征耆儒鲍恂、余诠等为之,以辅导太子。大学士秩均正五品,盖文学侍从之臣,地位与后来之所谓阁老迥异也。时以翰林春坊详看诸司奏启,兼司平驳,大学士不过侍左右备顾问而已。(建文时尝改大学士为学士。)

成祖即位之初,命侍读解缙、编修黄淮入直文渊阁,侍读胡广,修撰杨荣,编修杨士奇,检讨金幼孜、胡俨同入直,预机务,谓之内阁。内阁之名自此始,参预机务亦自此始。内阁者,以其授餐大内,常侍天子殿阁之下,故称。然其时入阁者,官秩犹卑,虽得参预机务,位望亦远非相比。(不置官属,不得专制诸司,诸司奏事亦不得相关白。)迨仁宗即位,以杨士奇、杨荣为东宫旧臣,擢士奇礼部左侍郎兼华盖殿大学士,旋加少保,又加少傅,晋兵部尚书,荣太常卿兼新置之谨身殿大学士,加太子少傅,又加工部尚书,同列之金幼孜、黄淮,亦均晋至尚书,(幼孜礼部,淮户部,均兼武英殿大学士。)阁职乃渐崇。惟官尚必以尚书为尊,大学士杨士奇晋尚书,加至三孤,仍以部臣为序,朝班列吏部尚书蹇义、户部尚书夏原吉之下。入阁者初皆由翰林官选入,景泰中左都御史王文晋吏部尚书兼学士入阁,开九卿径入之例。(班位以原衔为序。)自后诰敕房、制敕房俱设中书舍人,六部则对内阁相率承奉意旨,阁权益重,靡所不领。嘉靖时改华盖殿为中极殿,谨身殿为建极殿,阁衔因之。其序为中极殿、建极殿、文华殿、武英殿、文渊阁、东阁。朝位班次,俱列六部之上,俨然宰相之体矣。(阁臣数人,无定额,少或至一二人。阁衔不必备,亦有同衔者。)

内阁诸大学士之职掌，据《明史·职官志》所载："掌献可替否，奉陈规诲，点检题奏，票拟批答，以平允庶政。凡上之达下，曰诏，曰诰，曰制，曰册文，曰谕，曰书，曰符，曰令，曰檄，皆起草进画，以下之诸司。下之达上，曰题，曰奏，曰表，曰讲章，曰书状，曰文册，曰揭帖，曰制对，曰露布，曰译，皆审署申覆而修画焉，平允乃行之。凡车驾郊祀、巡幸，则扈从。御经筵，则知经筵或同知经筵事。东宫出阁讲读，则领其事，叙其官而授之职业。冠婚，则充宾赞及纳征等使。修实录、史志诸书，则充总裁官。春秋上丁释奠先师，则摄行祭事。会试充考试官，殿试充读卷官。进士题名，则大学士一人撰文，立石于太学。大典礼、大政事，九卿、科道官会议已定，则按典制，相机宜，裁量其可否，斟酌入告。颁诏，则捧授礼部。会敕，则稽其由状以请。宗室请名、请封，诸臣请谥，并拟上。"盖密勿赞襄，王言出纳，大政大礼，裁量可否，固宰相之职矣。其事任之重，端由票拟。票拟者，对于诸臣奏本，拟具批答之词，书具票签，以候钦定之谓。（票应读平声，披腰切，标写之义，言书字于其上也。）人主倚畀阁臣，魁柄所寄，多在于斯焉。

阁臣职权与体制既尊，惟谕旨、奏牍犹避相之称，（俗已以相称之矣。）号曰辅臣，实则辅犹相也。（俗又有阁学之称，内阁大学士之省也，亦尊称曰阁老。）辅臣中班次居首者称为首辅，权势最隆。赵翼《廿二史札记》卷三十三云："洪宣间三杨在内阁久，所兼官屡加至师傅，于是官阶益尊，虽无相之名，而已有钧衡之重。然同在内阁中，亦有差等，大事皆首辅主持，次揆以下不敢与较。宣德、正统间，天下建言章奏，皆三杨主之，及陈循、曹鼐等入阁，士奇、荣相继殁，礼部援故事请旨，帝以杨溥老，始命循等预议。（《循传》）可见寻常入阁者不得辄与裁决也。嗣后首辅之与次辅，虽同在禁地,而权势迥然不侔。夏言为首揆,严嵩至不敢分席,欲置酒邀饮,多不许。既许,至前一日又辞,则所征红羊栈鹿之类,已付之乌有。一日许赴其宴,薄暮始至,三勺一汤,宾主不交一言而去(《玉堂丛语》)。故嵩衔之次骨。及嵩为首揆,徐阶所以事之者,亦如嵩之事言……凡可以结欢求免者,无不为也(《笔麈》)。其后亦倾嵩而代之。至张居正当国,次辅吕调阳恂恂如属吏。居正以母丧,三日不出阁,吏封章奏,就第票拟,调阳坐阁候票至乃出(《笔麈》)。及居正归葬,大事必驰驿江陵听处分(《明史》本传)。此更礼绝班行,几与贾似道休沐葛岭,吏抱文书就第呈署无异矣。韩爌为首辅,魏广微入阁,欲分其权,而故事阁中秉笔惟首辅一人,广微乃嘱魏忠贤传旨,谕爌同寅协恭,而责广微毋伴食,由是广微分票拟之权。此可见明代首辅次辅之别也。"盖首辅之特尊,始于嘉靖,而阁权亦愈重。花村看行侍者《谈往》云:"嘉靖大绍,秉归内阁,首次大分。永嘉张孚敬、贵溪夏言、分宜严嵩、华亭徐阶、新郑高拱、江陵张居正辈,首次悬天壤,又极冰炭,而用各水火。此王世贞凤洲愤其乃翁忤忠愍公之典刑,叙成《首辅传》,而冠之曰嘉靖以来也。"可参阅。又文秉《烈皇小识》纪崇祯时温体仁之为首辅云:"东阁直房前第一间为首辅所居。若未正首辅之称者,虽次叙第一,不敢居也……乌程竭力邀首辅之称不可得。端阳阁臣例有赐馔,大珰传谕,口称首辅,乌程即开首辅之室而居之。"是首辅之称,尚须经过正名也。

　　阁权虽重,而阉人权势,每出首辅之上。《廿二史札记》卷三十三云:"明代首辅权虽重,而司礼监之权又在首辅上。王振窃柄时,票拟尚在内阁,然涂棐疏言,英宗时,批答多参以中官,内阁或不与,则已有不尽出内阁者。至刘瑾则专揽益甚,刘健疏云,近者旨从中下,略不与闻,有所拟议,竟从改易,是正德初已有此弊。其后凡有章奏,瑾皆持归私第,与妹婿孙聪、华亭大猾张文冕相参决,词率鄙冗,焦芳为润色之,李东阳俯首而已(《瑾传》)。瑾败后,东阳疏言,内阁与瑾职掌相关,凡调旨撰敕,或被改再三,或径自窜改,或持归私室,假手他人。臣虽委曲匡持,而因循隐忍,所损已多(《东阳传》)。此固东阳自为掩饰之词,然刘莅疏亦云,近日批答章奏,阁臣不得与闻,可见当时实事也。自瑾以后,司礼监遂专掌机密,凡进御章奏及降敕批疏,无有不经出纳者。神宗不豫,召阁臣沈一贯入,谕矿税事可与江南织造、江西窑器并停,其内监皆撤回,建言诸臣系狱者皆复官。一贯出,中使捧谕至,一如帝言。明日帝瘳,悔之。中使二十辈,至阁取前谕,仍缴进(《一贯传》)。可见帝降旨,即有司礼监在旁写出事目,然后付阁臣缮拟,故其地尤为要近。至魏忠贤时,王体乾为司礼,避忠贤,退处其下。凡章奏入,体乾与秉笔李永贞,先摘綮要以白忠贤议行(《宦官传》)。许誉卿劾忠贤疏谓,内阁政本重地,而票拟大权拱手授之内廷。其后杨涟劾忠贤,忠贤矫旨叙己功百余言,大学士叶向高骇曰:‘此非奄人所能,必有代草者。’探之,则徐大化也(《向高传》)。可见是时诏敕悉出司礼,并不借内阁润色矣。《文震孟传》,大臣入阁例当投刺司礼大奄,兼致仪状。是司礼之尊,久已习为故事,虽首辅亦仰其鼻息也。究而论之,总由于人主不亲政事,故事权下移,长君在御,尚以票拟归内阁,至荒主童昏,则地近者权益专,而阁臣亦听命矣。”此阁权见夺于阉人之情状。又卷三十六云:“……张吏侍延祥云,内阁待中官之礼凡几变,天顺间,李贤为首相,司礼监巨珰至者,以便服接见之,事毕,揖之而退。彭文宪继之,门者来报,必衣冠见之,与之分列而坐,太监第一人对阁老第三位,常虚其二位。后陈阁老文则送之出阁,商阁老辂又送之下阶,万阁老安则送至内阁门矣。今凡调旨等事,司礼者闲出,或使少监等传命而已(陆深《金台记闻》)。太监至,阁臣迎之于花台,送之止中门。李西涯告王鏊云,此定例也。(陆深《玉堂漫笔》,又见王鏊《震泽长语》。)朱象元云,有一顺门上内官云,我辈在顺门上久,见时事凡几变,昔日张先生(孚敬)进朝,我辈俱要打恭。后来夏先生(言),我们只平眼看着。今严先生(嵩)与我们恭恭手才进(何良俊《四友斋丛说》)。此阁部大臣与内官交接先后不同之大概也。"又卷三十五云:"世宗驭内侍最严,四十余年间,未尝任以事,故嘉靖中内官最敛戢,然已先后不同如此,何况正德、天启等朝乎。"(张孚敬、夏言、严嵩均嘉靖朝首辅。)亦见阁臣与阉人相见仪节之蜕变。

大学士之属,有内阁诰敕、制敕两房中书舍人。(均从七品,无定额。)诰敕房舍人,掌书办文官诰敕,番〔翻〕译敕书,并外国文书、揭帖、兵部纪功、勘合底簿。制敕房舍人,掌书办制敕、诏书、诰命、册表、宝文、玉牒、讲章、碑额、题奏、揭帖,一应机密文书,各王府敕符底簿。踪迹均与大学士最亲,职颇重要。此外之中书科中书舍人,(从七品,二十人。)掌书写诰敕、制诏、银册、铁券等事。凡大朝会,则侍班。东宫令节朝贺,则导驾侍班于文华殿。册封宗室,则充副使。(其乡试、会试、殿试,间有差遣,充授并如给事中。)大祀南郊,则随驾而供事。直文华殿东房中书舍人,其职掌为奉旨书写书籍。直武英殿西房中书舍人,其职掌为奉旨篆写册宝、图书、册页。(两殿舍人均从七品,无定额。)非其伦也。大抵舍人有两途,由进士部选者,得迁科道部属,其两殿及两房舍人,不必由部选,自科甲、监生、生儒、布衣能书者俱可为之。不由科甲者,不得迁科道部属,后虽加衔九列,仍带衔办事。(楷书出身者,或加太常卿衔，沈度、沈粲、潘辰等有加至翰林学士、礼部尚书者。）此略据《明史》。盖除进士榜下用中书舍人者外，阁臣得任便引用，如天启间叶向高为首辅，用已革监生汪文言为中书舍人，尤其显例也。又据曹家驹《说梦》卷一云："明朝中书一官，其途有三：一曰进士中书科，优闲无事，惟需次擢清华而已。一曰两殿中书，盖文华、武英也，专供大内书画之役。援纳有定例，朝上赀而夕即拜官，其取径甚捷。但与中涓为伍，故仕流耻为之。一曰内阁中书，即制敕房、诰敕房也。以其为阁臣左右之人，故人乐趋焉。内有撰文四员，此必以孝廉选入。又每房设掌房一员，积资加服俸至仆、少，开棍乘轿，俨然京卿。神庙时，上海有王龙槐，曾居此职，才干甚优，与揆席比昵，声势颇张。龙槐之子名颖，（字玄弢，万历戊午举人。）以太学生即入阁办事。旧例未授冠带，仍得与试，颖因此获登贤书。颖之子名陛彦，（字又玄，崇祯癸酉举人。）颇有才藻。蚤年登乙榜，两蹶礼闱，思绍祖父之箕裘，会有奥援，遂得与撰文列。崇祯戊寅之春，余入都，馆于又玄之寓。每阁中有所撰拟，辄属余起稿，时相得甚欢。掌房者一为周国兴，一为杨余洪，皆京师积猾。又玄每与余谈及此两人，不禁发指，曰：'若辈目不识丁，何得居高官，窃厚禄。余必扼其吭而拊其背。'余止之曰：'此辈窟穴久矣，足下岂老此官者哉？上之博一第而去，其次亦不失为部郎，再一转则为司道郡守，皆囊中物矣，奚为与此辈角雌雄哉。'又玄颇是余言，迨余归而难发。盖韩城（薛国观）大拜，有推毂又玄者，韩成昵之，因为朝夕短周、杨，至岁终而罗列赃私，密疏上闻，且波及殷元素（名之辂，华亭人，中书加车驾司主事）、周上之。元素初与又玄密，当其仕未得意，往往周给之，及又玄亲幸于韩城，不复援引元素，以此遂致凶终。而上之为周国兴侄，且与元素甚厚，故

132

一网打尽。狱具而元素仅革职,上之遣戍,周、杨二人竟死于廷杖,而又玄骤躐掌房,即蔡泽之夺应侯,不若是之酷也。未几而又玄以东厂发其罪状,下诏狱论死。韩城亦为袁恺所参,于私寓勒令自尽。又玄之死在辛巳初冬,余抵都稍后,不及与之一诀,伤哉伤哉!夫士君子赴功名之会,自当随流平进,若夺诸其怀而与之,则出尔反尔,祸不远矣。方又玄除周、杨之时,岂不快意? 孰料其亲戚子弟,布满畿甸,所交游者俱勋戚厂卫,又玄不过籍韩城一人之力耳,而彼固百足虫也,欲求无败,得乎?"中书为中书舍人之省称。观此段记载,虽事涉琐细,而内阁两房中书之剧要,亦于兹可见一斑矣。《明史·职官志》言中书有两途,兹更列为三途,尤为明晰。盖三途同为从七品,而进士中书(中书科)资格最优而无权,内阁两房中书,资望稍亚而接近阁臣,乃为要职,两殿中书,流品最卑,可以捐纳得之。(蒲松龄《醒世姻缘传》第八十三回,言狄希陈捐纳中书,"纳完了银子,出了库收,咨回吏部,当日具稿面题,不三日奉了旨意,授了武英殿中书舍人。"即所云"朝上赏而夕即拜官"也。本无定额,故入赏即得实授而为见任之官耳。如蒲氏所言,入赏之后,仍由吏部题授。两殿中书又称办事中书,吴敬梓《儒林外史》第四十九回,冒充中书之万里,对秦中书言:"学生是就的办事职衔,将来终身都脱不得这两个字。"惟又言:"得缺甚难。"则未合。吴氏此书所写,托之明代事,而于明代官制多疏。)

清代政制,多沿有明。内阁为丝纶重地,大体亦仍明制而略加变通也。有清建国,始置文馆。天聪十年,改为内三院,曰内国史院,曰内秘书院,曰内弘文院,各设大学士一人。内国史院,掌记注诏令,编纂史书,及撰拟诸表章之属。内秘书院,掌撰外国往来书状,及敕谕、祭文之属。内弘文院,掌注释历代行事善恶,劝讲御前,侍讲皇子,并教诸亲王及德行制度之属。入关以后,顺治元年增设学士。二年以翰林院官分隶内三院,称内翰林国史院、内翰林秘书院、内翰林弘文院,增设侍读学士、侍读等官。九年设典籍。十五年改内三院为内阁,是为循用明代内阁旧称之始。其大学士均改内阁衔,仍分设翰林院。十八年复裁翰林院,而改内阁为内国史院、内秘书院、内弘文院。康熙九年仍设翰林院,而改三院为内阁。(学士等官顺治十六年裁,康熙十年复。)至是内阁之名始确定,后不复改。其与翰林院之关系及分合,亦可注意也。

大学士之员额,顺治元年设满、汉六员,不备官。康熙间率用四员。雍正间多用至六员。乾隆十三年乃确定为满、汉各二员。其殿阁之衔,初犹明制为殿四阁二,称中和殿、保和殿、文华殿、武英殿、文渊阁、东阁。其增入体仁阁,省去中和殿,定为三殿三阁,亦乾隆十三年事。惟保和殿大学士,自乾隆三十五年傅恒卒,后遂不以入衔。率以四大学士分占三殿二阁,恒缺其一。自文华至体仁,班次多以为序,而亦不尽然,如乾隆间刘统勋、同光间左宗棠均为东阁大学士十余年,班次已晋而迄未晋衔,固不拘殿阁之序矣。阁臣班次,向例居首者多为满大学士,以道光中曹振镛、潘世恩资格之深、宠眷之厚,同治中曾国藩勋绩之著、声誉之隆,均未得跻首揆,(衔皆至武英殿。)李鸿章光绪中以文华殿大学士为首揆者二十余年,时以为荣。(左宗棠晚年班次仅亚于李,以东阁为次揆,首次二席均汉员,尤罕事。)惟有时班次仍论满、汉。如光绪间文华李鸿章、武英宝鋆同受命为孝贞后题主,李系首揆,而宝名在前。又如光宣间孙家鼐以大学士与荣庆同掌翰林院,荣仅协办大学士,而列衔在前。类斯者颇不乏。(大学士之管部者,例居本部各堂官之首。如汉大学士管部,满尚书纵协揆,亦列其次。)大学士满、汉分设,蒙古亦补满缺，汉军则补汉缺，惟内务府汉军补满缺。

大学士之品级，远崇于明制。初定满洲一品，汉人二品。顺治十五年，俱改为正二品。雍正八年，又升为正一品。以品级论，若明大学士之加三公矣。（明大学士生加三公者，惟太师张居正一人耳。）乾隆五十八年，裁大学士之兼尚书虚衔者，以大学士秩既特尊，无取乎此也。

大学士之外，更有协办大学士，与大学士同厘阁务，体制大致同于大学士，俗称协揆，又并大学士称相国或中堂，亦宰相之位也。（通常言及大学士，每兼指协办。）雍正七年以礼部尚书陈元龙、左都御史尹泰为额外大学士，即协办大学士之权舆。未几遂设协办大学士。乾隆十三年定为满、汉或一员或二员，后以满、汉各一为常。其任用系简尚书兼充，品级仍从尚书为从一品，（明尚书为正二品，清从一品。）称以某部尚书协办大学士。亦有用总督者，（总督例加兵部尚书衔，地位等尚书。）称以某某总督协办大学士。（仍留总督任。）其有以他官协办者，如乾隆间傅恒以领侍卫内大臣、达勒党阿以参赞大臣、兆惠以御前大臣，均故事之偶见者。自设协办大学士，大学士出缺，类以递升。亦间有不阶协办者，如道光时潘世恩之超擢，宣宗且特宣示理由焉。（道光十三年四月初九日谕："阮元甫经简任协办大学士，资格较新。潘世恩学问素优，办事尚属认真，现系吏部尚书，着补授大学士，管理户部事务。"所示理由，颇不易喻，盖此际潘之蒙眷较优于阮耳。）

大学士赞理机务，表率百僚，其为宰相之职无疑。惟自雍正七年设立军机房，而内阁赞理机务之权，遂渐移焉。赵翼《檐曝杂记》卷一云："军机处，本内阁之分局。国初承前明旧制，机务出纳，悉关内阁，其军事付议政王大臣议奏。康熙中，谕旨或有令南

135

书房撰拟。是时南书房最为亲切地,如唐翰林学士掌内制也。雍正年间用兵西北两路,以内阁在太和门外,儤直者多,虑漏泄事机,始设军需房于隆宗门内,选内阁中书之谨密者入直缮写。后名'军机处'。地近宫庭,便于宣召。为军机大臣者,皆亲臣重臣。于是承旨出政,皆在于此矣。"军机房亦号军需房,本军务临时机关,雍正十年成为常设机关之"办理军机处"。(军机处为省称。)以后军国之事,无所不预,内阁乃退处无权。故说者谓大学士不兼军机大臣,不为真相也。前乎是者,康熙时阁权且一度为南书房所侵,高士奇直南书房,颇为圣祖机密之臣,势焰甚为熏灼。《檐曝杂记》卷一〔二〕云:"高江村(士奇),康熙中直南书房,最蒙圣祖知眷。时尚未有军机处,凡撰述谕旨,多属南书房诸臣,非特供奉书画、赓和诗句而已也。地既亲切,权势日崇……初因明公(按谓大学士明珠,以权相称者也)进,至是明公转须向江村访消息。每归第,则九卿肩舆伺其巷皆满,明公亦在焉。江村直入门,若弗为知也者。客皆使仆从侦探:盥面矣,晚饭矣。少顷,则传呼延明相国入,必语良久始出。其余大臣,或延一二入晤,不能遍,则令家奴出告曰:'日暮不能见,请俟异日也。'诸肩舆始散。明日伺于巷者复然。以是声势赫奕,忌者亦益多。江村率以五鼓入朝,至薄暮始出,盖一刻不敢离左右矣。或有谮之者谓:'士奇肩幞被入都,今但问其家赀若干,即可得其招权纳贿状。'圣祖一日问之,江村以实对,谓:'督、抚诸臣,以臣蒙主眷,故有馈遗,丝毫皆恩遇中来也。'圣祖笑颔之。后以忌者众,令致仕归,以全始终。"可见其概。又龚自珍《徐尚书(按徐乾学也)代言集序》云:"《代言集》者,尚书代诏制之文……康熙中,有议政王大臣而无军机大臣,大事关大臣,群事关内阁,撰拟谕旨,则关南书房。与雍正以来之军机房等①。是集,公直南书房时笔也。"亦见当时南书房之重要。盖几如明之内阁由文学侍从之班,演进而为宰相之任矣。阁与房,字面本相近,南书房亦称南斋。内阁之始,亦不过内廷之书斋耳。军机处初亦称房也。议政王大臣,清初亦尝分内阁之权。汲修主人(昭梿)《啸亭杂录》卷四云:"国初定制,设议政王大臣数员,皆以满臣充之。凡军国重务,不由阁臣票发者,皆交议政大臣会议。每朝期,坐中左门外会议,如坐朝仪。雍正中设立军机处,议政之权遂微,然犹存其名以为满大臣兼衔。乾隆壬子,纯皇帝特旨裁之。"

内阁领以大学士暨协办大学士。其职掌,据光绪《大清会典》所载,"掌议天下之政,宣布丝纶,厘治宪典,总钧衡之任,以赞上理庶务。凡大典礼,则率百僚以将事。凡大祀、中祀,前期书祝版。奉神位于坛庙,则视镯,与其饰青。制册宝亦如之。皇帝登极则奉诏,授受大典。奉宝亦如之。册立、册封则授节。命将出师,授敕印亦如之。文武传胪则奉榜。凡大朝会进表,则展表以听宣焉。凡纶音之下达者,曰制,曰诏,曰诰,曰敕,皆拟其式而进焉。祝辞亦如之。进贺表,若致辞,亦如之。凡承宣谕旨,若章奏之批答者,既下,乃布于百司而钞焉。(每日钦奉上谕,由军机处承旨,其应发钞者,皆下于阁。内外陈奏事件,有折奏,有题本。折奏或奉朱笔,或由军机处拟写随旨。题本或票拟钦定,或奉旨改签。下阁后,谕旨及折奏则传知各衙门钞录遵行,题本则发于六科,由六科传钞。)定进本之式。凡本,有通本,(各省将军,督,抚,提,镇,学政,顺天、奉天府尹,盛京五部本章,俱赍至〈室〉通政司,由通政司

---

① 龚自珍《徐尚书代言集序》中有"南书房之选,与雍正以来之军机房等。"

137

送阁,为通本。)有部本,(六部本章,及各院、府、寺、监衙门本章,附于六部之后,统为部本。)先期以达于阁,(通本到阁,不兼清、汉文者,由汉本房翻贴黄,满本房照缮清字,移送票签处。其有书写违式、印信模糊,及年月挖补者,通政司加揭贴。部本于前期一日送阁,有密题者加封。刑部则于例进本外,另具备本二件,以备撤换。不用,仍领回。外藩朝贡呈进金叶、蒲叶表文,及各处表、笺、方物状,另缮清、汉文合璧一分,与原表文一并呈递。发下后,将原表文交典籍厅存储。)皆备其副。(通本、部本,正本外另缮副本一分。正本得旨后发科,副本存储以备查。)若图,若册,(河工报销及各项营建工程,例应缮图、缮册,随本进呈。各处钱粮报销,又朝审、秋审本皆缮册。其乡、会试试录题名录,钦天监时宪书式,及随本奏折如之。)若单,(本内有例应开单进呈,如名单、缺单、履历单、祭祀点单之类,核其应留应发者,皆于票签内分别拟写。其不在应留应发之例者,不列于签。)若夹签,(刑部本内有罪应重辟,或案关服制,罪名加重,而核其情有可原,或死者在保辜限外,例得减等者,刑部另缮夹签,随本声明请旨。)皆附焉。票拟则缮签。(每日应进通本、部本,侍读等详细校阅,拟写草签。大学士阅定后,令票签处中书缮写清、汉字合璧正签,次日黎明恭递。其票拟之式,凡通本内应议覆者,则交各部院议奏,或查议,或察议,或议处,或严议,或速议;毋庸议覆者,则交各部院知道。钱粮出纳,则交部察核。刑名本罪至斩绞者,由三法司核拟;军流以下,由刑部核拟。官员应降革勒休者,情罪重则照拟票写。各院、寺衙门本,有应交部议者,俱如通本之例。部本内议叙议处事件,在京文职编、检、科道以上,武职副都统以上,各省文职臬司以上,及学政,武职总兵以上,皆出名。外官题升调补,文职盐大使以上,及河工佐杂,武职守备以上,皆出名。实降实革者,不论品秩,皆出名。刑部本罪至死者,皆出名。京堂五品以上,翰詹中允以上,各省臬司以上,学政试差关差,及各项差使,开列请简,俱票空名签。文武会试中额,则空其名数。其余寻常事件,皆票依议及知道了等签。又有该部院所议未协,随时更正票拟。或奉旨另拟者,及违式错误,应饬行应议处者,各就情事审定。有图册者,应留应发,皆列于签。夹单有票写者,有不票写者,惟刑部夹签,皆不票写。)有两拟者缮双签,(双签之式,凡各部院题请事件,有应准应驳未敢擅便,或议功、议罪、议赏、议邮,可轻可重,处分应议应免,本内双请候钦定者,大祀、中祀,皇帝亲诣行礼或遣员行礼双请者,俱照拟票写双签。各省州县以上官请升请调,与例不符,经部驳者,核系专折奏请,声明人地实在相需,除照部议票签外,再票准调准升一签。外官道府以下,部议实降实革,核系因公议处,级纪准抵者,除照部议票签外,再票送部引见一签。三法司核拟罪名,除双请及夹签外,其有罪名已定而情节实可矜悯者,照拟票写一签,再票九卿定议一签。三法司驳审本,票依议一签,再票部驳甚是一签。凡双签次序,如一准一驳,以准者为第二签;罪名一轻一重,以轻者为第二签;处分应议应免,以宽免者为第二签。其余皆以本内声请之先后为序。三签、四签仿此。)若三签,若四签,皆备拟以候钦定,(三签、四签之式,如应准应驳双请,而准驳之例各有差,功罪邮赏可轻可重,而轻重之等各有差,处分应议应免,而应议之条与应免之例各有差,或案内人数繁多,功罪互有重轻,俱分别票拟三签、四签。又三法司驳审本,有该督、抚等原拟本无舛错,法司误驳者,除票双签外,再票照该督、抚所拟完结一签。)申以说帖,(凡票拟双签、三签、四签,皆加具说帖,申明义例。亦有单签加说帖,如通本内应速议，或议处，或严议，部本内照议实降实革出名者，俱随本声请，恭候钦定。）得旨则批本，（每日进本，或照拟或另降谕旨，或于原签内奉朱笔改定。及双签、三签、四签，奉旨应用何签，由批本处翰林、中书等批写清字，汉学士批写汉字，皆以朱书。）乃发于六科。（清、汉字批写后为红本，六科给事中赴阁恭领，随传钞于各衙门。）御门听政则进折本。（部本进呈后，有未奉谕旨折本发下者，按日收储，积至十件或十一二件，得旨御门听政。届期皇帝御乾清门升座，各部奏事毕，侍读学士二人诣奏案前，奉各部奏函以退。学士一人奉折本函恭设于案，启函依序启奏。大学士承旨讫，另缮签随本呈进。）朝审、秋审之勾决者，得旨则予勾。（勾到之年，刑部以朝审、秋审情实各犯名册送阁，核计省分远近人数，定期勾到。届期，监察御史奏勾到本，大学士及学士只候召入。学士奏某省勾到各犯姓名，皇帝阅汉字册，酌定降旨。大学士一人，遵旨勾汉字本。勾讫，奉本以出，照汉字本勾清字本，缮签进呈。候批写清字、汉字毕，密封交该御史恭领，即交刑部遵行。）凡进本，逾二日乃下焉。其即下者不越日。（进本奉旨后，下批本处，次日由批本处批写，又次日乃下于阁。有紧要事件，奉旨速下者，即于进本之日下阁。如遇巡幸启銮前一日，则三单俱下。）储御宝于交泰殿。凡宣纶音，皆请宝而用焉。（请用御宝，先期将用宝之数奏明。及期，学士率侍读学士、侍读、典籍等，赴乾清门恭接，与内监公同验用。如遇巡幸，则会内务府大臣一人，在乾清门验用。惟诰命、敕命、敕书常行之事则不奏。）巡幸则奉以从，（巡幸，请宝随往行在。学士率典籍一人赴乾清门，总管太监将宝匣眼同启视，再扃封，交贵宝中书，服彩服乘马在华盖前行。如不设骑驾卤簿，则常服在豹尾班后随行。回銮日，学士及典籍赴乾清门，将宝匣同总管太监启视扃封,再行交进。)岁终乃洗宝。(每岁封宝日洗宝,学士率典籍一人赴乾清门接出,洗毕交内监恭收。)其储盛京者,备尊藏焉。凡谥法,各考其字义而著于册,皆拟上而请定焉。(恭上庙号尊谥,大学士偕九卿、科道等官会议。谥妃、嫔及王大臣赐谥者,皆由大学士酌拟,奏请钦定。)凡封号若建置,则拟其美名。(凡敕封山川神祇,册封妃、嫔、亲王、郡王,文武官褒封世爵,及建置府、厅、州、县城堡,改设官职,暨敕建寺庙,颁赐扁额,皆恭拟美名,进呈钦定。)”观此可详票拟等制度焉。明制盖亦大致有类是者,惟清自设军机处,政治上实权已移,内阁所掌,多属具文,特相体犹在耳。(历代号为宰相者,实权亦每移而他属,其例非一,固不仅清之大学士为然。)军机处既设之后,题本(正式本章)逐改折奏,(非正式本章,不达于阁。)票拟、批本等事,稀而无关政要矣。(内阁虽仍以内名,因有军机处而为外廷。龚自珍《上大学士书》有云:“伏考雍正十年以后,内廷之项有五,一御前大臣,二军机大臣,三南书房,四上书房,五内务府总管是也。五项何以称内廷? 内阁为外廷故也。内阁何以反为外廷? 雍正后从内阁分出军机处故也。”)

内阁与翰林院,始终保持联系。大学士到任,必兼至翰林院,亦沿明旧也。曾国藩同治七年十二月十八日到大学士任,(时为武英殿大学士。)其是日日记云:“午初至内阁到大学士任,先至诰敕房更衣,在公案一坐,次至汉本房公案一坐,次至大堂一坐。横列六案,满东三案,汉西三案。余在西之第一案一坐,画稿两件。侍读、中书等数十人来,三揖,余答揖。旋至翰林院到任,先在典簿厅更衣,次至大堂一坐,次至圣庙行礼,次再至典簿厅更衣,次至昌黎庙行礼,(按翰林院祀韩愈为土地神。)次至清秘堂一坐。学士、编、检等以次来,三揖,余答揖。”盖内阁六堂(四大学士二协办),

141

公案满东汉西,各自为序。又翁同龢光绪二十三年八月二十日到协办大学士任,其是日日记云:"巳刻到任,入协和门,循廊南行,至诰敕房(廊下西向三间)。侍读、中书数人候于此,更朝服,设公案,侍读等三躬,呈官单,中书二人导入内阁前门,至满本堂,侍读等复三躬,呈官单,又导上堂,阁读学迎于垂花门外,一揖。(二人。)上堂坐西边末座,侍读、中书人甚多,皆三躬,呈事宜单,画稿数件。供事皂隶参见毕,即出。乘椅出后门,由东华门至翰林院,在典籍厅易朝冠。在穿堂设坐,书上任稿,三笔政、一走馆侍,至圣人庙行礼,(九叩。)复至典籍厅易补褂蓝袍,至文公祠行礼。(三叩。)遂诣清秘堂,编、检办事诸君迎于阶下,学士迎阶上,入门三揖,分三次,答揖如之。坐北床,学士以下陪坐,走馆呈帖,请易诸君名片,寒暄一刻,遂散。(送如之。)"合观曾、翁所记,可考阁臣到任之仪注焉。(清制翰林院有典簿无典籍,翁谓典籍厅,盖笔误。)阁臣通称中堂,位望体制,特尊于百僚。(尚、侍、督、抚等官对阁臣均自称晚生。)宫门钞亦曰某中堂而不名。谕旨间亦称之,如和珅一案,仁宗谕旨,有"派八王爷、七额驸、刘中堂讯问"及"将原单交八王爷、绵二爷、刘中堂盛住,会同户、工二部,悉心公同估价"等语。(刘中堂谓大学士刘墉。)可见中堂之尊。至中堂之称之由来,据王士祯《池北偶谈》卷一(谈故)云:"明洪武十五年设内阁大学士,上命皆于翰林院上任,十八年又命殿阁大学士,左、右春坊大学士俱为翰林院官,故院中设阁老公座于上,而掌院学士反居其旁,诸学士称阁老曰中堂以此。按《湘山野录》,钱希白见王冀公钦若,戏曰:'中堂遂有如此宰相乎?'又《闻见录》,富郑公与康节食笋,公曰:'未如中堂骨董之美'云云。元王恽秋涧有《中堂事记》,记元初中书省事,皆前此矣。"是中堂之称,明前已有之,始以称地,后乃称人也。(洪武间虽设殿阁大学士,惟尚无内阁之称,至永乐时始有内阁,王说稍未谛。明制,殿阁大学士外,有春坊大学士,又称掌坊学士,亦正五品,不常设。)

内阁在明代设立时,以翰林官入阁,后虽间有非翰林者,亦进士出身。清制因之。除满缺阁臣,不循此例,又当别论外,汉臣入阁,以曾为翰林者为最多。翰林而以庶吉士散馆改官者,入阁已较难。若进士而未入翰林者,得之更为优遇。彭蕴章咸丰间入阁,其拜协揆谢恩折有云:"登揆席而未经词馆,计本朝不过数人,由部曹而洊陟纶扉,在微臣甫逾廿载。"彭系榜下主事也。(此折遗集未载,见黄钧宰《金壶遁墨》。)王文韶亦以榜下主事于光绪间入阁,卒后朱福诜为撰墓志铭,有"黄扉故事,阶于词苑,简自庶僚,历历可算"等语。至左宗棠同治间以举人入阁,(谢恩折有云:"乙科并甲科之选,佐理平章。")尤属仅见。李鸿章与人书,称为破天荒相公。(俗传左官总督时,自愤限于资格不能入阁,请解官会试,乃荷赏翰林拜相,并无其事。)李鸿章同治间以伯爵湖广总督督师平捻,遂拜协办大学士之命。俞樾与书:"知捷书飞奏,优诏褒扬,以枚卜之金瓯,作酬庸之铁券。仰惟德望,允副具瞻。犹忆昔岁金陵,八驷下访,小舟促膝,情话移时,深以早出玉堂为憾。樾率尔言曰,他年以大学士还朝,则仍是本衙门也。三稔未逾,片言果验。虎符绛节,新试沙堤。于介圭入觐之余,重莅芸香之旧署。集庶僚之戴佩,瞻使相之威仪。"李氏早以编修治军,未获久官翰林院,此以酬庸入阁,乃得以揆席之尊更于翰林院行到任礼也。相传非翰林之某阁臣(或云即左宗棠)至翰林院到任时,以"适从何来,遽集于此"自嘲。使相者,以总督协办大学士或以大学士在总督任者之称。

143

翰林院庶吉士谒阁臣用师生礼,所谓阁师也,亦见阁院之关系。(《廿二史札记》卷三十三云:"我朝顺治十一年,大学士范文程请以詹事、翰林等官升补俱归吏部,可见明制翰、詹等官升降亦由内阁。")

内阁各官,大学士、协办大学士以下,设内阁学士(从二品,兼礼部侍郎衔)、侍读学士(从四品)、侍读(正六品)、典籍(正七品)、中书(从七品)。其职掌及员额,据《会典》所载:"典籍厅。典籍,满洲二人,汉军二人,汉二人。(侍读学士、侍读、中书兼厅者,由大学士派委,无定员。)掌章奏文移,(内阁行文各衙门,皆钤用典籍厅关防,其稽查钦奉上谕事件处及内廷修书各馆文移稿案,亦移付本厅,借用关防。)治其吏役,收图籍之藏。学士,满洲六人,掌奏本章,请御宝,汉四人,掌批本。(并得由大学士开列三四品京堂、翰林院侍读侍讲学士、内阁侍读学士衔名,请旨简派一二人,协同批本。)满本房。侍读学士,满洲二人;侍读,满洲四人。掌校阅清本。凡皇史宬及大库之收藏,皆掌焉。(皇史宬额设守尉三人,守吏十六人,大库无专设员役,皆与典籍厅分司稽查启镭。)凡实录,按日以进焉,(列朝实录,每日按卷进呈御览,于满本房、汉本房、蒙古房中书内轮派二人,敬谨呈递。)谨其收藏。(每岁春季、秋季,恭奉大库尊藏实录及皇史宬尊藏实录,翻晾一次。各衙门及修书各馆有恭请实录者,验明卷帙及其期日,呈明大学士,敬谨收发。)凡图籍,皆验收焉。中书,满洲三十有九人;贴写中书,满洲二十有四人。掌缮清本,书印文之清篆。汉本房。侍读学士,满洲二人,汉二人;侍读,满洲三人,汉军二人。掌收发通本,定缓急之限而发翻焉。中书,满洲三十有一人,汉军八人;贴写中书,满洲十有六人。掌翻清本。中书,汉三人。掌缮本单。蒙古房。侍读学士，蒙古二人；侍读，蒙古二人。掌翻译外藩各部文字。中书，蒙古十有六人；贴写中书，蒙古六人。掌习竹笔字，以供译写。（蒙古字以竹笔书之，其托忒字、回字、唐古特字，各传该馆人至蒙古房译写。）满票签处。侍读，满洲三人；委署侍读。（由大学士于满洲典籍、中书内派委，无定员。）掌校阅清文本章，拟写票签之式。（每日通本、部本，由汉侍读等拟写草签，移送满票签侍读等详校清文，检查票签成式，拟写清文草签，以副本呈军机处大学士，以正本呈在阁大学士阅定票拟，乃缮正签。如系清字本，即不票汉字签。凡进本，别其缓急轻重，敬谨储匣。有应贴名签或黄签者，皆贴于上方。）凡各衙门钞事，皆传知焉。（每日军机处奏事处交发事件，应传钞者，分别清文、汉文，传到各该处司员到阁钞出。）中书，满洲二十八，蒙古二人；（于满、汉本房派拨二十人，蒙古房派拨二人。）贴写中书，满洲八人。（俱于满、汉本房派拨。）掌缮票签，与其清文档案。汉票签处。侍读，汉二人；委署侍读。（由大学士于汉典籍、中书内派委，无定员）掌校阅汉文本章，拟写票签之式。（每日通本、部本，侍读等详校汉文，检查票签成式，拟写汉文草签，移交满票签处，呈堂阅定。票签有应加说帖者，亦拟稿附呈。）中书，汉二十有七人。掌缮票签，与其汉文档案。撰文中书，（由大学士于汉中书内派委，无定员）掌撰拟进御文字。（凡撰拟制、诏、诰、敕及祭告祝文，由大学士阅定进呈。其宫殿扁额、楹帖、御制诗文集，及赐王大臣碑文，应缮写者，皆恭书焉。）诰敕房，（隶汉本房兼管，恭遇覃恩办理诰敕，由大学士于汉侍读、中书内添派管理，无定员。）掌收发诰敕，审其撰拟与其缮写之式，用宝乃颁给焉。稽察房，（由大学士于满汉侍读、中书内派委，无定员）掌核各部院已结未结之事，月终则汇奏。恭缮谕旨亦如之。收发红本处,(由大学士于满、汉中书内派委,无定员。)掌收红本,以发于科,岁终则汇收焉。饭银库,(由大学士于满洲侍读、典籍、中书内派委,无定员。)掌收支饭银。副本库,(由大学士于满、汉中书内派委,无定员。)掌收副本。批本处,(额设满洲翰林官一人,于翰詹内开列简放。中书七人,由大学士于满洲中书内拟定正陪,引见补授。)掌批本。(本章进呈发下后,批本处照钦定清字签,用红笔批于本面。)凡进本,司其收发。(每日进本,由满票签处中书,恭奉本函,赴乾清门交批本处中书恭收。即将应下之本,交满票签处中书恭收。遇有改签及折本,皆存记档案,按日交发。)"(参看上文所述大学士、协办大学士职掌内注语。)统观内阁职掌,政枢之权虽移,而轮廓尚存,事关典制,尤以内阁为总汇也。

大学士、协办大学士下,自内阁学士至中书,惟中书为明所固有,余皆清代增设,故上文书其设官之始,内阁学士官尊而为闲曹。清初尚有藉其地位而有所发抒者,如潘应宾《郭文清公棻传》云:"政府重地,惟听中堂主裁,阁学往往无所轩轾。公独曰:'阁学古之参知政事也。若唯诺相随,不发一语,何参知之有邪?'时有副总何〔河〕靳公辅、于公成龙意见不协,争论于朝议班,廷议不决,赖公一言而定。"此康熙间事。自设协办大学士,又有以参知称协揆者。清内阁中书,其职与明之内阁诰敕、制敕两房中书为近。惟来自进士榜下,庶吉士散馆,及举人考取,资格较严。(即捐纳,亦须正途。)略似明之中书科中书,清亦置中书科,由内阁学士中简派满、汉各一人稽察科事。(与大学士同列衔画稿。)设掌印中书满一,掌科中书汉一,中书满一汉三,(均从七品。)掌书诰敕。(并设笔帖式十人,掌翻译,给使令。)职掌与明中书科略同,惟资格不严,异途亦可任此耳。(以上言清中书资格,均指汉中书言,满中书等本无此类限制也。又自内阁学士至中书，员额职掌之类，从其较后而为定制者而言，其沿革损益姑不详，以省烦琐。上文之言明中书亦然）。

《味莼簃随笔》（著者署味莼簃主人，姓名待考）云："内阁侍读、中书等官，实司笔札。汉员轮值之地曰汉票签处，与大学士值庐相毗连。其职掌为撰拟朱批，传宣纶綍。此外典制之文，如骈文诏旨，岁时宫庭贺表，外官文自藩、臬，武自总兵以上，及外藩世职之敕书，内外文武百官之诰命，其隶内阁职掌者，以皆由汉员撰拟。故凡汉员之略负文望者，必兼充本衙门撰文一差，以专拟此项文章。值庐悬刘文正公（统勋）一联云：'天下文章莫大处，龙门声价最高时。'想见当时地望之华贵。自咸丰军兴以后，疆臣奏事，多用特奏，不用题本，（清初奏事，尽用题本。自设军机处后，军务重事，许其特奏，以趋简捷。特奏由军机处办理，题本由内阁办理。故当时谓内阁为题本之政府，军机处为折奏之政府。见《龚定盦集》。）于是明发及寄谕（奏本用之，题本虽亦有明发者，甚寥寥也）日多，朱批（题本用之）日少，实权骤移于军机处。戊戌政变，创改题为奏之议，裁撤通政司，（通政司向为收递题本之机关。）而朱批一项，除外吏贺本、秋审勾到，及循例安折外，寂无所闻，内阁遂成闲曹。然遇有典礼，撰文一役，犹颇繁剧。予充撰文在戊申冬间，时适孝钦显皇后、德宗景皇帝同时升遐，凡遗教遗诏、嗣皇帝登极诏、册封皇太后及恭上皇太后尊号等，一切恩诏，撰拟书写，皆撰文司之。又宰臣吁请节哀之奏，凡三四上，升祔太庙，恭上册宝，恭定尊谥，典礼重大，每稿又必一再易，与同人昕夕不遑者越三月有余。盖实权虽去，躯髀犹存，每削一稿，动关掌故，尚非百司之琐屑簿书所能比拟也。读内阁撰拟文字一书，乔乔皇皇，他日必与《皇朝文典》并传无疑。（《文典》所载，皆翰林院应奉文字。）……《明史》

载，内阁用银印，直纽，方一寸七分，文曰文渊阁印。而文牍往还，乃不用此，别用翰林院印，足见翰苑之重，而内阁与翰林院当时直同一体矣。清代内阁用典籍厅印。其初所谓典籍者，亦即翰林院典籍。厥后内阁别设典籍二员，另铸印信。凡阁中一切公牍，皆用之。而内阁与翰林院虽渐分离，尚相连属。凡辅臣入阁，受任之初，到阁后，虽不兼掌院，亦必至翰林院行到官之仪式。又应奉文字，凡制诰由内阁撰拟，祭葬碑文等由翰林撰拟。而贺表等件，又有院撰而阁缮者，或有阁撰而院缮者，盖数百年后，权限尚未划清矣。"所叙多可考见内阁文字撰拟之概况，盖多与典制相缘，而与翰林院保持息息相通之关系也。阁权实以渐而削，既有军机处以参密勿，改题为奏，复逐次推广，(初制各机关职掌内依例应奏之事，均用题本。例外之事，或关于本人之事，始用奏折。后浸至无一不折，所余仅具文矣。)至季叶乃除典制一类文字外，政要若无所与焉。所谓"内阁奉上谕"，均由中书领自军机处，为手续及档案之事而已。至通政司一机关，明代本要职，因改题为奏，连带而成闲曹，戊戌变法裁撤，及政变而复，后又裁撤。未裁之前，已若存若亡，无足重轻矣。奏事之折，亦非无朱批，特不由阁拟耳。明翰林院置典籍，清改为典簿，而内阁置典籍。

内阁侍读、中书等官，事实上虽为大学士之属，而称谓上则为师生。文廷式《闻尘偶记》云："内阁中书见大学士，但点首而已，不揖不跽，相传以为明制如此。盛伯希云：内阁自中书以上，同堂印，翰林院自庶吉士以上，国子监自学录以上，并同堂印。凡同堂印者，不得为属官。故内阁、翰林、国子三衙门，有师生之称，无堂属之称也。"堂属而作师生之称，盖以文化机关性质之故欤。(科道自有印信，不同堂印，而对都御史、副都御史亦不作堂属之称，惟

148

曰台长、晚生,则所以重风宪之官也。)

诸臣之谥,除特谥外,均由内阁拟候圈用。鲍康《皇朝谥法考》卷三云:"……例由礼部奏准后,行知内阁撰拟,旧隶典籍厅。咸丰初卓海帆相国改归汉票签,令两侍读司之,祗遵饰终谕旨褒嘉之语。得谥文者谨拟八字,由大学士选四字,不得谥文者谨拟十六字,由大学士选八字,皆恭请钦定。惟文正则不敢拟,悉出特旨。"汉票签以侍读为领袖,例由资深典籍、中书擢授,阁中要职也。(侍读二人,号曰正、副阁长,与中书虽无堂属之分,而其势颇尊,有"阁学不大阁长不小"之语。盖内阁学士虽二品官,而与中书不相统属,侍读仅六品,而中书实受其支配也。又清初侍读例加鸿胪寺少卿衔,后虽废止,而侍读仍沿用五品章服,其待遇亦略同各部五品官之郎中、员外郎。)大学士之兼军机者,罕到阁问事,卓秉帖〔恬〕不兼军机,故主裁阁务也。予谥之典,大学士例谥文,(上一字为"文"字。)他官之经翰林授职者亦然。(庶常散馆改官者不与。)盖大学士(纵非出身翰林)即仍以翰林论也。其翰林而不谥文,或非翰林而谥文,则为例外,此例亦沿于明。

陈康祺《郎潜纪闻》三笔卷二云:"汪厚石吏部孟铜,有初到内阁口号云:'陈人久叹积薪余,乍许清班学士趋。猎猎西风敝裘帽,东华门外唤车驱。''静听阁老马蹄声,侍读诸公白事迎。我自田间来几日,慎教轻易上阶行。''六科书吏立如麻,齐下三单卅点加。扫笔纷纷忙注本,日轮眼急下东华。'(原注:遇启钥封印日,则三日本齐下。)'乾清门侧档初交,匣砚看人唤打包。枯坐今朝拼守晚,领归谕折件传抄。'(原注:领上谕奏折,日直中例派一人,候夜直交代,为守晚。)'御门闻道特除官,朱笔题名敬奉观。别有改签更式样,传宣票拟细寻端。'(原注:御笔亲书为朱签,特旨改

标为改签。）'轮班辰入退过申，来是空言两隶人。莫怪此间无洒
扫，禁城清绝不生尘。'又典籍厅任事八首云：'六年历俸八年资，
又向西厅坐褥移。一转成仙人共笑，遣回不去待何时。''寂寞茶
房淡泊厨，喧然吏役日高初。各堂上任夸谁似，一饱猎羊祭库
余。'（原注：典籍到任，例以猎羊祭库。）'画行事细粗能晓，点卯人
多猝未详。夜直若非连两夜，军机须去面中堂。'（原注：供事皂
隶、纸匠、苏喇朔望日赴厅唱名，汉典籍无园直，夜直连两日。）'印
单印簿缝钤存，启钥开箱昼继昏。始识相公多摄事，十才一二本衙
门。'（原注：中堂有兼管上谕处、国史馆、三通馆、俄罗斯馆，行部
院衙门文，俱用厅印，以印单为凭。）'掌印帮班等样官，平湖满汉
一厅攒。考勤簿子亲书押，要送兼厅侍读看。'（原注：满、汉典籍
各二缺，余皆别堂来兼理者，满侍读学士、侍读兼厅，则为厅官之
长。）'北厅章奏南厅案，大库文书小库银。承发散班齐了事，瓣香
醑酒祭科神。'（原注：厅供事南、北各十四人，五月十三日酿钱事
科神，云是萧曹也。）'宝箱例引赴乾清，肃驾年年典据征。接送预
行交泰殿，奉盈一念警宵兴。'（原注：旂檀香宝，交泰殿二十五宝
之一。驾出，内阁学士、典籍各一员，赴乾清宫请宝。驾旋，送宝亦
如之。）'办事衔名不自由，背推踵接此勾留。莫将五日轻京兆，尚
许笤人唤皂头。'（原注：吏部选例，中书带办事衔者题管典籍，撰
文则否。）吏部为乾隆丙戌进士，先以壬午献《龙井见闻录》召试得
中书，其自注各条，颇足存当时黄扉故实。康祺从父西林先生兆
翰，以咸丰季年，季弟清瑞，以同治间，先后入直。偶谈及阁中规
制，则砚北封章，豪端纶绰，省郎职掌，无复旧日清严矣。"汪氏所
咏乾隆时中书、典籍情状，甚有致，洵可存当时内阁故实也。所谓
办事衔，别于撰文而言，与明代所谓办事中书有异。前文所述大学

150

士职掌内,有"御门听政"语,此诗中亦有"御门闻道特除官"之句。御门者,清制视朝之典,(每日之便殿召对,为燕见性质,非正式听政。)犹唐代之常朝也。常朝五日一举,故御门定制亦五日为期。初御太和门,后改御乾清门。群臣侍班,题本大除授于此降旨。咸丰以后,此典久不举,犹存其名于《会典》而已。

阮葵生《茶馆〔余〕客话》卷二〔一〕云:"文渊阁无其地,遍质之先辈博雅诸公,皆无以答。王白斋司马、申笏山光禄,皆以为在大内,亦是臆度之词。予意今之内阁大库,仿佛近之。当时杨廷和在阁,升庵挟父势,屡至阁翻书,攘取甚多。又典籍刘伟、中书胡熙、主事李继先,奉命查对,而继先即盗易宋刻精本。观此情形,必非内庭深严邃密之地。而沈景倩谓制度隘,窗牖昏暗,白画〔昼〕列炬,当时俱属之典籍云云,则与今日大库形势宛然如绘。且紫禁殿阁,绮窗藻井,浮思玲珑,惟皇史宬为明季藏本之地,则石室砖檐,穴壁为窗,盖以本章要区,防火为宜。今大库之穴壁为窗,砖檐暗室,较史宬尤为晦暗,则为当日藏书之所,正与史宬制度相合。"(其友戴璐按语云:"按此作于辛卯年,癸巳建文渊阁于文华殿后,藏四库全书,且设直阁、校理、检阅等官。")又云:"内阁大库,藏历代册籍,并封贮存案之件。汉票签之内外纪,则具载百余年诏令陈奏事宜。九卿、翰林、部员,有终身不得窥见一字者。部库止有本部通行,惟阁中则六曹咸备。故中书品秩虽卑,实可练习政体,博古而通今也不难。予于辛巳夏直票签,九月即派入武英殿,缮《宝谱》《地球图说》,未得久于其地,计百余日中,粗翻外记〔纪〕一过。夜直之期,检阅尤便,每次燃长蜡三枝,竟夕披览不倦。当时十五六日方轮一夜班,每代友承值,它人亦乐以见委。闻近日中、翰以夜班为苦,互相推避,诚不可解。然予终以未快睹大库为憾，缘典籍掌库事，资深者方转典籍。惟探开库之期，随前辈一观，尘封插架，灰堆积土中，随意抽阅，皆典故也。"又云："内阁副本，每届年终派汉本堂中书查对，送贮皇史宬内。辛巳之冬，祝宣诚前辈维诰应斯役，予偕往观。百数十年之章疏，积若崇山。而毛西河所称史宬规制仿石室金匮者，皆得亲见其盛。今之史宬，即明之南城旧址，惟所称异种名葩，则无有矣。"此为阮氏乾隆间所记，内阁实兼史职，故藏弄甚富。（皇史宬亦内阁所领，见前。）简策之储，宪章所自，关系殊为重要也。文渊阁，乾隆间建置以前，清代无此。至明代之文渊阁，《历代职官表》（乾隆间敕撰）卷四云："明文渊阁本在南京，成祖迁都后，设官虽沿旧名，实无其地，即以午门内大学士直庐谓之文渊阁。其实终明之世，未尝建阁也。"谓明代北京即未尝真有文渊阁。刘敦桢、梁思成《清文渊阁实测图说》（见《中国营造学社汇刊》第六卷第二期）云："据沈叔埏《文渊阁表记》，洪武时阁在奉天门之东。成祖北迁，营阁于左顺门东南，仍位于宫城巽隅，遵旧制也。其时藏书以外，兼为内阁治事之所。易世以后，故迹湮没，虽不能质言其地，然要在文华殿以南。且明为砖城十间，至嘉靖中叶，东半五间，装为小楼，视清之六间重檐，迥不相侔，则高宗之营此阁，仅能谓为名义上复兴而已。"其说较详，则故迹虽难质言，固尝有之。两说有异，而阮氏疑即内阁大库，亦为一说。闻中国营造学社曾拟综合考订明代以来各殿阁，详其建置沿革，一一确着其处所。斯项工作，如能完成，甚盛事也。

阮氏以未获快睹内阁大库为憾，而大库所藏，清末即已有流出。《味莼簃随笔》云："宣统二年清理内阁书库，以所藏善本书，无论完缺，悉送学部图书馆。库门锁闭已久，一朝启钥，希见之品，层见叠出。除书籍外，列朝红本，盈三巨屋，均移庋文华殿。御纂七经，当时纂进稿本，亦尚有存。《书经》传说汇纂中，并有数卷署编修胡中藻名。中藻以文字狱罹大辟，著述久遭禁锢，此仅存之稿，殆亦毁灭未尽者。康熙己未、乾隆丙辰二次博学鸿词卷，则悉数在焉，诸君纷纷攫取，数日而尽。又清代历科殿试策，虽已不全，亦存二千余卷。曹君直取得龚定盦一卷，字句奇硕，不作临轩门面语，亦《定盦集》外文也。（定盦是科朝考卷，已刻入集中。）王爵生阁学（垿），取得其尊人编修君（兰升）一卷，付之石印，遍赠同人。予亦取得光绪壬辰科家大人一卷，今藏于家。"盖斯时任意取携，已有散出矣。（又云："明时内阁书库，藏书至富，今所传内阁书目是也。以翰林院典籍掌之，故明时称翰林院官，谓得读中秘书。清室入关，始虽稍有更置，洎改内三院，重设内阁，官制率沿明旧，而内阁典籍，另设专缺，其职掌则但司庶务，不再掌书。而职掌为之一变。厥后又以满、汉侍读各一员为典籍厅掌印，别派中书等官为行走，名曰兼厅，实权皆萃乎是，而实缺典籍，苟无兼厅名目者，反徒有虚名，从不到厅视事，则风气又一变矣。"所云清内阁典籍不掌书，盖较后之制。阮、汪均尚言典籍掌库事也，后改由满本房主之，见前。其叙典籍厅，亦可与汪氏所咏参看。）

金梁《内阁大库档案访求记叙》云："内阁大库档案，宣统年清理，奏请销毁。罗雪堂参事，言诸南皮张文襄公，移存国子监，装八千麻袋。辛酉年立历史博物馆于天安门，由监移往，略检其整齐者，陈列于楼，以诰敕及廷试策为多，余贮城下，视为废纸。壬戌春，有持朱笔抄谕题本之类诣梁求售，审系大库存件。询其来处，坚不肯言，亟以重价饵之。宝沈盦宫保亦见数纸，梁展转访求，终

153

不可得。后忽忆前数年在悦古斋主人韩某处，曾购题本、经筵讲义、高宗朱笔批改联语等件，亦大库物，立往访韩，竟能知其详。谓同懋增纸店实购自历史博物馆，八千袋，费四千金，将运往定兴县纸坊重造纸料。闻之大惊，乃定期约雪堂、沈盦偕往同懋增，则谓车运造纸，已过半矣，仅检留数袋。立许五百金携归，并嘱速追余件，当三倍其原值酬之。往返兼旬，居然陆续归还，堆置彰仪门货栈三十屋，连前院五院，露积均满，高与檐齐。即付价万二千金，寄存商品陈列所大楼，延招十余人，排日检视，颇多珍异之件。如满、蒙文《辽事例》《金事例》《元事例》，皆史册秘稿；明题本行稿等，皆有关边务战事；清初档册，皆开国方略；朱谕批折，亦至可宝。如朝鲜、琉球、安南等题表，有言事者，亦关掌故。又见苏禄国表献版图，高宗朱批嘉奖，末言愿献版图一节着毋庸议，尤所未闻，余不胜举。当另编目录时，知者络绎请观。东海拟收归国有，外人且重金求让，清史馆亦商请收藏，雪堂均不许。整理间，商部某忽勒令移出，不得已觅赁善果寺余屋，连夜迁入。雪堂以常寓津沽，特辟库书楼，先运小半分存之，其余尚留寺内，待明春重检理焉。此项库书，为明、清二代国故所关，幸得雪堂先生一人之力，初将销毁夺于火劫，终将造纸夺于水劫，殆有天意存乎其间……又库书归雪堂以外，亦有流散。曹理斋、徐敬宜诸君，均有所获。天津王某，得明崇祯十五六七年礼部堂稿独全。又北京大学马叔平教授诸君，亦颇注意此事。梁知历史博物馆散存各件，尚多可取，曾与言之，后闻于大学设档案整理会，移往整理，分类编目，并开古物展览会，陈列展览，烂然可观，亦有心人也。壬戌冬，金梁。"（辛酉、壬戌为民国十年、十一年）观此可知其遭厄散出与其着落之概略。罗、金等尊

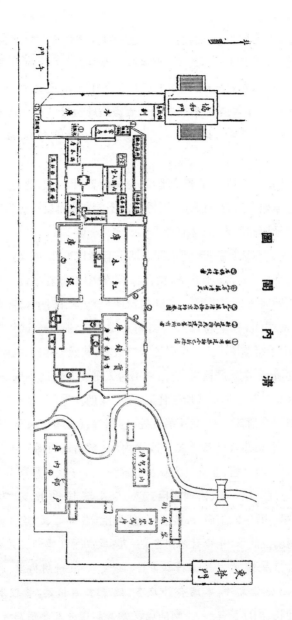

清 內 閣 圖

重文献,润为有心人,而益深慨多数人对兹文献宝藏之轻视,一至于斯也。(金氏壬戌冬又有《内阁残档分目叙》云:"内阁残档,分二次散出,一在宣统初,一即壬戌年。分目所载,宣统初散出者为多。时梁方官奉,皆孙君伯恒向悦古斋陆续购寄,尚有经筵讲义数千本,为张劭予师所得。其余闻均重毁造纸,遭水劫矣,分目不过全档万分之一。")

以旧日内阁领袖百僚之地位,意其衙署当崇闳伟大,实则湫隘简陋。盖地在禁近,且为值庐性质,故不能与六部之类比拟也。清内阁遗址图制版附印,俾有考焉。

《茶余客话》卷一云:"内阁北墙下有楮树一株,陈文贞廷敬爱之。公事毕,移书案坐其下,焚香啜茗,召中翰分札咏诗,以为常。复命鸿胪序班禹之鼎绘卷,曰《楮窗图》。公赋诗,中翰皆和之。"又《郎潜纪闻》三笔卷二云:"内阁大堂西槐树,每会试年鹊结一巢,则中书得鼎甲一人。乾隆乙未结数巢,状元吴锡龄、榜眼汪镛、探花沈清藻、会元严福果,皆由中书舍人通籍。禽鸟得气之先,殆信然欤!"二树皆属清代所传佳话,录资谈助。

至清末预备立宪,裁并军机处、内阁等,(原有之大学士、协办大学士,命仍序次于翰林院。)改设内阁(所谓新内阁),虽另成一局面,且为时甚暂,亦宜略为叙及。宣统三年辛亥四月颁布内阁官制,设总理大臣一人,协理大臣二人,与外务、民政、度支、学务、陆军、海军、司法、农工商、邮传、理藩各大臣(各部之长)均为国务大臣。阁属设阁丞(承命佐治阁务)一人;承宣厅,(掌颁发并典守谕旨及法律命令,收发呈递折奏事件、阁议事件,请用御宝,收掌阁印,本阁公牍文件,本阁会计庶务,编纂本阁档案,管理本阁图籍。)厅长、副厅长各一人;制诰局、(掌进拟徽号及尊谥庙号,恭进

156

尊藏实录,进拟制、诏、诰、敕,进呈贺表、贺本,勋封、藩封、世爵、世职之封赏承袭事件,恩赏、封赠、恤荫、谥谥号勇号事件,颁赏勋章、宝星事件,外国勋章、宝星受领佩带事件,庸勋会议事件。)叙官局,(掌内外简任、奏任各官履历稽核存储事件,内外简任各官开单请简事件,内外奏任各官资格审查事件。)统计局,(掌统一各部统计事件,办理不属各部统计事件,刊行统计年鉴及报告事件,交换各国统计表事件,统计会议事件。)印铸局,(掌官报及法令全书、职官录之编辑发行事件,官报等及其它官文书印刷事件,册宝、印信、关防、图记等铸造颁发事件。)各局长一人,副局长一人;内阁法制院,(掌法律、命令案撰拟事件,法律、命令增删改废事件,各部所拟法律、命令案审查复核事件,现行法律、命令解释事件,各项法规编纂整理事件,其余关于法制统一事件。)院使、副院使各一人,参议四人,并置参事,与厅局各置一二三四等佥事,一二三等录事;印铸局并置艺师、艺士。(员额均尚未确定)草创犹未就绪,而武昌事起矣。迨袁世凯代奕劻为总理,裁协理,独揽大政,遂结此局。

# 三十一　彝斋漫笔

　　科举时代,士子以抡元为荣。若乡、会、殿三试均首选,号为三元,更视为难能可贵,世所艳称。清代三元凡二人。乾隆四十六年辛丑长洲(苏州府治,今并入吴县)状元钱棨而后,继之以临桂(桂林府治,今改称桂林县)状元陈继昌。时为嘉庆二十五年庚辰,距今岁庚辰甲子两周,遂结历代三元之局。嘉庆庚辰胪唱时,仁宗甚嘉悦,诗以志之,有"大清百八载,景运两三元,旧相留遗泽,新英进正论"之句。陈,乾隆朝大学士宏谋之后也。有清一代,凡状元一百十三人,江苏一省即占五十人,而苏州一府即占二十三人。钱氏三元,就籍贯比较言之,尚非甚难。陈氏三元,出于边远省分,(清代广西状元共四人,均临桂,自陈氏始。)自视钱氏益形难得矣。钱官至内阁学士,陈官至直隶布政使,均未为大显,声绩亦未著。

　　佳话相传,丛于科举。陈氏连撷三元,尤莫能外。梁应来《两般秋雨盦随笔》卷七云:"桂林相国陈文恭公,世居横山邨,筑培远堂,嘉庆丙子相第不戒于火。五世孙喆臣(守叡)癸酉解元,尝梦状元名继昌,遂改名。以庚辰领会、状,年甫三十。前明正德二年,有云南按察司副使包裕游还珠岩诗刻云:'岩中石合状元征,此语分明自昔闻。巢凤山钟王世则,飞鸾峰毓赵观文。应知奎聚开昌运,会见胪传现庆云。天子圣神贤喆出,庙廊继步策华勋。'后四句,陈公名字悉见,亦一奇也。相传伏波岩下有石如柱,向离岩二尺许,谶云:'岩连石出状元近',则竟相连矣。状元夫人为李侍郎(宗瀚)女侄,李寄诗云:'矫矫文公五世孙,南交科第夺中原。三头掌故今双绝,千佛名经有几尊。独秀高擎天极柱,一枝青出桂林邨。相期位业齐王宋,培远贻谋属相门。''胪传大宋已更名,世美家声叶凤鸣。刚道珠岩浮柱合,又传石刻满城惊。七千里外荒真破,三百年前谶早成。圣代得人方共庆,肯教温饱负生平。''剥复天心未易量,祝融荡扫亦嘉祥。重新上界神仙府,依旧平泉宰相庄。人羡唐夫年始壮,我怀君子泽弥长。泥金漫说门楣喜,白叟黄童尽若狂。'先是广西贡院前大楼久圮,形家谓宜改建,甫落成而陈遂捷三元。制军阮宫保诗云:'文运原因天运开,一枝真自桂林来。圣朝得士三元盛,贤相传家五世才。史奏庆云合名字,人占佳气说楼台。若从师友抢魁鼎,门下门生已六回。'注,近科状元,吴信中、洪莹、蒋立镛、吴奇濬、陈沆及陈继昌,皆予门生门下之门生也。陈会试卷,在第一房,王楷堂比部(廷绍)所荐。荐之夜,总裁黄左田宗伯(钺)梦有人持阮元名帖来拜,及定元,竟以广西卷书榜,知得两元。大司农庐南石先生谓黄曰:'梦合矣。'楷堂札述其备细于阮宫保,宫保答诗云曰:'第一房中蓉镜开,荐贤我亦梦中来。事从天定必成瑞,喜入人心真是才。魁首早知抢桂岭,姓名端合借云台。凭君入格非常事,应有朱衣暗里回。'真一则玉堂佳话也。"又梁恭辰《池上草堂笔记》云:"继钱湘舲而成三元者,为桂林陈莲史方伯(继昌)。初名守恪,尝梦泥金到门,乃继昌二字,诘以错讹,其人答云:'今年会状必是此名。'寤而更今名。桂林城外还珠洞,有石笋下垂,旧有石笋到地状元及第之谚,至是石果与地接。又洞中有磨崖诗刻,分嵌继昌二字,亦一奇也。方伯为榕门相国文恭公元孙，其积累之深，栽培之大，所不必言。及第时，封翁蕉雪中翰（元寿）犹健在，寄以诗云：'祖宗贻福逮云礽，福至还期器可盛。好以文章勤识业，勉求学问副科名。出身岂谓营温饱，得志从来戒满盈。有子克家宽父责，老怀不用日愁生。'似此庭诰，岂罗念庵之妇翁所能梦见乎？按方伯为嘉庆二十五年庚辰科会状，其廷试策首颂扬处，有道光宇宙字，逾年恰为道光元年，亦可谓几之先见者。"二梁所记，同为相传之陈氏佳话，其间不无异同，盖事经辗转传述，每易相歧，（且不免附会处。）若是之科名佳话，众口争传，间有不符，自所难免耳。

关于钱氏事，《池上草堂笔记》亦有所记云："本朝以三元及第者，自长洲钱湘舲（棨）始。为诸生时，初名起，因功令避前代名贤之同姓名者，易今名。幼以孝闻，其母高太夫人病笃，刲臂肉和药以进，应手而愈。大魁后以修撰直上书房，敬恭匪懈。值和珅当事，欲罗致之，坚不为夺，和衔之。故诗文楷法并精，屡司文柄，而终无由进一阶。和败后始连擢至内阁学士。时诸近侍党于和者，皆有所挂碍，公独翛然事外，时论高之。按钱之墓志铭，为石琢堂先生所撰，而于不入和党大节独遗之，不知何故。又叙官阶只及修撰，而以后开坊历至阁学，曾不见，亦载笔之疏也。（此文今载《独学庐文集》中。）"是清代两三元均曾更名，亦颇巧合。唐有吴兴钱起，大历十才子之一也。（《池上草堂笔记》又名《劝戒录》，其书以因果报应为主，并及前定。）又李慈铭光绪十五年己丑正月十六日日记云："钱、陈皆素无文学名，其后亦绝无表见。而钱为康熙己未鸿博宫声编修（中谐）之元孙，陈为榕门相国之元孙，皆有先泽。钱本名起，字湘灵，入学时，吾乡梁文定相国为学使，为改今名。陈本名守塈，谓志在一邱一壑，会试始改今名，此亦事之偶同者。"

（元孙即玄孙，其作元，清人避圣祖讳故。清初先有一常熟钱湘灵，名陆灿，号圆沙，顺治举人，能诗文，好藏书。）

历代三元，李慈铭所考颇审。其同治十三年甲戌正月初三日日记云："赵云松《陔余丛考》言：'三元自唐至明十一人。唐张又新、崔元翰，宋孙何、王曾、宋庠、杨寘、冯京、王岩叟，金孟宗献，元王宗哲，明商辂。'翟晴江《通俗编》引《文海披钞》言：'明人三元，尚有黄观。'杨用修谓蜀在宋时三元三人，陈尧叟、杨寘、何涣。翟氏谓宋未当有三元之号，明人追称之耳。唐崔元翰京兆解头，礼部状头，宏辞及制科三等敕头。武翊黄府选为解头，及第为状头，宏辞为敕头，时谓武氏三头。章孝标赠诗：'花锦文章开四面，天人科第占三头。'又张又新时亦号为三头。（慈铭案宏辞者，唐、宋所谓词科也。制科者，如贤良方正、直言极谏等科，唐凡有八十六科，至宋止有贤良方正直言极谏一科。唐制科无一二等，其最优者入第三等，故三等第一谓之敕头。如无三等，则四等第一为敕头矣。宋世制科，入三等者，仅吴育、苏轼、范百禄、孔文仲四人，南渡止开一科，得李垕一人，入第四等。以人主亲策，故谓之制科也。《旧唐书·崔元翰传》："元翰博陵人。进士擢第，登博学宏词制科，又应贤良方正、直言极谏科，三举皆升甲第，年已五十余。"《唐书》之例，凡进士第一人，亦止云登进士甲科，《宋史》始有第一之称。此传宏词下制字误衍，宏词非制科也。其下云："李汧公镇滑台，辟为从事。"汧公者，李勉也。史文不当偁汧公，亦沿所据它书本文而误。唐时进士试礼部，登第后即为及第，其第一人谓之状元。未尝廷试，故往往有不授官者，其更举宏辞及制科或试书判，始皆得官。五代以后，进士则皆须廷试矣。至京兆、太学及各州郡所举试于礼部者，谓之举进士，亦曰举人，其第一谓之解头。如不及第，则须更解，有终身不更得举者。宋制亦然，故尔时无三元之名。《唐书·张又新传》，亦未尝谓之三元。瞿氏之辨甚是。宋时有免解进士，出于恩泽。）陆定圃《冷庐杂识》言，《辽史·王棠传》：'乡贡、礼部、廷试皆第一。'是亦三元也。据此，则唐至明，三元共十六人。国朝二人，钱阁学棨、陈布政继昌。故布政私印有曰古今第十七人，盖尚考之未审也。明王鏊、李廷机，乡、会试皆第一，而殿试王得探花，李得榜眼，人以为惜。宋欧阳修乡、贡、省试皆第一，至廷试在第九，而状元为其僚婿王拱辰。国朝凡乡、会试第一者，殿试必以状元待之。李祖惠、顾元熙皆解元，而会试第二。道光庚子科会试，主司欲得三元，时辛卯浙江解元潘恭寿入试。潘素工书，闱中必欲物色得之。得一卷，文笔相似，先移外帘取其墨卷观之，字迹又符，更于日中影阅其糊名，则姓名三字，字、体、义皆作长样，以为必然矣。及拆卷，则吴敬羲。吴乙未举人第三也。人之贤否，固不系此，即论得失，亦仅一时之庸耳俗目耳。唐之李杜，科目无名，韩昌黎宏词落第，刘去华制科被摈，杜岐公、李卫公皆任子，至今文章气节，著述勋名，震耀天壤。不特八关奸子，史册蒙秽，不啻以粪土絜嵩岱，即崔元翰、武翊黄，姓名泯没，亦何异浮游蟪蛄耶？黄文贞之忠节，商文毅之严正，何假三元为重？王文恪、李文节，虽不得大魁，岂不足与黄、商并传？欧阳文忠名德之高，惟王文正差可比肩，宋元宪等已有愧色，况陈文忠乎！"三元掌故，于斯可征，其论亦通达。

三元之外，有所谓小三元，指童试县、府、院三得案首也。（州试同县，直隶州对属县如府，其本州诸童则连院试仅二试。）府、县案首，惯例均必入泮，非第二名以下可比。俗谓守、令各有进学一人之权，此为学使者对守、令之情面关系。（偶有摒斥者，仍予以

162

俟生名义。)府试乐得多成全一人,故不肯使县案首再为府案首,以此小三元仅一秀才耳,却甚难遘。(其偶有即以县首为府首者,或以原拟府首忽生窒碍之故。如光绪二十五年己亥,江苏常州府试,无锡某童已连得三场首选,府案首固舍彼莫属矣。而三覆题为吾不试故艺,乃大谈西学声光化电,并言生理,有血轮脑筋等字样,不合时文之体,因抑置第五。然以案首更易,恐物议疑他童以贿夺之,遂即以县首为府首,藉免误会。惯例县首亦居府试前列。)清名臣之为小三元者,所知有西林岑毓英,其子春荣等所为行状云:"府君姿敏而溺苦于学……道光乙巳,府君年十七,归应县试,邑侯刘公熙樵拔置第一,招入署斋读书。是年府试、院试皆冠军,补博士弟子员。郡伯拙山邹公、学使缦云周公,皆嘉许甚至。"岑氏以勋业著,起家虽非由科第,而以小三元入泮,亦可称读书人之荣遇也。道州何凌汉之入泮,州试、府试连得案首,李元度《何文安公事略》云:"幼奇慧,年十六,州、府试皆第一,补诸生。"

武科亦有三元。陈康祺《郎潜纪闻》三笔卷五云:"本朝三元,乾隆间一钱棨,道光(按应作嘉庆)间一陈继昌耳。而有国初天津镇总兵王玉璧者[1],中顺治辛卯武乡试第一,壬辰会试第一,廷试亦第一,是武科之三元也。且王于前明崇祯朝已举武闱第一,入国朝,乃弃此,重应试,仍连中三元。以今方古,直与《说储》所载崔元翰之四头并驾齐驱矣,视钱、陈二君,尤为难遘。"清代钱、陈两三元,谈科举故实者多知之,若一朝三元两朝四元之王玉璧其人,则罕为人道及,武科不若文科之为世重故也。

---

[1] 据朱彭寿《旧典备征》,顺治壬辰科武状元为浙江仁和王玉玺。此处原文如此,不做改动。

嘉庆庚辰状元陈继昌之前一庚辰状元，为毕沅，乾隆二十五年也。毕氏官至兼圻，称名督抚，治学术，喜宏奖，主持风会，士林翕附。位望之隆，声气之盛，均非陈氏辈所可比伦。至其得为状元，盖高宗于读卷大臣进呈第四本(二甲第一)特拔居首，以对策详核之故。其事由于机会之适值，颇见记载。如《池上草堂笔记》云："毕秋帆先生(沅)……未第时，先由中书直军机，应庚辰会试。揭晓前一日，公与诸桐屿(重光)、童梧冈(凤三)皆在西苑该班。桐屿应夜直，忽语公曰：'今夕须湘衡(毕公字)代我夜直。'公问故，则曰：'余辈尚善书，倘获隽，可望鼎甲，须早回寓以待。若君书法，即中式，敢作分外想乎？'语竟，二人径去不顾，公怡然为代直。及日晡，适陕甘总督黄廷桂奏折发下，则言新疆屯田事，公夜坐无事，乃熟读之。无何，三人皆中。时新疆甫辟，上方欲兴屯田，及廷试，策问即及之。公屯田策独详核冠场，拟以第四本进呈，上改第一，桐屿次之，梧冈名在第十一。同直知其事者，咸嗟叹。赵瓯北曰：'倘揭晓之夕，湘衡竟不代直，则无由知屯田事；以书法断之，其卷必不能在十本头，而龙头竟属桐屿矣。昔贤每教人学吃亏，至是而益信。亦湘衡之性度使然，而福命即随之欤。'"赵翼(翌年辛巳探花)时亦以内阁中书为军机章京也。毕氏状元显达，福命诚优，惟身后坐事罹遣籍没，犹未免不足之处耳。

以机会之适值，文字邀高宗特赏而膺首选，大致与毕事相类者，更有秦瀛之事，可合观也。薛福成《庸盫笔记》卷三(轶闻)云："吾锡秦小岘侍郎(瀛)，博学工古文，而书法素非所长。始以孝廉家居，闻纯皇帝东巡泰山，特赴召试之典。过清江浦，偶于市中见钞白破书一本，皆记零星典故，以五钱得之。归而略翻视之，有一条曰：'东方三大者，谓泰山也，东海也，孔林也。'及试，题为东方三大赋,侍郎首段浑冒三项,以下分点三段。大臣拟取十余卷,纯皇帝阅之无当意者,因问大臣:'通场试卷竟无知题义者乎?'大臣对曰:'有一卷,分点三大,以书法太劣摈之。'上曰:'顾学问如何耳,何以书法为哉?'命亟以进。览之称善,御笔加圈点,拔置第一,遂授中书舍人,入值军机处。不数年,授杭嘉湖分巡道,数迁而为仓场总督。噫!人之名位,自有生以来,冥冥中皆前定矣,又何容存得失于心哉。"偶购破书,适遇题解,自亦为言前定者之资料。此类考试,重书法,秦与毕不工书,遇合均在无意中,特二人情事犹有间。

其殿试抢元,同于毕氏,而情事与秦氏极似者,宋人记载中有之。王明清《投辖录》云:"沈元用未赴殿试时,忽观卖故物担上,有旧书一小帙,取视之,乃历书也。沈以十余钱买之以归,且试观之终篇。未几廷对,策问历数。元用素未始经意,殊惘然。因追思小书所记以对,不复遗忘。策成,与大问悉契,自谓神助,喜不自胜。已而唱名,果擢第一,殆岂偶然哉。"此类之事,惟其偶然,故可以为前定。

乡试,亦有此类记载。陈其元《庸闲斋笔记》卷九云:"新昌俞君焕模,贫士也。道光己亥科乡试,俞欲往而窘于资,因忆及往年曾为某村息讼事,姑往干谒。至则村人欢迎,争为设馔,赠以二十余金,且作投辖之留。俞无事闲游村市,见破屋停十余棺,已将朽腐,询之,皆无主者。俞恻然,尽举所赠以掩葬焉。亲视畚筑,至暮而归。归途于小肆中见抄本文十余篇,以数文钱购得之。橐装既罄,踉跄赴杭,寄食友人处。比入试,闱题为季康子问仲由一章,适抄本内所有,因稍加改削录入,竟得解元。最奇者,文系如题三比,原本每比末句曰:'此官才之一法也。'俞以官才字音类棺材,改作官人，而不知即是掩葬棺材之应。自来作善获报，未有若斯之迅速者。先琴齐兄是科中式第三，与俞同年，俞告之甚详。"相传之科举佳话，每与运、命、阴功等相系属，所谓一命二运三风水四积阴功五读书也。若事非考试，而情适相似者，如邓文滨《醒睡录》人事类有云："唐方伯树义宰楚北江夏……道光中叶入都引见。在德安旅次拾得残书数本，携至舆中消遣。内载楚北水道及江湖堤圩甚详。随阅随记，得其大概。时楚北连年大水溃堤，成皇轸念民依，正览奏阅图，闻唐背诵履历，曾任江夏，感触上意，问：'尔楚北县令，知楚北水道堤防乎？'奏曰：'臣知其略。'即举残本所载，随问随对，与奏稿形势相符，而区画尤畅。甚邀嘉纳，谓其熟悉情形，深明大略，着军机处记名以知府用。甫还省，由府升道，不数年维藩吾楚。"此说恐未可深信，姑类录之。

又沈起凤《谐铎》云："谢生应鸾，客其叔文涛先生临淄县署，继为费县令借司笔札。一日坐轿拜客，书片纸付下役李升，唤与伺候。及出视，乃骡车也。生怒叱之。李曰：'适奉明谕，止言备舆，未言备轿。'生曰：'汝真钝汉，舆即是轿，因轿字不典，故通称舆字。'李笑曰：'昔淮南王《谏击闽越书》，曾有舆轿踰岭一语，何言不典？'生愕然曰：'不意若辈中有此通品。'遂解骡乘之，命李步随于后。曰：'汝既腹有书笥，亦知此间武城之事乎？'曰：'此小人桑梓之地，何得不知。'生曰：'《史记·仲尼弟子列传》，澹台灭明武城人，而记子舆氏所居武城，独别之曰南，是鲁当日有两武城矣。然乎否耶？'李曰：'俗传子羽所居为费县之武城，而曾子之南武城在今之嘉祥县，此说谬妄。'生曰：'汝何所见而云然？'李曰：'《春秋》纪襄公十九年城武城。注云：泰山南武城县，昭公二十三年，武城人取邾师获鉏弱地。哀公八年，吴师伐武城，克之。《孟子》

载,'曾子居武城,有越寇'。夫与邾接壤而当吴越之路,即今费县之武城也。齐乘亦谓子游弦歌旧邑,在费西滕东两县之间,而从无两武城之说。'生曰:'果尔,则《史记》所载何独有南武城之名?'李曰:'以鄙见揣之,定襄有武城,清河有武城。此云南者,别于两地而言,如《平原君传》中封于东武城,亦其例也。'生大叹赏,归述于费令,亦奇之,除其役,拔充礼书。不一年,致千金产,称里中富户。后文涛先生修《临淄县志》,招生去。生以李可备顾问,挈之俱往,而所谈临淄旧典,皆属淄川县事。生怪问之。李曰:'小人箧中秘书,只有淄川,并无临淄。'生大疑,急索秘册以观。盖《说铃》两本,碎破不全,仅山东考古录十余页,及闽小记四五页,而当日舆轿之论,武城之考,偶然于数页中道着耳。生乃叹曰:'文人命运所到,享重名而邀厚福,皆此类也。'其叔闻之,亦大笑,赏以资斧,遣之回费。"此小说家言,殆属寓言讽世,惟其地其人,言之若甚凿凿,或非全无影响耶。如所云,此下役李升者,藉破书二册,应对裕如,事固会逢其适,要亦此中难得之人才矣。

（原载《中和月刊》1940 年第 1 卷第 9 期）

# 三十二　彝斋漫笔

　　前为《庚辰述往》(见第二期)，漫谈清光绪六年庚辰旧事，作六十年之回顾。兹更就是年续有所述，或亦治掌故者所不废欤。

　　是年俄约问题方棘，诸臣纷纷言事。其例不能专折径奏者，则请堂官代奏。若工部主事夏震川之事，深以婞直见称于时，情况可于翁同龢日记中考见之。时翁在工部尚书任，八月十四日日记云："入署治事，事夏震川(辛未)递封奏二件。一件言治国之本有六，一则论战事，大略可战者十，不可战者一耳。折盈寸，虽无违悖，然诋时政，例外浮收，使朝廷受恶名，并指斥政府无人，及责恭邸，以为张江陵之不若，诚切直，惜迂阔耳。兹以广开言路之时，余意必可递，然当回各堂知也。"十七日云："入署，将夏震川封奏二件，当面入封，定十九日呈递。复祖宗之法六事，一责恭邸，一奖斥言官，一用制科，(按此数字模糊不甚可辨，约略如是，盖请特开制科以求救时之才。)一痛责各督、抚，一痛斥钱粮火耗。又论战事一件，一不可战，亦言战难，十可战，则言彼不足用耳。(按用字疑畏字笔误。)"十九日云："加班。递夏折。"此夏氏第一次上书言事，由工部堂官阅后代递也。至九月，夏氏更以封口之折请堂官径递。翁氏是月十三日日记云："入署，主事夏震川递封口，且援嘉庆四年谕旨，自具并无违悖甘结，请即日代递，辞以须六堂商量。归，恭查文宗圣训，有不应奏事各官封奏须具呈该堂官酌定代奏之谕，谒全师,(按谓协揆工部满尚书全庆也,是年十一月晋大学士,管工部。)将原呈并书,发所司,传夏君谕知之。又检台规,知所引之条在辨诉门内,然则指控案而言,非条陈事件也。都察院去年曾引以代奏何金寿封口,未免轻率矣。"十五日云:"诣门神库,阅行驾骡驮、兴、程二公先在……益龄、徽厚同司员夏震川见余于库上,夏递呈称,既援文宗谕旨,不用仁宗谕旨,司员不敢再论,但请各堂会齐到署一看,否则司员不能奔走堂官之门,语气激昂。余笑谢之曰:‘我到衙门,乃本分事,何必援引争论乎。’程公则艴然曰:‘司官参堂官耶。’余以它语和之,夏君殆非平正人矣。"十六日云:"未正到署,全师、兴公、程公先在,孙公亦来,昨日衙门知会同看夏震川折也。折所言,专劾当轴,而两片则战事十四策,和事两策。余命各官退,并逐闲人暂出,独余五人商酌。请夏君来,百端开导,舌为之焦,而彼则执定杀头不怕,叩阍不辞二语,并斥余为瞻徇。再退再来,乃与同人允代递,而引折声明前此驳斥一节及今日面禀大臣何得阻塞言路一语,明日直日,即据呈代奏也。噫!多事矣。"十七日云:"工部直日,奏事一件,代递一件。"十八日云。"南书房看折。(恭邸看操未至。)发下钮玉庚、徐文泂、夏震川三折(二片)。分别递一奏片,夏折则云遵旨阅讫而已。"夏以新进小臣,抗章痛论时政,严劾当局,并面斥堂官,激昂不挠,所言虽以迂阔见讥,而其志意坚卓,心雄气劲,固异碌碌者矣。翁氏以本部堂官之尊,对一学习主事,既于所奏不谓然,且意其非平正人,而开导无效,仍与各堂官降心相从,为之代递,即夏氏悻悻之态,亦曲意优容,不加嗔责,盖当时虽号专制政体,而事关建言,以壅格为戒也。(光绪二十四年戊戌,礼部堂官阻遏主事王照条奏,德宗震怒,至尽褫礼部六堂官之职。)至堂官之于司员,虽权有大小,秩有崇卑,而不能不尊重其地位，于此亦不难概见焉。（夏氏以癸酉举人，甲戌连捷，翁云辛未，未谛。）

夏既两次上书不报，遂乞假归里。李慈铭十一月二十九日日记云："印结局送来是月分公费二十二两五钱，所刻另单。言有工部主事夏震川，自夏间分部后，未曾报局，因不送公费，今以十月告假，资斧不给，向局索取九月分公费三十余金，自言临歧不洁，原非素心，以前概不复取。夏震川者，富阳人，本窭贫。甲戌会试中式，时年甫冠，以字劣不覆试。丙子覆试三等，丁丑殿试三甲，今年朝考二等。文辞陋甚，一无所知，而狂不可一世。其娄延试期，不过觊幸馆选，其志趣亦可知。丁丑岁，闻其往见张之洞。询以浙中师友何人，曰：'无可友者。'问曾识俞荫甫、汪谢城乎，曰：'不识。'问曾识锺子勤、黄元同、谭仲修诸人乎，曰：'益不识。'宾主嘿然，冰襟而出。出语人曰：'吾今日见张之洞，固一字不识者也。'杭人传其行止之狂妄，京师人传其笔札之不通。众恶之言，亦或过甚，即此两事观之，其人可想。今年九月忽递封奏，参枢臣十六款，工部堂官不肯上，固争之乃上。留中不报。震川大哭于工部曹中，遂告归。其所言不知若何，亦可谓一节之士。即不取印结公费一事，较之同局诸先辈侵冒争夺公行无耻者，亦足为中流一壶。然取此者本非莫夜之金，出于非义，且既已染指，尚为大言，而以不洁之名，轻犯众怒，则亦仍是狂妄之故习。乃主局者不惟不怒，且刊行其语，广播乡人，亦可谓无是非之心羞恶之心者矣。"对夏氏甚有贬词，而意亦言其有可取处。印结公费银者，挟同乡官印结以取诸捐官者，实为陋规，相沿既久，遂若正当收入，部曹多恃为养命之源，所谓分印结也。每月分得多寡，欣戚以之。（如李氏光绪二年丙子九月三十日日记云："印结局送来是月公费银二十九两五钱，此辛未以来第一利市。"欣然。翌年丁丑正月三十日日记云："印结局送来两月公费银十一两,先生真当从孤竹于首阳耶?"戚然。后来捐官者益多,印结费收入亦益丰。)李辨其不为非义,亦人情耳。

其后二十年,庚子冬,西安行在又有工部主事夏震武为俄约上书之事。震武即震川改名也。夏氏呈行在工部堂官代奏,请治盛京将军增祺以专擅定约之罪,并自请赴俄废约结和,先抵京师,与大学士李鸿章妥议启行。奉谕许其入京见李。继又自请充任专使,并请派员同往襄助。十二月十五日上谕:"工部代递主事夏震武呈请充使赴俄并请派主事洪嘉與等同往襄助一折,议约系交涉事宜,何等郑重,岂宜以疏逖小臣,自请充使,即可遽信之理。夏震武前欲进京,先见李鸿章,朝廷姑允所请,冀收一日之长。今乃妄请自充专使,并援引洪嘉與、许珏同往,直以国家重大之事,视同儿戏。推其心,盖欲自博忧国敢言之誉而贻朝廷以弃贤拒谏之名,实属狂愚谬妄。本应予以重惩,姑念迂儒无知,从宽严行申斥。夏震武勿庸前往京师,亦不准再行渎奏。"与庚辰在京上书之事,遥遥相对。(庚子夏氏于行在屡言事,曾严劾枢臣王文韶。十一月上谕:"现因时事艰难,下诏求言,原期广益集思,有裨大局。近日工部主事夏震武条奏,多未能按切时势立言,着不准行。昨据鹿传霖奏参夏震武奏劾王文韶请置重罪。王文韶朝廷任用有年,克勤厥职,办理洋务,尚能分别轻重,斟酌缓急,何得以传闻臆度之词,率请将大臣置之重典,殊属冒昧。姑念迂儒不达时务,虽其言过甚,而心尚怀忠,免其置议。本日引见时条奏,繁征博引,虽间有可采,究多窒碍难行。总之书生之见,不免好名,毋庸再行渎奏。"亦可与其庚辰论劾政府合看,时鹿传霖与王同直枢廷。)诚可谓再接再厉矣。政府谅以迂儒,亦未罪之也。(宣统间,夏氏任京师大学堂

171

教席,为各班学生讲性理之学。值祀孔,总监督拜垫例居首,夏争于总监督刘廷琛,谓非尊师之道。刘乃让夏居首,而已退就其次,亦见夏之倔强自憙。)

吏部侍郎夏同善庚辰七月二十四日卒于江苏学政任,八月初七日上谕:"吏部右侍郎夏同善,学问优长,持躬恪谨。由翰林洊擢卿贰,叠司文柄,曾在毓庆宫行走,光绪四年简任江苏学政,克尽厥职,兹闻溘逝,轸惜殊深。夏同善着加恩照侍郎例赐恤……伊子刑部候补主事夏敦复着赏给举人,准其一体会试,夏偕复着俟及岁时由吏部带领引见。"翁同龢与夏于咸丰丙辰同入翰林,德宗典学,同时受命直毓庆宫授读,(乙亥十二月,翁以署刑部侍郎内阁学士,夏以兵部侍郎。)踪迹素亲。其七月初六日日记云:"作函寄子松,闻其痢后转疟。"八月初七日云:"闻子松长逝,不觉失声,朝失正人,我丧良友,天乎伤哉!"又云:"夜访绍彭,同嗟悼子松之不幸也。子松久患痢,转疟,一月前已闻之,屡致书未覆,即虑其不起。"(绍彭为尚书广寿字。)初十云:"是日上辰初二到书房,写字时,问夏某何日归来,臣因备对夏某已故矣,上嗟叹,陨涕者两次,臣亦泫然,相对而欷,此景极难堪也。"《夏侍郎年谱》(其子敦复编)云:"遗疏上闻,奉旨褒恤,赐祭赐葬。而翌日大司空翁公书来赐唁,并云:'八月初七日尊甫遗疏上达,上微闻其事,明日上在毓庆宫,问夏某何似,侍臣以实对,上泣,侍臣皆泣。'"又述戊寅因病请假事云:"十月二十八日十一月初三日两次请假旬日,上以府君不入直,思之甚,时命翁公同龢、孙公家鼐于退直后传谕存问。"盖德宗之于夏氏,亦素甚亲重云。

溯夏氏之以帝师外简江苏学政,德宗即为之不怡。翁氏光绪四年戊寅十一月十八日日记云:"闻子松放江苏学政,为之骇诧。

172

诣子松坐谈,百感交集,辞受两难矣。"十九日云 :"晨晤子松于朝房。(未叫起,学政放缺即不得入乾清门。)上问夏某何以不来,敬对已放学臣,为之不适良久,百方开譬,始读。盖自夏迄今,皆余带生书,子松看读,至是始复旧式也。午正二退,胸次如有物梗塞。"(夏氏陛辞,至书斋跪安,先请懿旨准来始来,一跪即退,亦见翁记。)十二月十八日云:"夜送子松,挥泪而别。世有真挚识大体如此君者乎?"当时情景,夏翁交谊,亦可略见。(时德宗八龄。)京官清苦,多望学差若登仙,而夏氏以帝师外简,实含有疏斥之意,与常例不同,故翁氏骇诧感慨,挥泪相别。夏盖以侃直失帝眷也。夏之苏学前任为林天龄,其外简情事与夏相类。林于同治甲戌三月以弘德殿行走左庶子被命督苏学。先是,林氏奏陈罢土木等十事,颇迕旨。会太后召见师傅,问皇帝课业,林奏对及贝勒载澂引诱事,亦为恭王奕訢所不喜,因有外简之事。据闻奕訢初拟出为九江道(江西广饶九南道),李鸿藻以师傅兼枢臣,力争之。并谓非体制所宜,以翰詹官至庶子,即以京堂论,例不外简道府,(曾得记名道府者撤销记名。)且正直弘德殿,地位尤异庶僚也。奕訢谓九江道兼关务,缺分颇优,林氏儒臣清苦有年,得此可资调剂。李曰:"纵必外放,学政尚可说,道员实太不宜。"九江道之议遂罢。未几江苏学政马恩溥因病出缺,乃以林继其任。(时李以会试副考官在闱中,不获与闻。)夏之外简,观翁氏所记,其中当亦有隐情耳。江苏学政,马恩溥、林天龄、夏同善,三人相次卒于任,故时传《诗经》"爰丧其马,于林之下"语为谶。

　　夏氏立朝謇谔,有清望,故翁氏以正人称之。(翁氏日记,前对夏称许之词,如同治六年丁卯正月二十三日云:"夏子松来谈,至初更去,有心人哉。"二月三日云:"子松有封事,言临幸诸邸非

173

故事,且传已集梨园等语,谕旨宣示,并无演剧,并着惇亲王停撤,为之额手。"谏阻惇邸观剧,亦夏氏直言之一端。时孝钦后欲召民籍伶人入宫演剧,孝贞后不可,乃借两宫率帝幸惇亲王府神殿前行礼,由惇王奕誴遍召京师诸伶,演剧以供娱赏。以夏谏而宣谕幸邸为循故事,并不演剧。惟据费行简《慈禧传信录》卷上第四章云:"是日初不辍演,其《庆唐虞》一出,即演宋宣仁听政事。饰司马光者,为徽伶程长庚,后大称赏,赍以银锞及纺丝四端,由是长庚名大噪春明。")年甫五十,遽以卿贰终闻者多嗟惜焉。梁恭辰《池上草堂笔记》第九集(又名《劝戒九录》)卷一云:"夏子松少宰,名同善,丙辰翰林,仁和人。立朝有风概,性纯笃。推诚示人,周人之急,惟恐不及,坐此常不自给,时议多之。其直毓庆宫,侍今上读,诱掖奖劝,不以严厉为能。庚辰殁于江苏学政任所,其仆张某愤然言曰:'主人一生厚德,不获享大年,何必做好人行好事耶?'是夜,仆梦少宰来言:'尔旦昼之说大错,我三十九岁时,病几殆,惟其做好人,延寿一纪。'语未竟,张仆同房之一仆,忽狂呼。张仆惊醒,问之。此仆云:'适见主人进房,不觉惊悸而呼。'两人各述所见同。张仆每举以告人,足以坚人为善之心矣。此金少伯员外所闻于人者。后少伯质此事于其子某,某曰:'此事诚然。次日蚤起,即闻两仆所述如此。'某又曰:'张仆者,来未十年,其一仆则又后来者。'"此因果家言,其述此,亦见夏之不寿为当时所嗟也。又卷二云:"夏子松少宰……清德硕望,海内仰之。事继母以孝闻。官翰詹时,太夫人迎养在京。长安居素不易,而少宰独能先意承志。太夫人好施与,虽当极窘迫,必多方搆挡以应。无何,太夫人病卒,少宰哀毁骨立,悲痛之情,有非寻常可及者。(按夏谱言母病笃时夏曾刮股以进。)其督顺天学政时,值杭城乍复,贫民半多失业,故乡戚友，无家可归，多往投依者，少宰尽力资助，有病死者，则葬其枢，恤其孤。夫少宰以半生清苦，甫得学差，不为身家计，而为穷乏筹养葬，宜其身享隆名，荫垂后嗣。今其长子庚复，以己卯、庚辰联捷成进士，授户部主事；次子敦复，以荫生授刑部主事，复蒙恩赏举人；幼子偕复奉旨俟及岁时带领引见。书香簪笏，正方兴未艾云。"则又彰其孝行义举，而以荫垂后嗣为言。

夏氏病卒之前，武臣中直隶提督郭松林卒于四月间，淮军名将也。郭以湘人入湘军，受知曾国荃，转战著绩，以骁勇称。李鸿章创建淮军，郭以湘将隶焉。从李屡立战功，浔跻专阃，声望与程学启、刘铭传相亚。庚辰正月，甫由湖北提督调补直隶提督，到任未几，以病卒。直隶总督李鸿章奏陈功状有云："综计郭松林在臣部下，前后将近十载，剿办粤、捻诸寇，无役不从，忠勇廉明，善驭士卒，战功卓著，实为不可多得之将才。本年调补直隶提督，臣方倚以集事，乃莅任未久，赍志长暝，实堪悯恻。"二十八日上谕："直隶提督郭松林，随曾国荃、李鸿章，出师江西、江苏、浙江、福建等省，克复城池，珍除群丑。旋因李鸿章督剿捻逆，该提督战无不捷，东西捻股，赖以肃清，实属忠勇性成，功绩懋著。迨授任湖北提督，亦能整顿营务。此次调任直隶，方资镇摄，遽闻溘逝，悯惜殊深。郭松林着照提督例赐恤，加恩予谥，并将事迹宣付史馆立传。其湖南原籍，江苏、福建、山东立功省分，准其建立专祠。灵柩回籍时地方官妥为照料。伊子郭人济、郭人鸿、郭人彦俟及岁时带领引见，以彰忠绩。"（李鸿章旋奏称郭子开报错误，实名郭人凯、郭承举、郭人漳，其妾某氏仰药以殉，李为请旌。）寻赐祭葬，予谥武壮。宿将饰终，礼亦宜之也。关于郭与程学启、杨鼎勋之由湘军入淮军，刘体仁《异辞录》卷一云："程忠烈初陷寇中，自拔来归……战功虽著……湘军……客籍混入其中,颇难出人头地。适李文忠率淮军东下,求将才于文正,忠烈为桐城籍,乃以军隶焉。且勖之曰:‘江南人爱降将张国樑不置,汝往又一张国樑也。’湘潭郭武壮为忠襄爱将,以勇冠其曹,中同袍忌,蜚短流长,颇有谤言。李文忠尝戏曰:‘某与某争功欤,抑争风也。’旋请于文忠,以之自随。华阳杨忠勤,不得志于霆军。鲍忠壮与李文忠同以羁旅在湘军,互相引重,交谊颇笃,援苏军起,荐忠勤往。文正又以亲兵二营佐之,当时所谓赠嫁之资者是也。其后程军独树一帜,郭、杨二将先从文忠介弟季荃观察为裨将,既而与淮将铭、盛、树、鼎四军合力排观察去,诸军皆自立不相统属。论者尝哂之曰:‘铭、盛、树、鼎,犹鸟也,而无翼,今得郭、杨以为之翼,于是乎飞矣。’湘淮蝉蜕之形始此。”此为淮军将才取资湘军之史料。铭、盛、树、鼎为刘铭传,周盛波、盛传兄弟,张树声、树珊兄弟,潘鼎新之军号。李鹤章字季荃,初佐兄治军有声,后抑抑不得志而归。官至甘肃甘凉道,未之任。其卒亦在庚辰,(十二月。)诏予建祠立传。至所述郭从曾国荃时之蜚语,王闿运日记中亦及之。光绪七年辛巳十二月二十四日云:“步至赵坪,与朋海、锡九、佐卿、力臣、筱仙会饮子寿家。席间言郭松林得幸曾伯,陈玉山挽词云:‘将军姜妇亦须眉’,似是讥其丑事。子寿正言相距,意欲保全朋友,甚美意也。然郭等殊不必为朋友,以为人物尤非。而此等人亦不宜挂口,余言大误,犹是妒其富耳。子寿艳其富,余则妒其富,犹不如子寿之近人情,愧之悔之,当切戒之。”王语为其玩世不恭之恒态。(王与郭亦有旧。其光绪二年丙子四月二日日记云:“郭子美提督来,索饭同食乃去。”又十月六日云:“将出借钱,闻郭提督来,前约送五百金,姑待之。”)长沙黄瑜(冕子)字子寿,(与贵筑黄彭年同字。)与王为姻家,王日记中多言与相过从，或以为黄彭年，非也。

朱孔彰《郭提督松林别传》（《中兴将帅别传》卷七）叙其事有云："初为木工……为人勇而多智，能望尘以知敌数，故北方之战多奇捷。喜读兵书，陈说古今大义。爱文士。当时刘公铭传称名将，有诗名，公亦知诗，声名与埒。黟程伯翥《迎霭草堂笔记》，载公题黄鹤楼诗云：'高耸江城百尺楼，无边光景望中收。鄂云来去千层合，湘水回环万里流。漫道文章堪报国，古来名将几封侯。平苗不羡图麟阁，愿寿萱堂八百秋。'是时李公鸿章奉征黔苗之命，后以残捻未尽，还军剿北山，以清左文襄入甘之师后路，公亦未赴黔，然读公诗可以知公忠孝大节矣。又公生日，道州何编修子贞言有联句可相赠，必索酬。公乃以千金为寿，编修书十字云：'古今双子美，前后两汾阳'，时称三绝。"盖亦颇有儒将之风焉。（朱谓郭卒于光绪三年，误。）刘铭传诗有《大潜山房诗钞》行世，曾国藩尝为作序，郭诗则罕传矣。刘氏《赠郭子美军门》云："中兴将略数谁雄，三十登坛建大功。万里驰驱征伐处，几回波浪死生中。汾阳事业原宜载，子季疏狂未可风。百战沙场同患难，惟君与我最交融。"又《送子美归湖南》云："南雁孤飞入楚天，北风吹送洞庭船。相离相隔三千里，同死同生六七年。回首战场都是泪，知心朋辈几人全。客中言别难为别，挥手依依各黯然。"足见情款。（郭、刘均与杨鼎勋交厚。《异辞录》卷一云："杨忠勤故后，一子一女。子聘郭武壮之女，女字刘壮肃之子，皆口允而未行文定之礼。郭武壮立悔前议，刘壮肃曰：'吾不以生死易交，仍践婚约，且为其家买田筑室于合肥西乡，使安居乐业焉。'人多厚刘而薄郭。郭武壮辄自解曰：'少铭不乏赀财，吾与六麻子易地而处，若是者吾优为之。独是其子失怙，无所庇荫，不知流落于何等。吾女终身之事，不敢不慎耳。'六麻子者,壮肃少年乡间混号也。当日军中之友,无所讳惮,称之多如此。")翁同龢庚辰初见刘,其十一月二日日记云:"刘省三(铭传)来,初见也。伊封奏言开铁路事。"三日云:"刘省三赠虢季子槃打本,并其诗一册。此武人中名士也。"刘氏应召到京,上疏力请开筑铁路,亦其生平一大事。

(原载《中和月刊》1940 年第 1 卷第 11 期)

# 三十三　彝斋漫笔

社会习惯,新年多为娱乐事,以适意遣怀。杂技亦娱乐之属,际兹献岁,漫述技之巧而奇者,亦点缀岁华之意也。口技之工者,清人所记如林嗣环《秋声诗自序》云:"……京中有善口技者。会宾客大宴,于厅事之东北角,施八尺屏障,口技人坐屏障中,一桌、一椅、一扇、一抚尺而已。众宾团坐。少顷,但闻屏障中抚尺二下,满堂寂然,无敢哗者。遥遥闻深巷犬吠声,便有妇人惊觉欠伸,摇其夫语猥亵事。夫呓语,初不甚应。妇摇之不止,则二人语渐间杂,床又从中戛戛。既而儿醒,大啼。夫令妇抚儿乳,儿含乳啼,妇拍而呜之。夫起溺,妇亦抱儿起溺。床上又一大儿醒,猹猹不止。当是时,妇手拍儿声,口中呜声,儿含乳啼声,大儿初醒声,床声,夫叱大儿声,溺瓶中声,溺桶中声,一齐凑发,众妙毕备。满座宾客,无不伸颈侧目,微笑嘿叹,以为妙绝也。既而夫上床寝,妇又呼大儿溺毕,都上床寝,小儿亦渐欲睡。夫鼾声起,妇拍儿亦渐拍渐止。微闻有鼠,作作索索,盆器倾侧,妇梦中咳嗽之声。宾客意少舒,稍稍正坐。忽一人大呼火起。夫起大呼,妇亦起大呼。两儿齐哭。俄而百千人大呼,百千儿哭,百千犬吠。中间力拉崩倒之声,火爆声,呼呼风声,百千齐作。又夹女子求救声,曳屋许许声,抢夺声,泼水声。凡所应有,无所不有。虽人有百手,手有百指,不能指其一端。人有百口,口有百舌,不能名其一处也。于是宾客无不变色离席,奋袖出臂,两股战战,几欲先走。而忽然抚尺一下,群响毕绝。撤屏视之,一人、一桌、一椅、一扇、一抚尺而已,可谓善画声矣……"技诚巧而奇,而此文亦善于状物。林氏借口技以喻其诗,非专为口技作记,或有有意渲染,然不类纯为寓言者,情事盖大致不虚也。(技既工巧若是,何必更以涉及床第事见长,则所谓未能免俗耶。)

其专记口技者,又有东轩主人《口技记》云:"扬州郭猫儿,善口技,其子精戏术,扬之当事缙绅,无不爱近之。庚申,余在扬州,一友挟猫儿同至寓。比晚,酒酣,郭起,请奏薄技,于席右设围屏,不置灯烛,郭坐屏后,主客静听。久之,无声。俄闻二人途中相遇,揖叙寒暄,其声一老一少。老者拉少者至家饮酒,投琼藏钩,备极款洽。少者以醉辞,老者复力劝数瓯,遂踉跄出门,彼此谢别,主人闭门。少者履声蹒跚,约可二里许,醉仆于途。忽有一人过而蹴之,扶起,乃其相识也,遂掖之至家。而街栅已闭,遂呼司栅者。一犬迎吠。顷之,数犬群吠,又顷益多。犬之老者、小者、远者、近者、哮者,同声而吠,一一可辨。久之,司栅者出,启栅。无何,至醉者之家,则又误叩江西人之门。惊起,知其误也,则江西乡音詈之,群犬又数吠。比至,则其妻应声出,送者郑重而别。妻扶之登床,醉者索茶。妻烹茶至,则已大鼾,鼻息如雷矣。妻遂詈其夫,唧唧不休。顷之,妻亦熟寝,两人鼾声,如出二口。忽闻夜半牛鸣矣,夫起大吐,呼妻索茶。妻作呓语,夫复睡。妻起便旋,纳履,则夫已吐秽其中。妻怒骂久之,遂易履而起。此时群鸡乱鸣,其声之种种各别,亦如犬吠也。少之,其父来,呼其子曰:'天将明,可以宰猪矣。'始知其为屠门也。其子起,至猪圈中饲猪,则闻群猪争食声,嚃食声,其父烧汤声,进火倾水声。其子遂缚一猪,猪被缚声,磨刀声,杀猪声,猪被杀声,出血声,㷇剥声,历历不爽也。父谓子:'天已明,可卖矣。'闻肉上案声,即闻有卖买数钱声,有买猪首者,有买腹脏者,有买肉者。正在纷纷争购不已,砉然一声,四座俱寂。"与林氏所记,技与文均可并传。

其以善效鸟语传者,则有如汲修主人(昭梿)《啸亭杂录》卷八云:"京中有善作口伎者,能为百鸟之语。其效画眉尤酷似,故人皆以画眉杨呼之。余尝见其作鹦鹉呼茶声,宛如娇女窥窗。又闻其作鸾凤翱翔,戛戛和鸣,如闻在天际者。至于午夜寒鸡、孤床蟋蟀,无不酷似。一日作黄鸟声,如睍睆于绿树浓阴中,韩孝廉(崧)触其思乡之感,因之落涕,亦可知其伎矣。"盖于鸟语虫声,实有特长也。(严首升《一瓢子传》,谓其"学百鸟语",盖亦能此者,惟不以此名耳。)

亦有以口技售欺者,如蒲松龄《聊斋志异》卷十三云:"村中来一女子,年廿有四五。携一药囊,售其医。有问病者,女不能自为方,俟暮夜请诸神。晚洁斗室,闭置其中,众绕门窗,倾耳寂听,但窃窃语,莫敢咳。内外动息俱冥。至半更许,忽闻帘声。女在内曰:'九姑来耶?'一女子答云:'来矣。'又曰:'腊梅从九姑来耶?'似一婢答云:'来矣。'三人絮语间杂,刺刺不休。俄闻帘钩复动,女曰:'六姑至矣。'又言曰:'春梅亦抱小郎子来耶?'一女子曰:'抛〔拗〕哥子,鸣之不睡,定要从娘子来,身如百钧重负,累煞人。'旋闻女子殷勤声,九姑问讯声,六姑寒暄声,二婢慰劳声,小儿喜笑声,一齐嘈杂。即闻女子笑曰:'小郎君亦大好耍,远迢迢招猫儿来。'既而声渐疏,帘又响,满室俱哗曰:'四姑来何迟也?'有一小女子细声曰:'路有千里且溢,与阿姑走尔许时始至,阿姑行且缓。'遂各各道温凉〈声〉,并移坐声,唤添坐声,参差并作,喧繁满室,食顷始定。即闻女子问病。九姑以为宜得参,六姑以为宜得芪,四姑以为宜得术。参酌移时,即闻九姑唤笔砚。无何,折纸戢戢然,取笔掷帽丁丁然,磨墨隆隆然;既而投笔触几,震震作响,便闻撮药包裹苏苏然。顷之女子推帘,呼病者授药并方。反身入室,即闻三姑作别,三婢作别,小儿哑哑,猫儿唔唔,又一时并起。九姑之声清以越,六姑之声缓以苍,四姑之声娇以婉,以及三婢之声,各有态响,听之了了可辨。群讶以为真神,而试其方,亦不甚效。此即所谓口技,特借之以售其术耳,然亦奇矣!"事属欺罔,而固亦甚工于斯技者,所奏旖旎婉约,特为一格,写来楚楚有致。(《聊斋》此则之后,附志:"王心逸云:'在都偶过市廛,闻弦歌声,观者如堵。近窥之,一少年曼声度曲,并无乐器,惟以一指捺颊际,且捺且讴,听之铿铿,与弦索无异。'亦口技之苗裔也。")

余童年在济南,忆犹尝聆口技之奏,虽工妙未若以上诸家所云,而大致犹其遗意也。今杂技中久不闻此,中国之大,斯技或尚未完全失传,盖已甚罕矣。至杂技场中有所谓相声者,就其命名而言,或谓本于口技一流,今为两人相嘲谑以博笑,谓之对口相声,岂沿久漫失其本耶?又如书者有时略近口技,如状众马持腾之类,口技娱耳,技奇矣。而又尝有烟技以娱目,技尤奇。

自烟草输入,纸烟未通行之前,所谓旱烟、水烟,吸者甚众,遂有以之而成巧技者焉。董潮《东皋杂钞》卷二云:"烟草本夷种,嗜之者始于明季。近日士大夫习以为常,大廷广众中,以此为待客之具,至闺阁亦然。粤中一士游某公门,自诩其技,曰善吃烟,因请试之。先净扫一室,集诸公于中,四围窗户俱缄封完密,用好建烟二觔,食之至尽,烟气不吐,食毕然后随口喷之,成云鹤、仙神、龙凤等像,不知何术也。"又张潮有《客吃烟》一则云:"皖城石天外曾为余言,有某大僚荐一人于某有司,数月未献一技,忽一日辞去,主人饯之。此人曰:'某有薄技,愿献于公,望公悉召幕中客其观之,可乎?'主人始惊愕,随邀众宾至。访客何技,客曰:'吾善吃烟。'众大笑,因询能吃几何?曰:'多多益善。'于是置烟一勺,客吸之尽,初无所吐。众已奇之矣,又问仍可益乎?曰:'可。'又益以〈烟〉若干。客又吸之尽,'请众客观吾技',徐徐自口中喷出前所吸烟,或为山水楼阁,或为人物,或为花木禽兽,如蜃楼海市,莫可名状。众客咸以为得〔古〕未曾有,劝主人厚赠之。"吸烟而以技名类是,可为谈烟之掌故者广异闻也。

纪昀《滦阳续录》卷六,附载其子汝佶所作杂记有云:"戊寅(按乾隆二十三年也)五月二十八日,吴林塘,年五旬,时居太平馆中,余往为寿。座客有能为烟戏者,年约六十余,口操南音,谈吐风雅,不知其何以戏也。俄有仆携巨烟筒来,中可受烟四两,爇火吸之,且吸且咽,食顷方尽。索巨碗瀹苦茗饮讫,谓主人曰:'为君添鹤算可乎?'即张吻吐鹤二只,飞向屋角。徐吐一圈,大如盘,双鹤穿之而过,往来飞舞,如掷梭然。既而嘎喉有声,吐烟如一线,亭亭直上,散作水波云状。谛视皆寸许小鹤,颉颃左右,移时方灭,众皆以为目所未睹也。俄其弟子继至,奉一觥与主人曰:'吾技不如师,为君小作剧可乎?'呼吸间有朵云飘渺筵前,徐结成小楼阁,雕栏绮窗,历历如画,曰:'此海屋添筹也。'诸客复大惊,以为指上毫光现玲珑塔,亦无以喻是矣。以余所见诸说部,如掷杯化鹤、顷刻开花之类,不可殚述,毋亦实有其事,后之人少所见多所怪乎!如此事非余目睹,亦终不信也。"所写尤详而益奇。

又破额山人《夜航船》卷一云:"钱香吏〔史〕客扬州盐运使幕中,八月天气,连宵演剧,颇不惬意。会有江宁府某公,遣送善戏法三人，入诣署，并云：'如荷哂留，可不辱命。'三人年貌相若，主人甚悦，因问客何戏法。一人曰：'小人无法，只会吃烟。'……主人怪其语之奇也。曰：'请试之。'吃烟者于青布袋中取出烟筒头，状类熨斗，大小如之，又取出梗子，状类扛棒，长短如之，以头套梗，索高黄烟四五斤，装实头内，燃火狂叫，急请垂帘堵户，客皆从，对照隔帘观之，见云气瀹然，奇态层出。楼台城郭，人物桥梁，隐然蓬莱海市也；琪花瑶草，异鸟珍禽，宛然蕊珠阆苑也；鱼龙鲛鳄，喷涛嘤雾，恍然重洋绝岛也。俄而炮焰弩发，千军万马，砍阵而至，玉山银海，颠倒迷离。座客大骇，主人喝住，始徐徐收缩，拍烬几许而歇……厚犒三人而去。此戊申（按乾隆五十三年也）八月中旬，香史凿凿为予言于秦淮旅舍。"写来亦甚有致。

以上所引，烟技盖均所谓旱烟之属。至吸水烟而呈技者，则有如曾衍东《小豆棚》卷十三杂技门云："有楚人周子畏者，好水烟，其技遂以水烟名。年六十，游京师。器高三四尺许，白铜为之，腹可容升水。日不常吸，吸必尽八两，呼呼欲移晷。周吸罄，初不见口鼻中出一缕也。必择静室一间，纸堁光洁，无漏罅处，亦无风入处。周入室，观者随之。周踞坐，先伸颈，垂首，张口，照地一吻，吐落一圈，大如簸；再以舌抵腭上，出齿际，则成一大蝠。如是再，再而三。但见蝠飞圈外，圈套蝠中，愈出愈多，真如月晕日环，幻化出百千万亿圈子。或黏壁间，或施地上，或即人衣履，或套人头项，不可思议。既而淙淙然直蒸屈槁，又复幂䍥而下，钩旋宛转。虽有精于绘云者无其象，精于绘水者无其色。及至地，色较淡，而丝缕倍多于前，然而一平如掌，几榻不能碍以高下。观者已置身砑硪之上，又若泛舟波涛之面也。踰时中忽高起如浮屠，旁若屋宇。淡处乱处，历历直上者，则丛树修柯，掩映阴翳。室四隅烟复连蜷裹入，俨然雉堞连亘,女墙睥睨,其间往往如人马旗帜,点点如豆。约一炊刻,然后霏微敛散,城薄人稀,马行帜拔,屋舍荒落。独一塔危然耸峙,居中直上,乃愈起而愈细,飘飘无纤尘之留坐隅也。昔苏公登蓬莱阁,快睹海市,虽曰大观,亦未必不如周子今日之呼吸三昧,幻化一室。噫!技至此乎。"如所写状,盖尤工妙焉。凡兹烟技,虽觉诡异,而诸家记载,言之凿凿,其事纵有文人妆点处,大端宜可信也。类是者,今亦久不闻矣。

(原载《中和月刊》1941年第2卷第1期)

# 三十四 辛巳述往

今年复届辛巳，上一辛巳为光绪七年。是年大事颇多，若左宗棠立功西陲后应召入朝，遂以大学士拜军机大臣之命，（兼直总理各国事务衙门，管理兵部）亦大事之一。中兴名臣，位望之隆，曾国藩称最，既前卒，斯时元勋硕辅，左与李鸿章，若双峰之并峙，当具瞻之地，同为朝端倚以为重。其不慊于李者，尤对左之入朝，属望至殷焉。清制，大学士位冠百僚，总钧衡之任，职固宰相也。而自雍正间设立军机处，相权渐移，以至说者谓大学士不兼军机大臣不为真相。曾、李均以大学士官总督（如古所谓使相者）未尝获居政府。（甲午之役后，李解督任而入阁办事者数年，不直军机，并一管部而不能得，为其政治生活最落莫之时期。）左氏则躬任枢臣，赞襄密勿，以此而论，其遭际视曾、李为独优矣。（左之以举人而为阁老，在清代汉臣中尤为异数。）

翁同龢时官工部尚书，秩居正卿，以帝师主持风会，为有清望之大臣。首揆李鸿章，久督畿辅，隐参大政，翁对其政策素颇不谓然，于左之入朝，时相款接，意甚拳拳。其是年日记，关于左氏者，如正月二十六日云："闻左相国抵都。"二十八日云："左相请安。"又云："谒左公未晤，值其出也。"二十九日云："命左宗棠在军机大臣上行走，并总理各国事务衙门行走，管理兵部事务。"二月朔云："卯正二刻，随诸公于坤宁宫吃肉，初识左相国，于殿前一揖而已。"初四日云:"访晤左季高相国长谈,初次识面,其豪迈之气,俯视一世。□□□□(按此间数字空白)思之深耳。论天下大势,山河皆起于西北,故新疆之辟,实纯庙万古之远猷。"初五日云:"寅正到南斋,坐候枢廷来,将左相说帖一件,与两邸同阅。余等拟一奏片,略言与左某意见略同云云。既而恭邸来,以为当办折连衔。兰孙与余以为奏片胜于折子,而伯寅已落笔如飞。左相亦来,议论滔滔,然皆空话也。左相先出,乃与恭邸再商,仍用奏片。结尾声明左某所称查禁俄人以军火、粮食资寇一节,恐多辖辂,且于成局有碍云云。奉旨照办。"十四日云:"访左相长谈,气虽高,语则切直,坐一时久。"二十三日云:"早晨晤左相,左相昨日在总署招威妥玛饮,谈次有风棱,差壮中朝之气。"三月十九日云:"是日左相会神机营王大臣议练兵法式,晚祭。(按孝贞后大丧也。)左相〈未〉来,宝相有一团茅草之喻,窃恐左公不免龃龉矣,正人在位之难也。"二十日云:"醇亲王于梓宫前行礼,余陪入……退偕坐西配屋长谈,余劝以调和左相,毋令为难,王甚韪之。"四月初一日云:"访李相国,遇左相于座。"初五日云:"李相国来。今日左、李及总署诸公,邀威妥玛议洋药加税事,左相欲一百五十两,交洋人包税,威则但言寄归本国商酌再定,其实加三十两尚可行。(本三十两。)"十八日云:"海门镇总兵贝锦泉来见。此人渔户出身,咸丰五年即捕海盗,往来南北洋,左相所激赏者也,忠勇奋发,熟于沙线,年五十,可用之材也。"二十八日云:"命恭亲王、醇亲王、左宗棠会同李鸿章、童华等,兴修畿辅水利。先议章程,醇王原奏请恭王总司其事云云。"五月初十日云:"访左相长谈,得力于养气,其言以死生荣辱为不足较。并论河道必当修,洋药必当断,洋务必当振作,极言丁日昌为反复小人,余服其有经术气也。"二十三日云:

"新授台湾道刘璈来见，左帅幕中最得意者，其人能谈，于水利事，颇谓宜详慎。伊意欲于永定、滹沱、清河三水合流处，别开一河入海，然亦未亲历也。"又云："李相疏言，水利宜修而难于巨款，只可次第办理。有懿旨交恭、醇二邸，左、李二相及童华再议。"六月十三日云："文硕劾左相袒护道员，不报。"〈闰〉七月二十四日云："访晤左相剧谈，伊言治乱民不可姑息，福建漳泉械斗匪徒，曾杀过一千四百七十名，勒兵责令村人缚献也。"九月初七日云："左相授两江督，(昨日事，今日谢恩矣。)往访未见。"十月初六日云："是日二起，军机，左中堂。"十三日云："醇邸送食物，并以照像一幅(与左相并坐)索诗。"又云："左相留别，却之。"(按别者所谓别敬也。)十四日云："是日三起，左相、岐元皆请训。"十五日云："左相招饮，邵汴生、祁子禾在座，此老情长，多古趣，极款洽。"又云："宝廷封奏，其见谕旨者，饬不准辞免恩命而已，恐别有语也。(或劾昨宣麻未允，或讼言左相不当出。)"十六日云："以汤伯述新文三首呈左相。"十七日云："送左相，不值。"统观以上所记，可见左氏是年在京情事之概略，不第足考左、翁相与之事也。翁对左氏之印象颇佳，纵不无未尽满意之处，而大端仍示钦重，左之豪情毅概，良有令其心折者焉。

左氏不获久居枢廷，就翁氏所记，其故亦约略可睹。盖与同列不相得，而宝鋆(久直枢廷，与恭王奕䜣投分最深)尤深不喜之也。左氏己卯(光绪五年)与谭钟麟书有云："弟北援过获鹿时，曾因宝森道谒即持乃兄名柬，厉声叱之，嗣与乃兄议论不合，亦由于此。"(宝森为宝鋆弟，时盖官获鹿知县。)盖左与宝鋆不合，由来已旧矣。翁见左之难安于位，蕲醇王奕譞之调护，惟奕譞不在政府，亦难有所主持也。时奕䜣与李鸿章厚，奕譞则亲左。左之来京，奕譞

188

迎诸长辛店云。左素豪迈，久总师干，膺疆寄，未尝一官京师，于京朝文节，非所娴。枢廷僚直，尤未能敛才就范。其难与同列翕合无间，固意中事也。（时军机同列，恭王奕䜣领班之外，为大学士宝鋆、协办大学士李鸿藻、尚书景廉、侍郎王文韶，宝、李均号有权。）薛福成《庸盦笔记》卷二（史料）云："李相覆阵〔陈〕海防事宜一疏，即余代草，刊在《庸盦文编》者也。疏上时，适文襄在关外奉召将至，恭邸及高阳李协揆（按李鸿藻辛巳六月以兵部尚书协办大学士，时犹未入阁。）以事关重大，静俟文襄至乃议之。文襄每展阅一叶，每因海防之事而递及西陲之事，自誉措施之妙不容口，几忘其为议此折者，甚至拍案大笑，声震旁室。明日复阅一叶，则复如此。枢廷诸公，始尚勉强酬答，继皆支颐欲卧。然因此散值稍晏，诸公并厌苦之。凡议半月而全疏尚未阅毕，恭邸恶其喧聒也。命章京收藏此折，文襄亦不复查问，遂置不议。"如所云，左在枢廷，几被目为怪物矣。薛为接近李鸿章之人，李、左间夙有意见，所记对左或不免有形容过甚处，而左氏俯视一切之态，亦见其大略也。时左氏年垂七十，兵间积瘁，志气犹壮，神明盖亦渐衰矣。

庚辰（光绪六年）七月，廷寄召左氏入京。由于宝廷（时官少詹事）之奏请，辛巳左氏抵京入参大政后，宝廷深以枢臣不能和衷为忧，所上《请旨饬内外诸臣共持危局疏》，第一项曰任枢臣，谓"恭亲王国之懿亲，久资倚畀，自无不尽心竭力。宝鋆等宣力有年，受恩深重，自不敢推诿。左宗棠勋望夙著，胡林翼尝称横览七十二州更无出其右者。惟久在边陲，乍历京秩，任重事新，于中朝情事，群情贤否，或未深悉。既入枢廷，即当以天下为己任。宰相以知人为先务，有容为大德，必当虚怀大度，于诸事加意讲求。时念胡林翼平日切磋之言，内而机要，外而边防洋务，无弗当先时筹画,固不可矜伐而自是,亦不可因循以失时。伏乞特谕恭亲王等,同竭忠诚,和衷辅政,虚心实力,无自满假,集思广益,凡事一秉大公,枢臣备心膂之寄,皇太后庶可节劳矣。"意在策励左氏,而诫枢廷以同心共济也。附片请饬留李鸿章详议大局,谓"中外大臣,勋望无出大学士李鸿章、左宗棠之右者。虽各有所短,亦各有所长。今李鸿章适来京,拟乞特饬多留数日,会同军机大臣详议,统天下大局,应如何兴利除弊,海防边防,如何布置。博采群言,折衷一是,不但不可自挟私心,亦不可少存偏见。二臣受国厚恩,负世重望,值此时局,若不肯和衷共济,则不惟无以对列祖列宗皇太后皇上,亦无以对天下后世。窃料二臣不敢,亦不忍也。"则深望二臣之绝去町畦,开诚相见,统筹全局,共济时艰焉。至左氏外简两江总督后,宝廷适有恳辞由阁学擢礼部右侍郎新命之疏。翁同龢疑其有论左不宜出等语。按宝廷此疏以"自维历练未深恐难胜卿贰之职"为言,更谓"奴才以多言受朝廷知遇,伏愿皇太后皇上于奴才所言,多加采择,则奴才终身不迁一官,亦感激无尽矣。"颇有锋芒,却未显及他事,或另有附片,稿佚不传耶。翁氏殆以此与文煜入阁(协办大学士灵桂晋大学士,补全庆致仕之缺,文煜以刑部尚书协办大学士)二事,未惬人意,意当有言之者耳。左于闰七月暨八月两次引疾奏请开缺,先后赏假慰留,亦想见在枢廷之不自安。九月外简,受命不辞,似觉枢直难有展布,宁更在外以兼圻之任自效也。其督两江,实早有此议。壬申(同治十一年)十一月二十三日家书(致子孝威等)有云:"揆席及两江,尚未放人。"又小除前夕书云:"屡有京信,说西事报捷后,当有恩命,吾意使相两江,非我所堪,临时辞逊,未能如愿,不若先时自陈为得也。"又癸酉(同治十二年)二月朔书云:"朝廷欲俟此间肃清,调两江,补协办……见奉谕,两江已简放李雨亭宗羲。正月初六日降旨,盖知我不能去江南也。"其时政府拟以入阁暨由陕甘调督两江酬庸,已先示意。癸酉十月,以关内肃清授协揆,两江之命,则因西事未了,未克量移,至是乃见诸事,实若践夙诺者。

辛巳六月间,内阁侍读学士文硕劾左。十三日上谕:"前据李明墀奏,杨岳斌咨称,交卸陕甘督篆时,将已革道员王梦熊劝捐军粮一案,移交后任,迄今未请奖叙,恳饬查案给奖,当经谕令该抚咨行陕甘总督查明办理。兹据内阁侍读学士文硕奏,此案悬搁多年,左宗棠在任日久,有意积压,并于奏到时未经检举,请量予示惩等语。各省督、抚办理事件,原应随时速结,然迟延者亦所时有。文硕所称左宗棠因与杨岳斌各持门户之见,有意积压,回护弥缝,并杨岳斌系在籍绅士,应呈明湖南巡抚,不宜率用咨文,均属任意吹求,措词失当。所奏着毋庸议。"其事如此,翁氏日记,盖一时未之谛审也。文硕此举,或系有人授意。左庶子陈宝琛有疏劾宝鋆等,同日上谕:"詹事府左庶子陈宝琛奏星变陈言请斥退大员一折,所奏甚为剀切,然亦不无过当之处。大学士宝鋆,在军机大臣上行走,宣力有年,襄办诸事尚无过失。陈宝琛谓其畏难巧卸,瞻徇情面,亦不能确有所指。惟既有此奏,自必平时与王大臣商议诸事,未能和衷共济,致启人言。该大学士受恩深重,精力尚健,自当恪矢公忠,勉图报称,不得稍涉懈怠。军机大臣均有献替之责,务宜竭精殚虑,力戒因循,共济艰难,用副委任。吏部尚书万青藜,办理部务有年,尚无贻误。惟屡经被人指摘,众望未孚,着开去翰林院掌院学士。都察院左副都御史程祖浩,才具平庸,着以原品休致。"此疏所劾非一人,而地位最重要者惟宝鋆,虽未因之动摇,而颇受戒饬,("未能和衷共济"一语,可味。)并对军机诸臣同申诰诫焉。(时彗星见,是月初九日已有诏修省,戒励在廷诸臣及封疆大吏。)御史邓承修亦有疏劾宝鋆,留中未发,盖李慈铭代草也。(李屡为邓草奏,其是月十一日日记云:"邓铁香来。"十二日云:"为铁香草一文字,即作书致之。"又云:"铁香来。"七月十四日云:"御史邓承修前以星变陈言,劾大学士宝鋆……其疏留中。")陈疏并劾两江总督刘坤一,命彭玉麟按其事,为是年左氏出督两江之张本。(彭覆奏后,刘罢,即以彭署江督。彭辞,乃命左补授此缺。)左至甲申(光绪十年)再入军机,以老惫命无庸常川入直,不过资其宿望,坐镇雅俗。未几复命赴闽督师,遂终于闽,未更还朝。(辛巳左在朝时,有筹兴畿辅水利之举,虽未竟厥施,自是经国远谟,稍迟当略述之。)

关于辛巳左氏之不获久于枢廷,陈衍《石遗室诗话》卷十三,对吴观礼诗索隐,谓实咏及此事,其说如左:

前清同治间,恭忠亲王长军机。沈文定(兆霖)由山西巡抚入为枢臣,眷任甚隆。光绪初左文襄(宗棠)厕焉,不能久于其位,出督两江。仁和吴子俊(观礼)久客文襄幕,辛未始成进士,得馆选,著有《圭盦诗》,多关系时事。其最传者为《冢妇篇》《小姑叹》《天孙机》《邻家女》诸首。《冢妇篇》云:"门祚本寒素,质陋长善愁。托身适贵族,甲第连朱楼。先后众娣姒,什伯亲疏俦。冢妇主中馈,明慧称才优。威姑有喜怒,一意承温柔。温柔岂不懿,所愿无愆尤。任劳先任怨,匪但心休休。馨腥久相习,早辨薰与莸。况今家多难,旧业芜田畴。我居介妇末,疏逖空涕流。鞠凶伊可畏,未雨急绸缪。求贤庶自辅,为尔歌好逑。有姆倘善教,引近奚咨谋。资沅富兰芷,明珠在炎洲。光气世宝重,纫佩悬巾鞲。小姑暨诸妇,或恐志不俟。和众与推挽，窃愿从之游。门庭既清肃，内宁无外忧。冢妇尔毋怠，坠宗实尔羞。"此首即为文襄作也。冢妇指恭王，介妇谓文襄。文襄以一书生，跻位将相，处疑忌之地，故有门祚寒素、什伯亲疏各云云，疏逖涕流、小姑诸妇各云云。恐志不俟，故终被排挤，不能久安其位。引近咨谋、和众推挽，皆冢妇之责，故以有姆善教望之。资沅兰芷，则明文襄为湘人也。《小姑叹》云："入门为幼妇，稽首歌姑恩。三日会厨下，诸姒为我言。家世守先业，田园甲幽燕。无端遭菑害，凋敝年复年。冢妇自明慧，懒漫思避喧。小姑育南士，于归家太原。稍知道途事，藏获皆称贤。归宁侍阿母，中馈同周旋。初云佐筐筥，已乃司管键。事事承母命，处处蒙人怜。深潭不见底，柔蕤故为妍。女巫托灵谈，宁止糜金钱。人或为姑语，善遣离堂前。非无姊妹行，远嫁多在边。舍旃勿复道，何以祈安全。诸姒语未终，我忧泣涕涟。思欲谏冢妇，室远情未联。小姑初见我，颇若亲婵娟。苦口倘能语，诸姒宁惮烦。阴云幂檐际，隐隐闻杜鹃。徘徊就私室，终夜不成眠。"此首指沈文定言也。沈虽籍宛平，本吴江人，故曰育南士；为山西巡抚，故曰于归太原。为人厚貌深情，深潭柔蕤，月旦甚确。女巫云云，言外交上引用非人。归宁侍阿母，至处处蒙人怜，言其蒙眷有权力。文襄必阴受文定掎龁者，故圭盦言之若此。闻杜鹃殆谓南人作相乎？非止不如归去意也……

陈氏索隐，言之历历，似颇持之有故，然按之殊多疏舛。沈兆霖（浙人）谥文忠，不谥文定，早同治元年卒于陕甘总督任，时左氏方用兵浙江也。同光间枢臣曾官山西巡抚顺天籍本吴江人之沈文定，明系沈桂芬（官至协揆）。而左氏辛巳正月由西陲应召抵京,遂入军机,沈氏先于庚辰除夕病卒,(参看本刊第一卷第二期《庚辰述往》。)未尝同直枢廷。左之不能久于其位,与沈何干?且吴氏之诗而能言左为枢臣事,即是大误。李慈铭《姚叔怡墓志铭》云:"光绪四年之春,畿辅旱灾,秦、晋、豫皆大祲。民之流亡,以亿万计。其十之一奔赴京师……一时士大夫盱目伤心,扶义争先,率钱聚米,号呼相救。澹灾未告继以疠疫,其最勤事著功效而先后以疫死者,则有翰林编修谢君继藩、吴君观礼,户部主事王君绰,名尤在人口。而中书科中书姚君恩衍,年最少,能与诸君子奔走后先……遂以瘁死……京尹入告,独以君与谢编修并称,次及户部主事何君金章等,而吴君、王君不与焉。有旨褒嘉,并如所请,下各省督、抚,取其事实,列于志乘。"盖吴氏以戊寅(光绪四年)办振积劳染疫而死,(《清史列传》传吴于《文苑》,谓"光绪四年春,京师不雨,山西河南大旱,诏求直言,观礼疏上九事……寻卒。")岂能预见三年后左氏之入军机乎?己卯(光绪五年)三月,左氏(时驻肃州)有《已故军务人员志节可传请宣付史馆疏》,请将"已故奏保内阁中书夏炘、刑部候补主事王柏心、四品衔员外郎衔中书科中书吴士迈、翰林院编修吴观礼四员,宣付史馆,以存其人,俾士之矜尚志节者有所观焉"。得旨:"以上四员,均属有裨军务,志节可嘉,着照所请,将该故员等事迹宣付史馆列传,以资观感。"吴氏办振尽瘁以死,旌扬之典遗之,而赖左氏念其军务旧劳,与夏等并请立传获允,失于彼而得于此焉。两年之后,左始到京拜军机大臣之命,其在枢廷受排挤龃龉,而谓吴氏诗中咏之,宁非怪事!至谓女巫云云言沈"外交上引用非人",崇厚之使俄辱命,清议颇以咎沈,(参看《庚辰述往》。)此外未闻有沈"外交上引用非人"之说。陈氏所指,殆即此耳。惟崇厚奉命使俄,已在己卯五月,吴氏亦焉能于诗中预及之？陈氏所论,既系凿空之谈,则其谓吴氏对沈月旦,均属不根矣。吴氏以举人刑部员外郎居左幕,已保至布政使衔陕西候补道,忽注销之,而更应会试中式,遂入翰林,在左幕时盖亦有意不自得者。(《清史列传》云:"捻平,左宗棠反秦度陇,军驻平凉,念陇地寒,观礼患目疾,令暂驻西安督转运。观礼以从军而避劳就逸,于义不可,乃注销所保道员,应会试。"似在左幕有不能相安之情事。)诗中所云,或影指左氏幕中事,未敢臆断也。(陈于《天孙机》一首,谓是吴氏自述佐左幕事,或尚可信。惟又及左与李鸿藻同直军机,则仍非吴所预知。)

孝贞后(慈安太后)崩于辛巳三月,尤是年宫廷大事,影响政治颇巨,他如曾纪泽与俄人定关于收回伊犁之约等,可书者亦尚夥,统俟续述。

(原载《中和月刊》1941 年第 2 卷第 2 期)

# 三十五　彝斋漫笔

今岁辛巳之上一辛巳(光绪七年)，与孝钦后(慈禧太后，俗称西太后)同垂帘听政之孝贞后(慈安太后，俗称东太后)崩于三月，为清宫大事，所系于政治者颇巨。盖自两宫并尊，共主国政，虽孝钦实揽事权，孝贞若仅居其名者，然以旧时之名分关系，(孝贞于咸丰二年立为皇后，孝钦于咸丰四年始由懿贵人册封懿嫔，咸丰七年晋至懿贵妃。)孝钦对之不能不稍存敬畏之心，行事亦有所顾忌。至是年孝贞崩，孝钦独尊，奢纵渐甚，后此政潮国变，叠起而不可抑矣。

关于孝贞之略历，唐邦治《清皇室四谱》卷二(后妃)云："孝贞慈安裕庆和敬诚靖仪天祚圣显皇后钮佑禄氏，广西右江道累赠三等承恩公穆扬阿之女，道光十七年丁酉七月十二日生。咸丰二年二月诏封贞嫔，五月诏晋贞贵妃，六月已拟为皇后，其嫔、妃册封典礼均未举行，十月立为皇后，时年十六，少于文宗十二岁。十年八月，从车驾出狩热河。十一年七月，穆宗嗣位，尊为皇太后，九月还宫，十一月初一日，偕孝钦显皇后，御养心殿，垂帘训政，时年二十五，世人称为东太后。同治元年四月，上徽号曰慈安皇太后。十一年十月，穆宗大婚礼成，加上端裕二字。十二年二月，穆宗亲政，加上康庆二字。十三年十一月初十日，穆宗病痘，复训政，十二月初五日，德宗入承大统，训政如故。光绪二年七月，四十慈庆，加上徽号昭和庄敬四字,至是为慈安端裕康庆昭和庄敬皇太后。七年辛巳三月初九日不豫,初十日戌刻崩,寿四十有五,五月上尊谥曰孝贞慈安裕庆和敬仪天祚圣显皇后,九月葬定陵东之普祥峪,曰定东陵,升祔太庙。宣统元年四月,加上尊谥诚靖二字,即今谥。"孝贞既崩,颁遗诰,略云:"予以薄德,祇承文宗显皇帝册命,备位宫闱。迨穆宗毅皇帝寅绍丕基,今皇帝入缵大统,虽当时事多艰,昕宵勤政,然幸体气素称强健。本月初九日偶染微疴,不意初十日病势陡重,延至戌时,神思渐散,遂至弥留。予年四十有五,母仪尊养,垂二十年,夫复何憾。第念皇帝遭兹大故,人主一身,关系天下,务当勉节哀思,一以国事为重。中外文武,恪共厥职。其丧服酌遵旧典,皇帝持服二十七日而除,大祀固不可疏,群祀亦不可辍。予向以俭约朴素为宫壸先,饰终仪物,有可稍从俭约者,务惜物力,副予素愿。故兹诰谕,其各遵行。"又上谕:"朕入承大统,仰蒙大行慈安端裕康庆昭和庄敬皇太后,顾复恩慈,于兹七载,承欢奉养,深荷慈愉。常见动履康强,昕宵勤政,私心庆慰,方冀期颐。初九日慈躬偶尔违和,当进汤药调治,以为即可就安。不意初十日痰涌气塞,遂至大渐,遽于戌时仙驭升遐。呼抢哀号,曷其有极。钦奉遗诰,丧服二十七日而除,朕心实所难安,仍穿孝百日,并素服满二十七月,稍申哀悃。所有大丧礼仪,着派惇亲王奕誴,恭亲王奕䜣,贝勒奕劻,御前大臣景寿,大学士宝鋆,协办大学士尚书灵桂,尚书恩承、翁同龢,敬谨管理,详稽旧典,悉心核议。"均著"昕宵勤政"之语。清代以太后垂帘听政,惟孝贞与孝钦也。

孝钦以才称,孝贞则以德称。时孝钦久病,不视朝,(间力疾出商要政。)每日召对诸事,恒由孝贞独任其劳。(翁同龢光绪六年庚辰二月初三日日记云:"慈禧太后圣体违和,今日内廷诸公,皆诣奏事处起居，余等不知也。约同人明早入。"初四日云："卯初同人会于朝房，到懋勤殿，又到月华门。知戈什爱班[按满语御前大臣也]已请安，遂同南斋赴奏事处请安。看昨日方，略言夜不成寐，饮食少，面色痿黄，口干，药用党参、白术、茯苓、甘草、麦冬、苁蓉等物。"[后逐日请安看方。]初八日云："自初二日起，召见办事，皆慈安太后御帘内，十余年来，此为创见也，敬记之。"）凡一年有余，兹猝尔逝世，国人惊悼。李慈铭是年三月十一日日记云："早起，惊闻昨日时加戌，慈安皇太后崩。东圣素无疾，自去年春，西圣久不豫，适俄夷要挟，诸夷觊变，恐猲百端，枢府疆臣，共为异论，设疑诪幻，冀惑圣聪，内外群不逞之徒，谋使域外，及开铁路、造电线诸怪诡不经之事，以猾夏媚夷，牟利辱国者，鼓胁劫制，讹言日起。东圣独揽万几，晨夕忧劳，披览封事，常至夜半，内断圣心，召左恪靖入京，任以政事，鬼蜮游议，卒不能动，而勤政过甚，精力内瘁，征疾忽中，遽弃万国。悲夫！"盖言其积劳以死，并颂其特召左宗棠入政府，不为异论、游议所摇，暨论时局诸语，亦足以见京朝士大夫关心政事者一时之议论。

翁同龢时以工部尚书直毓庆宫，大臣且近臣也。关于孝贞之崩，其日记所载，三月初十日云："慈安太后感寒停饮，偶尔违和，未见军机，戈什爱班等皆请安，余等稍迟入，未及也……夜眠不安，子初忽闻呼门，苏拉李明柱、王定祥送信云，闻东圣上宾，急起，检点衣服，查阅旧案，仓猝中悲与惊并。司官曾鉽来，遂令赴署，催看朝帟、幡竿、幡架、夹杠、架衣，而别作札传屯田司印稿入内回话。"十一日云："子正驰入东华门，不拦，月明凄然。入景运门，门者亦无言，徘徊乾清门下，遇一老公一侍卫，皆言微有所闻而不的，诸门下锁，寂无人声。出坐朝房，燮臣来，景秋翁来，云知会但云病势甚危。须臾诸公陆续来，入坐内务府板房，枢廷在彼，伯寅、绍彭皆来，犹冀门不开或无事也。待至丑正三刻，开乾清门，急入，到奏事处，则昨日五方皆在，晨方天麻、胆星，按云，类风痫，甚重。午刻一按，无药，云神识不清、牙紧。未刻两方，虽可灌，究不妥，云云，则已有遗尿情形，痰壅气闭如旧。酉刻一方，云六脉将脱，药不能下，戌刻仙逝，云云。始则庄守和一人，继有周之桢，又某，共三人也。呜呼奇哉！（初九方未发。）诸臣集南书房，（即摘缨。）余出告同人，并谕诸司速备一切，诸司亦稍稍来，余出入景运门凡二次。日出起下，军机一起，已而传旨，惇、醇、惠三王，谟公，御前大臣，军机大臣，毓庆宫，南书房，内务府大臣，同至钟粹宫哭临。请旨入殿否，曰入。遂偕诸公历东廊而东，至官门，长号，升阶，除冠碰头，伏哭尽哀，灵驭西首，内臣去面羃，令瞻仰，痛哉痛哉。即出，已辰末矣。归家小憩，而司官来回事不断……午正复入……到朝房小坐，始见谕旨，派惇亲王、恭亲王、贝勒奕劻、额驸景寿、大学士宝鋆，协办大学士灵桂、尚书恩承、翁同龢恭理丧仪。遂入慈宁宫，与内府诸公坐，上殿看金匮，安奉正中，（甚大，时灵驭已移至宫，安奉于金匮之西。）看朝帘，殊合式。出，再至朝房，良久复入，至门外，宝相于典礼旧事皆茫然，问礼王，亦云不记忆。时惇邸并立，乃与议定，带桌子，带喇嘛。未正三刻，大敛毕，开门，余随诸公带饽饽桌子入，至檐下，太监及内府妇人，陈设毕，上由东箱来奠，余等随跪，（一跪三叩。）哭不停声。上起，还宫。撤桌，出至门外，喇嘛入转咒，余等复入，咒毕，出，无事矣，遂归。（是日，恭邸前数日告假葬其福晋，今日五百里寄信，然在昌平，计九十余里，一时未易到。）两日一夜，昏愦悲忉，不可支……是日黎明风起，午大风扬尘，天容惨淡。"当时情景，于兹可见梗概。

帝棺称梓宫，后亦如之，翁氏曰金匮者，其内棺之俗称也。翁氏四月初二日日记云："梓宫之木，用楠木，其厚不过一寸七八分，其色微黑，其两旁立墙三块拼成，其前后和拼尤多，其上坟起脊亦每边三块所拼也。向例由江南织造采进，系捐办，不具折不开销也。其中朱漆棺，形如方匣，四周写金刚经，俗呼为金匮，此附身之棺，楠木者椁也。"得此解释，其制乃明。

三月十四日孝钦力疾召见枢臣，翁氏日记云："是日军机有起（二刻十分），恭闻慈禧皇太后容颜甚瘦，以白绢蒙首，簪以白金，《周礼》所谓首绖者也。缘情制礼，不胜钦服。"孝钦为孝贞服丧办法，亦可略见。时孝钦犹病甚，孝贞之谥，盖由翁同龢、潘祖荫力争于内阁会议而定，贞字取义于正，为文宗始封字样（贞嫔）也。翁氏十八日日记云："巳初偕睦荪、燮臣诣内阁，见所拟奏折及恭加上字样，钦肃敬恪仪天佑圣（中二忘之）希天臑圣，余告全师，所拟未当。而宝相国来，余抗言曰：'贞字乃始封嘉名，安字亦廿年徽号，此二字不可改。'宝云：'钦字恭邸所定。'余曰：'此岂邸所应主议者哉？'余又言：'端、康、昭、庄四字，两宫所同，似宜避去，此虽小节，亦当思及。'于是四相国聚议，宝相仍欲以贞字拟弟二，以钦字居首。余与伯寅申之曰：'贞者正也。当时即寓正位之意，且先帝所命也。'议遂定，又因下六字加减不能决，请余决之。余曰：'贞字文宗所赐，慈安二字穆宗所崇，普天率土，久已熟闻。宜敬称曰孝贞慈安裕庆和敬仪天佑经显皇后。'于是四相国同声称善，万冢宰亦云无可易，遂定。"二十一日云："是日大学士、九卿议上尊谥，敬称曰孝贞慈安裕庆和敬仪天祚圣显皇后。"其经过如此，佑圣易为祚圣，盖佑字为孝钦徽号中所有，故亦避去。翁氏"此岂邸所应主议者哉"一语，作作有芒。帝后谥号，均应由大学士偕九卿辈会议具奏，恭王奕䜣虽以亲王皇叔之尊领袖枢廷，例不与议也。翁与潘皆以儒臣而为大臣且近臣，学望著于朝列，宜其言之见重，卒为"四相国"暨吏部尚书万青藜所称服焉。"四相国"者，谓满大学士宝鋆、全庆，协办大学士灵桂，汉大学士左宗棠。至首辅汉大学士直督李鸿章，尚未来京谒灵，汉协办大学士，则沈桂芬卒后尚未补入。（至六月始以李鸿藻补。）沃丘仲子（费行简）《慈禧传信录》卷中第十章，谓"孝贞谥阁拟贞、钦、安、定四字，而后点用贞字，盖文宗崩时，两后皆青年，犹之民间守节抚孤者，故取贞义。"亦相传之一说，要以翁氏所记为可信。奕䜣所主钦字之谥，时未用诸孝贞。二十七年之后，竟用诸孝钦，则奕䜣卒已十年，不及见矣。《大清会典》列后尊谥字样：神明俨翼曰钦，威德悉备曰钦；德性正固曰贞，率义好修曰贞。

翰林院编修唐景崶，于此次大丧中因故获咎，其事亦可附述。《张文襄公年谱》（胡钧重编）卷一光绪七年辛巳云："三月初七（按七应作十）日慈安皇太后崩，十六（按六应作七）日于大行皇太后前行午奠礼。翰林院编修唐景崶，负手登阶，左右闻（按闻当是闲）望。恭邸呵之始下，命查取职名，将劾之。午祭退，公要翁文恭于门曰：'此人何罪，彼不齐集将奈何，况中门未启，可恕也。'事得解。（见《翁文恭日记》。）"按翁氏十七日日记云："午奠未上时，见一人负手登阶，左右闲望。恭邸问何人，不对，问何衙门，亦不对，颇露傲睨状，逍遥自如。邸呵之下，其人下阶疾走。邸饬人追之，查何名，须臾，内务府官回，言系翰林编修唐景崶，不诣〔谙〕当差，误上台阶，邸发怒曰：'具折参奏。'午祭退，张香涛、朱肯甫邀余于门，为言，此人何罪，彼不齐集将奈何，况中门未启，可恕，劝余罢此折，唯唯应之。"谱谓事得解，盖以翁对张之洞及朱逌然之

201

请唯唯应之也。然翁记次行关于此事另有下文。据云："惇邸两到余寓，余劝以公论如是可免参，惇邸难之，申祭入。兰孙、宝相皆言不能挽回，司官拟折，误上慈宁宫台阶，邸奋笔改误为擅，怒未已，余略与商酌，怫然不从也。"是翁虽为缓颊，而事未得解，唐仍被参。翁于此节下附识云："廿五日议上，罚俸九个月，私罪。"盖奏参后交部议处，获此处分。

孝贞之崩，出人意外，翁氏日记，亦有"呜呼奇哉"之语，外间揣测，多疑其非善终，而孝钦有以致之。恽毓鼎《崇陵传信录》云："光绪辛巳三月十一日，（按应作十日，外间于十一日知之耳。）孝贞皇后崩，时慈禧病甚剧，慈安固健康无恙，凶信出，百官皆以为西圣也，既而知为东后，（时两太后分居东西，即以东太后、西太后别之，宫中则呼曰东佛爷、西佛爷。）乃大惊诧。相传两太后一日听政之暇，偶话咸丰末旧事，慈安忽语慈禧曰：'我有一事，久思为妹言之，今请妹观一物。'在箧中取卷纸出，乃显庙手敕也。略谓叶赫氏祖制不得备椒房，今既生皇子，异日母以子贵，自不能不尊为太后，惟朕实不能深信其人，此后如能安分守法则已，否则汝可出此诏，命廷臣传遗命除之。慈安持示慈禧，且笑曰：'吾姊妹相处久，无闲言，何必留此诏乎。'立取火焚之，慈禧面发赤，虽申谢，意怏怏不自得，旋辞去。十一日，慈安闲立庭中，倚缸玩金鱼，西宫太监捧盒至，跪陈曰：'外舍顷进克食，（满洲语，牛奶饼之类。）西佛爷食之甚美，不肯独用，特分呈东佛爷。'慈安甚喜，启盒拈一饼，对使者尝之，以示感意。旋即传太医，谓东圣骤痰厥。医未入宫，而凤驭上升矣。"类是之说，久腾众口，而事属暧昧，难成信谳，不过一种谈柄而已。（所谓两太后一日听政之暇云云，则孝钦久病，早已不恒视朝矣。至谓医未入宫而孝贞已崩，证以翁氏日记，亦匪

202

确。)孝贞之崩,孝钦正在病中,因之又有谓孝钦以产托病(或云小产致疾)为孝贞发觉致不相容者,说益奇矣。

其力辨孝贞非善终说之不可信者,《慈禧传信录》卷中第十章云:"孝贞年长于后,而和易少思虑,且健啖,故体较后为强。垂帘时,辄孝贞先起,梳沐竟,后始作也。两宫常同饭,非有他故弗独食也。孝贞晚膳,独饮醇酒三爵,后则不近杯斝。戊寅后,孝贞两骹恒肿,医官谓为湿热,䜣、谭等并请节饮,自是遂戒酒,而体每觉弗适。然仍视朝如故,越二年少瘥。值端午复饮绍兴酒数觞,翌日腹微胀,医者进以消导之剂,虽愈而夜分不能寐,有时气辄哮喘。适后亦患腹泻,不能离床褥,孝贞乃独视朝。一日告䜣曰:'吾年来病亦甚,虽能起而心中作恶,恐非诸御医所能瘳,尔等能求国手于草泽乎?'䜣等方承旨字寄各省,越日而孝贞崩矣。崩之日,尚食倭瓜糕一样。世传后实鸩杀孝贞者,则以孝贞疾未辍朝,何致遽殂,而不知其病已三年也。予尝叩之广科(按孝贞弟也),谓自戊寅后,其眷属日恒入宫问疾,临崩时科妻犹在宫披。后以疾不能起,闻孝贞崩,乃以四人披之至,行礼后几不克兴。科随奉召入。时方暑,后犹衣袷,憔悴甚。内务府总管等入见,后第曰:'其循历朝太后丧办理,无多语也。'䜣、谭、详等至,后唯趣谭至普祥峪察视。普祥,孝贞万年吉地也。自是逾旬,后始小愈,召见臣工。孝贞濒死时,后亦无馈食事,则传说之误,不辨明矣。"又云:"时庶政皆后独裁,然病体支离,不能排日视朝,故非大事,多䜣专主。后病起腹泻,初误服补剂,腹胀塞作楚,欲用泻科药品,医弗敢承,乃自以生大黄煎槟榔饮之,遂致困顿。时征四方医士入治疾,独薛福辰投方辄效,后服补益脾胃诸药,疾始脱体。而世疑孝贞之死,竟附会其说,谓后小产致疾,为孝贞所窥,故投毒灭口。夫后以妇人干

203

政,召侮辱国,律以春秋不以家事辞王事之义,自当为国人所共击,若必以捕捉风影之谈,蠛其阴私不可晓之事,良君子所不取矣。予尝咨之诸医,所言略同,故知小产说为无根,特词而辟之。"此书每于孝钦无怼词,非袒之者,而于此节断力辨其诬,所论颇正。惟亦有失考处,如言孝贞端午饮酒数觞及崩于暑期云云,不合实际时令。又恭王奕䜣当孝贞崩时未在京,翌日始由昌平驰归。(翁同龢三月十二日日记云:"恭邸昨由昌平驰归,酉初率两贝勒入见于体仁殿,即日叩谒梓宫。")至孝钦病情方案,翁同龢日记排日纪之颇详。

孝贞孝钦,两宫并尊,其互相称谓,说者每谓以齿序,东宫为姊,西宫为妹,实则孝贞生于道光十七年丁酉,孝钦生于道光十五年乙未,西乃长于东者二龄,序齿宜东为妹而西为姊矣。惟以旧时之后妃名分关系,孝钦固不便以姊自居而呼孝贞以妹也。或云互称以姊,俟考。

薛福成《庸盦笔记》卷二(史料)纪孝贞事云:"慈安皇太后,以咸丰初年正位中宫,当时已有圣明之颂。显皇帝万几之暇,偶以游宴自娱,闻中宫婉言规谏,未尝不从;外省军报及廷臣奏疏寝阁者,闻中宫一言,未尝不立即省览;妃、嫔偶遭谴责,皆以中宫调停,旋蒙恩眷。显皇帝幸热河,逾年龙驭上宾。当是时,肃顺专大政,暴横不可制,太后与慈禧皇太后俯巨缸而语,计议甚密。于是羁縻肃顺,外示委任,而急召恭亲王至热河,与王密谋。两宫及皇上奉梓宫先发,俾肃顺部署后事。既至京师,则降旨解肃顺大学士之任,旋革职拿问,遂诛之。肃顺素蓄异谋,以皇太后浑厚易制,故忍而少待,不意其先发制之,临刑时颇自悔恨云。于是两宫太后,垂帘听政,首简恭亲王入军机处议政事。当是时,天下称东宫优于德,而大诛赏大举错实主之，西宫优于才，而判阅奏章，裁决庶务，及召对时咨访利弊，悉中窾会。东宫见大臣，呐呐如无语者。每有奏牍必西宫为诵而讲之，或竟月不决一事。然至军国大计所关，及用人之尤重大者，东宫偶行一事，天下莫不额手称颂。同治初元，鉴曾文正公之贤，自两江总督简授协揆，以正月朔日下诏，凡天下军谋吏治及总督巡抚之黜陟，事无不咨，言无不用，中兴之业于是乎肇矣。何桂清失陷封疆，厥罪甚重，刑部已论斩矣。阴祈同乡同年及同官京朝者十七人，上疏救之，朝廷几为所惑。东宫太后独纳太常寺卿李棠阶之奏，命斩桂清以警逃将，天下为之震肃。寻以李棠阶硕望名儒，命为军机大臣，一岁中迁至尚书，其后颇多献替。胜保以骄蹇贪淫逮下刑部狱，亦用棠阶言赐死，天下颇以为宜。金陵、苏、浙之复也，曾、李、左三公，锡封侯伯，实出东宫之意，而西宫亦以为然。及太监安得海稍稍用事，潜出过山东境，巡抚丁公宝桢劾奏之。东宫问军机大臣以祖制，大臣对言当斩，即命就地正法，天下皆服丁公之胆，而颂太后之明。西宫太后，性警敏，锐于任事，太后悉以权让之，颓然若无所与。后西宫亦感其意，凡事必咨而后行。毅皇帝孝事太后，能先意承志，太后抚之亦慈爱备至，故帝亦终身孺慕不少衰，虽西宫为帝所自出，无以逾也。毅皇后之立，实太后以其端淑选中之，盖其圣德为相近云。迩年以来，太后益谦让未遑，事无巨细，必待西宫裁决，或委枢府主持。或者以天下大定，可以垂拱而治，故益务韬晦欤？"可资参考。盖于孝钦似略有微辞焉。若关于肃顺一案，所言未尽谛审。

两宫同召见诸臣，每由孝钦发言，孝贞罕所表见，故世谓其拙于词令。陈昌为鲍超所编《霆军纪略》，纪其庚辰入都（时简授湖南提督）于五月召见二次。时孝钦以病不视朝，由孝贞发言，问对

颇有致,实孝贞言论仅见之史料也。兹录如次:

初一日,昧爽趋朝,见军机王大臣于朝房。卯正召入养心殿之东间。皇上向西坐,孝贞显皇后在后黄幔之内。有内监揭起门帘,鲍公入门三步,跪奏称:"奴才鲍超恭请圣安。"旋免冠,碰头奏称:"奴才叩谢天恩。"毕,戴冠起,向上行五步许,半对皇上半对孝贞显皇后跪。孝贞显皇后问:"你何日动身?"奏:"奴才于三月十三日,由原籍四川夔州起行。奴才奏报原系三月十一日起行,因服药三剂耽延,故至十三日始得起行。"问:"川省百姓安否?"奏:"督臣丁宝桢,操守甚属廉洁,百姓安堵如常。"问:"沿途百姓安否?"奏:"仰沾天恩,百姓俱安。"问:"现在年成好否?"奏:"沿途年成俱好,小春俱已得收。"问:"你在途走了多少日期?"奏:"坐轮船十余日,沿途服药耽延,水、陆计一月有余。"问:"沿途服药,你有那些不爽快?"奏:"奴才接各路来函,传闻异词,云古北口俱在开仗,俄船已到天津,都城告警。奴才憾不得一翅飞来,因此夜下缮稿,恭报起程日期,以慰朝廷廑念,一面函致各省旧部诸将,前赴湖北适中之地等候。奴才具折,请旨招募勇丁是否可行,迎折北上,恭候批示只遵,以免展转耽延。奴才昼夜筹画,眷口等见其过劳,劝令稍息。奴才以国事如此紧急,臣子何忍安闲。因此肺胁受寒,致成咳嗽,掣动旧伤。"问:"你沿途在那几处服药?"奏:"在宜昌服药五剂,至天津,李鸿章见奴才形容憔悴,留住服药十余剂。"问:"你是要紧的人,服药总要审慎。是四川医士好?还是宜昌医士好?还是天津医士好?"奏:"都觉平常。"问:"到底那个医士之药靠得住些?"奏:"孝〔李〕鸿〈章〉所荐医士之药似觉平和。"问:"你有几弟兄?"

奏:"四弟兄。"问:"现当甚么差使?"奏:"长兄与季弟俱病故了,只余二兄一人。"问:"现当甚么差使?"奏:"在家未当差使。"问:"是何官阶?"碰头奏:"曾蒙天恩奖以记名总兵。"问:"他叫甚么名字?"奏:"叫鲍继美。"问:"你几个孩子?"奏:"三个儿子。"问:"现当甚么差使?"奏:"俱尚年幼未当差使。"问:"大的个好多岁数?"奏:"现年十九岁。"问:"十九岁可以当差使。"碰头奏:"业已仰邀天恩,赏给二品荫生。奴才之意,使他多读书再当差使。"问:"你是随同曾国藩打仗?"奏:"原随同向荣出师广西,追贼至湖南,经曾国藩札调管带水师,随同杨岳斌,将江面肃清。胡林翼札调统带陆路,创募霆军各营。"问:"你后来又同曾国藩?"奏:"后来又同曾国藩。"问:"你打了好多仗?"奏:"水陆数百战。"问:"你好声望。"奏:"奴才毫无能为,天恩褒奖。"问:"你很苦得有。"奏:"应效犬马之劳。"问:"你身上伤痕现掣动否?"奏:"伤痕尚在掣动。"问:"现在咳嗽否?"奏:"尚在咳嗽。"问:"你在京城现服那个医士之药?"奏:"服带来书办之药。"问:"服药非等儿戏,书办恐靠不住,人是大事,你要格外留神。"奏:"奴才稍知药性,太后尽可放心。"问:"李鸿章之医士尚好,你还是要用李鸿章之医士。"奏:"是。"问:"李鸿章你们至好?"奏:"多年旧好。"问:"李鸿章体子好否?"奏:"李鸿章虽忧国忧民,然善自保养,体子尚好。"问:"李鸿章饮食好否?"奏:"曾邀奴才吃过饭,李鸿章吃得两中碗饭,太后亦可放心。"问:"你的体子,医士总要好生斟酌。"奏:"是。"少停,孝贞显皇后说:"你歇歇。"遂起,自揭门帘,退出。

二十七日请训,卯刻召见。孝贞显皇后问:"你这到湖南好多路?"奏:"轮船不过十余日至湖北,由湖北不过十余日即到任所。"问:"你咳嗽好了么有?"奏:"咳嗽已好。"问:"身上伤痕还掣动否?"奏:"伤痕已好。"谕:"我靠你们在外头,你须任劳任怨,破除情面,认真公事。"奏:"仰体天恩,破除情面,认真公事,不敢有负委任。"问:"湖南有洋人否?"奏:"洋人曾到湖南,百姓聚众一起,后遂未到湖南。"问:"你初到京城,不知常年,今年雨水过多,如何是好?"奏:"天恩垂念民间,恐雨水过甚,禾苗有伤,但隔地不同天,外省每逢五六月间却是正当要雨,大后不须过虑。"问:"你到任所。"奏:"是。"少停,孝贞显皇后说:"你起。"因起身,退数步复跪奏称:"奴才鲍超跪请圣安。"退出。

观孝贞之语,对宿将勋臣之温慰策励,亲切而周匝,固不得谓之呐呐矣。(《曾国藩日纪》所纪同治七、八两年[戊辰、己巳]召对,孝钦之语,失之冷漠,较此远逊也。)平日之推孝钦发言,盖意存退让耳。又左宗棠辛巳与冯誉骥书云:"正月廿七日展觐,召对两次,即蒙入值枢垣兼典属国新命,猝不敢辞。安圣谕及廿载忧劳,为之堕泪,勉以国事全赖王大臣襄赞。谕旨肫挚,所以矜恤劳臣者,无微弗喻。自顾衰病,何堪重任,然不敢不勉。"虽未详著其言,而其言之能感人亦可见。(是年孝贞崩后,左与杨昌浚书云:"初十夜子刻,得官报,慈安皇太后于是夜戌正病危,比戴星奔往,则已升遐矣,计辍朝甫一日耳。圣德感人至深,宫府臣僚,悲恸罔极,殡殓时及梓宫升寿宁殿,哭临雨泣,不期而然。目睹冲圣奠醊几筵,尤不禁哀从中来,不可抑按也。")

文宗崩后,谕旨盖用同道堂小印为记。王闿运《祺祥故事》,纪其来历,谓系文宗特赐孝贞者。其说云:"文宗大行,遗诏八臣受顾命如故事。孝贞诏顾命臣，以防壅阁为词，日进章疏，仍由内发，军机拟旨上，后览发，以小印为纪。小印曰'同道堂'，不知何时人刻汉玉为之。汉玉者含玉也，殉葬玉皆假名汉。文宗初晏朝，后至御寝，问侍寝何人，升坐责数之。上既视朝，心念后未还，恐有变，即还寝，则宫监森然侍立，知后升坐，即戒无报知皇后，潜步入，则后方上坐，侍妃跪前。后见上至，下迎，帝即坐后坐，跪者犹未敢起。后立帝旁，帝阳指跪者问后：'此何人也？'后跪奏：'自祖宗以来，寝兴有定法。今帝以醉过辰不出朝，外间不知，皆以奴无教，故责问彼何以多劝上酒。'帝笑曰：'此自我过，彼何能劝我？且宜恕之。'后奉诏，因曰：'此主子宥女，以后无论何处醉，唯女是问。'帝惭，即索所佩，唯一玉印，解赐后以谢，同道章自此始。今乃以为信。"而金梁《四朝佚闻》，则谓此印乃授诸孝钦者。其说云："世传文宗临命，以同道堂印赐慈安，并密谕如慈禧揽政即正其罪云云，訾言也。同道堂印实赐慈禧，而赐慈安者乃御赏二字印，闲章也。可知文宗意在慈禧，特以闲章慰慈安耳。训政谕旨，皆以同道堂印钤尾为制，而御赏印则加于首，亦如书画之引首，不以为重也。闻其后慈安不愿问政，并御赏印亦交慈禧手矣，此皆初听政时也。及慈禧独训政，一切皆同帝制，凡有诏谕，不复另加印，阅后即径下云。"与王说大异。

# 三十六　壬午述往

庚辰、辛巳，余既为述往，载于本刊一、二两卷之第二期。今届壬午，更有所述，以作六十年之回顾。

六十年前之壬午，为清光绪八年，值京察之期。所谓三载考绩国家激扬大典也。内外大臣之甄别，于正月二十四日降谕，以奉慈禧皇太后懿旨行之。军机大臣则恭亲王（奕訢）以"首赞枢廷，殚心辅弼，机宜妥协，懋著勋劳"，交宗人府从优议叙。大学士宝鋆、协办大学士兵部尚书调任吏部尚书李鸿藻、户部尚书景廉、署户部尚书左侍郎王文韶以"同心赞画，克慎克勤"，均交部议叙。疆吏则大学士直隶总督李鸿章以"任事实心，才猷闳远"，大学士两江总督左宗棠以"勋绩夙著，劳瘁不辞"，均交部从优议叙。枢臣赞襄大政，相权所寄，直、江两督，疆臣领袖，兼任南、北洋大臣，任用皆特重其选，每逢察典，得邀褒叙，已若照例文章矣。惟此届李、左对树棨戟，分领南、北洋，勋臣高爵，元老端揆，资望之隆，冠绝百僚，其事颇不寻常也。（李氏久督畿疆，左任江督，为时不多，而适在此际。故彭玉麟是年八月查奏两江营务处参案，有"封疆任重，皇上以两使相分为南、北洋大臣，如周、召之分陕而治，知人善任，媲美成周"之语。左年长于李，二等侯高于李之一等伯，惟督臣衔列，直隶首席，两江次之。且李入阁在前，早以文华殿大学士居首辅地位耳。左为东阁大学士，入阁年资，仅亚于李，亦前乎满相武英殿大学士宝鋆、体仁阁大学士灵桂也。其时之满、汉协办大学士二人,李鸿藻外,满为刑部尚书文煜。阁臣六人中,枢辅、使相各二焉。)下次京察,为光绪十一年乙酉。李、左虽仍同获优叙,而左已非江督,秋间即卒于福建差次矣。(前督陕甘时,光绪二年丙子、五年己卯,已与李同以使相得京察优叙二次。)

　与李、左同邀交部从优议叙者,更有前兵部右侍郎彭玉麟。其考语为"巡阅长江水师,宣力有年,任劳任怨"。以从未到任之开缺侍郎,而亦优叙于京察,实一时之特典。彭氏劳臣而著勋望,故于此特示褒嘉耳。(其谢恩折云:"……闻命惶悚,感激涕零。伏念臣猥以庸愚,渥蒙知遇,谅其衰颓多病,难胜职守之烦劳,使之巡阅长江,俾获余闲之调养。戴高厚生成之大德,非捐糜顶踵所能酬。频岁驰驱,方愧涓埃之莫效;抚躬循省,敢希甄录之殊恩。乃荷温纶,赐之优叙。查定例,三年考绩,惟实官得仰沐隆施,而微臣一介迂儒,以奉差而特邀旷典,凡此宠荣之异数,实非梦想所敢期。臣惟有益殚血诚,力图报称,务整军经武之实济,佐安内攘外之远谟,以冀上答鸿慈于万一。"因得诸例外,故曰旷典异数。)乙酉京察,彭又与李、左同之。时以兵部尚书督师广东,而亦未尝至兵部履任也。(其一生所奉任官之简命,曰浙江金华府知府,曰广东惠潮嘉道,曰广东按察使,曰安徽巡抚,曰兵部右侍郎,曰署漕运总督,曰署兵部右侍郎,曰署两江总督,曰兵部尚书。以头衔论,亦所谓扬历中外,然咸未一日居其官。而在军则勇往直前,不辞险瘁,加之自奉俭素,持躬廉介,故自谓不要钱不要官不要命。形诸奏牍,并曰臣以寒士始愿以寒士终。在并时名臣名将中实一特立独行之人物。王闿运称其"使京中王公知天下有不能以官禄诱动之人,有益于末俗甚大,高曾、左一等矣"。见《湘绮楼日记》同治十一年壬申十一月八日。)

其解职者，则吏部尚书万青藜以"屡被参奏，众望不孚"，户部尚书董恂以"年力就衰"，均开缺。左都御史童华以"在上书房行走有年，精力未衰，惟办事不无疏懈"，开缺以侍郎候补，仍在上书房行走。七卿重任，一朝以察典而去三人焉。此三人资历甚深，皆当时政界老辈。（童华道光戊戌翰林，万青藜庚子翰林，董恂庚子进士。）值言事诸臣势方甚张，三人为清议所不满，故不能安于位也。（张佩纶于是月十四日有疏劾之，留中未发，至是而其应如响，想见所谓清流党者之威力，张固个中翘楚，言尤易入。）童留内廷差使，是年九月补礼部右侍郎。万、董则均由此与政治生活绝缘。户部掌财赋，关乎国家养命之源，故董在三人中，事任尤重。自道光二十年庚子通籍即为户部主事，称红司官，咸丰二年壬子由郎中外任监司，十一年辛酉复由顺天府尹擢户部右侍郎，同治四年乙丑迁左都御史，八年己巳即由兵部尚书调补户部尚书，（上年曾兼署。）历官户部堂司甚久，至是罢职，年已七十有六，故考语曰年力就衰耳。其自订《还读我书室年谱》卷二是年云："……是月京察，本于二十四日奉上谕，户部尚书董恂，年力就衰，着开缺。越日入内递折谢恩。臣恂谨按：备豫不虞，金粟为重。计去位之日，内库实存银一百一十万两有奇，部库实存银七百三十六万两有奇，京、通各仓实存粮三百四万石有奇。款目细数详见权衡、金粟笔记。追忆穆宗毅皇帝登极之年，户部库存银七万余两，至今犹惴惴焉。"自表成绩，亦所以对清议之指摘作辩护也。（所谓内库者，亦属于户部。陈夔龙《梦蕉亭杂记》卷一纪官顺天府尹时，当庚子之变，京中著名钱铺四恒［恒兴、恒利、恒和、恒源］歇业，奏请拨款暂助，俾复业以维市面。据云："余挑镫自行削草，漏夜缮折。翼早奏上，奉旨允行，人心为之大定。查原奏系请官款一百万两，计内帑五十万两，部帑五十万两。内帑五十万，越日即行发出。部款五十万，余请于王文勤公文韶[时官户尚]。比时户部为董福祥驻兵，司员星散，部库亦被封锁，无从领取。而四恒需款甚急，文勤亦无所措手。适遇戎曹旧僚友某君，告余曰：'闻君处分四恒事甚好，商民无不感诵。户部现驻董军，部款未能领出，自系实情。但该部有内库在东华门内内阁后门东偏，闻之先辈言，庚申文宗幸热河，濒行，敕户部提银一百万存入内库，此时当尚存在，何不一查？'翼日入见文勤，备述始末。文勤曰：'微君言，吾亦忘之。'立时传谕所司，开库发款，分交四恒领讫。厥后两宫西幸，洋兵入京，东华门为日兵佐守护，全权入京，百事待理，部库五百万余款，均由某国捆载而去。[赫德为余言。]而全权办事处设立，需款孔亟，余犹密令陶君大均权商日官，将内库剩存五十万两，联车运出，以济急用。事后思之，诚为始愿所不及云。"为关于内库之史料。盖此项内库之设，存银以备缓急者。庚子所用，当即董氏所云，惟数目略有不符耳。王文韶亦久官户部堂司，熟悉部务，何遽忘之，而赖他人提醒，殆所谓懵懂一时耶。）补董之缺者，为前工部右侍郎阎敬铭，未到前即以王文韶署理。李鸿藻即调补万缺，所遗兵部尚书一缺，以前吏部尚书毛昶熙补授。童缺则仓场侍郎毕道远补授，并代其兼管顺天府府尹之任。与万等同罢者，尚有兵部右侍郎恩麟、理藩院右侍郎铁祺，均以"才具平庸"原品休致，则无大关系矣。

时枢臣凡五人，十一月初五日谕准王文韶开缺养亲之请，（亦缘张佩纶等之屡加纠弹。）而命工部尚书翁同龢在军机大臣上行走。翌日刑部尚书潘祖荫亦拜此命，枢臣遂为六人。（翁疏辞，以现直毓庆宫若兼任要差实恐贻误为言，奉谕不许，并勖以体念时艰

213

力图报称。又孝钦于其面辞，谓"择人不易，毋与吾为难也。"见翁日记。)翁、潘儒臣雅望，同参机务，颇为枢廷生色。惟翌年癸未正月，潘即以丁父忧罢直，(服阕后未再入。)翁则于甲申以枢臣全班获谴而同退，越十年于甲午复入，至戊戌罢斥归里，在直亦未为甚久也①。

是年为乡试年分，循例依道路之远近，陆续简放各省考官。五月初一日先放云、贵二省，余以次发表，最后于八月初六日发表顺天考官。兹录各正、副考官衔名如下：云南正考官编修张英麟，副考官编修冯金鉴；贵州正考官编修潘衍桐，副考官编修袁善；福建正考官礼部右侍郎宝廷，副考官编修朱善祥；广东正考官宗人府府丞吴廷芬，副考官编修萧晋蕃；广西正考官编修胡胜，副考官编修庞鸿文；湖南正考官翰林院侍讲学士叶大焯，副考官编修杨文莹；

---

① 原注：薛福成《庸盦笔记》卷二枢廷忌满六人云："……大臣如满六人，坐位固嫌逼窄，相传必有一人不利者。远者余不能尽知，姑就同治以来言之。同治十三年中，枢臣未有逾五人者，大都自恭邸而外满、汉各二人也。光绪初年，仍循此例。维时军机大臣则恭王及大学士文忠公文祥、佩蘅相国宝鋆，协揆沈文定公桂芬、李兰生尚书鸿藻。厥后秋屏侍郎景廉入军机，既满六人，而文忠薨于位。未几李尚书丁忧，王赓虞侍郎入军机以补之。迨尚书阕再入军机，又满六人，而文定薨于位矣。辛巳春左文襄公入军机，复满六人，幸在值未久即出督两江，所以无事。壬午冬王侍郎以陈情终养去位，而翁叔平、潘伯寅两尚书同入军机，又满六人，未几而潘尚书奉讳。甲申春军机大臣五人皆出枢廷，而礼亲王及阎丹初尚书敬铭、筱山尚书额勒和布、张子青尚书之万同入军机。未几许星叔侍郎庚身入值，又未几孙莱山侍郎入值，复满六人。阎公已晋东阁大学士，宸眷忽衰，屡奉严旨诟责，乃引疾予告以去。追溯十余年事，则相传之旧说迨不谬矣。然如阎相之引年归田，优游林下，固大臣所难得者也，不得谓之非福也。"看似凿凿有据，而实不能自圆其说。即就所指同光间观之，如同治乙丑，李棠阶之卒；丙寅，曹毓英之卒，李鸿藻之丁母忧，胡家玉之罢斥；丁卯，汪元方之卒。光绪丁丑，李鸿藻之丁本生母忧；甲申，枢臣全班之获谴罢直。其时均未逾五人也。且如所云，苟不满六人，此数人即可永不变易，有是理乎？又甲申孙毓汶与礼王世铎等同入值，许庚身后数日入始。

214

四川正考官左庶子（旋迁翰林院侍讲学士）乌拉布，副考官编修张人骏；甘肃正考官编修杨颐，副考官编修江树畇；浙江正考官兵部左侍郎许应骙，副考官编修朱琛；江西正考官翰林院侍讲学士（旋迁侍读学士）陈宝琛，副考官编修黄彝年；湖北正考官检讨陈存懋，副考官编修管廷鹗；江南正考官礼部右侍郎许庚身，副考官编修谭宗浚；陕西正考官内阁侍读学士邵日濂，副考官掌江南道御史李士彬；山东正考官内阁学士贵恒，副考官编修檀玑。山西正考官编修李联芳，副考官宗人府主事龚镇湘；河南正考官编修吴树梅，副考官编修郑嵩龄；顺天正考官礼部尚书徐桐，副考官左都御史乌拉喜崇阿、毕道远，工部左侍郎孙家鼐。（是年亦为更换学政之期，循例于八月初一日降旨。除顺天孙诒经，江苏黄体芳，湖南曹鸿勋，山东张百熙，甘肃陆廷黻，四川朱逌然，奉天府丞兼学政朱以增因系补放，均予留任外，新简各省学政如下：兵部右侍郎徐郙安徽，翰林院侍读学士陈宝琛江西，吏部右侍郎祁世长浙江，编修冯光通福建，高钊中湖北，冯文蔚河南，吕凤岐山西，慕荣翰陕西，侍讲学士叶大焯广东，编修詹嗣贤广西，丁立钧云南，孙宗锡贵州。内考官简学政者二人：叶大焯典湘试督粤学，陈宝琛典赣试即督赣学。十二月詹事朱逌然卒于四川学政任，御史邵积试奉简继之。）

顺天乡试第三场，策题发生错误，经考官徐桐等具奏自行检举，八月二十八日奉谕将四考官交部议处。李慈铭《荀学斋日记》丁集上是月二十三日云："今年顺天策题，经问一道有曰：'淮南王安所集荀爽九家易解'，盖误读坊间策本，以九师易为九家易也。史问一道有曰：'唐代杂史见于《开元著录》几家'，开元时乃有唐代杂史，《开元著录》亦不知何书，尤怪谈矣。今年主考，如乌左都者，平生不过识数百字；毕左都耳目久废，形骸仅存。孙侍郎中状元时,其对策写董仲舒作董仲书。时余初入京,闻其事,尝语客曰:'此固笔误。'然试令孙君写翁同书,必不误作翁同舒也。以其时翁公为安徽巡抚,而孙君皖人也。一坐抚掌,此辈主文,竟可如试宗室例,废二三场,止试头场一艺,则竭其心力,尚可粗分句读,惜无人上言耳。"大加讥嘲焉。李氏负才喜詈人,得此好题目,固不肯轻轻放过也。历诋副考官三人,而于正考官徐桐,独未直斥,盖犹以甲子受知一段文字因缘之故。(同治三年甲子,李应顺天乡试。徐以检讨为同考官,得李卷极赏之,力荐不售,甚致惋惜。李深感其意,其《孟学斋日记》甲集下是年九月初九日云:"是日顺天榜发,予又落解,盖南北八试矣。"十二日云:"胡仲芬来,言余挑取胆录。"又云:"相国早朝回,言余卷在徐检讨房。初以首艺有圜丘字不敢荐,既见经策,乃补荐之,竟不售。今日检讨与杨侍讲泗孙见相国于朝房,甚相嗟惜。检讨又言予诗中骖六字不宜跳行,然余经策亦随文敷衍,实无大过人者,若圜丘字文中本不避,骖六亦不得不抬写,诸公所言,政亦未当,此固命实为之,而徐、杨二君要不无文字知己之感也。"相国谓大学士周祖培,时李馆于其家。又云:"仲芬自吏部为取试卷朱墨各三本来,言明早须缴还……卷为瑞相国所抑……向例乡、会试卷挑取胆录者,必于备卷中选之。予卷未尝备数而得取胆录者,徒以房官极赞经策,故主司以此当情面耳。"瑞相国谓正考官协办大学士瑞常。二十五日云:"景荪来,言徐荫轩太史以予故惋叹数日,谓文中若无圜丘二字,则经策十艺必进呈,主司亦当以南元相待。且言闱中知此卷落解,即要内监试同见瑞相国。请之曰:'此卷识议笔力,俱非近人所有,宜见录取。'而相国竟不从。又言予学力在张香涛之上。张香涛者,名之洞,南皮人,去年进士,一甲第三人,为北方学者之冠。壬戌科会试,亦以经策冠场，为主司所抑，仅取胆录者也。太史之言，自为可感。生平偃蹇场屋，所获知己，亦仅太史一人。若张壬戌经策，予曾见之，博赡实非予所能及。"可见其时徐氏爱才之雅，而李氏知己之感，溢于言表矣。张之洞文名甚盛，故徐以相拟。李氏不轻许可人，而对张亦示钦佩。同治六年丁卯，张为湖北学政，延李入幕，虽未久即去，而宾主固甚相得，盖初相引重若此。后张涉跻贵显，名益高，二人乃相失，李日记中于张时有诋讪之词焉。李于同治九年庚午在籍应浙江乡试中式，翌年辛未在京谒徐，其《桃花圣解盦日记》丙集三月初五日云："谒太常徐荫轩师，送土仪二两，行卷四本。太常须鬓鬖矣，言去秋见浙江试录，狂喜累日，又为予筹度居处，似甚相关。"光绪六年庚辰会试中式，覆试一等第十七名，殿试二甲第八十六名，其《苟学斋日记》乙集上四月二十五日纪所闻殿试读卷大臣对其卷之品第云："闻余卷在侍郎乌拉喜崇阿手，先画一△，继徐荫轩师见之叹赏，亟画一〇，以后董尚书恂、王侍郎文韶等六人皆画〇，以有一△在先遂名第在后。"五月初四日云："至徐荫轩师贺节，送节敬二金，不晒。荫轩师本甲子房师也，今年覆试、殿试皆派阅卷，闻其颇以余不得鼎甲为惜，故加礼亲之。"荐而不中之房师，例可不送节敬，故曰加礼。此亦可见文字因缘，并附及之。)是榜解元为天津黄耀奎，而严修(亦天津人)盖几得之。陈中岳《蟫香馆(按严氏书斋名也)别记》云："光绪壬午，公应顺天乡试。同考官程午坡先生夔，得公二场经艺卷，叹为典核华赡。头场首题为，'子曰雍之言然'，公以偃陪作起讲，程初阅未荐，至是覆阅，知非恒流手笔，即为补荐。正考官徐公荫轩击节欣赏，与副考官乌公达峰、毕公东河、孙夑臣三人传观，已定首选矣。嗣以二场《礼记》题'春秋冬夏风雨霜露无非教也'，公误将雨霜二字颠倒，

217

群相惋惜，乃改为副榜第一。孙君以贝卷二场无佳者，竭力怂恿，宜仍列正榜，惟名次当稍抑之。毕公亦以为然，遂定为第一百九十一名。"（贝卷者，直隶生员卷也。顺天乡试，直隶生员为贝字号，乃员字之省。各省贡监为皿字号，乃监字之省。贡生亦名隶国子监也。奉天、直隶、山东、山西、河南、陕西、甘肃贡监为北皿，江南、浙江、江西、福建、湖北、湖南贡监为南皿，四川、广东、广西、云南、贵州贡监为中皿。各如额取中，不相羼混。解元例中自贝卷，第二名则多属南皿，有南元之称。）是严之中式，其间大有波折焉。同榜中后来最显达者为又一天津人徐世昌（中第二百五十四名），各省同年，无与此伦，实清末民初政治史上一极重要之人物也。是年顺天武闱乡试，考官亦以漏未取中广额二名，自行检举，交部议处。

是篇述光绪壬午旧事，姑止于此，容再赓续。

李慈铭《荀学斋日记》丙集下壬午正月十七日云："夜坐车赴聚宝堂，爽秋为消寒第五集。诸君早至，酒已行矣，纵谈至二更后散归。是日坐次谈戊午科场之狱，有两事，可入前定录，为记出之。武陟毛尚书昶熙，由道光乙巳翰林至给事中，未尝得一试差。戊午七月，已捐俸截取道员矣。八月派顺天乡试监试官。初派内监试，以同考官有编修上书房张桐。新结儿女姻，未过帖也。毛以回避事询之主考监临，皆不知，乃咨吏部。吏部言：'例文无之。惟某科亦有似此者，以内监试调外监试，可如故事行，不奏请也。'于是初派外监试御史尹耕云调内，而毛调外。未几，提调府丞蒋达与监临府尹梁禄同新哄，于初十日出闱，即以毛为提调，蒋旋革职，即擢毛府丞，至今官。而尹以是年'关节'事发，坐失察降二级调用光禄寺署正，遂偃蹇十余年，始以保举得河南道员，又数年补河陕汝道，旋卒于任矣。编修浦安与刑部学习主事罗鸿译之交通关节，由

218

于兵部主事李鹤龄。其造此谋者，肇庆举人龙某，鸿译同郡也。鸿译骁竖，不知书，亦无心问场屋。其祖某任四川夔州知府，饶于财，龙与同乡京官皆沾丐之。戊午八月之初，龙语罗必入试，我为若觅关节，可操券中也。时科场积弊，以此事为酬应，凡主考同考亲故，皆遍给之，亦不必果验也。甚或有内憎其人及避嫌恐出其门者，反以此为识而黜之。广坐官廷，公言不讳。时香山何总督璟，方为御史。龙与同乡，最习也。欲以属之，一日凡四。诣何不值，乃诣李，告以故。李亦肇庆人也，以癸丑庶常改官，方记名军机章京。素喜事。次日简同考官，浦与李同年也，遂居间为关节，竟得中。及事发，有旨交步军统领衙门传罗质讯，罗谋之龙。龙本昏狂，以此为细故也，语罗但直言之，无它虑。罗如其教，叙供甚悉。及浦、李赴质，已无能置一辞矣。罗、浦、李皆伏法，龙幸免，数年为江西知县，以事自缢死。而何外擢道员，今为闽浙总督。前一事，毛尚书亲为陆渔笙言之。后一事，孺初时居琼州馆，与李为辛亥同年，皆目见之。”此为咸丰戊午顺天科场大狱中史料。又丁集上是年六月初二日云：“阅《竹初文钞》，武进钱维乔树参著。树参为文敏公维城季弟……纪云岩相公（章佳文成公阿桂）轶事一篇，多它书所未及。如云乾隆十三年公以军机章京从大学士讷亲视师金川。总督张广泗与讷亲不相能，公语颇轻广泗。其属吏庄学和闻之，以告。广泗怒，欲中公法。学和愿为左证。乃以漏泄军情劾公，械至京论斩。时公父文勤公方为相，闻公逮至，大惊。遣老仆觇公，则公方熟寐锒铛间，声如雷，还白。文勤稍安曰：‘儿器度若此，当不至死。’翼日，文勤召对，颜顿悴，纯皇帝知其以子故，悯之，卒赦公。越二十年，公以定西将军平两金川凯旋。时学和先为蜀守，以事谪戍。其子不知前隙，以故人子谒公告困，公款接之，以三百金资之归。甘肃回苏四十三叛，公时奉使越中，被诏往剿。行至潼关，遇侍郎和珅，亦衔命佐军事。公知珅难共事，阳疾作。珅曰：'公惫矣，事方亟，我请兼程先往。'公诺之。珅驰抵兰州，至之日，即督诸将出战，兵大挫，总兵某死之，海兰察力护珅得脱。纯皇帝已逆虑珅不知兵，累诏趣还京。初回攻兰州，布政使王廷赞，悉力守御兼旬，城得完，纯皇帝嘉其功，加一品衔。和珅视师至，闻甘省有振灾积弊，阴索廷赞赂二十万金，廷赞故木强，不予。珅既惭偾兵无以复命，又怒廷赞，遂侦得冒振颠末，还朝面奏。有旨密谕公查办。公念狱过大，以军事方亟，请姑缓之。未几诱困回众数千人于石封堡，断其水道，以克日可禽奏。忽时雨频降，回得黣殊死拒。事闻，纯皇帝以每年辄如期告旱，今乃雨，益知报灾之诈，诏趣公案其事。时回事已平，公不得已断自乾隆三十九年监粮既停复开为始，(监粮者，令各直省人得就甘肃郡邑纳粟，准作监生，以所入为振灾用。)以付总督李侍尧治之。于是廷赞逮斩西市，自监司至守令坐死及戍极边者，各籍其产，凡百余人。向非公定断年之例，狱更蔓衍不可穷。公后语及此案，每不胜蹙额也。缅甸之役，公以副将军督造战舰于蛮暮。诸路兵多挫，公独完师以待。经略傅文忠自猛拱还，所率精锐二万尽丧，仅存二十七骑。贼复大集来犯，公击败之，然力劝文忠乘捷受缅西〔酋〕降以藏事。先是公为章京，文忠极器之，后骤相抗衡，公不稍为之下，文忠久嗛之。至是复心愧，还朝乃面论公。有旨严责，令斥去翎顶办事。公手折云：'傅恒罢兵，臣实赞成之。皇上以无能罪臣，逮治可也。若仍令统师，去翎顶无以肃观瞻，臣未敢奉诏。'纯皇帝亦不复问。文忠忌公甚，病剧密奏公且有跋扈状，纯皇帝特信任之。文忠没后，公保护其后人甚力。陈辉祖之以墨败也，纯皇帝命公按之。先是将军王进太暂摄总督,因籍陈并及其姻故直隶总督周元理及童某两家产。周,公同年友也。公抵驿,进太曩以偏裨荷公拔,迎候舟次甚恭。甫进谒,以所治案告。公勃然曰:'咄!炎凉奴,梁国治非陈儿女戚耶?何以不籍之也?'立叱之出。盖是时梁方参政也。公至,尽释株连者。以上四事皆足补国史。又云先是文勤艰于嗣,尝梦刺麻手折桂一枝以赠,已而生公,故名桂。公五十初度诗云:'洞中老衲记前因,岩桂花开示梦真。四十九年前一日,世间原未有斯人。'文成诗不概见,此亦可传矣。"此阿桂轶事,亦多可供史家之参考。以均李氏是年所述,故一并附缀篇末,备览观焉。(罗鸿绎作罗鸿译,王进泰作王进太,盖均李氏避家讳而改。)

(原载《中和月刊》1942 年第 3 卷第 2 期)

# 三十七　彝斋漫笔

廖树蘅之由宜章训导以捐纳而为分部主事,因主湘省矿务总局俾崇体制,其三品衔则与二等商勋同得诸奏奖,二者各为一事。《宁乡县志》误谓主事与三品衔皆缘奏奖而得,又按桐城姚永朴《三品衔分部主事宁乡廖君墓志铭》叙及此节亦云:"最后由宜章训导叙前劳以主事分部加三品衔。"均混两事为一也。姚文叙事著"据状"字样,廖氏次子基械所撰行状,乃谓"巡抚岑公春蓂,以府君有功湘卅,特奏保举……再疏请,以分部主事得赏三品衔二等商勋。"虽省略主事所由来一层,而言以分部主事得赏,何尝如姚氏所云乎? 姚氏之为"古文",渊源家学,讲求义法,有名于时,此作文字亦颇清适,而于此实不免疏舛焉。廖氏父子商勋之奖,关乎当时制度,廖氏略而不书,殆以其名不古雅,然亦为不应漏略者。(古文家叙事,往往省所不应省,而谓之雅洁,实为非宜。)兹录姚文于次,所叙事迹,虽有未谛处,大体亦足备览也。

岁壬申之夏,宁乡梅君伯纪,以其外王父廖君苏畦行状寄桐城姚永朴,请为文奠幽宫。永朴辞不获,则次其事而铭之。据状,君讳树蘅,字苏畦。先世由江西泰和迁湖南长沙,再迁宁乡之衡田,遂为衡田廖氏。曾祖讳锦江,祖讳含章,考讳新端,三世皆以孝友称于乡。君幼敏慧,从其祖受音韵学,有神悟,耆宿惊叹。年二十四补县学生,旋食饩。数应乡试不售,主讲玉潭书院。其谕学必由体以达之用,最服膺宋张宣公告孝宗晓事者难得之言。及近代顾〔顾〕亭林所述孔子'博学于文''行己有耻'二语,以此自勉,亦以勖人。义宁陈公宝箴为湖南辰沅兵备道,闻而延之于幕。吾国自光绪甲午之役后,变法之议渐兴,及陈公擢巡抚,遂集湘士讲求时务。顾应者大率新进少年,于旧人侧目视,有所规画摈不使知。久之陈公委君办水口山卝务。水口山者,桂水道常宁入湘之口,名茨源河,宋尝置茨源银场者也。山距水口十里,与龙王山接,左右两阜,中有平土甚狭,故积潦多。旧用暗簰抽水,水不易尽,春夏泛滥,工益难施。君谋仿土人煅石采煤用明簰法,于下决口,令上哆下敛,归水一壑,以龙骨车戽之,而外筑沟御阳水,旧簰亦并用,庶水患除而工不妨,砂可毕见。议上,众谓异常法,大哗。初君承命于陈公,请以便宜从事,无为人所挠,至是毅然行之不为动。未及数月,效大著。在卅八年,大府调君管总局,而以其子基植继君,便指授。如是者又八年,计公家所赢利为银六百余万两,而私产不增于昔。当开办初,值岁饥,以工代振,复筹款置义租三百石,以备异时救荒之用,民尤德之。癸卯诏开经济特科,大府以君应,不赴,最后由宜章训导叙前劳以主事分部加三品衔。平生孝友睦姻任恤之行见称于宗族乡党者甚众。宁乡岁出谷外埠易油坊枯饼粪田,君教以草化之法,谷不外输而收倍往岁。所纂述之书多种,而自著者曰《珠泉草庐诗文集》。其卒也,在癸亥岁某月某日,距生于道光庚子,享年八十有四。娶袁氏,继娶张氏,并封淑人。子七。基植,附贡生候选训导,先君卒;基械,附贡生州同;基朴,中书科中书;基懋,主簿;基杰,县丞,亦先卒;基栋,府同知;栎咸,殇。女二,皆适士族。孙五,曾孙五。某年某月某日基械等奉君柩葬于宁乡某乡某山,铭曰:"惟金三品,禹贡肇陈;迨于周官,亦有卄人。国以民立,民以财聚;理财之方,在因地利。伟哉廖君,学精而该;殚心一卄,宁尽其才。凡利之兴,道尚乎实;傥肥身家,于国何益。廉洁如君,不私一钱;清风励俗,夫何间然。郁郁佳城,藏魄于此;我铭厥幽,用召万祀。"

清季有《奖给商勋章程》,乃商部于光绪三十二年丙午八月奏准,所以提倡实业也。实施而后为期甚暂,今知者罕矣。按原奏云:"窃维近百年来,环球各国,艺术竞兴,新法新器,月异而岁不同。综其要端,举凡农业、工艺、机器制造等事,靡不进步甚速,收效甚巨。中国地大物博,聪明才力,不难杰出。乃通商垂数十年,虽经次第仿办,惟咸拘守成法,莫能改良标异,推陈出新。而每办一事,需用机器原料,类须取给外洋,故进口洋货日增。而出口者仅恃生货,一经制造,贩运来华,遂获巨赢,坐使利源外溢,渐成漏卮。推原其故,岂均办理之未力,殆亦提倡之未尽其道也。查欧美当二百年前,所有新法新器,绝少发明。自英国首定创新法制新器者国家优予奖励之例,自是各国踵行,其奖励最优者,乃至锡爵。此例既颁,人人争自濯磨,讲求艺术,每年所出新器,多至千数百种。论者谓欧美实业兴盛,其本原皆在于是。现在臣部工艺局日渐扩充,劝工陈列所业经开办,亟宜因势利导,设法提倡。其有创制新法新器以及仿造各项工艺确能挽回利权足资民用者,自应分别酌予奖励。臣等公同商酌,谨就现在亟须提倡各端,拟订奖给商勋章程八条,各按等级,给予顶戴,由臣部奏请赏给。现在中国工艺尚在幼稚之时,如章程所载制造轮船、铁路、桥梁以及电机、钢铁等项,一时尚难其人,不得不稍从优异,以资鼓舞振兴。臣等自当随时严核所造之品果系精心自造确能及格,方予奏请颁赏,以昭慎重。夫讲求实业,必有器具可验,非等空谈,似尚无虞冗滥。谨缮清单,恭呈御览。如蒙俞允,即请作为专章,由臣部分咨各直省将军、督、抚通饬所属出示晓谕,以新观听,似于振兴实业不无裨益。"《章程》云:"一、凡制造轮船能与外洋新式轮船相埒者,能造火车、汽机及造铁路、长桥在数十丈以上者,能出新法造生电机及电机器者,拟均奖给一等商勋,并请赏加二品顶戴。一、凡能于西人制造旧式外别出新法创造各种汽机器具畅销外洋著有成效者,能察识矿苗试有成效所出矿产足供各项制造之用者,拟均奖给二等商勋,并请赏加三品顶戴。一、凡能创作新式机器制造土货格外便捷者,能出新法制炼钢铁价廉工省者,能造新式便利农器或农家需用机器及能辨别土性用新法栽植各项谷种获利富厚著有成效者,独力种树五千株以上成材利用者,独力种葡萄、苹果等树能造酒约估成本在一万圆以上者,能出新法制新器开垦水利著有成效者,均拟奖给三等商勋,并请赏加四品顶戴。一、凡能就中国原有工艺美术翻新花样精工制造畅销外埠著有成效者,能仿造外洋各项工艺一切物件翻新花样畅销外埠著有成效者,均拟奖给四等商勋,并请赏加五品顶戴。一、凡能仿照西式工艺各项日用必需之物畅销中国内地著有成效者,拟均奖给五等商勋,并请赏加六品顶戴。一、凡上列应奖各款,仅举大端,其有未尽事宜,应均比附此项章程,由本部酌核办理;其有所制之器所办之事成效卓著实属特异者,应由本部专折奏请恩施,量加优异,以新观听;至寻常工艺制作精良者,未便概给此项商勋,应由本部参照功牌式样,另造商牌,以备随时给发。一、凡请奖者可将所制之器所办之事呈明本部查核办理,或由各省管理商务官员暨各处商会代报,由本部切实考验,分别给奖,以昭郑重。一、凡此项商勋,应由本部随时奏请,并即参照宝星奖牌式样,由本部酌量仿制,以备应用;并拟定执照一纸,将所制之器所办之事——详列照内,随同此项商勋发给本人收执,以昭信守。"所谓商勋,此即其缘起与办法也。(商勋一名颇生硬,农、工诸端,概以商名,亦嫌过于笼统,盖以商部奏定之故,实业统于商部也。至是年九月商部乃改为农工商部,商牌之称尤奇,与功牌对举,实未免不辞。)廖氏得二等商勋,由于办理矿务著效,章程中于此项有明文规定。惟章程曰赏加三品顶戴,行状等均曰三品衔,二者虽无大区别,字面上要为有间,或因巡抚特奏而更稍示优异欤? 尚容再考。其长子基植赏四等商勋、五品顶戴,亦缘办矿劳勋,则系比附四等商勋一条核奖。

翌年丁未七月又由农工商部奏准《华商办理农工商实业爵赏章程》,待遇尤为优隆。盖商部前奏所谓"各国……奖励最优者乃至锡爵",可视为已作伏笔矣。此次农工商部原奏云:"光绪三十三年六月二十四日奉上谕:朕钦奉慈禧端佑康颐昭豫庄诚寿恭钦献崇熙皇太后懿旨:从来求治之道,养民为先,古人重府事修和,外国亦最尚实业。方今中国生齿日繁,庶而未富,生财大道,亟宜讲求。国家特设农工商部,综理一切,乃数年以来,风气尚未大开,则官吏提倡之力劝导之方有未至者。着各将军、督、抚,迅饬所属,于应兴各业极力振兴。凡有能办农、工、商、矿,或独力经营,或集合公司,确有成效者,即予从优奖励。果有一厂一局,所用资本数达千万,所用人工至数千名者,尤当破格优奖,即爵赏亦所不惜。应如何分别等差,该部即妥议具奏。并逐年如何增进,列表以闻。朝廷于大小官吏,亦即以此课其殿最,用予劝惩。敢有怠慢因循保护不力,定行严处,不稍宽贷。总期地无旷土,境无游民,驯致富强,有厚望焉。钦此。钦遵,到部。仰见朝廷注重实业谆谆倡导之至意。臣等主持商政,责有攸归,敢不实力图维,以期上宣德意,下振商情。伏查汉有卜式输边以致通侯,楚之子文毁家乃为令尹。有功财赏,史册昭然。今五洲之大,均以商战立国,国之有农、工、商实业局厂,其扼要与军储战具相等,则凡国内巨富、海外侨商,能出资本创设实业局厂者,其功自不可没。臣等公同筹议,拟即以资本之大小,雇工之多寡,为国家爵赏之等差。上自子男之崇卿秩之尊,悬为不次之殊荣,以振非常之实业。谨拟就简明章程十条,缮具清单,恭呈御览。如蒙俞允,即由臣部刷刊通行各省将军、督、抚、各出使大臣,一体钦遵,传谕各商,俾知鼓舞……"附片奏陈章程云:"谨按秦汉之际,富民输财助边者,每特赏民爵关内侯。近时日本商人有以巨资急国难者,亦赏男爵。而英国凡创办大商业者,国家特予爵赏。现值商战时代,朝廷注重实业,富国养民,其功与敌忾埒,亟应厘定等差,以资奖励。第一条,凡商人无论独资、合资、附设营业,应得爵赏,即以个人资本之大小所用工人之多寡为差。第二条,此项爵赏,总以所办实业能开辟利源、制造货品、扩充国民生计者为合格,其仅以贩运、周转、汇兑、营利为业者不在此例。第三条,应得爵赏等差列左:一、资本二千万元以上,拟请特赏一等子爵;二、资本一千八百万元以上,拟请特赏二等子爵;三、资本一千六百万元以上,拟请特赏三等子爵;四、资本一千四百万元以上,拟请特赏一等男爵;五、资本一千二百万元以上,拟请特赏二等男爵;六、资本一千万元以上,拟请特赏三等男爵;七、资本七百万元者,拟请特赏三品卿,逾八百万元者,并赏戴花翎;八、资本五百万元者,拟请特赏四品卿,逾六百万元者,并赏戴花翎;九、资本三百万元者,拟请特赏五品卿,逾四百万元者,并赏加二品衔;十、资本一百万元者,拟请特赏四品卿衔,逾二百万元者,并赏加二品顶戴;十一、资本八十万元以上,拟请奏奖二品衔;十二、资本五十万元以上,拟请奖三品衔;十三、资本三十万元以上,拟请奏奖四品衔;十四、资本十万元以上,拟请奏奖五品衔。第四条,凡设立局厂,其所出资本核与特赏五品卿以上合格者,雇用工人应以五百人以上为率;核与特赏三等男爵以上合格者,雇用工人应以千人以上为率。第五条,此项子爵、男爵拟请作为尚爵,不给岁俸,其承袭等差,应视所营实业能否世守,届时由本部查明奏请核办。第六条,此项三品卿至五品卿,应即以所营农、工、商实业分别冠以农业、工业、商业字样,以昭激励。第七条,凡兴办实业,无论独资、合资、附股,须将所认资本全数缴足,工作雇齐;局厂成立,赴部核准注册,由本部调查确实,并行文本籍地方,查明该商人品望身家,再行酌核奏奖。第八条,凡商人或独出资本分办各项局厂,或将所有资本分附各项局厂,但确系实业,即可资本合并计数,按照第三、四、七条酌核请奖。第九条,凡商人原有官阶职衔在应得奖励之上者,准将此项奖励移奖该商之胞兄弟子侄,惟不得滥移远族。第十条,凡商人得有子、男爵卿秩者,应行仪注,悉照钦定《大清会典》所载,以示优异。以上各则,系破格奖励,专为提倡华商实业起见。其合资、股分各公司之集股创办人应得奖励,拟将本部奏定《奖励华商公司章程》参酌改订,奏请施行。至制造、美术,资本人工较少而能独出心裁挽回利权者,仍按照本部奏定《奖给商勋章程》核办。现在农、工、商各项实业,正资提倡,上项章程系属因时制宜,特拟简明办法,所有未尽详备之处,随时斟酌损益奏明办理。再,臣部于光绪二十九年九月间具奏《奖励华商公司章程》一折,奉旨依议钦此钦遵办理在案,现遵旨拟订《办理实业爵赏章程》,专以个人资本核计，所有集股创办之商，非平日信望素孚才能迈众，附股者决不信从。况一局一厂，创办经理，担负较重，不无劳勚，应请将此项奖励章程稍宽其格，定为奖励集股创办人专章，俾与爵赏章程相辅而行，庶出财出力各尽其忱，论赏论功两得其当。谨将酌改各条缮单并呈御览，伏候命下施行。"爵封之尊显，京卿之清贵，用为奖率之具，诚可谓"不次之殊荣"矣。科举既停之后，有农、工、商各科进士、举人，人皆知之。若京卿而有特标农、工、商各业字样之规定，与夫所谓商爵，则亦已罕为人所知忆矣。此项卿秩既分别农、工、商字样，而爵封又专以商名，在规定上实为歧出。

当时公家谈新政之文字，由今日观之，每觉措词上不尽适惬，右所录商部及农工商部奏牍章程，亦可见一斑焉。

（原载《中和月刊》1943 年第 4 卷第 3 期）

# 三十八　彝斋漫笔

清光绪季年,劳乃宣(进士)以直隶吴桥县知县内迁吏部稽勋司主事,仓尔爽(异途)以山东郯城县知县内迁中书科中书,闻者颇以为异,以其时知县推升京职已少见矣。近阅《王文勤公奏稿》(王庆云撰)卷六《山西存稿》(山西巡抚任内)卷六有《请暂停知县推升京职定例折》(咸丰七年)云:"奏为用材贵审选法宜筹请将知县推升京职之例酌议暂停恭折奏祈圣鉴事。窃惟古者刺史入为三公,郎官出宰百里,治内治外,总期简拔贤良。国初之制,行取知县得选为科道等官。其时台谏阙员,故有此制。厥后因品秩相悬,升途太骤,行取知县乃先用为六部主事。此知县推升京职所由来也。臣读现行部例,外县知县推升六部主事,都察院都事、经历,大理寺左、右评事,太常寺博士,中书科中书,通政司经历、知事,銮仪卫经历等官,功令所垂,臣何敢妄议。惟思知县推升京职,立法之意,原以奖励循良,然以臣之愚揣之,六部主事,分掌各司,乃练习人材以备异日卿贰监司之寄,故升转之途颇纡。昔者缺多人少,原不妨令外官转选,俾得学习回翔。今日部曹拥挤,屡议疏通,此项选班,似在可停之列。至都事、经历各项小京官,典司文籍,以多闻习事为贤,有多年潦倒不得转一阶者。而以知县行走其中,不但遇事生疏,亦徒占京官选缺。此臣所谓选法宜筹也。且合例推升之知县,均系久任地方,无钱粮之挂误,无命盗之处分,虽材器各有短长,而奉职大都安静,推升而去,地方转少一熟悉之员,名为迁官,实则置散,似与当年立法之意不甚相符。且到班人员率在中年以后,令其学习行走,自知迁地弗良,故循例推升,而到任者甚少。此又用材之贵审也。可否将知县推升京职之例,饬下中外大臣各抒所见,应否暂停之处,统由吏部覆核具奏,请旨遵行。臣为人材选法起见,是以冒昧具陈,伏祈皇上圣鉴。谨奏。"极言此制之非便,语颇中肯。或缘此奏而知县内迁较罕,容更考之。明代知县可擢科道,实为优除。清初沿之,后内迁乃仅为主事等官,与昔不侔矣。(明代科道与知县均为七品官,惟地位尊严。清初沿之,后升科道为五品,而雄剧反不逮明时矣。盖官制之精神,有不可以品级形式论者。)劳乃宣擢吏部主事后,即以回籍修墓请假开缺。仓尔爽则改捐候选知府,亦未经到中书科任职。王氏所云"自知迁地弗良,故循例推升,而到任甚少",斯亦其验也。王氏撰《石渠余记》一书(又名《熙朝纪政》),述清代掌故典制,其卷二中《纪行取旧制》及《纪科道》二篇,亦可供参印。

杨子勤(钟义〔羲〕)《雪桥诗话》,搜讨清代掌故,深裨研究。初集卷十二云:"《紫泥日记》,为黄子寿方伯陶屡杂著之一。光绪十五年权苏抚,轮值监临作也。监临字始见《汉书·朱博传》。唐制:天下选人试时,长吏亲自监临。此考试监临之始,未设专官也。国初沿明制,令巡按御史监临。康熙二年裁撤巡按,以巡抚为之。乾隆十七年改用藩臬。十八年江南仍用巡抚。五十八年各省改派布政使会同提镇,试毕巡抚覆试。五十九年停止覆试,仍用巡抚监临,江苏、安徽轮流监临。国初分校,聘邻省举贡,方舟尝以贡生充河南分校。考试聘调帘员,各给聘字银牌,明十八房分经。乾隆中统试五经,十八房仍旧。唐、宋知贡举即主司考试,今与监临同例,

231

不许干预阅文。《玉海》:宝元中诏省试设帘于都堂之中槛,施帟幕于东西偏,以限内外,学子进质疑义,毋令近帘,以防其私。此名帘之始。《宋史·选举志》:淳熙四年命省试帘外同姓异姓亲若门客,亦依帘内官避法。内外帘之分自宋已然。王半山详定试卷诗,有'垂帘咫尺断经过'及'众论势难专可否'之句。《容斋随笔》:大中祥符元年,试礼部进士,内出'清明象天赋'等题,仍录题解,摹印以示之。题目纸由来久矣。主考关防用墨。监临、监试、提调五所官用紫。同考官内收掌用蓝笔。誊录书农用红笔。对读向用蓝笔,顺治十四年改用黄笔,十六年改用紫笔,今对卷用黄笔。其文移册档仍用紫笔。第一场试四书诗题。宋洪迈有诸经皆兼《大学》《论语》《中庸》《孟子》一义之议,与朱子贡举私议同。当时未上,天下诵之。元皇庆三年始着令第一场《大学》《论语》《中庸》《孟子》内设问,用朱子《章句集注》。王半山四书文,尚是经论体裁。八股之法,明成化、宏治始备。乾隆己卯,二场经文之外,试五言八韵唐律一首,四十九年改于头场。先是头场四书外经义四道,迨经义改二场,故头场增诗。第二场试五经各一题,始乾隆五十八年。国初旧制,第二场试论诏诰表判,经义分房,每经五题,本沿明旧。康熙中庄令舆、俞长策俱作五经,御史以闻,特诏授为举人。孔颖达疏《易》《书》《诗》《礼记》《春秋左传》谓之《五经正义》,五经之名始此。《礼记》《周礼》为大经,《易》《书》《诗》为小经,以卷多寡论也。宋以后试士,或一经或三经或五经,外增加《周礼》、《仪礼》、《孝经》、二传。第三场试策五道。康熙二年试士,分为二场,第一场试策五道。七年仍用八股文章,复三场之制,例禁全用四六。道光年祁竹轩制府请定为五门发题。部议:士子所宜切究,不止数条,考官拘定,恐启揣拟剿袭之弊。明制:时务策限千字,有给长卷者,足救后来草率之病。所记科场故事,各记以诗。庚寅请急宁亲,谒先生于武昌,以所刻弟子职及此册见诒,未久即下世。己亥改官。癸卯来鄂,监省试,时试士之法已非复旧制,不二年而科举废矣。"科举故实,足资考信。

　　清起居注馆,置日讲起居注官,以翰詹官任之,掌记注之事,为侍从之臣。《雪桥诗话》初集卷八云:"日讲官如唐侍讲、宋说书,起居注官即古左史、右史。天聪三年命儒臣分为两直,记注本朝政事,以昭信史。五年驾幸文馆,入库尔禅直房,问所修何书? 对曰:'记注。'上曰:'此史臣之事,朕不宜观。'康熙元年始置起居注,命满、汉记注官每日各一员侍直,事毕以本日应记之事用清、汉文记注。十八年谕:'朕每日听政,一切折出票签应商酌者,皆国家切要政务,得失所系。今后起居注官,除照常记注外,遇有折本启奏,俱令侍班记注。'五十七年敕停起居注,记注之事归内阁。雍正元年敕复设日讲起居注官,馆在太和门西熙和门南。六年以张文和请,令八旗具奏事件及补授官职事宜,并移起居注官,以便记载。七年以陈文简请,令各省题奏本章俱增写揭帖一通,送起居注馆记注后移交内阁。记注册籍,书明月日及该直官姓名,按月排纂,每月分上下二册。每讲官一人分修半月之书,卷末载跋语。讲官不足者,以编、检派协修。有总办者,通加校勘,缮定清册,用翰林院印钤缝,贮以铁匦,局镥封识。岁十二月书成,撰前序,由本衙门奏闻。封印时,起居注官会同内阁学士,蟒服补褂,赍至午门具奏。旨下,则送内阁满本堂库收贮,不进呈御览。除夕筵宴,撰序跋之讲官二人与宴。钱晓徵乾隆二十八年起居注成诣乾清门入奏恭纪六首云:'时政年年注起居,编成常届岁将除。寻常卷帙休相拟,此是人间第一书。''纪月编年例发凡,卷分廿四秘瑶函。一言一

233

动无虚美,特许词臣手自缄。''元日千官贺紫宸,岁除曲宴酒三巡。四时典礼从头纪,一统于今百六春。(原注:顺治元年甲申,世祖章皇帝定燕京,一统中外,至是岁癸未,盖百有二十年矣。)''跋尾千言注后头,轻尘足岳露添流。清班久占惭何分,四度书中姓氏留。''平明启事入乾清,一队仙班礼服更。中贵向前相指点,玉皇案吏奏书成。''银海光摇六出駢,仙居处处是琼田。呵融雪水濡新翰,更纪明年大有年。'日讲官二十缺,汉十二缺,满八缺,因满讲官俟稿定后专司翻译正本也。讲官缺出,编、检皆列名,具本请旨,后改为俸深十员引见。"清代记注掌故,于斯足征。头衔虽冠以日讲字样,名存而已,不以进讲为职也。翰詹官至庶子(以京堂论)始得专折奏事,若充日讲起居注官,本官虽较卑亦得专奏,与值书房者同。庶子以上类获充此读讲之伦,亦尚不难,如未经开坊之修撰、编、检,则得之大不易矣。又按《大清会典》(光绪):"起居注馆,日讲起居注官,满洲十人,汉十有二人,翰林院掌院学士、詹事府詹事俱坐充,余于翰林院侍读学士以下、詹事府少詹事以下简充。"又《清史稿·职官志》云:"天聪二年命儒臣分两直,巴克什达海等译汉字书,即日讲所繇始,巴克什库尔禅等记注政事,即起居注官所繇始。顺治十二年始置日讲官。康熙九年始设起居注馆,置满洲记注官四人,汉八人,以日讲官兼摄……时日讲与起居注各自为职……二十五年停日讲,其起居注官仍系衔'日讲'二字。五十七年省起居注馆,改隶内阁,遇理事日,以翰林官五人侍班。雍正元年复置日讲起居注满洲六人,汉十有二人。乾隆元年增满员二人。嘉庆八年复增满员二人。于是日讲起居注,合而为一。"

关于折本,《雪桥诗话》续集卷五云:"内阁所进本章,于披阅奏折,召见廷臣,宣敕几务之后,司红本臣工即以题奏本章呈进取旨,率于晚膳后阅发。其有折留之件,则于御门理事日阁臣面取进止。(御门日,内阁学士每奏一折本毕,降旨悉以清语。承平日久,满洲人多习汉文,于清语转多生疏。奏折本率系背诵,凡记忆未熟者,往往遗忘讹舛,视为难事。)御门之典,咸丰后不复举行,本章亦渐多改用奏折矣。(所谓改题为奏,题指题本,即本章也。)"

余前为《内阁谈》(见本刊一卷第六期),引金息侯(梁)《内阁大库档案访求记叙》等,以见大库所储档案等散出之概况。近阅罗雪堂(振玉)《集蓼编》,述及此事云:"当戊申冬,今上嗣位,醇邸摄政,令内阁于大库检国初时摄政典礼旧档,阁臣检之不得,因奏库中无用旧档太多,请焚毁,得旨允行。翰苑诸臣,因至大库求本人试策及本朝名人试策,偶于残书中得宋人玉牒写本残页,宁海章检讨(梫)影照分馈同好,并呈文襄及荣公。一日荣相延文襄午饮,命予作陪。文襄询予何以大库有宋玉牒,予对以此即《宋史·艺文志》之《仙源集庆录》《宋〔宗〕藩庆系录》,南宋亡,元代试行海运,先运临安国子监藏书,故此书得至燕。且据前人考明代文渊阁并无其地,所谓文渊阁即今内阁大库。现既于大库得此二书,则此外藏书必多,盍以是询之阁僚乎?文襄闻予言欣然。归以询,果如予言。但阁僚谓皆残破无用者,予亟以文渊阁书目进,且告文襄,谓虽残破亦应整理保存,大库既不能容,何不奏请归部将来贮之图书馆乎?文襄俞焉,乃具奏归部,奏中且言片纸只字不得遗弃。因委吴县曹舍人(元忠)、宝应刘舍人(启瑞)司整理,面令余时至内阁相助。一日余往,见曹舍人方整理各书,别有人引导至西头屋,曰:'此选存者。'指东头屋,曰:'此无用者,当废弃。'予私意原奏言片纸只字不得遗弃,何以有废弃者如此之多?知不可究诘。又观架上有地图数十大轴,询以此亦废弃者乎?对以旧图无用,亦应焚毁。随手取一幅观之,乃国初时所绘。乃亟返部,以电话告文襄,文襄立派员往运至部。于是所指为无用者幸得保存,然已私运外出者实不知凡几。今库书自南北人家流出者甚多,皆当时称无用废弃者也。方予至内阁视察库书时,见庭中堆积红本、题本,高若邱阜,皆依年月顺序,结束整齐。随手取二束观之,一为阳湖管公(幹贞)任漕督时奏,一为阿文成公用兵时奏。询何以积庭中,始知即奏请焚毁物也。私意此皆重要史稿,不应毁弃,归部为侍郎宝公(熙)言之,请公白文襄。宝公谓现已奏准焚毁,有难色。强之,允以予言上陈。及告文襄,文襄韪予请,然亦以经奏准为虑,低回久之,曰:'可告罗参事,速设法移入部中,但不得漏于外间。'宝公以告予,予乃与会计司长任邱宗君梓山(树楠)商之。宗君明敏敢任,且移部须费用,故与商。梓山曰:'部中惜费甚,若堂官不出资将何如?'予曰:'若尔,予任之。'宗君乃往观,越日报予曰:'庭中所积仅三之一,尚有在他处者,相其面积,非木箱五六千不能容。无论移运及保存,所费实多,公何能任此者?部中更无论矣!盍再请于文襄?'予以此事文襄已有难色,若更请,设竟谓无法保存,仍旧焚烧,则害事矣。因告宗君,但先设法移部,移部后再思贮藏法。宗君思之良久曰:'然则先以米袋盛之,便可搬运。米袋有小破裂不能盛米者,袋不过百钱,视木箱假什一耳,部中尚可任之,然非陈明堂官不可。公能白之唐公乎?'予称善,乃上堂言之。唐公嚬蹙,尚未作答,予遽曰:'此所费不逾千元,设部中无此款者,某任之。'唐公征笑,命由部照发,乃装为八千袋。及陆续移部,适堂后有空屋五楹,因置其中。明日唐尚书招余上堂曰:'君保存史料,我未始不赞同，奈堂后置米袋累累，万一他部人来，不几疑学部开大米庄乎，幸君移他处。'予曰：'是不难，以纸糊玻璃，则外间不见米袋矣。'唐公乃默然，已而仍令丞参与予商移出。复筹之宗君，宗君言：'南学多空屋，贮彼何如？'予曰：'善。'适监丞徐君在丞参堂，予与商。徐君拒之曰：'现宣圣改大祀，南学设工程处，无地容此也。'予意颇愠，语之曰：'君殆谓南学君所掌予不当为是请耶？然太学微予改废久矣。今以官物贮官地，望君终不见拒也。'徐亦怫然。左丞乔君曰：'君毋愠，此非妄也。'为语当日议废监事，徐乃谢予。于是移贮敬一亭。予平生以直道事人，荣相幸能容之，复以是事唐公，遂益彰予之戆矣，然大库史料竟得保存。后十余年，又几有造纸之厄，予复购存之，虽力不能守，今尚无恙，但不知方来何如耳！至宗君实有劳于史料，世罕有知者，故特著之。"清末此项库储由阁移存之经过，罗氏为主持其事之重要人物，所述甚亲切，更移录之。至后此几罹造纸之厄一节，则金文言之颇悉也。

罗氏所云监丞徐君，谓国子丞徐坊。《集蓼编》又有云："学部初立，尚无衙署，先赁民屋为办事处。奏调人员，到部尚寡，相国（按谓协办大学士学部尚书荣庆也）令予入居之。时部章未定，司局未分，每日下午令部员上堂议事。予莅部日，初次上堂，相国出公文三通令阅。其一为请废国子监，以南学为京师第一师范学校。予议曰：'历代皆有国学，今各学未立，先废太学，于理似未可。'时两侍郎一为固始张公（仁黼），一为天津严公（修）。严答称现在以养成师范为急，南学向隶国子监，新教育行，国子监无用，不如早废止。予曰：'师范虽急，京师之大，似不致无他处可为校地，何必南学，即用南学，亦似不必遽废国子监，且是否当废，他日似尚须讨论。'张公闻之，哑然曰：'相国以君为明新教育，特奏调来部，乃初到即说此旧话,某已顽固不合时宜,意在部不能淹三数月,君乃不欲三日留耶?'予闻之,讶严之思想新异,张之牢骚玩世,均出诸意外,而于予之初到部即纵论不知忌避,则自忘其愚。语已,相国徐曰:'此事容再商,且议他事可也。'至明日,予至太学观石鼓,见监中有列圣临雍讲坐,私意部臣欲废太学,此坐将安处之?午后返署,以是为询。张公闻之,遽曰:'是竟未虑及,本部新立,若言官知之,以此见劾,岂非授人话柄乎?此奏万不可缮发。'相国亦悚然,因撤消此奏。予始知此事严意在废除,相国及张则视为无足轻重,虽非同意,尚可曲从也。及议学部官制,设国子丞,及各郡县学留教官一人奉祀孔庙,亦予所提议。其幸得议行者,实自保存国学始。自此部中皆目予为顽固愚戆矣。"亦清末一桩公案,并录存之。国子丞秩四品,相当于旧时国子监祭酒。祭酒向由翰詹迁转,徐氏以异途主事骤擢国子丞,一时颇称异数云。

金息侯(梁)《四朝佚闻》云:"戴文节公熙,雅尚绝俗,尤善画。当视学粤东,陛辞,宣宗谕曰:'古人之作画,须行万里路,此行遍历山川,画当益进。'其见重如此。任满回京,适叶名琛等以御夷封爵。公言督、抚所奏恐涉铺张,非可终恃。忤上意,罢其入直。乃称病请开缺。上益怒,命休致。遂归杭。或谓公自粤还,上索画稿,公以道事君,不愿以艺进,不呈稿,上既不怿,寻命书扇,又适有帖体字,传旨申饬。或又谓上问承字在何部,公误对在了部,而字典无了部,益触怒。公素谨,又颇究字学,必不致漫对,似非信史也。归后两以城守劳加二品,成〔咸〕丰末城再陷,赴水死,即邸中池也。池水仅及腰,公竟气绝,而其媳伏首水中,遇救转复苏,公盖心死久矣。余家与公有姻连,尝摄其神影,清超拔俗,如其画也。"又龙顾山人(郭则沄)《十朝诗乘》卷十六云:"钱塘戴文节直南斋,诗翰外兼工绘事，为宣宗所赏。道光戊戌典粤试。陛辞日，上谕之曰：'尔画笔清绝，然胸中目中只是吴越间山水，此行获揽匡庐罗浮雄丽奥窈之致，画理当益进。'公谢而出，过庐山因赋长句云：'小臣殿陛司珥彤，濒行天语出九重，谓尔画蹑吴生踪，朕以万里山水供，归来当手金芙蓉。'今画家评公作，谓粤游后意境益超，洵得山川之助。文节还朝，值粤氛起，督、抚奏言粤民公愤阻敌军入城。上嘉悦，督、抚皆封爵。文节于奏对时，独言臣尝使粤，略谙民风，所奏恐涉粉饰。以是忤上意，累申斥，遂乞归。后徐、叶皆典兵偾事，果如公言。粤寇陷杭，文节投水死之，有'撒手白云堆里去'之句。又二年杭州已复再陷，张文节（洵）以在籍翰林殉难，绝命诗云：'白云堆里吾将去，前辈风流有戴公。'易名适同，抗迹千古。"可与拙稿《近代笔记过眼录》述及戴事者参阅。

向闻芦酒之名，未知其详。近阅《雪桥诗话》初集卷十二云："莫子偲《芦酒三首》云：'隔年芦粟酿犹红，酒味长含粟粒中。客至井泉方挹注，春生炉火顿冲融。不炊汲涧升虚竹，俨有清芗度碧筒。正是小年禁酷暑，一竿相属引薰风。''烧瓮滴淋征岭表，谓居辰水钓藤先。岂知瓶笛关西法，远绍炉筒粟米传。多始醉人宜小户，歇难全美戒轻酺。豪吞细吸从吾意，何事旗枪斗茗烟。''乡里平时燕喜场，修船大瓮列成行。东西隔坐频相揖，三五分曹引遍尝。醉后冠缨从仰俯，扶归礼数尚周详。居然古道堪求野，叹息军兴此意荒。'附说始末甚详，录于左方，以为言芦酒者谈助焉。其说曰：杜子美《送从弟亚赴河西判官》句云：'芦酒多还醉。'宋庄绰《鸡肋编》：'关右塞上人造噎酒，以笛管吸于瓶中，杜诗芦酒盖谓此。'蔡梦弼《草堂诗笺》：'大观三年郭随出使虏，举芦酒问外使时立爱，立爱曰："芦糜谷酝成，可酸醑取不醉也。但力微，饮多则醉。"子美之言信验'。自是言杜诗者,并谓芦酒即今咂酒,良然。唯咂当依季裕作嚃,并子答切,即师正字,咂又呷之俗也。此酒凡十名,又曰炉酒,曰筒酒,曰杂麻,曰钓藤,曰钓竿,曰竿儿,曰呷麻,曰琐力麻,而炉芦为最古。遵义当秋冬之交,以高粱或杂稻、小米、麦稗酿,可陈久益美,他时酿者不能久也。酿法:煮杂谷极熟,摊竹席上,候冷,置大栲栳,和曲覆二三日,酒泉溢出,分贮大小瓮筑实,半月后可饮也。不即饮者,固封之。将饮,乃去封,满注汤,火瓮底一炊许,以通中细竹雷瓮中,次第嚃饮,人以益一杯汤为节,酿汁常在下,不淡不止。待庆吊皆用此品,或十许瓮置一卓,或置一船,罗列数行,足支千客,揖酿序饮,礼意犹存。或注汤微火之,俟味具,以竿激出,盛他罂,壶温斟酌,故谓钓竿酒。又以杂谷合酿,故谓杂麻酒。炉酒,见贾思勰《齐民要术》,其作粟米炉酒法云:五、六、七月中夜炊粟米饭,摊令冷,夜得露气,鸡鸣乃和之,大率米一石杀曲米一斗春酒糟米一斗。和法,揆令相杂,填满瓮为限,以纸盖口搏押,上勿泥之,恐太伤热。五六日复以手内瓮中,看令无热气便熟矣。酒停亦得二十许日,以冷水浇筒饮之,醨出者泄而不美。按此摊饭、填瓮筒饮诸法,即与今嚃酒无异,然则此酒自元魏已有之,犹不始自唐也。醨,《说文》云:醨也。古弦切。《玉篇》:以孔下酒也,与《广韵》并古县切。醨音义同沥,醨于孔下,即今钓竿之谓。钓竿别斟,味必减于就嚃,即泄而不美之谓。其云冷水浇酒,犹今之灌汤。其名炉,即浇后当以火成,浇下当夺一二字,抑岂供暑日但冷饮欤?或以炉为芦声之误,恐未必然。思勰西北人,所记当即其风土,故河陇之间,唐、宋沿而不失,于杜诗益有征矣。钓藤名始称于宋,竿儿闻于近世。刘延世《孙公谈圃》:'辰溪有钓藤酒。'朱翌《蛮溪丛笑》:'钓藤酒以火成,不醡不蒭,两缶东西,以藤吸取。'

杨慎《外集》引之，谓即今咂酒。方以智《通雅》亦谓咂。杂麻酒，洞蛮名为钓藤。又陆次云《峒溪纤志》：'咂酒一名钓藤酒，以米杂草子为之，以火酿成，不蒭不醡，以藤吸取，多有以鼻饮者，谓由鼻入喉更有异趣。'据五家说，并以钓藤为溪岗咂酒别名，按其法即今钓竿，特以藤以竹之异。近许缵曾《滇行纪程》载芦管渍酒饮谓之竿儿酒者，亦即钓竿之类，唯《纤志》鼻饮为新闻耳。筒酒、咂麻、琐力诸名，明人始及之。李时珍《本草纲目》：'秦、蜀有杂麻酒，用稻、麦、黍、秫、药曲小罂封酿而成，以筒吸饮。李实《蜀语》：'筒酒亦曰咂麻酒'，引《华阳国志》郫筒事，谓仿佛其遗意。方以智《通雅》：'芦酒，咂嘛酒也。'谓植芦管于中而群饮也。今陕西家家以此款客，何元子曰谓之琐力麻酒是也。近蒋士铨《忠雅堂集》，有咂酒为周海山作古诗，咏烧饮酿罕譬颇详。古今言咂酒，可述者大略具于此矣。唐刘恂《岭表录异》谓：'南中酝既熟，贮以瓦瓮，用粪扫火烧之。'《太平广记》引《投荒杂录》：'新州多美酒，南方饮既烧，即实酒满瓮，以火烧方熟，不然不中饮。沽者以细筒插就吮，以尝酒味，谓之滴淋。'据二家所述，皆于今嚼酒为近，是此法自唐已传岭表，宜宋以来遂沿溪洞。然而高阳著术，本肇秦中，明之陕西犹然，（案李虹舟《西征赋》作于雍乾时，此俗固尚在也。）家家款客，则千岁以上之祖风也。蜀近于秦，故此风不异。杨慎《咂酒》诗云：'宾酬百拜劳'，即言款客礼饮。黔北诸郡，旧皆蜀徼，风物相沿，有自来矣。昧不考者反谓漫承溪洞，岂不慎哉！芦之说，昔人皆指芦管、藤竿为类。愚谓此酒之高粱即古之稷。元吴瑞曰：'稷苗似芦，粒亦大，南人呼芦穄。'李时珍数高粱异名，又有芦粟，疑芦或以谷言也。咂嘛之嘛，字书所无，相承音麻，疑縻、糜等字误，麻因咂加口耳。糜芑为赤白粱；粟即今小米；糜，穄也。

241

盖黍之不黏者,皆此酒所恒用,故举以名欤? 或曰,咂嘛即杂麻,麻当为糜,谓糜杂谷为此酒也,亦通。琐力麻当是方语,不可解。或曰,琐小也,言酒力不劲也。或曰,昔之缓言也。殆亦谓宿酿已熟欤? 长夏酷热,萧吉堂山长招饮云麓精舍,既分体咏诗,因附说始末,以诒生徒。丙辰六月六日邵亭记。"详哉其言之焉。丙辰谓咸丰六年。

有可与莫氏之说同阅者,如刘廷玑《在园杂志》(康熙间作)卷四云:"陕西有以坛盛酿酒干料,留小穴,旋加滚水灌入即成酒者,不识其所名二字当作何写。询之范侍讲谈一曰:'君世家于秦,必知其解。韩湘云:"解造逡巡酒",此岂是耶?'侍讲曰:'是酒渭以北名曰礶子,渭以南名曰坛子,又曰花坛,京师名曰嚼妈,未闻有所谓逡巡者。然此名甚雅,吾当归告乡人,请以逡巡易之。'究竟嚼妈二字不得命名之义,终难求解。座有俗人强作解事曰:'吾能解之。北方小儿呼其母曰妈妈,呼其母之乳亦曰妈妈。小儿吸乳母之乳曰吃嚼嚼,亦曰咂妈妈。此酒用管吸之,如小儿之嚼妈也。'举座绝倒。(嚼俗作咂,妈读平声。)"所云当亦即芦酒也。此"强作解事"之"俗人",解嚼妈虽若可笑,然颇似不无理致。(《在园杂志》卷四又云。"京师馈遗,必开南酒为贵重。如惠泉、芜湖、四〈美〉瓶头、绍兴、金华诸品,言方物也。然惠泉甜而绍兴酸,金华浊酸,均非佳酝。唯四〈美〉瓶头与涞酒兑半相和,则美甚矣。但其价过昂,杖头每苦不足。若煮涞清雪相和,名曰兑酒,京师所常用者,味亦不多让也。虽有易水、沧州、竹叶青、梨花春等类,总不如涞水苦冽。予在淮南,每岁于粮艘回空,附寄十余坛而来,止供冬雪春花之用,不能过夏。盖南酒不畏北方之寒,而北酒则畏南方之热也。淮安有腊黄苦蒿,镇江有百花,德州有罗酒,俱可用。近来浙西粮艘北上，多带浮酒，陈者果佳。宿迁之砂仁豆酒坛苂，陈者亦佳。若扬州，古称十千一斗金盘露。而扬州不闻产酒，想谓属邑高邮之五加皮、木瓜、藕荙，泰州之秋露白，宝应之乔家白耳。至于邳、徐一带，俱是稀熬，较烧酒醨而薄。饮者谓淡而无味曰稀，无可奈何曰熬。相传起自希夷，第恐华山处士必非如此造法也。太原之桑落酒，峻易醉人。小瓶潞酒，亦曰人参酒，在西边亦平常无奇，冬至南方则醇美。所云'胭脂红滴潞州鲜'，人多艳称之，岂真物离乡贵耶！近日玻璃瓶盛红毛酒多入中国，然其中有香料茴椒，止宜于冬月及病寒者，若弱脆之体，未可轻饮。在各地方土人俱能制造，如刁酒、洛酒、汾酒、羊羔酒之类，止宜本处不著名于四方者甚多。大约因水取名，大半皆是即用黄河水，亦曰昆仑觞。倘能多加曲米，陈窖数年，未有不佳者。若本质太薄太新，如东坡所云'甜如蜜汁酸如虀浆'者，则无可奈何矣。"清初酒谈，亦社会史料也。）

（原载《中和月刊》1943年第4卷第4期）

# 三十九　癸未述往

今岁癸未,因作癸未述往,漫谈旧事,为六十年之回顾,循前例也。

清光绪九年癸未,为会试年份。上年壬午,徐桐以礼部尚书为顺天乡试正考官,兹复以礼部尚书典癸未会试,仍为正考官。副之者兵部尚书瑞联、刑部尚书张之万、刑部侍郎贵恒也。(同考官为翰林院侍读学士钱桂森等十八人,凡翰林十三,御史一,部曹三,内阁中书一,满员无与者。)头场四书文,题为"知其说者之于天下也其如示诸斯乎""文理密察足以有别也""其事则齐桓晋文其文则史",诗题为"赋得花开鸟鸣晨得晨字"。(二场五经文,题为"天下何思何虑天下同归而殊途一致而百虑""九河既道""日就月将学缉熙于光明""晋侯使韩起来聘[昭公二年]""黍曰芗合梁曰芗萁"。)凡取中贡士三百十六名。会元为宁本瑜(安徽休宁人),第二名为张预(浙江钱塘人),均膺馆选。协办大学士李鸿藻,侍郎奎润、锡珍、贵恒、嵩申,内阁学士张家骧,署侍郎顺天府尹周家楣,署左副都御史翰林院侍讲学士张佩纶充殿试读卷官。状元为陈冕,(顺天宛平人,祖籍浙江山阴。)榜眼为宗室寿耆(正蓝旗人),探花为管廷献(山东莒州人),传胪为朱祖谋(浙江归安人)。陈冕之为状元,说者颇言其父施德之报,盖同治间山东黄崖之役,其父有救人之功德也。何家琪《天根文钞》卷二记黄崖狱有云:"余特悲山东肥城黄崖狱……巡抚阎文介公遣总兵某率兵围之……总兵某亟攻破之。公令止杀男子。男子死，妇女类衣不蔽体，争投崖。长清毗县也，知县陈恩寿亟取家人衣衣之。不给，分裂布絮，各护归，其道远者亲扃一室，访族戚属焉……后十有六年，光绪癸未科会试，恩寿子冕以第一人及第。"醒醉生(汪康年)《庄谐选录》卷五有云："黄崖在山东肥城长清之间……长清县知县陈伯平大令……大兵往剿……张(积中)举家自焚死。官兵大肆淫掠，死者万余……陈伯平欲救之，无策。适登州府知府豫山至，陈语之故，且教之策。豫乃于众中大呼曰：'大人命勿妄淫杀，今奈何违令？长清县知县何在？'陈即出，半跪请示。豫以令箭予之，使禁兵毋妄动，被难者由是稍得出。陈救得妇孺五六百人……陈子冕后登癸未状元。"均道及陈父于此役有活人事焉。惟陈授职后，以翰林院修撰，终未及更晋一阶也。同治以前，旗籍无得鼎甲者，崇绮以蒙古大魁(同治乙丑)，乃为旗籍鼎甲之始。兹寿耆又以宗室得榜眼，实清代惟一之宗室鼎甲，后官至理藩部大臣。管廷献由编修历御史，外任知府。朱祖谋有文采，辞学负盛名，以翰林官至礼部侍郎。是科进士无入阁者，惟会榜中有阁老一人焉，荣庆(正黄旗蒙古)是也。会试中式后于下科丙戌补应殿试，成进士，入翰林，与徐世昌为同年。于是丙戌进士遂有二阁老矣。(蒙古例补满缺，当荣庆入阁之前，满大学士连次出缺，故于光绪三十一年乙巳即膺协办大学士之命，而此后满揆不更出缺，迨宣统辛亥弗获更进一步而为大学士。一方面则汉揆又连次出缺，后荣入阁之张之洞、鹿传霖、陆润庠、徐世昌，均由协揆而晋端揆矣。)俗每称会试中式即为进士，故或谓荣庆为癸未进士，实则会试中式只可谓之贡士，应称癸未贡士丙戌进士也。关于癸未会试，李慈铭《越缦堂日记》四月十二日有云："（鲍）敦夫来，留共早饭……敦夫今日过其同年陆修撰（按陆润庠也），新分校出闱者，言昨填榜，见孙祖英卷面所书三代，其祖名英，知贡举张佩纶讶而欲易之，主司及房官陆宝忠必不可。闻其文甚不通，首艺中三用指字，科名皆出此曹，乡里谁复肯读书，此桑梓之不幸也。闻今年主司不阅二、三场，自三月二十四日后皆高卧，张子青尚书至不阅二、三艺，冬烘如此，负国多矣。"然是榜中名人颇不乏。

关于朝考暨任用，《越缦堂日记》四月二十九日云："昨日新进士朝考，叔孙通起朝仪诗得□字，命李鸿藻等阅卷，擢黄松泉第一。（阅卷有徐桐、乌拉喜崇阿、嵩申、锡珍、薛允升、许庚身、张家骧、周德润、张佩纶、周家楣。）"五月初四日云："诏，新科进士一甲三名陈冕、寿耆、管廷献业经授职外，朱祖谋、志钧等七十八人俱改为翰林院庶吉士，吕炎律等八十六人俱分部学习，鲍恩绶等十二人俱以内阁中书用，郑葆清等一百二人俱交吏部掣签分发各省以知县即用，刑部候补郎中沈家本等六人仍用原官，余二十人归班铨选。（浙江得庶吉士八人，黄福楙、张预、童祥熊皆与焉。归班二人。会稽孙祖华，即祖英改名者，殿试、朝考皆居末。江苏人刘廷燥，覆试一等十三名，殿试二甲第八名，于江苏居第一，以朝考卷后面被墨污，置三等后十名，亦归班。殿试自三甲一百六十九名后十三人皆归班，而一百七十四名方苹林以内阁中书呈明，仍得守故官。安徽蒯光典，覆试三等，殿试三甲，朝考以周家楣识其书，拔置一等第二，得庶吉士。甘肃张琦，朝考三等，以殿试二甲四十九名，引见时居甘肃第一，亦得庶吉士。尚书阎敬铭子乃竹、侍郎邵亨豫子松年，皆得庶吉士。四川总督丁宝桢子寿鹤本兵部郎中，庚辰会试中式，今年补殿试，仍分部学习。）"黄福楙朝考第一，所谓朝元也。

（浙江仁和人，号松泉。）丁寿鹤以兵部郎中而分部学习，盖志在翰林，未肯呈明仍就原官，乃降格为榜下主事矣。赵国华代阎敬铭撰《丁文诚公墓志铭》，言其第四子体成，光绪九年进士，刑部陕西司主事，先卒，盖即寿鹤也。李慈铭庚辰捷会试，殿试前呈请归原班，得仍以户部郎中用，固以年老不愿入翰林，亦未始不虑得一主事耳。更有以郎中入翰林复为主事者，如赵尔震（赵尔巽之兄）是。赵亦兵部郎中，同治甲戌成进士，改翰林院庶吉士，光绪丙子散馆，用主事，分工部。（部曹未补缺者例得应乡、会试，内阁中书等则补缺后仍准应试。）

兵部尚书瑞联、工部尚书翁同龢奉派教习癸未科庶吉士，所谓大教习也。《越缦堂日记》五月二十三日云："敦夫派分教庶吉士，得十人。故事，掌院二人，大教习二人，每人各派翰林官分教习二人，共八员，谓之小教习，按殿试名次轮派之。然所派往往不得人，庶常有不愿者听其自择。自丁丑分教有某某者无人肯刟，由是不听自择。今科所派无开坊者，敦夫瑞尚书所派也。"亦庶常教习掌故也。（瑞联于十月缘事罢尚书，因之开去教习庶吉士之差，代以大学士宝鋆。翌年甲申三月，宝鋆休致，又代以大学士灵桂。翌年乙酉九月灵桂卒，又代以兵部尚书乌拉喜崇阿。）

旧庶常之散馆，《越缦堂日记》四月十九日云："昨日庚辰庶吉士散馆，六事廉为本赋，以先圣之贵廉也如此为韵，诗题'清风玉树鸣得鸣字'。郝陵川《原古上元学士遗山》诗：'黄山与黄华，双凤高蹭蹬。清风玉树鸣，千古一辉映。'黄华指王庭筠，黄山不知何人也。阅卷为景尚书（按景廉也，时官户部尚书）、张之万、毕道远、邵亨豫、许应骙、奎润、锡珍、张家骧等。（黄）仲弢一等一名，袁鹏图三等五名，首尾皆浙人。杨正甫、王廉生及浙人盛炳纬、徐琪皆一等。(朱)桂卿在二等十九名,于浙〔浙〕人居第五,可望留馆。王醉香、濮紫泉皆二等后矣。长洲王颂蔚于庚辰庶常中文最工,亦在二等后。广西于式枚、湖北左绍佐,赋皆盈四纸,较他人倍长。于以诗有陈宫制曲名句,左以赋末段用纯亦不已句双抬,诗中用蠡英字,锡珍以蠡字为仄声,其实官韵飞字下明注通作蠡也。于在二等末,左在三等,于有文学,可惜也。袁赋亦盈三纸,以首曰圣天子睿鉴云云,又以列圣字三抬前光字三抬,遂居末矣。"二十八日云:"诏,此次散馆,修撰黄思永,编修余联沅、曹诒孙,业经授职,二甲庶吉士黄绍箕等四十三人俱授为编修,三甲庶吉士蒋式芬等三人俱授为检讨,武吉祥等二十二人俱以部属用,刘焕等十四人俱以知县用。(浙江留馆五人,黄绍箕、盛炳纬、徐琪褚、成博、朱福诜,而汤绳和、王兰、濮子潼用部属,袁鹏图用知县。江苏杨崇伊,山东王懿荣,江苏庞鸿书,广东梁鼎芬、张鼎华俱留馆,江西郭赓平、江苏王颂蔚、广西于式枚、湖北左绍佐俱用部属,四川毛澂用知县。河南丁象震在二等前,裴维侒在二等后,而丁散裴留,或谓裴与张之万姻亲故政府右之也。)"王颂蔚、于式枚之不获留馆,知者咸惜之,二人尤难释然于怀也。李岳瑞《春冰室野乘》云:"钱塘孙子授少司农薨于位,王黻卿农部颂蔚挽之曰:公以枚乘给札,兼浮邱授诗,直道难行,往事不须惭醴酒;我本词馆门人,备司农掾属,文章无命,逢人犹自惜焦桐……下联则农部由庶常改官部曹,故以焦桐自慨也。"(李以癸未进士膺馆选,后亦改官部曹。戊戌政变以工部员外郎坐新党褫职。被杀"六君子"中之刘光第,亦癸未进士。)张佩纶《涧于日记》光绪十五年己丑四月十八日云:"(于)晦若以今日为散馆之日,追念玉堂,不胜天上人间之感,邀余往谈,所谓纪刻舟痕者,书生结习,可慨也。"可见一斑。(《涧于日记》光绪十九年癸巳九月十一日云："晦若屡来,以候电传红录也。此君于科举事极所垂意,每届如是。")李慈铭既雅重于氏,翌年乃诋之。《越缦堂日记》甲申二月初五日云："赴珠巢街沈子培兄弟之招……而有广西人于式枚,状似风狂,举坐笑之,亦不知也。此人庚辰榜下,颇有才名,余曾两遇之,恂恂自下,三年不见,怪状如此。闻其历游合肥督相及粤督张树声幕下,去年诒书都门,极称王文韶侍郎才器为当今第一人,而以攻击者为小人,性识善变,遂尔披猖,惜哉!"症结所在,盖以于氏不更"自下"耳。前后二"惜",相映成趣。(王照《小航文存》卷三《大谬》一篇中述及光绪二十七年辛丑到京谒李鸿章,李命于氏代见,于称王以老前辈。阅者颇以为疑,以王为甲午翰林,于实其早六科之前辈,何反以老前辈称之?不知于、王二人之关系,翰林前后辈外更有礼部前后辈一层也。部曹中吏、礼二部亦论前后辈,以到署之先后为序,不以科分计,与内阁中书暨科道同。于、王均以翰林院庶吉士散馆为部曹,王用礼部主事,于则兵部,虽早于王十余年,迨补主事实缺,乃系选授礼部主事,到礼部在王之后,故应以老前辈称王耳。二人既互为前后辈,称谓上当各以后辈自居也。)关于癸未散馆,《越缦堂日记》是年五月十八日又有云："新授编修国炳升翰林院侍讲。(国炳丁丑庶吉士,今年散馆赋中廉字韵误押贪字,又有福楙者,用合浦还珠事为孟尝君,许侍郎皆置之高等。)"亦属轶闻。翰林授职后,开坊甚难,除大考超擢外,每阅一二十年始得迁赞善。故俗有"编白头"及"金不换"一之说,(编谓编修,编修、检讨均七品,金预。)言其淹滞也。(开坊后升擢乃易。)惟满员以人少之故,进步颇速。国炳留馆授职甫二十日,骤擢侍讲,岂汉员所能望乎!(蒙古例补满缺,国炳镶白旗蒙古也。)

是年科场并无事故,惟另有关于考试一狱,中书马星联以代考事发革职严缉。梁溪坐观老人(张祖翼)《清代野记》卷上所叙云:"凡旅京应试士子工于楷法者,每逢誊录供事等试,必为人代考,或数十金、或百金,视其人之名望分贵贱,寒士恃此为旅费以免借贷,此风由来久矣。在上者亦明知之,但不能说破耳。每逢新皇登极,例须考职一次,(此试仅用佐贰,非若停科举之考职也。)第一者注册四十五日即开选。故宦兴浓者必觅高手代考,俾可速选也。光绪纪元考职,延至癸未始举行。是年有浙江蒋山县举人马星联者,楷书极佳,名震一时,所试无不前三名者。有人托其代考,马曰:'若肯费八百金者,包取第一。'其人允之,榜发果第一,得州同即选。马于是趾高气扬,大会宾客于聚宝堂,设盛筵数十席,置奖品无数,征雏伶而定花榜焉。是日所费千金,除所得外,尚揭债二百金也。当兴高采烈时,谓同辈曰:'诸公仅能包取耳,若我则包第一即不爽,诸公视我远矣。'言罢举觞大笑。马设席遍聚宝堂之正屋三进,其偏院不与焉。有御史丁振铎者,在偏院请客,适逢此会,亦窃窥之,闻马语,询于人,乃知其财之所由来。次日遂专折奏参,奉旨革拿,马已闻风逃矣。盖此等考试,皆习焉不察,以为无伤大雅,逮一揭参,则照科场舞弊治罪也。于是出结之京官,考取之人,皆革职遣戍。马则星夜返萧山,其居与典史署紧邻,典史某于黄昏时闻马与母妻语,亟白于令,请速捕钦犯。令曰:'身侦之确耶?'典史曰:'闻其声确也。'令曰:'尔姑在此晚饭,饭毕掩捕,不虑其逃也。'随命一心腹以百元赠马,命速逃东洋。盖马为令县考所取案首,得意门生也。晚饭罢,令乃传捕役、兵壮等偕典史至马家。已夜半矣,围其宅而搜之,无有也。乃大怪典史妄言而罢。马故贫士,幼失怙,母守节抚孤,得以成立。年十九中乡举,娶妇,至逃时仅二十有一。举业甚工,尤精折卷,可望鼎甲者也,人莫不惜之。先是壬午之冬,有学正、学录之试,陈冕时尚未中进士,为人代考第一,获三百金,以二百金葬其蒙师,以百金助其友毕姻,同辈皆重之,岂若马以之定花榜哉!宜乎其获谴也。陈于癸未大魁天下。"于马星联其人,言之颇详,而谓考职云云,则大误,狱实起于宗学教习之试也。按是年关于此狱之谕旨如下:七月二十九日,"御史丁振铎奏考场顶替等弊仍复未改一折,据称此次考取宗学教习之吴恩照,系中书马星联顶名入场,出结官为陈鸿年,请饬查办等语。着礼部饬传陈鸿年带同吴恩照赴部另缮试卷,核对笔迹,是否马星联冒名顶替之处,一并查明具奏。"八月初六日,"礼部奏传查考试教习顶名入场一案,举人吴恩照现已回籍,查覆试试卷字迹与正场不符,显有枪代情事。吴恩照着先行斥革,并着浙江巡抚即行解送刑部严讯。出结官陈鸿年、中书马星联,一并先交刑部传讯,试卷并发。"又,"侍郎张沄卿奏自请议处一折,此次考取宗学汉教习吴恩照,覆试笔迹与原卷不符,张沄卿、景善于校阅时未能看出,实属疏忽,均交部照例议处。"十四日,"内阁奏职官在逃请革职严缉一折,中书马星联,于刑部片传之时竟敢潜避无踪,显系情虚畏罪,着先行革职,交步军统领衙门、顺天府、五城御史一体严拿务获。并着浙江巡抚行令该原籍地方官严密查拿,一经访获,即行送交刑部归案审办。"此案之见于明文者如是,可证张氏之记载失实矣。至其谓马星联年十九中乡举二十一逃亡,案发逃亡既在癸未,是年如二十一,则中举时必非十九。(如系壬午中举,年当二十,再前则为己卯举人,年仅十七,辛巳乃为十九,非乡试年份也。)马已官中书,张亦未之及。

光绪初年,先有浙江葛毕氏案,哄动一时,继之而有河南王树

251

汶案,与之并称,均提部覆审平反者也。王案奏结在癸未,《春冰室野乘》有镇平王树汶之狱一篇云:"河南南阳府镇平县猾胥胡体安者,盗魁也。河南以多盗故,州县皆多置胥役,以捕盗为名。大邑如滑、杞,隶卒皆多至数千人,实则大盗即窟穴其中。平时徒党四出,劫人数百里外,哀其所得,献诸魁。大府捕之急,则贿买贫民为顶凶以消案。有司颟顸,明知其故而莫敢究诘,盗风乃益炽。体安凶猾尤冠其曹。一日使其徒劫某邑巨室,席所有以去。鸣诸官,案久未破,巨室廉知体安所为,则上控司院。巡抚涂宗瀛檄所司名捕之。体安大窘,阴与诸胥谋,以其家童王树汶者伪为己,俾役执之去。树汶初不肯承,诸役私以刑酷之,且迋以定案后决无死法,树汶始应诺。树汶年甫十五,尪羸弱小,人固知其非真盗也。县令马翥者,山东进士也,闻体安就获,则狂喜,不暇审真伪,遽驰牒禀大府,草草定案,当树汶大辟。于时体安已更姓名充它邑总胥矣,树汶犹未之知也。刑有日,树汶自知将赴市,乃大呼曰:'我邓州民王树汶也,安有所谓胡体安者?若辈许我不死,今乃食言而戮我乎?'监刑官以其言白宗瀛,宗瀛大骇,亟命停刑。下所司覆鞫之,卒未得要领。树汶自言其父名季福,居邓州业农。乃檄邓州牧朱刺史(党第)逮季福为验。未至而宗瀛擢督两湖以去,狱事遂中变。河道总督李鹤年继豫抚任。开归陈许道任恺者,甘肃人也。先为南阳守,尝谳是狱。又与鹤年有连,于是飞羽书至邓,阻朱公,俾勿逮季福,且以危言怵之。朱公慨然曰:'民命生死所系,曲直自当别白,岂有相率炀蔽陷无辜之民以迎合上官者耶?'任恺使其党譬说百端,终不为动,竟以季福上,使与树汶相质,则果其子也。恺始大戚,知是狱果平反,己且获重咎,百计弥缝之。豫人之官御史者,乃交章论是狱,说颇侵鹤年。鹤年初无意袒恺,然出身军旅,素简贵，不屑亲吏事，又恚言路之持之急也，遂一意力反宗瀛前议。然树汶之非体安，则已通国皆知，无可掩饰，则益傅会律文，谓树汶虽非体安，然固盗从，在律强盗不分首从皆立斩，原谳者无罪。树汶入狱已五年，初止为体安执爨役，或曰娈童也，并无从盗事。而谳者必欲坐以把风接脏之律，于是树汶遂为此案正凶。而官吏之误捕，体安之在逃，悉置之不问矣。言者益大诤，劾鹤年庇恺，于是有派河督梅启照覆审之命。故事钦差治狱，皆令属官鞫之，大臣特受成而已。河工诸僚佐，什九鹤年故吏，凤承鹤年意。启照已衰老，行乞休，不欲显树同异，竟以树汶为盗从当立斩，狱遂成。言者争之益力。吴县潘文勤时长秋官，廉得其实，乃奏请提部覆讯，且革马翥职，逮入都。于时赵舒翘方以郎中总办秋审，文勤专以是案属之。研鞫数月始得实，行具奏矣。而鹤年使其属某道员入都为游说。某故文勤门下士，文勤入其说，遽中变，几毁旧稿仍依原谳上矣。赵争之甚力，曰：'舒翘一日不去秋审，此案一日不可动也。'方争之烈，文勤忽丁外艰去官，南皮张文达继为大司寇。文勤亦旋悟，贻书文达，自咎为门下士所误，所以慰留赵者甚力。疏上，奉旨释树汶归，戌马翥及知府马承修极边，鹤年、启照及臬司以下承审是狱者皆降革有差。而朱公已先以他事挂吏议，则任恺嗾鹤年为之也。方三法司会稿时，丰润张学士佩纶署副宪，阅疏稿竟，援笔增数语于牍尾曰：'长大吏草菅人命之风，其患犹浅；启疆臣貌视朝廷之渐，其患实深。'云云。辇下士大夫莫不叹为名言，一时督、抚皆为之侧目。其实此语亦有所本，当光绪丁丑刑部治葛毕氏狱，给事中王昕疏劾浙抚杨昌浚，疏中大意即此数语也。今礼部侍郎张亨嘉于时以大挑知县需次东河。启照之派员谳案也，亨嘉与焉，独持议平反，不肯附和鹤年党。比提部，部檄查取诸承审官职名,亨嘉请去己名。启照不许,乃请咨会试。陈牒刑部,述此案始末綦详,以是免议,旋即于是科成进士,入翰林。义宁陈抚部宝箴时官豫臬,当朝命启照覆讯也。陈公固心知树汶冤,以启照为其乡先辈,冀力争得转圜。而启照中先入言,卒不从。及部檄至,有谓陈公可据此自辨者,陈公谢之曰:'吾不欲自解以招人过也。'遂同挂吏部议。狱之起当光绪己卯,讫癸未春始议结,今二十八年矣。豫人谈斯狱者,犹曰:'微朱公树汶无生理也。'然体安卒无恙。(朱公号杏簪,浙江归安人,礼部侍郎祖谋之先德也。)"此案大致经过,盖略具于斯焉。所纪未尽谛审之处,可更以当时结案之谕旨(癸未二月二十九日颁布)印证之。其内容如左:"前据刑部奏河南盗犯胡体安临刑呼冤一案疑窦甚多,当经降旨提交刑部审讯,兹据该部奏审明确情按律定拟,并知府王兆兰递呈混诉应否钦派大臣饬提该员会同覆讯,各折片。王树汶一犯,系被胡广得诱胁同行,逼令服役。胡广得行劫张肯堂家,令伊在旷野看守衣服,并未告知抢劫情由。盗犯胡体安另有其人,经差役刘学汰等纵放,教令王树汶顶替。其程孤堆、王牢夭二犯,均系案内正盗。王树汶与胡体安委系两人。该省官员原办错谬覆审回护,现已众供确凿,毫无疑义。所请钦派大臣会同覆讯,着无庸议。程孤堆、王牢夭听从胡广得行劫,把风接赃同恶共济,均照所拟斩立决,即行正法。王树汶既未同谋上盗,亦未分受赃物,着照所拟杖一百徒三年不准减免。镇平县知县马翥,初审此案,辄用非刑逼供,率行定案,迨王树汶呼冤以后,又复捏词具禀希图蒙混,实属胡涂谬妄。开封府知府王兆兰、候补知府马永修,覆审此案,于王树汶呼冤之故,始终并未根究,捏饰各节,一味弥缝,实属锻炼周内。王兆兰、马永修、马翥均着革职发往军台效力赎罪。马翥据供亲老丁单,不准查办留养。

254

候补同知臧政倬与署镇平县知县郑子侨,向役吏教供,候补知县丁彦廷,教地保捏供并劝事主冒认赃物,均属巧于逢迎,着一并交部议处。河南巡抚李鹤年、河东河道总督梅启照,以特旨交审要案,于王树汶故冤抑不能据实平反,徒以回护属员处分蒙混奏结。追提京讯问,李鹤年复以毫无根据之词,哓哓奏辩,始终固执,实属有负委任。李鹤年、梅启照均着即行革职。前署按察使麟椿,于招解重囚并未详加究诘,因犯未翻供即照拟勘转,前任巡抚涂宗瀛具题,均属疏忽,与随题照覆之刑部堂司各官,着一并交部分别议处察议。"(部议上,涂宗瀛应得降二级调用处分,谕改革职留任,刑部堂司各官应得罚俸处分,均准抵销,臧政倬、郑子侨、丁彦廷均照部议革职,南汝光道麟椿,降三级调用。署左副都御史张佩纶旋奏此案二次会审之臬司豫山、前任河北道陈宝箴应照初次勘转之署臬司麟椿议处。下吏部将应得处分议奏。议上,奉谕豫山及升任浙江按察使陈宝箴着照部议降三级调用。)如《春冰室》所云,任恺当获重咎,而处分不及焉。是当有说,容更考之。李鹤年起家翰林,历官台谏,外任监司,浉跻封疆,虽尝治军有劳,未可请为出身军旅也。又所纪涉及癸未二翰林张亨嘉、朱祖谋,一躬与谳事,不肯附和冤狱,一则其父持正不挠,为斯狱平反之张本,均可作讲因果者之资料。朱祖谋之得传胪,盖尤可与陈冕之得状元相提并论云。(斯狱之获平反,论者称快,而案结后以为疑者仍难尽免,犹之葛毕氏之狱也。刘体仁《异辞录》卷二有云:"胡体安临刑呼冤一事……王树汶劫案要犯,本应处决,差役得胡体安贿,纵之去,而令树汶兼承两罪,不意当场举发,反得减等,可谓狡矣。"盖不信王之果未与抢劫也。)又按王案之平反,刑部堂官中薛允升实与主持。薛由刑部司员起,固以精通法学见重当时者也。吉同钧《乐

255

素堂文集》卷三《薛赵二大司寇合传》云："咸同之时,长安薛允升出焉。允升字云阶,咸丰丙辰科进士,以主事分刑部。念刑法关系人命,精研法律,自清律而上,凡汉、唐、宋、元、明律书无不博览贯通。故断狱平允,各上宪倚如左右手,谓刑部不可无此人……由知府升至漕运总督,以刑部需才,内调刑部侍郎。当时历任刑尚者,如张之万、潘祖荫……名位声望加于一时,然皆推重薛侍郎……后升尚书……王树汶本为强盗看守衣物,年仅十五,并未上盗。到案审讯,正盗凶恶狡展,暗中贿买树汶供认正盗。问官皆瞆不察,即定树汶为正盗拟斩,上详入奏。经刑部查核不确,驳令再审……草草会讯,仍照原议行刑。时监斩者为首府唐咸仰,见王树汶临刑呼冤,禀院暂止行刑。此风一播,在京豫籍御史累折交参李抚。上命刑部提案严讯。云阶主持平反,一面饬赵舒翘据法斥驳,一面定案,将正盗胡体安等决斩,以王树汶并未上盗,从轻拟徒。奉旨依议完案,复追治问官之罪……唐咸仰升河东道,转河南按察司。从此均知人命关天关地,不敢草菅,而朝纲大振,疆吏跋扈之风亦稍戢矣……赵舒翘字展如,与云阶同里,同治联捷成进士,亦以主事用分刑部,潜心法律,博通古今……凡遇大小案无不迎刃而解……适遇河南王树汶呼冤一案,时云阶为尚书,主持平反以总其成。其累次承审及讯囚、取供、定罪皆展如一手办理。案结后所存爰书奏稿不下数十件,各处传播,奉为圭臬。"可资一阅。时薛氏犹为侍郎,未至尚书,特为有权之堂官耳。(吉氏亦陕人,以光绪庚寅进士为刑部司员,亦以法学知名。)

(原载《中和月刊》1943 年第 4 卷第 5 期)

# 四十　漫谈蟫香馆主人

今岁值壬午,上溯六十年,前一壬午为清光绪八年。是岁为乡试年分,本科举人不乏后来有名人物,其最贵显者为天津徐菊人(世昌),清末之太保大学士,民初之大总统也。严范孙(修)与徐同乡同年,虽人爵之尊,不逮徐氏,而其人生平,实尤可称,终身事迹,以兴学一端为最大;行谊节概,亦足资士林取范。曩曾略有所纪,以匆匆属草,资料未备,语焉不详。顷见《古今》第二期载童君《记严范孙(修)先生》一文,可补余旧作所未及,表彰先正,盖有同心。《古今》注意文献,承来函征稿,觉关于严氏者,尚多可谈,因就近岁致力搜集之资料,更草此篇,以谂当世,而供史家之要删。蟫香馆者,严氏书斋名也。

严氏兴学,始于督学贵州之时,民国十八年三月三十一日陈宝泉在追悼会报告之《严范孙先生事略》一云:"时当光绪戊戌之前……首改南书院为经世学堂,聘黔儒雷玉峰主讲席,并捐廉购沪、楚书籍运黔,照原价发售,捐资垫付运费,贵州新学之萌芽自兹始……杨兆麟君(字次典,贵州人,官编修)尝为泉言:'经世学堂开课,适当学政驻省之时,范公每日按时到堂听讲,无少迟误,虽学子无其勤也。'任满奏请开经济特科。"归京以连掌院学士徐桐,请假旋里,后即在津兴学,由家塾扩充而为学校,致力地方教育。《事略》云:

清季负海内教育家之重望者，南曰张(謇)，北曰严，此确论也。惟张为教育界之政治家，严则教育界之道德家。其所谓道德者，尤以家庭教育为最著，自律至严，门无杂宾，室无媵妾。其教子弟也，和平与严肃并用，子弟行事之轨于正者，虽重费不惜，否则必以词色矫正之……自家塾扩充为敬业中学，招生百余人，后以传学者众，移其校于南开，即今日之南开学校也。至当日在家塾读书者，虽人数无多，而成就甚伟……先生于国民教育尤具热心，当时天津有私塾而无学校，先生为联合津中士绅，出资改组蒙养学塾为天津民立第一小学堂……行之数月，成效甚著。于是官绅闻风兴起，本邑卞绅继设民立第二小学堂，天津府凌公福彭、天津县唐公则瑀约公出组织官立小学堂，草具规模，未备也。时直隶总督袁世凯素器公之所为，尤欲以天津学校为全省之模范，于是筹款拨地，任公之意为之，天津教育始为之一振。

**继遂主直隶(今河北)全省教育。《事略》云：**

先生于天津之兴学，成绩既著，于是直隶学校司胡公景桂首荐公自代，先生初不肯应，嗣胡公以最诚恳之情感之，始允；且言须赴日本考察后始就职。甲辰赴日本考察教育……学校司者(后又改学务处)，即……今日之教育厅也，特权力较大。在任一年，以劝学筹款为首务，劝学所、宣讲所均公所创设。至今虽略易名称，而其制未废。此外所创设者，为天津模范小学、天河师范、北洋师范、高等法政、女子师范学堂。造就师资，尤公所注意。居天津时，既推荐赴日习师范者二十人，任省政时，规画每府除应设一中学外，并应设一师范学堂，去任后师范经费尚未筹集，更设法竭力赞助之。至各县小学之兴替,其权操之州县长官,故对于州县官奖诚分明,不少假借。公居职时,各县教育无不蒸蒸有起色者此也。斯时袁世凯之器公尤甚。泉尝谒袁,袁曰:"吾治直隶之政策,曰练兵,曰兴学,兵事自任之,学则听严先生之所为,予供指挥而已。"先生曾荐泉与高步瀛君编纂《国民必读》《民教相安》二书,以启发国民之知识,印行十万册。此外先生复指导同人编辑《教育杂志》、中小学教科书等,均盛行于全省焉。乙巳清廷设立学部,被任为学部侍郎,先生雅不欲就,政府敦促之始就道。临行时聚泉等而言曰:"予此行身败名裂,举不可知,所可惧者,予所私立之各学校工厂,未知能保存否耳。(**斯时公所私立之学校约五处,工厂两处。**)此后对于兴学之事,予只能勉助开办费,经常费多未确定,久则胡易为继。"盖先生兴学,具唯一之热诚,深恐功败垂成,故不惮言之详焉。

其官学部,《事略》云:

先生之入都也,同僚甚倚重之,然斯时多囿于官僚积习,欲其能直撼胸臆,为清季教育界开一新纪元,未能也。盖先生早见之,故独注意延揽人材……以为国家培些许元气……其时学制已为奏定章程所限,不能大有更张,故多从实施入手。于京师设督学局,以统一都中教育;设图书局,以编辑教科及参考各书;设京师图书馆,以搜罗故籍;京师分科大学,以造就通材。提学使之制,亦公所手定者……先生入都办事,其周详审慎之态度,尤为人所难及。从政余暇,则聘专家开讲习会,督率部员听讲。今为时远矣,同时僚友,有谈及先生往事者,谓受先生之指挥,虽受苦而有余甘云。清德宗逝世,摄政王当国,教育益不理,赖张文襄公(**时为管学大臣**)左右之,始勉强自安;逮文襄逝世,公确见天下事决无可为,遂谢病辞职。盖先生之政界生涯,于此终矣。

此为清季严氏自督学贵州暨在本籍办学以迄服官学部殚心学务之梗概,教育家的严氏之重要史料也。

陈嵩若(中岳)曾偕赵幼梅(元礼)同编《严氏遗诗》,更纂有《蟫香室别记》,述严氏轶事,甚有致。其可与上文所引《事略》参阅者,摘录如次:

> 公光绪甲午督黔学,尝有凯切劝学示谕,后段曰:"本院五千里外,奉使而来,夙与尔诸生无一面之亲,相知之雅,三年两试,不得不视文章为进退,然私心所祷祝者,窃欲得朴雅之才,不愿得浮华之士;校其文艺以觇其所造,察其气质以验其所养,面课其言论以测其浅深,密访其行谊以核其真伪;文非一手不能数题而并工,学不十年不能当机而立应;浇薄戾傲者,名虽久著,亦黜之以儆效尤;敦笃懿实者,辞或未醇,亦进之以资矜式。优行之举,选拔之试,亦恃此为弃取焉。勉矣夫! 纵本院无真鉴,而乡里有公评;纵人可欺,己不可诬也。"末中以五事:一劝经书成诵,二劝读宋儒书,三劝读《史记》《汉书》及《文选》,四劝行日记法,五劝戒食洋药。(**按洋药谓鸦片也。**)严氏《蟫香室使黔日记》中,极以此项痼习为忧。'
>
> 公供职学部……僚属虽钞胥之末,亦靡不假以辞色。赵衰冬日,盖历来堂官所未有。
>
> 公在学部,尝手书应整顿事宜三则,告诫僚属:(一)守时限也。日本人尝言:欲知学堂管理之善不善,先观其时限之准不准。由此例推,知非细故。本部员司,或来或否,或早或迟,颇有自由之习。研究之日如期而至者较多,余日则参差不

260

齐,漫无节制。大率巳午之间,门庭寂然,午前后则欢呼并作矣。司务厅为本部门户,总务司为各司领袖,此两处事尤重要,而来迟者最众。诚恐相习成风,日久愈难整顿,宜于新章发布之初,责成丞参严定功过。(二)戒喧笑也。办公非会客之所,亦非闲谈之地,即有论议,不妨平心静气;若杂坐喧哤,哄堂笑谑,非惟体制不肃,亦恐扰及他人。每司俱设叫钟,则指使仆役,自无庸声威并作。(三)崇俭朴也。本部曾通饬各学堂裁节冗费,欲践其言,当自本部始。近日部用稍侈矣;凉棚不已,继之以冰桶;冰桶不已,继之以风扇;晏安之途愈辟,则勤奋之机愈阻。即为卫生计,亦但取适用,不须美观。他如桌、椅、箱、厨,乃至笔、墨、纸等类,皆宜核实预算;日计不足,积少成多。

公于张文襄倾倒甚至。文襄殁日,公在鲍家街京寓,方与赵幼梅夜谈。闻报,公戚然动容曰:"此我朝有数人物,奈何死乎!"命驾急往,彻夜未归。

严氏与张之洞之相得,亦可征焉。之洞《广雅堂诗集》,严氏曾加手注,于诗中所用典故,注释甚详,淹博可观,影印之《严范孙先生注〈广雅堂诗〉手稿》是也。(其子智怡跋语,谓:"是集乃民国八九年先公家居时所手注,一时浏览,有得辄记眉端,未曾排比,尝托陈丈筱庄持稿示高丈阆仙,高丈微以详于典故略于本事为言,先公亦深题之,第以时过境迁,搜采事实,颇非易易,藏之箧衍,尚待增补,固来为定稿也。智怡深惧先公手泽之湮没……乃先将手稿付之影印,盖即以此作草本,并代写官也。")

其在民国,《事略》云:

国变后,虽往来南北,未尝忘情国事,而出处之界则甚严。

261

有章式之赠先生诗云："八表同昏炳一灯，身肩北学老犹能。垂帘卖卜披裘钓，不数君平与子陵。"先生颇爱玩之，是可以见其志矣……所最难处者，时袁世凯被选为大总统，而与先生有特殊之知遇也。（袁被免职时，先生独与之送行，又传有保留袁之奏折，惜未见。）袁于清季组阁，即荐先生为度支大臣，先生以非所素习辞之。民国以来，关于国务员之网罗，或见诸明文，或暗中推挽，盖无役不与，然先生一以淡然处之，不稍为动，惟关于故人交谊，于其子弟之教育，颇为尽力，借以报袁之知遇焉。先生对于民国建国之意见，欲使孙、黄、袁、梁四派，互相握手，以同策中国政治之进，于民国元二年间，颇有所致力。既见事不可为，乃漫游欧洲，及归国而袁政府之专横益不可制矣。先生自此遇事韬晦，惟于帝制发动之初，争之甚力，有云："若行兹事，则信誓为妄语，节义为虚言，公虽欲为之，而各派人士，恐相率解体矣。"逮西南起义，袁颇自危，公首劝其撤去帝号。袁逝世，公曾建议于政府当局，请整顿内外金融。彼时财政紊乱，政纲不举，竟未见之实行；公亦自是专心教育事业，不甚谈国事矣。此后数年间，天津私立第一小学，南开学校，进步皆绝速，（南开学校，除中学外，更增设分科大学及女子中学，学生逾数千人。）则公之用力之所在可知矣。民国七年，更偕范静生、孙子文诸君为美洲之游……六十岁后，时制古今体诗，联合同志，主持城南诗社。斯时尤留意国学，组织存社及崇化学会，延章式之先生及诸名宿主讲，盖鉴于国学日替，姑为补偏救弊之谋，与当年之提倡新学，其用心正无以异……卒后近者哀伤，远者惊叹，门人私谥为静远先生云。

晚年事迹，大致如是，惟谓袁世凯免职时，严"独"送行，稍有未符，当时车站送别者，实尚有宝熙、杨度、刘若曾等也。《蟫香馆别记》云："近人陈藻青《新语林》载：'项城放归彰德，亲故无敢送者，独严范孙、杨皙子便衣途至车驿。袁曰："二君厚爱，我良感，顾流言方兴，我且被祸，盍去休。"严曰："聚久别速，岂忍无言？"杨曰："别自有说，祸不足惧。"'予尝询公，知当时相送者，尚有刘仲鲁、宝沈盦，所言未及朝政，即杨皙子亦未为亢论也。"又关于保留世凯之奏，《别记》云："宣统御极，项城罢职，公专疏密保其仍留外务部尚书任，疏上留中，公日记中亦未载疏稿。刘芸生挽公诗有曰：'朝焚谏草欲回天。'盖实录。然公答予诗，因项城事有句曰：'本为衰朝惜异才。'可喻其旨矣。"按此所云答诗，系乙丑（民国十四年）作，凡绝句四首，其二云："本为衰朝惜异才，几番铸错事同哀。拾遗供奉吾何敢，幸未人呼褚彦回。（来诗有杜陵救房琯，太白识汾阳之句。）"其旨诚堪共喻也。（其三云："秀才学究两无成，技类屠龙况未精。庠序莘莘人艳说，吾心功罪未分明。"兴学造士，群情翕然钦重，而此诗自视歉然若斯，兢兢之意亦可见。）

《事略》言其少年时代云："十四岁入邑庠，有神童之目。性至孝，父丧三年不入内寝。"其游庠为夏同善督学顺天所得士，旋食饩。按其会试朱卷所载，系府学廪膳生，非邑庠（县学）。

壬午捷乡试，出同考官程夔房，正考官为徐桐，毕道远、乌拉喜崇阿、孙家鼐副之。《别记》云："光绪壬午，公应顺天乡试，同考官程午坡先生夔得公二场经艺卷，叹为典核华瞻。头场首题为'子曰雍之言然'，公以偬陪作起讲，程初阅未荐，至是覆阅，知非恒流手笔，即为补荐。正考官徐公荫轩击节欣赏，与副考官乌公达峰、毕公东河、孙公燮臣三人传观,已定首选矣;嗣以二场《礼记》题'春秋冬夏风雨霜露无非教也',公误将雨霜二字颠倒,群相惋惜,乃改为副榜第一。孙公以贝卷二场无佳者,竭力怂恿,宜仍列正榜,惟名次当稍抑之,毕公亦以为然,遂定为第一百九十一名。"盖缘经文特佳获售,而当时曾有波折也。(顺天乡试,顺直生员列为贝字号,故曰贝卷。)翌年癸未捷会试,中第三名,出同考官尹琳基房,徐桐又充正考官,瑞联、张之万、贵恒副之。覆试二等第七十一名,殿试二甲第十一名,朝考一等第十名,遂入翰林。徐氏迭主乡、会(朝考亦在阅卷大臣之列),与严氏师生之谊甚深,后虽以守旧派之立场摈严,而严犹笃念师门。《事略》云:"座师徐桐恶其所为,尽撤去其翰林院职务,遂请假回籍;然戊戌之变,亦未与其祸,公自挽诗所谓'几番失马翻侥幸'者,此其一事也。"《别记》云:"光绪乙未,公奏开经济特科,实戊戌变政先声,然公亦以此失欢于座师徐荫轩相国。公黔轺甫还,徐榜于司阍室曰:'严修非吾门生,嗣后来见,不得入报。'然公于徐仍执弟子礼甚恭。后徐死庚子之难,客有述前事者,公泫然曰:'吾师仁人,为人误耳。'"己酉(宣统元年)严氏有《五十述怀》诗云:"世变沧桑又几经,十年风景话新亭。鼎湖影断朝霞阙(两宫大丧,尚未奉安),剑阁声残雨夜铃。(距辛丑回銮未满十年。)大地山河几破碎,中兴将相遍凋零。河清人寿嗟何及,但祝神狮睡早醒。""最堪思慕最堪伤,师最恩深友最良。(李文忠师、徐东海师、张丰润师、贵坞樵师,陈君奉周、陶君仲铭、王君寅皆,均殁于近十年。)筑室至今惭木赐,(四师之丧,余适家居,均未会葬。)铭碑何日托中郎?(余欲撰亡友诸人事略,乞当代君子铭诔,以不达于辞,至今未果)。秋阳江汉风千古,华屋山邱泪几行。逝者全归复何恨,剩余百感对茫茫。""两度瀛山采药归，渔竿初志竟乖违。（余癸巳旧句云："有约环瀛纵游后，万花深处一渔竿。"今乃自倍其言。）不惭高位腾官谤，可有微长适事机？推毂徒贻知己累，滥竿敢恃赏音稀。百年分牝匆匆去，差向人前忏昨非。""恶风卷海浪横流，秦越相携共一舟。何屑升沈谈宠辱，莫缘同异定恩仇。随波每怵趋庭训，（先君有句云："落红无力恨随波。"盖喻言也。）补漏弥怀忝祖忧。（先本生王考殁时，余年十三，病中召余榻前，训之曰："若兄诚笃，吾无忧；若佻薄，可忧也。古句云：'马行栈道收缰晚，船到江心补漏迟。'小子慎之！"今三十八年矣，言犹在耳，每一追诵，汗未尝不发背沾衣也。）五夜扪心呼负负，君亲恩重几时酬？"襟期亦可略睹；第二首见对师友之风谊焉。徐东海师，即指徐桐也。张丰润师，谓张佩纶。《别记》云："公尝应学海堂月课，丰润张幼樵时为山长，批公卷曰：'五艺再求典实，可借书更作之，幸勿以征逐之故荒其本业也。'公如命更作，并屡为人诵此批，谓：'后日幸获寸进，微名师督责之力不及此。'"又云："有好事者戏为联刺张幼樵，有'北洋赘婿，南海冤魂'之语。某孝廉录入日记，公见之，深以文人轻薄相戒，促删去之。赵幼梅云。"

请设经济特科之奏，系上于丁酉（光绪二十三年）九月，时尚在贵州学政任也。其《蟫香馆使黔日记》，是月二十四日有"是日拜发条陈设科折"之语，即谓此。（世或以其请开特科而传为倡废科举，系出误会。严氏此折旨在注重提倡科学，并非倡废科举。）慈禧回銮后，虽重采前议，有经济特科之试，则事类妆点，世不甚重视之矣。严氏卒后，其子智怡曾拟将折稿影印，以贻亲友，会智怡卒，未果行。（《使黔日记》为严氏督学贵州时所记，始于由京出发，讫于解任回抵京师。其在黔甄才课士暨体恤寒峻诸端，可于此

265

得其大凡。)

严氏自乙巳（光绪三十一年）十一月拜学部侍郎之命，至庚戌（宣统二年）二月辞职得请，以后未再服官。乙丑（民国十四年）有《过教育部门车马塞途感赋》诗云："只道门前雀可罗，依然毂击复肩摩。纷纭朝局浮云幻，沈滞郎曹旧雨多。九食三旬官俸禄，十寒一暴士弦歌。街头卖饼师应记，又见高轩换几何。"（共和初元，袁树五尝谓人云："学部教育部尚侍丞参总次长司长参佥，十年以来，殆百数十易，惟门外卖汤面饺者，尚是旧人。"今又隔十余年矣，个中人又不止百数十易，而卖汤面饺人故当如旧也。）想见情致。

王仁安（守恂）序其诗有云："一日与范孙闲谈，范孙笑而问曰：'今人尚新体诗，曾见有工新体者，谓我诗颇与新体近之，是何说也？'守恂笑而答之：'此无他，公之诗，情真理真，不牵强，不假借，不模糊，不涂饰，如道家常，质地光明，精神爽朗，能造此境，又何新旧之殊与古今之异？'相与一笑而罢。"又赵幼梅序谓："先生之诗，不多作，亦不尚宗派，而天怀淡定，纯任自然，温柔敦厚之旨，每流露于不觉……盖非寻常雕章琢句者之可几也。"于严氏之诗，均道得著。严氏虽不以诗鸣，而其诗亦自可传耳。

《别记》云："公于丁卯亲拟家训八则：（一）全家均习早起，（二）妇女宜少应酬，（三）夜不出门，（四）消遣之事宜分损益，（五）少年人宜注重礼节，（六）少年人宜振刷精神，（七）勿妄用钱，（八）周恤亲友。"又云："公论礼，谓宜斟酌古今；鉴于近世丧礼多悖古制，因亲拟八则，以诏于侄：（一）人死登报纸告丧，不必致讣。（二）孝子不必作哀启；如作哀启，但述病状。（三）不嗬经，不树幡竿，不糊冥器，不焚纸钱。（四）乐但用鼓。（五）首七日辰刻

266

发引,即日安葬。(六)发引前一日开吊。(七)开吊款客,不设酒,不茹荤。(八)通知亲友,不受一切仪物;如以诗文联语相唁者,可书于素纸。"又云:"公殁于己巳二月初五日(按民国十八年三月十五日也)。先是,正月间,城南同社以公年七十,方谋征诗为寿,公乃作避寿辞曰:'寿言之体,有文无实。言苦者药,言甘者疾。使人谀我,人我两失。便活百年,不作生日。'其时公已病矣。正月二十一日,病小差,复预作自挽诗。同社咸以为戏言,不图遂成诗谶也。"均足资研究严氏者之参镜。(其自挽诗云:"小时无意逢詹尹,断我天年可七旬。向道青春难便老,谁知白发急催人。几番失马翻侥幸,[戊戌失欢掌院,免于党人之祸。庚子避地未成,免于流离之祸。辛亥弃产,约已立矣,因彼方中悔,反获保全。]廿载悬车得隐沦。从此长辞复何恨,九泉相待几交亲!")

《事略》述事竟,系之以论曰:

先生为人,外宽厚而内精明。事变之来,往往触于机先,故数当危疑之局,而未与于难。自治严遇人则厚;居官时京外馈遗,一概谢绝,而亲故之婚丧庆吊,应之惟恐不丰也。交游遍海内外,至其门者均有宾至如归之乐,且皆仰为中国教育家焉。其处事之法,细密而精严,每举一事,规模务取其小,及扩而充之,使至于不可限量。国变后,纯用间接法以促事业之进步,自居于赞助地位而已,亦时势使之然也。然于社会之教育、实业、自治、公益等事,无论出于何人,必赞助之,不遗余力,绝非若前清遗老之流,以苟简自安者可比。又,慈善书业,尤先生家传之美风,平时亲友之赖以举火者多矣。庚子一役,全活尤众,至今路人称之。近年天津屡惊战祸,公集合邑中同志,出任维持,地方得免于难,以人望之归也。公之著述,有

《严氏教女法》《欧游讴》《张文襄公诗集注》《诗集》《日记》等书。诗文不自检束，散见者虽多，既未暇编订，先生复谦挹不欲刊行。然先生之自律，以实不以文，窃愿观先生者，应注意其平生事业及实践道德，无徒以文字间求之也。

尤可觇严氏之为人矣。（其著作已有印本者，为《使黔日记》《广雅堂诗注》《教女歌》《欧游讴》《手札》。闻有《自订年谱》，尚未印行也。）天津大公报有《悼严范孙先生》（民国十八年三月十六日社评）云：

……以兴学为务……荜路蓝缕，惨淡经营……数十年前严氏提倡之诚，赴义之勇，饮水思源，有令人不能不肃然起敬者。民国成立以还……袁世凯炙手可热之时，北洋旧部鸡犬皆仙，独严以半师半友之资格，皎然自持，屡征不起，且从不为袁氏荐一人，以袁之枭雄阴鸷，好用威吓利诱，侮弄天下士，独对严氏始终敬礼，虽不为用，不以为忤……公私分明，贞不违俗，所谓束身自爱抱道徇义者，庶几近之。继袁当国者，如黎、冯，如徐、段，如曹、张，或与有旧，或慕其名，皆欲罗致之，而卒不能，其处身立世之有始有终，更可见矣。然以此认为严氏以遗老自居，则又不然，盖从未闻其以遗老招牌有所希冀也。就天津论，以严氏资望，尽可操纵地方政治，干预公务，乃严氏平居除教育及慈善事业外，惟以诗文自娱，从不奔走公门，一若官僚政客劣绅土豪之所为。门生故旧，多主学务，亦尽可朋党比周，把持教育，乃从未尝有私的组织，受人指摘。以天津人事之复杂，派别之纷歧，入主出奴，甲是乙非，乃独对严氏，无论知与不知，未闻有间言，非所谓众望允孚者欤？迹其狷介自持之处，固有类于独善其身者流，非今日所宜有，然就过去人物言之，严氏之持躬处世,殆不愧为旧世纪一代完人,而在功利主义横行中国之时,若严氏者,实不失为一鲁灵光,足以风示末俗。严氏其足为旧世纪人物之最后模型乎。在吾人理想的新人物未曾出现以前,对此老成典型,自不能无恋恋之私,有心世道者,或将与吾人抱同感欤!

所论多中肯;惟严氏以年辈论,固可为旧世纪人物之典型,而平日主张新旧学并重,于新的方面,并不落伍,殆未可专指为旧世纪人物也。

(原载《古今》1942 年第 8 期)

# 四十一　谈长人

北京西直门外园艺试验场,旧为农事试验场,更前为万牲园(以其中动物园得名,或作万生园,则合动植物而言之),再前则俗呼为三贝子花园者也。名称虽屡易,今俗犹多称为万牲园,(老北京则每仍三贝子花园之称,从其朔也。)乃北京名胜之一,久为都人士游览之所。园之牧票人,尝以长人任之。前有二长人,一名刘文清,一名魏长禄,均身长八尺以外之伟丈夫(忆二人中刘尤较长),昂然立于门首,颇呈一种奇观,游人莫不注目。长人若万牲园之商标矣。(张恨水《春明外文》第二集第四回写杨杏园、李冬青游万牲园有云:"走到大门口,那收票的长人,从旁边弯着腰走过来,也没有言语,对人伸出一只大手。杨杏园知道他是要收票,便拿出门票交给他。李冬青的票,在小麟手上,他也学样,走过去交给他。人离得远不觉得,走得近了,大小一比,小麟只此他膝盖高上几寸。那长人俯潜身子接了票去。小麟记起他童话上的一段故事,笑着问李冬青道:'姐姐,这个人好长,是不是大人国跑来的小孩子?'这句话不打紧,说得李冬青禁不住笑,用手绢握着嘴笑了。"写得颇为有趣。有一时期,两人同立门首,一左一右,谑者号为哼哈二将,尤形壮观。)刘、魏二长人先后病死,游园者成有若有所失之感。数年前又一长人张恩成来京,身长亦八尺,刘、魏之伦也,遂为试验场雇用,上承刘、魏,司收票之职,以弥阙憾。至今年九月一日,张恩成忽以自杀闻,此后未知更能得长人若彼者以补其缺否。

张恩成,山东福山人,今年二十七岁,幼居乡间,未读书。据闻自十五岁起,食量兼人,发育特速,至十九岁已达七尺。家贫,居矮小之屋。入室必低首俯身,卧必斜身,尚须稍歪其首,发育生长因而颇受限制,否则其身当更长于今耳。(至园任事前曾由市公署传见,量其长度为英尺八尺三寸。)其背略伛偻,头亦稍偏,均以此故。在场服务约五年,近以生活程度增高,食量既巨,复有妻子之累,(其妻身不满四尺,生一子一女,子六岁,女二岁。)月薪三十七元,不足赡生,忧郁之余,乃服毒自杀,医疗不及而死。其身体过长,死后棺木成为问题,幸赊得一长八尺许之巨棺,勉强入殓,双腿犹蜷曲棺中云。所遗妇孺,生计无着,惟冀慈善家之施助而已。(八年前中国全国运动会在沪举行时,特约河南长人王家禄为收票员,盖仿万牲园之意。会后返籍,以家贫而食量过大,终于饿毙。其事可与张恩成同慨。)张事《新北京报》记之颇详,兹撮述大略。

张恩成之万牲园收票前辈刘长清,曾于民国十七年间为美国电影业者聘去,入明星之林,一时"刘大人"之名颇著。归后报纸曾载其谈话,并谓"刘君身体虽然如此粗大,但是说话非常和蔼,俨然一位'尖头曼'(Gentlman)。"刘氏自谓在美每工作三日薪金百余元。归国过沪时管际安(上海影戏公司监制)、史东山(大中华影片公司导演)曾要求加入,以患病谢绝。(仍回万牲园之职,未久即逝去。)当与新闻记者谈话时,被询以"据说黄柳霜之妹有嫁先生之意,确否?"答曰:"不确。"盖其时曾有此项谣传也。(或谓魏长禄亦尝出洋,今记忆不清矣。)

清同光间，有詹姓先以长人之资格而出洋，其事颇可述。程麟《此中人语》云："近有徽人詹五，旅居海上，身长寻丈，躯甚伟，门中出入，必弯腰俯首而过。间或出外游玩，则观者如堵，途为之塞云。"所纪殊略，未及其出洋事。陈其元《庸闲斋笔记》云："詹长人者，徽之歙县人，身长九尺四寸，人竞以'长人'呼之，遂亡其名，而以'长人'名。长人业墨工，身长故食多，手之所出不能糊其口之所入，不家食而来上海，依其宗人詹公五墨店以食，食虽多而伎甚拙，志在求食者，论其伎且将不得食，困甚。偶游于市，洋人谛视之，大喜，招以往，推食食之，食既饱，出值数百金，聘之赴外国。于是乘长风而出洋矣。出洋三年，历东西洋数十国，旋行地球一周，计水程十余万里，恣食宇内之异味。每到一国，洋人则帷长人使外国人观之，观者均出钱以酬洋人。洋人擅厚利，稍分其赢与长人，长人亦遂腰缠数千金，娶洋妇置洋货而归。昔之长人，今则富人矣。同治辛未，余摄令上海，出城赴洋泾浜，途遇长人，前驱者呵之，见其仓皇走避，入一高门，犹伛偻而进，异之。询悉其故，将呼而问之，乃以澳斯马国明年将斗宝，长人又被洋人雇以出洋，往作宝斗矣。闻长人言，所到之国，其国王后妃以及仕宦之家，咸招之入见，环观叹赏，饮之食之，各有赠遗。外国之山川、城郭、宫殿、人物，皆历历在目中，眼界恢扩，非耳食者可比。噫！昔者一旬三食犹难，今则传食海外，尊为食客之上，可谓将军不负腹矣。际遇亦奇矣哉！"义张华叟《四铜鼓斋笔记》云："长人詹五，徽州农家子也。父母均以疫死，与妹同居，妹年十三，詹年十五也。家贫，为人牧牛，借以度日。一日从田沟中得大鳝，短而粗。久苦无肉食，商诸妹，杀鳝燃火煨熟，分而食之。夜半，身暴长，五本席地而卧，觉头足均触墙，醒已天明，视手肥大倍于往日，失声狂呼。妹闻声出视。五见妹身高齐屋顶，大惊，急跃而起，头触中梁痛甚，盖不知已身长亦如妹也。二人偕出，村人咸集，叱为妖。五有族叔，向客汉口，开詹大墨庄，适回家，见五异焉，遂携五到汉口。时余随宦在鄂，得一见，其长约一丈，身颇瘦削，头则大如斗，衣深蓝布长衫，食量极宏，赠以大面饼二十枚，顷刻而尽，观者如堵，啧啧叹为奇。后为西人雇往外洋，观者每人索金钱一枚，五大安乐。历游各国都城，得赀甚厚。在外十余年，通西语，改装娶西妇。光绪十三年六月，自英回华，寓沪老闸路，自起新宅，来往多西人。余回家过沪，遇于味莼园。次年三月，詹乘人力车至跑马厅，身重车小，从车中跌下，受伤而死，西妇尽得其赀财，另嫁西人而去。其妹自羞身长不类常人，竟于暴长之后一夜服毒自毙云。"二书所纪，互有详略异同，可参阅。盖一事而传说有歧，大抵如是耳。张谓食鳝暴长，颇涉怪异，疑出附会。陈所云"澳斯马"国，即"奥斯马加"（Austria-Magyar），时奥大利与匈牙利合为奥匈帝国（联邦）之称也。"斗宝"盖即赛会（现代式）之意。上所纪容有未尽谛处，以长人资格出洋，"詹长人"要为"刘大人"之老前辈，其时电影事业未兴，否则当早呈身银幕矣。又据王浩《拍案惊异》云："婺源北乡虹水湾詹衡均，身长九尺，头如斗大，腰大十围，娶吾祖母俞太恭人之使女节喜为妻。生子四人。长庭九，身如常人；次进九，三寿九，四五九，身长如其父。同治四年冬，夷人聘五九（二十五岁）至夷场，闭置一室，来看者，每夷一洋，每月詹得聘金六十元。五年正月，夷主要看长人，因以九千元包聘长人到英吉利国，代长人娶一妻一妾,同到外国,居为奇货,亦可怪也。闻将回沪,特记之。"此又一说。所记虽简单,而书其家世,于其来历颇明晰。此詹五九盖即长人詹五,其籍贯为婺源,与歙县同隶安徽徽州府,因而或传为歙人也。(歙为徽州府附郭邑,民国裁府留县,婺源则于民国二十三年划归江西,两县乃不同省矣。)其父即为长人,两兄亦如之,不始于彼,且未言有妹事,食鳝暴长之说,其不足信益可见矣。(夷场谓上海租界。)

又瞿元灿《公余琐记》所纪长人事云:"道光初湘城(按谓湖南省城也)有廖大汉、吴大汉者,先后充抚标材官,中丞校阅,使捧大纛为领队。余童稚时犹及见吴大汉,每过市,身极长者及胁,次者及乳,又次者及脐而已。同治三年秋,有长人至衡山,身丈许,头面手足大相称,宿旅店,俯而入,主人为设长榻,蜷其足不能转侧,每借藁地卧。自言张姓,永州人,家乡村,素贫,父母叠丧,仅一妹,长大与相若,幼时状貌皆不异常人。年十余岁,偕拾薪于野,经稻陇,见田中黄鳝粗如巨梃,长约八九尺,共掷石毙之。扛之归,烹而食之,昏昏如中酒,僵卧一昼夜。既醒,觉遍体奇痒,肌肤胀欲裂,搔之槌之仍不适。兄妹相扶而起,则皆暴长。自是饮食数倍于昔,每日需斗米,己无膂力,妹不习女红,人无肯赡之者,常不得一饱,因与妹分道乞食云。后闻张至长沙,或怜而给之,食得果腹者数阅月。旋值赛会,邑人醵钱与之,使装为无常,周行街市。甫三日,梦神召执役,竟死。旧闻明季靖南侯黄将军得功微时颇短小,遗产不足自给,佣为人夈鸭,辄无故失去,揣水中有物吞噬,涸水迹之,得巨鳝。沽酒大醵,数日不饥,顿变为伟丈夫,两臂能举千钧。尝途行遇盗,手格之,皆披靡,因邀入其党,黄正色拒之。后投身营伍,屡立功,卒为名将。同一食鳝,张则仅易形体,遂以庸人终,亦有幸有不幸也夫。"此所云之永州张氏，与《四铜鼓斋笔记》中之徽州詹氏，籍贯不同，姓氏亦异，当非即指一人，而均为与妹食鳝暴长，情事何其大相类似欤！亦见食鳝暴长之说沿传颂盛也。（装鬼而即被神召以死，亦话柄之趣者。）至引作陪衬之黄得功事，无论事之有无，黄氏要非大异乎常人之长人耳。又俞樾《右台仙馆笔记》云："粤西有姚三者，幼时不异常人。年十八时，偶钓于池，得一鱼，无鳞，烹而食之，忽暴病，月余病愈，则躯体骤长尺许。已而屡病屡愈，病愈体必加长，数年之间，长及一丈矣。然其首仍与常人无异。询其故，则食鱼时弃鱼头未食，一犬食之，俄而犬首亦大倍于前。惜此犬旋为人扑杀，否则亦必有可观矣。"此书张语怪之帜，其自序所谓"搜神述异之类""惟怪之欲闻"暨附诗（征怪奇之事）所谓"正似东坡老无事，听人说鬼便欣然""不论搜神兼志怪，妄言亦可慰无聊"者是。斯亦其语怪之一，颇怪得有趣，不必更究其言之合理与否矣。所纪之奇鱼，未详何种，惟谓无鳞，鳝固亦以鱼名而无鳞者，自可类观。

《公余琐记》所纪之廖、吴两大汉，以长人而为武弁，前乎此而见于记载者，有张大汉其人焉。景星杓《山斋客谭》云："张大汉，淮人，名大汉，身高丈余。总河三韩靳公见而奇之，召入衙，与之语，盖村农也。询其常习武否，曰：'善铁槊。'欲试之，期以明日将槊来，曰：'昨寄十里外农家，可立取也。'许之，瞬息至。命选标下善槊者十余将，与之校，皆莫能胜。公喜，询能食几何，曰：'不知，但平生仅二饱耳。'叩其故，曰：'一日过舅家，舅知其腹粗，具肉腐各十斤，菜三十束，饭斗米以饷，是日得饱。次年春访叔氏于远村，叔闻舅语，亦具如舅氏食以给，但惟有八二饱耳，盖未尝有三也。'公大异之，谓曰：'子今至足，饱得三矣。'命照前给之。群使好戏，每物增广，大汉一啜无余，乃前跪谢曰：'拜公惠食，大汉今日真饱矣。'公大笑，命补帐下千兵，乘骑足不离地，出唯步行随公云。"写来颇为生动，廖、吴之老前辈也。此军界三大汉，遥遥相对，颇可合传，惜廖、吴两大汉事未得其详耳。靳公盖谓靳辅，康熙时之名河督，辽阳人。曰三韩者，似以汉时朝鲜有三韩（马韩、辰韩、弁韩）而辽阳之地于晋至隋时曾隶高句丽之故，然实不免牵强。（所云千兵盖谓千总之职。）

因万牲园长人张恩成之死，遂连类杂述清代以来诸长人事，以资谈佐。所引各书所载，姑就浏览所及录之，不能备也。至记载未必尽确或情事相抵牾，亦足见信史之难焉。

（附志）右稿草寄后，又见邓文滨《醒睡录》，亦略记詹长人事，并言与之同受雇于洋人者更有一罗短人。其说云："湖北汉阳有一短人，罗姓，约二尺有余，洋人奇之，雇去作把戏玩卖人观看。三年，给厚资送归。娶妻，生子，大如常人。同治十二年，余在汉口亲见之，约四十余岁，唇上有须寸许，口音如常人。给食物等件，学洋人口音为戏。""安庆有一长人，九尺，詹姓，洋人亦雇去，与短人同卖，供人观玩，得重资而归。"并录之，以广异闻。此谓詹地为安庆，或詹曾至安庆欤？又《公余琐记》之记长人，附述黄得功事，按许秋垞《闻见异辞》（此书多纪怪异之事）有云："硖石镇民家有畜群鸭于河，每晚检之，辄少其一，以为乞儿偷匿，勿足怪也。后吴六奇至硖，闻而异之，随群鸭所之，至夕阳西下，瞥见水纹旋起一潭，鸭随潭影而灭。次日吴以一绳系鸭，影复灭，随手收绳，钓起巨鳝一条，烹食之，遍体奇痒，令人以竹捧日击百遍，血出方止。半月后顿生神力，能敌万夫。后投军得功，官至提督。此食鳝之验也。"与黄事颇相似,盖本一种传说歧而分属者也。尝闻旧时应武试者练功有饮鳝血增力之说,斯或与有相因之关系也。

（原载《古今》1942 年第 10 期）

# 四十二 赣闽乡科往事漫谈

《古今》第七期载陈君《海藏楼诗的全貌》，论及同光体诗人，谓"同光体的代表，当然要推陈三立和郑孝胥。"盖散原、海藏，两雄并立，均诗坛健者也。溯两人科名，皆为清光绪八年壬午举人，赣、闽二榜，乡荐同年。又如陈叔伊（衍）、林琴南（纾），亦于是年同登闽榜，同以诗鸣，（林氏翻译小说最有成绩，诗非特长，亦不欲以诗人名，然其诗亦差足颉颃同时辈流，论者或以之与其画并称焉。）可称科举与艺林之美谈。（此闽榜三人，均未成进士，赣榜之陈，则光绪十二年丙戌会试贡士，光绪十五年乙丑殿试进士。）关于两省是科旧事，有足述者，距今六十年矣。

是年宝竹坡（廷）以礼部右侍郎充福建正考官。（翰林院编修朱善祥副之。）《石遗先生年谱》卷二（叔伊之子声暨根据其日记等所编，或云各卷均其自纂，托名其子等也）是年（二十七岁）云："九月举于乡，登郑孝胥榜。同榜有林琴南丈群玉者，方肆力为文词，家君尝见其致用书院试卷骈文一篇，甚淹博，仿佛王仲瞿。至是苏堪丈问其为诗祈向所在，答以《钱注杜诗》《施注苏诗》。苏堪丈以为不能取法乎上，意在汉魏六朝也。琴南丈甚病之。（案丈后大挑二等，官教谕，自号畏庐。）是科座主为礼部侍郎宗室宝廷，号竹坡。揭晓，家君往谒，知为搜遗卷取中。竹坡先生，立朝直言敢谏，与吾乡陈弢庵阁学（宝琛）、丰润张幼樵学士（佩纶）为一时清流眉目。先生嗜酒耽诗，好山水游，归途坐江山船，买榜人女为妾，自劾落职。福建典试，差囊可得六千金，先生到手立尽。次年初春，家君公车入都往谒，则着敝缊礼袍，表破殆尽，绵见焉。"郑孝胥为解元，林纾榜名群玉也。此谓林后以大挑官教谕，惟林恒自称为举人，不言曾登仕版，盖以科名为重，头衔虽尝曰教谕，实际上亦并未任此苜蓿一官耳。至述郑、林论诗，对林意寓不瞒，叔伊、琴南颇相轻也。

竹坡官翰林时，即屡上封章，侃侃言事，与张幼樵等被目为翰林四谏，又号清流党，直声清望，蔚为时彦，以此受知累擢，遂跻卿贰。此次典试闽省，归途遽以道中买妾上疏自劾，是年除夕奉旨："礼部右侍郎宝廷奏途中买妾自请从重惩责等语。宝廷奉命典试，宜如何束身自爱，乃竟于归途买妾，任意妄为，殊出情理之外。宝廷着交部严加议处。"翌年癸未正月十二日奉旨，宝廷照吏部议即行革职。一时哗传，以为笑柄。李莼客（慈铭）于宝事有所记，附书于其《荀学斋日记》丁集下壬午十二月三十日所录上谕后。据云："宝廷素喜狎游，为纤俗诗词，以江湖才子自命，都中坊巷，日有踪迹，且屡娶狭邪，别蓄居之，故贫甚至绝炊。癸酉典浙试归，买一船妓，吴人所谓花蒲鞋头船娘也。入都时别由水程至路河，及宝廷由京城以车亲迎之，则船人俱杳然矣。时传以为笑。今由钱唐江入闽，与江山船妓狎，归途遂娶之，鉴于前失，同行而北，道路指目。至袁浦，有县令诘其伪，欲留质之。宝廷大惧，且恐疆吏发其事，遂道中上疏，以条陈福建船政为名，且举荐落解闽士二人，谓其通算学，请特召试，而附片自陈，言钱唐江有九姓渔船，始自明代，典闽试归，至衢州，坐江山船，舟人有女，年已十八，奴才已故弟兄五人皆无嗣，奴才仅有二子，不敷分继，遂买为妾。明目张胆，自供娶妓，不学之弊，一至于此。闻其人面麻，年已二十六七。宝廷尝以故工部尚书贺寿慈认市侩李春山妻为义女，及贺复起为副宪，因附会张佩纶、黄体芳等，上疏劾贺去官。故有人为诗嘲之云：'昔年浙水载空花，又见闽娘上使查。宗室八旗名士草，江山九姓美人麻。曾因义女弹乌柏，惯逐京娟吃白茶。为报朝廷除属籍，侍郎今已婿渔家。'一时传以为口实云。"如所云，是竹坡典试而途中纳船娘，斯已为第二次矣。李氏自负素高，以怀才不遇为憾，见当时号为清流党诸人，身膺清华之职，声气隆上，势焰大张，颇不满之，时有讥词，故对竹坡亦甚作谴责之语。要之竹坡正色立朝，风节夙著，虽细行不检，贻人口实，在晚清政界犹不失为一铮铮人物，宜分别论之，固未可以一眚而掩其大端也。既以此罢斥，知交为谋再起不获，竟落拓以终。夙亦能诗，郑等出其门下，蜚声骚坛，颇为师门生色。

龙顾山人（郭则沄）《十朝诗乘》卷二十一云："竹坡罢官，以纳江山船妓自劾。先是旗员文某典己卯闽试，途次眷船妓，入闱病痫，不克终扬，传为笑柄。次科竹坡继往，李文正谂其好色，谆勖自爱，宝文靖笑曰：'竹坡必载美归矣。'既而果于桐严舟中昵一妓，归途竟娶之，并载而北。途经袁浦，县令某诘之，不能隐，虑疆吏发其事，乃中途具疏，以条陈船政为名，附片自劾。文靖于政府先睹之，笑曰：'佳文，佳文，名下不虚哉。'文正就阅，始知之，恚甚，强颜曰：'究是血性男子，不欺君父。'然亦无由曲庇，卒挂吏议落职……竹坡退居，赋《江山船曲》解嘲，有云：'本来钟鼎若浮云，未必裙钗皆祸水。'会有诏求才，尚颂臣阁学首荐之，被严斥。尹仰衡太守诗云：'直言极谏荐宗卿，露竹霜条旧有名。匡济自应求国士，谪居竟为赋闲情。'盖犹隐系东山之望。"可以参阅。清流党之活动,当时枢臣中李鸿藻实阴右之,宝鋆则屡被弹劾,对之素无好感。观此,李之关切与宝之阳赞而实幸其败,一恚一笑,衷怀可略见矣。

竹坡在清江浦所上之疏(借用漕督印拜发),为敬陈闽中三事,海防、船政、关税也。附片一为荐举下第生员并请开算学特科,谓"窃思闽省近海,当不乏熟悉洋务之士。第三场策题,以火器轮船海防发问,榜后复广为采访。有生员杨仲曾者,留心时务,颇知兵法,兼明算学,著有《孙子抉要》《利器善事》二书,讲求制造之法,兼能自造新器,有巡环炮车、水雷船、飞雷等物,皆袭旧法,本科应试策对颇详,因首场文不出色,未经中式。奴才出闱后,闻人称道其能,索其书观之,并与之谈论,深悔拘于格式,致失有用之材……拟乞天恩将生员杨仲曾发交北洋大臣李鸿章差遣,如实有可用,即乞破格恩施,量才器使,以备驱策,而为留心时事者劝。此外尚有生员林齐霄、魏琦,亦颇留心时事,所著策论,皆深切时势,足见草茅不乏有用之材。明年会试,多士云集,可否榜前特开一科,算学考试,愿应者赴部呈明,拔其尤者,破格录用,既可得有用之材,即藉以开风气,不数年天下当增无限通晓算学之人,又何患制造推测不及外国哉。"又一即为途中买妾自请从重惩责片,惜《竹坡侍郎奏议》未收,(或原未存稿,或编集时删去。)不获见其原文。

曾孟朴(朴)《孽海花》中,演述竹坡纳江山船女为妾事颇详。小说家言,不辞装点渲染,且以福建主考为浙江学政,尤非实。此书虽标署历史小说,然究系小说而非历史,于此等处固可不必十分顶真,乃谈掌故者亦往往从之而误,谓督浙学,所见非一矣,实为自上《孽海花》之当,曾氏可不任咎耳。(其它谈掌故以根据《孽海花》而误者尚有之。不仅此也，如曾代李莼客撰一门联曰："保安寺街藏书十万卷，户部员外补缺一千年。"谈者亦多信以为真。其实李氏一登仕版，即以郎中分户部，并未降级而为员外，亦未尝有侈言藏书十万卷之事。其联语言及藏书见于印行之日记者，惟光绪十二年丙戌十二月二十五日书厅事春联"藏书粗足五千卷，开岁便称六十翁"而已。《孽海花》写当年朝士之派头、神气、谈吐之类，颇有妙肖之处，事迹则不遑详考，不宜漫然据为典要。)

《江介隽谈录》(撰者署"野民"，姓名待考)述竹坡有云："光绪十六年庚寅十一月十一日卒，年五十有一。娶夫人那罗氏……先公卒，有四妾，李、胡、盛、汪。二子，寿富(小字一二，字伯茀。)戊戌进士；富寿(小字二一。字仲茀。)笔帖式。三女，新篁、筜卿、箨秋，皆殇。有冢孙伯攘，亦蚤殇；次孙橘涂，寿富出也。寿富、富寿既同殉庚子之难，宣统己酉橘涂(年十七)与从弟某某相继以喉疫逝，公遂乏祀，祢可伤矣……公诗早年雄杰自熹，晚年多尚冲澹，尤嗜韦、柳、白、傅诸家云。吴北山先生尝学诗于公，述公五十自书春联云：'人见恶犹如往日，自知非岂独今年。'观此，则当时邪枉丑正，实繁有徒，公特默烛于几先，假辞以自求退耳。"一时隽才，蹶而不振，憔悴京华，穷郁早卒，后又家门萧索如是，诚属可伤。寿富以戊戌进士膺馆选，学识志节，杰出侪辈，庚子之变，偕弟慷慨殉难，其人卓然可传。汪，即壬午所纳江山船女也。至谓假辞以自求退，作此种说法者，亦颇有之，大抵谓其预料清流党将失势，故早为抽身之计。若壬午纳妾之事不过一种手段者，不免过为识征之论，事实上殆未必然。《孽海花》言其纳妾后，"一日忽听得庄仑樵(张佩纶幼樵)兵败充发的消息，想着自己从前也很得罪人，如今话柄落在人手，人家岂肯放松！与其被人出手，见快仇家，何如老老实实,自行检举,倒还落个玩世不恭,不失名士的体统。"谓自劾乃恐人先发,与李莼客之说略似,较所谓假辞求退者为近理。惟张幼樵获谴遣戍,乃因甲申(光绪十年)之役,其事在后,竹坡岂能于壬午闻之乎!(书中于事之后先,颇有错乱,或以临文之便,或由未暇致详。)

苏堪乙未(光绪二十一年)有《怀座主宝竹坡侍郎(廷)》诗云:"沧海门生来一见,侍郎憔悴掩柴扉。休官竟以诗人老,祈死应知国事非。小节蹉跎公可惜,同朝名德世多讥。西山晚岁饶还往,愁绝残阳挂翠微。"于其晚年情况,感慨系之,时距竹之卒五年矣。

当竹坡之被命典闽试,其同治戊辰同年翰林交谊夙厚志意相孚同被目为清流党健者之陈弢庵(宝琛),则以闽入典试江西,(以翰林院侍讲学士拜江西正考官之命,旋迁侍读学士,副之者翰林院编修黄彝年。)有"岁寒松柏"之佳话。孙师郑(雄)《诗史阁笔记》录张仲昭(志潜,幼樵子)函述其事云:"先是同治癸酉,弢老分校顺天乡闱,年才廿六,房首乃一耆宿,年已六十有二。光绪乙亥,又与洪文卿同任顺天乡试分校,文卿戏语弢老,谓衡文应取少年文字,气象峥嵘,他日桃李成阴,罗列鸾台凤阁间,师门得以食报,无再取老师宿儒迂疏寡效之松柏为也。弢老颇不谓然。洎壬午典试江右,洪适督学,弢老询以士风如何,洪戏对云:'来此三年,尽栽桃李,无一松柏。'弢老入闱后,遂以'岁寒松柏'命题,所取多章江硕彦,陈散原即于是科获隽,此为立雪所闻。"又杨昧云(寿枏)述此云:"陈弢老于壬午科放江西主试,学政洪文卿(钧)为监临,戊辰同年也。闱中论取士之法,洪曰:'吾所取皆才华英发之士,所谓春风桃李也。'陈曰:'吾所取者必为岁寒松柏。'遂以'岁寒然后知松柏'二章命题。及填榜,洪举所识知名之士,另列一单,填至二十名,尚无一人,洪意不乐。陈曰:'少须,此前列者犹岁寒松柏也。'至三十名后,单上之名累累如贯珠,陈笑曰:'春风桃李来矣。'洪大笑,亦服其精识。此节戣老为余面述。"二说颇有异同,佳话流传。"岁寒松柏"之与壬午赣、闽,要为谈科举旧事者所乐道。前乎此壬午者,乾隆二十七年壬午湖南乡闱之事,亦有可合看处,因附缀之。袁简斋(枚)《随园诗话》卷三云:"吾乡吴修撰鸿督学湖南。壬午科湖南主试者为嘉定钱公辛楣、陕西王公伟人。诸生出闱后,各以闱卷呈吴。吴所最赏者为丁㘵、丁正心、张德安、石鸿翥、陈圣清五人,曰:'此五卷不售,吾此后不复论文矣。'榜发日,吴招客共饮,使人走探,俄而抄榜来,自第六名至末,只陈圣清一人,吴旁皇莫释,未几五魁报至,则四生已各冠其经,如联珠然,吴大喜过望,一时省下传为佳话。先是陈太常兆仑在都中,以书贺吴云:'今科楚南得人必盛。'盖预知吴、钱、王三公之能知文能拔士也。吴首唱一诗云:'天鼓喧传昨夜声,大宫小徵尽合鸣。当头玉笋排班出,入眼珠光照乘明。喜极转添知己泪,望深还慰树人情。文昌此日欣连曜,谁向西风诉不平。'一时和者三十余人。后甲辰三月,余游匡庐,遇丁君宰星子,为雇夫役,作主人,相与叙述前事,彼此慨然。且曰:'正心管领庐山七年,来游者先生一人耳。'""如联珠然"犹之"累累如贯珠",惟一在五魁一在三十名后而已。洪文卿以学政为监临,躬亦在闱,其事更饶兴味也。(监临例以巡抚充任,或由学政代办,嘉庆间曾谕斥其非是。陈钧堂《郎潜纪闻》初笔卷二云,"嘉庆戊辰恩科,浙江学政刘凤诰代办乡试监临。闱后人言籍,有'监临打监军小题大作,文宗代文字矮屋长枪'之对语。密旨查询,经巡抚阮元以对语达天听,上复遣侍郎托津等三人抵浙按问，刘获重谴，阮亦以徇庇夺官。谕旨中有云："乡试士子系由学政录送入闱，刘凤诰本当避嫌，何以辄将监临之事交伊代办？已属非是。何以近科秋闱，竟违祖训，仍有以学政监临者？'"以职掌论，学政代办监临，诚未免界限不清，虽经论斥其非，而后来淡忘，又时有之。巡抚以事繁为理由也。)

　　弢庵壬申（民国二十一年）有《散原少予五岁今年八十矣记其生日亦九月赋寄庐山》诗云："平生相许后凋松，投老匡山第几峰。见早至今思曲突，梦清特地省闻钟。真源忠孝吾犹敬，余事诗文世所宗。五十年来彭蠡月，可能重照两龙钟。"挚语可诵。首句本事，即回顾五十年前赣闱试题之一段文字因缘也。甲戌（民国二十三年）散原北上，蟠然二老，聚首北京。翌年乙亥弢庵卒，（寿八十有八。）散原挽以联云："沆瀣之契，依慕之私，幸及残年偿小聚；运会所适，辅导所系，务撱素抱见孤忠。"又诗云："一掷耆贤与世违，猥成后死更何依。倾谈侍坐空留梦，启圣回天竦见几。终出精魂亲斗极，早彰风节动宫闱。平生余事仍难及，冠古诗篇欲表微。"语极沈著凝炼。老门生年亦八十三矣，（越二年继卒。）师弟互以诗诣相推许，均精卓为后学所宗。

　　竹坡、弢庵，立朝铮铮，志同道合，均有声于光绪初年之政局。竹坡既废绌，（时张香涛官晋抚，亦清流党重要人物，与竹坡夙契，弢庵与书，谋荐起之，未果。）甲申之役，弢庵以内阁学士会办南洋事宜，亦缘事镌级归里。（家居二十余年，至宣统间始再起。）庚寅闻竹坡逝世，有《哭竹坡》诗云："大梦先醒弃我归，乍闻除夕泪频挥。隆寒并少青绳吊，渴葬悬知大鸟飞。千里诀言遗稿在，一秋失悔报书稀。梨涡未算平生误，早羡阳狂是镜机。"（末句为感慨语，不宜看得过于认真。）翌年辛卯有《二月十八夜泛月入山道得苏盦

285

江南寄诗苏盦竹坡试闽举首也感赋以答》云："诗筒把向春江读，江上潮生月满船。夜梦欲因度云海，前游可惜欠风泉。别来痛逝知君共，他日论文识子偏。缄泪寄将频北望，解装一为酹新阡。"又《鼓山觅竹坡题句不得怆然有赋》云："小别悲同永诀看，当年闻语泪先潸。国门一出成今日，泉路相思到此山。月魄在天终不死，洞流赴海料无还。飘零剩墨神犹攫，剔遍荒苔夕照间。"均情文相生词意兼到之作。重莅北京后，辛亥（宣统三年）有《灵光寺忆竹坡示畏庐石遗》云："岩扃犹剩题名墨，池水应怜皱面人。约略老坡眠石处，却从榛莽告羸秦。"亦见情致。宝门郑、陈、林三人，皆为弢庵诗友，相唱和。

（原载《古今》1943 年第 14 期）

# 四十三　关于《御碑亭》

　　《御碑亭》夙号名剧，名伶演之，足娱视听，在艺术上自有其相当之价值也。惟斯剧情节，似不无可商者。

　　近者，斯剧已摄成电影，出见于银幕，当更为艺术上之一种发展。《华北影坛新供献——〈御碑亭〉评介》（见民国三十一年十一月二十一日北京《电影报》）有云："《御碑亭》一剧，又名《金榜乐》，是一出具有教育性的家庭悲喜剧，譬如剧中柳生春的'正诚'与孟月华的'贞节'，都是值得人模仿和钦佩的，这里不但教人向善，而几更能发扬出东方固有的美德。此片的演员都是舞台上的超越角色，有着相当的实力，此外不论剧本、摄影、录音、布景、灯光，都是力求完美。这是一部极有价值的、蓄着无限意义的京剧影片，值得一看，特的推荐给古城的观众。"盖除表示关于艺术方面诸事之精美外，并介绍其道德上之意义、价值及效用。此种论调，固多数谈剧者之见解也。余曩作剧话，曾论及斯剧，聊为旧话之重提，以就正于当世。

　　余自幼即喜观剧，（近十余年，兴致阑珊，乃极罕涉足剧场矣。）然于音律等等缺乏基本之知识，亦不过随便看看，随便听听而已，对此道实门外汉也。谈剧文字，所作甚少。民国二十七年九月，《新北京报》主者忽敦约逐日为撰此类文字，辞以不能，则固请，谓在谈剧之标题下无论说些什么均所欢迎，余乃有《爱吾庐剧话》之作，每日写一小段，至翌年三月始止，为时盖逾半载，实余文字生涯中一特例。所谈不涉及板眼、腔调之类，不敢强不知以为知也。惟于剧情等时有扬榷，或谈有关戏剧之掌故，亦或由谈剧而阑入其它，如俗所谓"跑野马"者，（今谈"关于、御碑亭"，而述及余之作剧话，亦可谓"跑野马"矣！）适成其为余之剧话而已。（当其时，某君语余曰："甚喜君之剧话，每日必阅之。"余曰："君懂戏乎？余于此道实门外汉，随意漫谈，固不足言剧话也。"某君曰："我不但不懂戏，且向不看戏；所观者为君之'话'，不管'剧'不'剧'也！"似可反证此种不具戏剧基本知识之剧话，不足为真的剧话。）其论戏情者，有《御碑亭》一篇，即对传统的见解而作翻案。时有自言"不会评戏"之王君（署名"里人"）先对斯剧加以讨论，余更起而论之。王君之作，题曰《偶然想起》，见于《北京益世报》（民国二十七年十二月九日）其文云：

第一，先得声明，我不大喜欢看戏，更不会评戏，这里说的虽多少与戏剧有关，其实是另外一件事。

某年月日，我曾看过一出叫做《御碑亭》的戏。戏的情节大略这样：一位投考的举子，中途遇着暴雨，跑到御碑亭里躲避。这时另有一个不相识的妇女也在亭子里避雨，两人不交一言的过了一夜，次日天明雨歇各自散了。这个举子投考时文章做得不好，却因为在御碑亭里不曾做下亏心的事，有阴功，所以中了进士。

我想神的赏罚和人间的应当差不多，都该以行为作标准。譬如"奸淫"要受罚，因为"奸淫"是一种恶劣的行为，同时却没听说因为"不奸淫"而受赏的，因为"不奸淫"是绝对消极的静止的状态，根本不成一种行为。

传说蜀先主时曾一度禁酒，人家藏有酒具的都要受罚。一天和法正外出，遇见一个走路的，法正说："这人犯了奸淫罪，该死！"先主很惊讶说："怎见得他犯了奸淫罪呢？"法正说："因为他有淫具。"于是先主一笑会意，从此便除去"酒具"之罚。夫不淫而有淫具，不该受罚；反之，有淫具而不淫，也不该得赏。这道理很浅显，不消细说。

因此想到，这种戏剧不但不能提高道德标准，反而把作者的卑鄙完全暴露了。他把不调戏良家妇女，这种最低限度常人应有的态度，认为难能可贵，算作一件阴功，不正反影出自己的龌龊可怜吗？中国的戏剧，本来浅薄俚俗的居多，不必深论。然他所表现的这一类的思想，常和《名贤集》《阴骘文》《关圣帝君劝善文》一类相副而行，深入人心，也有些可怕。余既见此，乃于《剧话》中亦谈斯剧，分五日写登，其文如左：

《御碑亭》，向号为提倡道德之名剧，然理实难通，余昔年曾略论之。顷于本月九日《益世报》琼林版，得见"里人"（王君）之《偶然想起》，论此剧益明快……语气虽若近刻，而自是通达之论。此剧不但有将道德标准降低之弊，且将女子写得太软弱、太无能。通常女子体力虽较逊于男子，然岂真如《红楼梦》中对于薛宝钗、林黛玉之诙谐的形容，一口气可以吹化、吹倒耶？一女子与一男子相值于无人之地，纵男子有轨外之行动，女子何便毫无抵抗之力，且不作抵抗之想，（柳生春不过一文弱书生耳。）而只有如孟月华所唱"倘若是少年人他淫恶心盛，那时节倒叫我喊叫无门。""倘若是少年人心不正，岂不失却我的贞节名"乎？果如是，女子贞节之失（完全被动的），亦太易易矣。——（十二月十二日见报）

此剧之本事,见于小说者,似《贪欢报》(又名《三续今古奇观》)中有之。此书多描写淫亵之事,而以果报为说,盖讽一劝百,故以淫书而被禁止(坊间曾见有删节之本)。其中各篇,不描写淫亵之事者,或仅此一篇,似系开卷第一篇也。

人人常演之《御碑亭》剧,于此书所写,盖已有所修正。此书似谓孟月华回家后,作诗一首,有当时彼人如果相迫只可从之之意;剧中所演,则诗句不同,所以尊重其人格也。又,剧中柳生春有"我若离开此处,要有歹人到来,如何是好"等白,盖"不但不侵犯"兼有保护之意,似为书中所无,编剧者殆亦觉但不侵犯未可即认为应中进士之大阴功,故加此耳。虽然如是,全剧犹不免欠通处。此剧或系根据他书所载之此项相传的故事,兹姑就此书言之耳。——(十三日见报)

王君谓:"传说蜀先主时曾一度禁酒,人家藏有酒具的都要受罚。一天和法正外出……于是先主一笑会意,从此便除去'酒具'之罚。夫不淫而有淫具,不该受罚;反之,有淫具而不淫,也不该得赏……"取譬亦颇妙,所以申示不应将"不奸淫"(常人应有的态度)看作类乎奇迹之优卓的行为也。

惟所云法正,乃简雍事。《三国志·简雍传》:"时天旱禁酒,酿者有刑。吏于人家索得酿具,论者欲令与作酒者同罚。雍与先主游观,见一男女行道,谓先主曰:'彼人欲行淫,何以不缚?'先主曰:'卿何以知之?'雍对曰:'彼有其具,与欲酿者同。'先主大笑,而原欲酿者。"盖符于王君所论赏罚"该以行为作标准"也。至王君谓为法正事,或以《法正传》有诸葛亮"法孝直若在,则能制主上令不东行"之叹,而联想偶失,亦未可知。其人之为谁氏,于此题无关宏旨,兹顺笔及之,非敢有

吹毛求疵之意,聊为曝献而已。——(十四日见报)

此剧中,有道一闻妹淑英之报告,便断定"那黑夜,在碑亭,定有隐情"而"难留下贱人",遂不顾"实实难舍结发人","思想恩爱泪难忍,孤单凄凄闷愁人",遽然为"从前恩爱一时尽,若要相逢万不能"之休妻的举动,已够荒唐矣,而淑英初闻月华述夜来之事,亦即先有"听他言,不由我,心中暗笑。有几个,柳下惠,心不动摇"之测度,盖均不信一男一女黑夜相遇于无人之处,而能无苟且之行为,将一般人之道德标准降低到如是,不诚如王君所谓"把作者的卑鄙完全暴露了"乎?

有道闻妹言而立即休妻,以其"定有隐情",断断乎不可恕也,却又语妹以:"哎呀,方才是你多口,惹出这样事来!从今以后,要你闭口无言,才是我的好妹子!"其意若曰,虽有"隐情",只要自己不知,亦属无妨,惟妹不应不将"孤男寡女"同在碑亭一宵之事代为对己隐瞒耳!亦可笑之甚。——(十六日见报)

有道休妻,自属荒唐,而月华被考官褒以"贤德烈女""难得"云云,亦殊溢美而不伦,是又将一般人道德标准降低之故,盖以为不为勾引男子之荡妇,便算"难得"之"贤德烈女"耳。

科举时代,谈因果者每借考试之事而张其说,虽意在劝善,而盲试官却可引以解嘲,谓文劣而入彀者当是本身(或先世)有阴功(或命运之佳)也。此剧写生春之中式,赖朱衣神出现,亦劝善之意。纪昀《阅微草堂笔记》喜谈因果命运之类,而《滦阳消夏录》卷五有云:"李又聃先生言:昔有寒士下第者,焚其遗卷,牒诉于文昌祠。夜梦神语曰:'尔读书半生,尚不知穷达有命耶!'尝侍先姚安公,偶述是事。先姚安公咈然曰:'又聇应举之士,传此语则可;汝辈手掌文衡者,传此语则不可! 聚奎堂柱有熊孝感相国题联曰:赫赫科条,袖里常存惟白简;明明案牍,帘前何处有朱衣! 汝未之见乎?'"虽犹以立场不同为说,而二者之不兼容性固甚著矣。

　　关于此剧,犹有余义,以己接连五天,姑止于此。——
(十七日见报)

然则此剧竟可一笔抹捝乎,斯又有未可一概而论者焉。除艺术上自有其优点足供欣赏外,更可作为研究旧时代社会思想之一资料,以其本为基于旧时代社会思想之产物也。社会重视科第,重视贞操,谈因果报应者藉"一举成名"之光荣,为修己敦品之劝勉,乃有此类传说暨戏剧之流行,骤视之若天道报施不爽,足令人束身规矩不敢为非,细按之则矜凡人所应持守者为奇迹卓行,于理难通矣。(降低道德标准。)所谓"人禽之界",不宜即看作道德远高乎常人者与所谓"衣冠禽兽"者之界也。谈因果报应者,以劝善惩恶相揭橥,非无苦心,特所示于人者或不尽合理,斯固可为其一例已。提倡道德,诚当务之急,特未可专恃此类因果报应之说耳。

　　顷又思之,斯剧主旨,在揭明贞操之重要,诫人勿犯淫行,所欲风示观众者,盖以不淫之获善报,反映出犯淫则获恶报,高第以奖不淫,即所以示酷罚将用以惩淫,垂戒在此。我国传统的戏剧(所谓"京剧"之类),词句或情节欠通者不少,然大都可以节取,或关乎社会背景,或关于民间意识,每含有史料(抽象的)等价值,是在观者之审为抉择焉。(观众如不深求,则对斯剧亦可仅生贞操宜重淫行宜戒之感,而于剧中不合理处弗予措意也。)

　　右所论乃就戏剧的《御碑亭》言之,未必即适合于电影的《御

292

碑亭》也。电影的《御碑亭》，《评介》又有云："在这古老的都城中，京剧一向是占有相当的势力，以着牢不可破的陈腐方法演出，适合于一般观众的口味，若干年来，仍然保守着古老的浅浮演法，所以京剧始终没有任何新的演进……为了舞台观众的一种习惯心理，而想利用电影来着手改良京剧，阐扬京剧……这次又摄成了这部《御碑亭》。"如所云，大有"破陈腐旧套"之意，对于斯剧，不仅"阐扬"，而且"改良"，俾有"新的演进"，或将原来之欠通处加以不少之更易，而具变通尽善之成绩欤！

　　关于《御碑亭》一剧故事之来历，又据天津《庸报》（民国三十一年十一月三日）满庭芳版载《〈御碑亭〉故事来源考》云："《御碑亭》一剧演王有道休妻故事，《续古今奇观》中载此事，题为《王有道疑心弃妻子》，里面的故事与现在舞台所演丝毫无异。王有道因妻子避雨御碑亭，一夜未归，疑其与同避雨之柳生春必有尴尬之事，因此而不问皂白即写休书弃之，遂构成冤柳公案，幸遇试师申嵩，为之证明，完好如初。这个故事流传很久……多不直王有道之所为。偶读明之《欲海慈航录》记载一事，情节与此剧甚相似，但未说明为王有道之妻，亦未言及姓王之故事。原文为：'明天顺间，某生浙人，读书山中。一日归途遇雨，遥见前有汉光武庙，趋赴之，先有一少妇在焉。生乃拱立一隅，目不流盼，抵暮雨益猛，势不能行，遂各面壁而坐，鸡鸣雨止，某生先行，妇感其德，归以告夫。夫亦儒生，竟以瓜李之嫌出之。'故事是如此，但没说明以后是否又破镜重圆，以情节而论，乃与《御碑亭》前半之情节相同。另据明人《不可录》载：'杭学庠生柳某，因探亲遇雨，投宿荒园内，先有一少妇避雨，生竟夕无异志，拱立檐外，至晓而去。少妇乃庠生王某妻也。妇感生德，以告其夫，夫反疑而去之。后王获乡荐，适与柳生同房，因话避雨事，王乃感叹，迎其妻完聚，且以妹为柳续弦。'《不可录》所载与现在京剧所演相同，但也没说明王有道及柳生春，只言王某与柳某，且无以后申嵩判明之经过，不过均可以为《御碑亭》剧本的来源而已。"所述可资参稽。《续古今奇观》之名颇生，或言《续今古奇观》耶。惟《续今古奇观》（一名《拍案惊奇》）中似无此篇，疑亦指《三续今古奇观》。要之，此项传说之流衍，由来已久（情事亦递不无异同），《御碑亭》剧本系直接根据何书所编殆不易确断也。

（原载《古今》1943 年第 16 期）

# 四十四　蹇斋小识

　　余前为《壬午闲缀》,谈梅巧玲事。(见《古今》第十二期。)以其卒年恰在前一壬午,其人又颇可传,故于昔人记载,就一时浏览所及,引述数则,聊以应景,实则对其事所知殊少,亦未遑详为考索也。顷读赵叔雍先生《〈谈梅巧玲〉补遗》(见《古今》第十四期),承以当时都人所撰梅桑一联相示,为之一快,深感见教之意。至谓"就正"于鄙人,非所敢当,惟以谦冲之度可佩,不敢辜负,爰更略为芹献,藉副雅命,尚望加以指教。(即鄙人他稿,亦望叔雍先生有以致之,以此来记忆力减退,撰述时恐有误也。)

　　叔雍先生谓"先公于光绪十四年再赴京师,其时梅年事已长,但掌戏班子……吾乡盛勖人(盛宣怀之父)与之至好,一日约先公杯酌,并邀巧玲至"云云。按梅氏卒于光绪八年壬午,似无疑义,不应光绪十四年尚在人间,恐系叔雍先生临文记忆偶误(或一时笔误),非斯年之事也。(盛宣怀之父康,字勖存,号旭人,此作勖人,盖字号可通用同音之字也。常州音"勖存"与"旭人"全同,北京音则"勖""旭"相同而"存""人"相异。)

　　又谓"慈禧太后及光绪均加殊赏。"按梅氏晚年,光绪帝尚幼,(梅卒之岁,帝年十二。)且甚不喜观剧。如《翁文恭日记》光绪五年己卯(时帝九岁)有云:"万寿,上在宁寿宫,未尝入座听戏,仍到书房云:钟鼓雅音,此等皆郑声,不愿听也。圣聪如此,岂独侍臣之喜哉!"("雅音""郑声",盖即在书房受教于师傅者。)又光绪十年甲申(时帝十四岁)又云:"太后万寿,长春宫演剧,上只在后殿抽闲弄笔墨,太后出御台前黄座,上未出。"其对演剧之态度,亦可略见其概,似未必对梅曾加特赏也。既长,或传其好音律暨赏识余玉琴,不论确否,均与梅无关矣。

梅氏义名久著,叔雍先生谓其"义举初非一事",良然。惟拙稿引孙静庵《栖霞阁野乘》与樊云门《寿梅妻序》所记者,同为焚二千金之借券,情事又小异而大同,谓为一事而传述有小节之异,似亦尚未为甚谬。至张逖先(祖翼)《清代野记》一则,不同处较多,或另系一事,亦未可知。(张氏此书,叙事多兴会淋漓,惟失考处不少。其纪斯事,言桐城方朝觐为咸丰己未膺馆选,而按诸《馆选录》等书,此人未与其列,当更考之。)

顷偶见北京《立言画刊》第一百零六期(民国二十九年十月五日出版)有《梅巧玲义行》一篇,(撰者署"小梅"。)据云:"冯君蕙林尝为余述巧玲事曰:梅老板掌四喜多年,待人接物,和蔼平易,士大夫均争相交纳。每有喜庆堂会,从不计泉刀,不较酒醴,间有不足开支时,则剥己身所得者,润及同人。事毕后,永不登阶求谒,即或因他事干求,不得不代为缓颊者,亦必语竟匆匆而去,盖恐落故意前来索值之嫌也。四喜底包各角,所挣包银,均比他班较厚,计眷口授金,俾能阖家糊口。偶见有首如飞蓬者,知其阮囊已涩,故意趋步就之与语,暗以钱钞数百,伪为握手以递人,耳语谆谆嘱之曰:'剃剃头,勿致若辈齿冷也。'斯时虽无梨园公会、正乐育化会之组织,然每逢精忠庙会之期,各班伶人,勿论正配角,一律诣庙拈香,宛若清明节北俗之吃会者然。(北方风俗,值清明节日,阖族人麇集家嗣堂,饱餐一二日,齐至族家供祭,名曰吃会。间有族人,

296

远移他方者,届期亦来认族。中国大家族制度,由此可见。)是日杂耍大鼓,应有尽有,以助娱乐。伶世家子弟,及挟有多资者,恒借此机以炫富,锦服骏马,睥睨同侪,争相点曲,一掷数金,鼓姬含笑前迎,软语道谢。大丈夫固当如是耳。一般清贫者流,远避垣角,莫敢仰视若辈,虽屏息不作一语,而心中未尝不黯然伤神,愧恨孔方之不光临我手也。巧玲必一一馈赠,计足一曲之资,以全体面,其怜贫有如此者。"亦颇可资谈梅事之参考。

《补遗》附及"赶三已死无京丑,李二先生是汉奸"一联,余所忆及者,则为"杨三已死无苏丑,李二先生是汉奸"。杨三为昆曲名丑,其人稍前于赶三;李合肥久被人诋为汉奸,会杨三死,谑者遂为此联,盖与赶三无涉,惟赶三与李氏另有一段话柄。甲午之役,李获褫夺黄马褂三眼花翎之谴,赶三于北京堂会戏某剧中抓词逗哏,有"脱去黄马褂拔去三眼花翎"之语,触李子之怒,大受窘辱,未几得病而死,亦未至辛丑也。(关于杨三之联及赶三之事,均曾见记载,一时不及检查,姑就所忆略述之,难保无未尽确处。)庚子之变,李受命于危难之际,入京议和,朝野目为救星,(在京人士,当创深痛巨之余,仰望尤切。)尽瘁而死,群情悼惜,斥为汉奸者盖尠矣。

李合肥庚子议和,寓贤良寺(在东安门外冰渣胡同,距今东安市场甚近),翌年辛丑和约甫就绪而卒,以恤典入祖贤良祠(地安门外迤西)。

近寄《古今》一稿,曰《关于〈御碑亭〉》,因此剧已摄入电影而更谈及也。然所表示之意见,仍只对戏剧的《御碑亭》,以未知戏剧而搬上银幕的《御碑亭》果是如何,不能批评也。余不独未看过银幕上之此剧,他剧之搬上银幕者亦未经一观,其陋诚可哂矣。特对于此举之因科学之进步而为艺术上之新的发展,颇怀好感,将来总当一观耳。

"国剧搬上银幕"之新鲜花样,余虽未尝观光,却早于昔人记载中见有类乎是者。汤芑卿(用中)《翼駉稗编》卷二云:"少时在苏州官司马懋斌座中,阍人入白魏贰尹至。俄一人缥缈急装入,相揖就座。官喜曰:'君至,我等又可看戏矣。'魏逊谢,官命从人预备。时方未初,乃以厚毡蒙厅侧一室,拉魏及座客同入,魏向壁喃喃持咒。须臾,壁上现白光如镜,旋转数周,镜中现一小戏台,台上悬灯千百盏,拳如橘如,累累相贯,一室通明若昼,旋见门内人影往来甚夥。魏请客点戏讫,台上开场,生、丑、净、旦,各尽其妙。至十六七出,魏曰:'夜深矣。'向台吩咐撤锣。灯烛尽熄,戏台亦隐,惟白光旋转壁上,移时始灭。"此书为清道光间所作,而先有类乎今日"国剧搬上银幕"景象之记载。"壁上现白光如镜,"不俨似今之银幕乎?演剧于白光之中,不又俨似银幕上之国剧乎?今仗科学之力,昔则幻术之作用(似与俗所谓圆光之术有关)耳。写来颇饶趣味,故录供读者欣赏。此书好谈怪异,所记此事,是否确凿,姑不深求,聊作神话小说观可也。

道光间记载,乃有类乎"国剧搬上银幕"之事,奇矣!然此犹明言是幻术也。更有奇者,则道光时已有类乎飞机之实物见于中国天空。吴芗厈(炽昌)《续客窗闲话》云:"机巧之法,盛于西夷,缘彼处以能创新法取士,欲官者争造法器,穷工极巧,愈出愈奋,不第供耳目玩,且有切于实用者。魏地山明府语予曰:'丙午谒选在都,九月上旬,偶出厚载门,鼓楼前,见通衢无数人咸翘首跂足仰望,哄诧异事。予因随众所指处瞩目,见半天一物,如舟无楫,如车无轮,长约三四丈,宽丈许,莲蓬然四围如有旗帜。距地数十丈,看

298

不甚明,由东北来,盘旋若鸢翔。忽坠下洋银十余,人争拾之。未几往西南迅逝,小如一叶,又如一星,转瞬不见。'说者曰:此飞车也,泰西所制,车中人以千里镜窥觇下方,城郭人民,历历在目矣。或曰:'他国有如是奇器,恐其以数百辆载精卒数千人,飞入都邑,将不能御,亦不及防,城郭守具,皆无用矣,岂不殆哉。'芗斥曰:'否否。此物借风而起,须风而行,如我国之纸鸢,有大至丈余者,非大风不能起,风微即落。夫纸竹至轻之物,尚不能收放自如,况笨重如车耶? 起即非易,收亦甚难,风力稍偏,即不能如意起落,况我军亦有轰天炮等火器足以仰攻耶,君毋作杞人忧也。'"此书成于光绪元年乙亥(公历一八七五),所指丙午当为道光二十六年(西历一八四六)。其时距西洋之有飞机尚远,而言之历历,居然已有类似之物东翔于中国,彼若幻术,此乃若预言矣。虽称魏氏自言目睹其事,仍是一种讹传,齐谐志怪,固不妨逞奇耸听耳。至所载议论,可见当时人见解之一斑,现代之事,固非所知也。斯物所掷为银元,供人拾取,使其小小发点洋财,亦甚可笑。又吴氏视西人之制新器,同于中国人之应科举,目的在乎做官,可称为西洋"举业"。而如吴敏轩(敬梓)《儒林外文》第十三回(蘧駪夫求贤问业)马二先生对蘧公孙所谈不做举业"那个给你官做"者,斯尤奇妙之论。

康更生(有为)光绪三十一年乙巳(公历一九〇五)游巴黎,登气球。所撰《法兰西游记》(《欧洲十一国游记》第二编)中有云:"登球至二千尺,飘然御风而行。天朗气清,可以四望。俯瞰巴黎,红楼绿野如画……此事非小,他日制作日精,往来天空,必用此物。今飞船已盛行于美,又觉汽船为钝物矣。至于天空交战,益为神物……闻法人有制飞鸢,可跨人而携行李,亦自此而推之,要必为百年后一大关系事!"此所谓飞鸢,即近已盛行而制造甚精之飞机也。其关系作战筹事者固已甚巨,奚待百年乎?世变之亟,从可知矣。

于《古今》第十三期,得读文载道先生《关于风土人情》,觉甚隽永。作者蜚声文坛,余素孤陋,对其作品所见未多,意其于此类文字尤擅胜场也。此篇有云:"我有时想,食味的真正价值,怕不在于食品的本身,主要还在食品中的风土性和它的诱惑力,以及食时的情调,由此而引起食者的心理与情绪的配合,这样才称得到'享受',而'生活的艺术'也备于此中了。"云云,读之深具同感。按刘廷玑《在园杂志》卷一云:"东坡云:'谪居黄州五年,今日北行,岸上闻骡驮铎声,意亦欣然。'铎声何足欣?盖久不闻而今得闻也。昌黎诗:'照壁喜见蝎。'蝎无可喜,盖久不见而今得见也。予由浙东观察副使奉命引见,渡黄河,至王家营,见草棚下挂油炸鬼数枚。制以盐水合面,扭作两肢,如粗绳,长五六寸,于热油中炸成黄色,味颇佳,俗名油炸鬼。予即于马上取一枚啖之,路人及同行者无不匿笑,意以如此鞍马仪从,而乃自取自啖此物耶。殊不知予离京城赴浙省,今十七年矣,一见河北风味,不觉狂喜,不能自持,似与韩、苏二公之意暗合也。"亦颇有致,似有可与此相印证者,特载道先生之论更为精湛耳。(油炸鬼,即今北京所谓麻花儿也。余昔在济南,彼处称此物曰油果子,或简称曰果子,至彼处所称之麻花儿,北京则曰脆麻花儿,又天津呼油炸鬼为油条。)

拙稿《谈长人》(见《古今》第十期)引《山斋客谭》所纪之张大汉及《公余琐记》所纪之廖大汉、吴大汉,谓此军界三大汉颇可合传。兹又按龙顾山人(郭则沄)《十朝诗乘》卷十九云:"幼时闻先王父按察公言:曩抚部徐清惠建节莅闽,所至携一材官,躯干奇伟,其长如曹交。尝从清惠过吾家，门低，楣及其胸，躯俯乃得入。邻里聚呼观长人，庭为之塞。清惠言是赵姓名桓，北通州人，曩于北直治团练，其人为勇目，喜其魁梧，特拔之，相从久矣。近阅江弢叔《伏敔堂集》，有《咏赵桓》诗云：'春秋长狄久绝种，赵桓忽生通州乡。量以工部营造尺，乃有八尺九寸强。折床毁椅坐卧窘，戴头起立愁触梁。傻而出门走入市，肩齐于檐颐过墙。背后群儿戏相逐，误入胯下如门厢。来经沪上众夷骇，愿欲贡之英国王。可怜舆马不能载，时自阔步衢路旁。却防泥印大人迹，致令方士欺汉皇。或更指为帝之武，小儒笺释弥荒唐。又愁他日秋井塌，专车一骨考莫详。临洮大人巨无霸，以今准古共其当。记读前史《五行志》，是名人疴为不祥。虽然今世用人法，以貌魁岸为才长。其长在身人所识，必有遭遇殊寻常。即无战功猎大贵，保汝支食三人粮。'弢叔时以佐职客闽，侘傺寡合，故藉抒抑塞之感。"是又一赵大汉也，可合称清代军界四大汉。

（原载《古今》1943 年第 17 期）

# 四十五 《古今》一周纪念赘言

当文坛消沈寂寞之际，刊物中乃突有《古今》出而与世相见，使读者眼界顿开，争先快睹，文化界因之呈一种活跃之状态，斯诚事变以后文艺史上所可大书特书者。"饥者易为饮〔食〕，渴者易为饮。"盖刊物之稍能餍望者，即可博得欢迎。况如《古今》之内容充实，气象光昌，为出版界放一异彩，其拥有甚多之爱读者，风行一时，众口交誉，盖实至斯名归焉。此种现象，岂幸致哉！

《古今》创刊于去岁三月，月出一期，至第九期（十月十六日出版）起，更由月刊而改为半月刊，每月两期，其质的方面与量的方面，均益足使人满意。其不懈益进之精神，有如此者，自创刊以迄今兹，遂于奋励进行中已届周岁矣。此固甚值得纪念之事。第十九期之特出"一周纪念号"，以示历久不忘，宜也。

《古今》第十七期载《一周纪念号向读者征文启事》有云："本刊之出，一鸣惊人。"诚哉其为一鸣惊人也，愿善葆此不懈益进之精神，努力迈往，行见二周、三周……发扬光大，久而弥昌焉。勉之勉之，一飞且冲天矣。

由《古今》而回忆事变前之上海定期刊物，有可述者。东南人文素盛，上海尤荟萃之区，加之交通之便利，物资之丰厚，举凡出版业务之发展，远地作品之征集，在在均易为力，以故文艺定期刊物亦于此种环境下发荣滋长，蔚呈盛况。其以散文小品一类文字见称于时者，如《论语》以"幽默"鸣，颇令读者耳目一新，销行甚广，内容多可喜，而论者亦或谓其专载谐谑一路作品，取材不免单调，阅读之际，除足供消遣外，所得似较少。继之而起者，则有《人间世》，更对小品文特别提倡。其所揭橥者云："小品文可以发挥议论，可以畅泄衷情，可以摹绘人情，可以形容世故，可以札记琐屑，可以谈天说地，本无范围，特以自我为中心，以闲适为格调……善冶情感与议论于一炉……《人间世》之创刊，专为登载小品文而设，盖欲就其已有之成功，扶波助澜，使其愈臻畅盛……除游记、诗歌、题跋、赠序、尺牍、日记之外，尤注重清俊议论文及读书随笔，以期开卷有益，掩卷有味。"旨趣如是，内容亦颇能相副，不仅"有味"，实兼"有益"，故较《论语》尤得读者之重视。《人间世》停刊较早，而当其将次停刊之时，即复有《宇宙风》代之而兴，宗旨相近，而又一新其阵容。所揭橥者云："杂志之意义，在能使专门知识用通俗体裁贯入普通读者，使专门知识与人生相衔接，而后人生愈丰富。《宇宙风》之刊行，以畅谈人生为主旨，以言必近情为戒约，幽默也好，小品也好，不拘定裁，议论则主通俗清新，记述则取夹叙夹议，希望办成一合于现代文化贴切人生的刊物，所以不专谈幽默，正是以庆幽默之成功，无论何种写作，皆可有幽默成分夹入其中，如此使幽默更普遍化。"于《人间世》及《论语》之长，盖兼取之，尤有后来居上之概，间出特辑，亦博好评。又有《谈风》一种，较后起，内容亦颇良好，体裁似亦以近之。惟创刊未久，即值事变，所见仅数期，印象未深。此外更有可特书者，则有《逸经》一种，标明"文史"刊物，宣布宗旨曰："《逸经》之宗旨，乃在供给一般读者们以高尚雅洁而兴趣浓厚，同时既可消闲复能益智的读品，并图贡献于研究史学及社会科学者以翔实可靠的参考资料，务期开卷有

益,掩卷有味。"并谓性质是"纯粹的史艺与文学的刊物";文体是
"长短不拘,语文并用,庄谐杂出,雅俗共赏";取材是"今古尽收,
译作皆有";内容是"不尚清谈,不发空论,必求言中有物,华而且
实,使能篇篇可读,期期可传"。盖文与史兼重,而所载作品,颇侧
重于史的方面,"太平天国"史料之搜辑研究,尤其特征。至文字
方面,虽庄不废谐,而大体言之,体裁固较趋严肃也。出版以后,亦
甚得社会欢迎,其成绩,尤为治史者所赞许焉。沪杭密迩,声息相
通,有异军特起之《越风》一种,出版于杭州,揭同人信条四项曰:
"一、不张幽默惑众。一、不以巧言欺世。一、不倡异说鸣高。一、
持惟真凭实据和世人相见。"其内容盖以史为主体,并于浙省文
献,更特加注意。就其命名观之,即可觉其上承浙东学派之遗风,
且富于乡土意味。(出有《西湖特辑》。)既以反"幽默"为信条,尤
足见其文字方面之严肃性。当时《越风》内容亦颇可称,允为之江
之名刊物,而销行各地,则似未逮上举沪上各种之广溥,盖地域与
性质均不无关系耳。

以上所列上海(附杭州)诸定期刊物,盖聊取可资论及《古今》
之扬榷者,作简单之引述,就所见略举而已,其未见及偶见而印象
太浅者,不敢妄谈也。

当诸家刊物,竞起争鸣,其情状可云极一时之盛,乃事变遽起,
风流云散矣。数年以来,景象萧索,嗜读诸刊物者,忽忽若有所失
者已久。去岁三月,复见《古今》创刊于沪上,"入门下马气如虹",
打破沈寂,令人精神陡振,读者忻慰之情,来暮之感,盖交集焉。
《古今》之发刊词云:"古今中外,东西南北,形形色色,无奇不有。
在几千年的历史中,世界上产生了多少英雄豪杰和名士佳人,发生
了多少惊天动地可歌可泣的事迹。过去的都成史料,现在的有待

纪录，未来的则无从说起……所谓历史，整个的就是一部人类的千变万化和喜怒哀乐的纪录……我们除了一枝笔外，简直别无可以贡献于国家社会之道。因此，我们就集合了少数志同道合之士，发起试办这个小小的刊物，想在此出版界万分沈寂之时来做一点我们所自认尚能勉为其难的工作。我们这个刊物的宗旨，顾名思义，极为明显：自古至今，不论英雄豪杰也好，名士佳人也好，甚至贩夫走卒也好，只要其生平事迹有异乎寻常不很平凡之处，我们都极愿尽量搜罗献之于今日及日后读者之前。我们的目的在乎彰事实，明是非，求真理，所以不独人物一门而已，他如天文地理，禽兽草木，金石书画，诗词歌赋诸类，凡是有其特殊的价值可以记述的，本刊也将兼收并蓄，乐为刊登。总之，本刊是包罗万象无所不容的。"开宗明义，所昭告于众者若此。盖其范围宏大，包孕繁富，所谓"上下五千年，纵横九万里"。蕲向所在，足见大凡。要其注重之点，固尤为史的方面之致力也。体裁风格，则深具引人入胜之能事，似前举各刊物之长处，类皆有所采取，而更自有其特色。所登作品，大都以轻松清新之笔调，为隽婉流利之谈吐，文质相剂，情韵不匮，凡是读者，当能辨之，无待烦言。至《古今》之工作，以视前举各刊物，则殊有难焉者。此一时，彼一时，今昔相衡，不可同日而语，亦无待烦言而解。《古今》当局之苦心孤诣，当为世所共喻矣。（纵或稍有未尽使人满意之处，缘是似亦未宜遽作求全之责备。）

《古今》第十七期，标明"散文半月刊"。此后内容，似将侧重在文的方面，与前之重史稍异。惟"文"与"史"虽若各有其分野，而"文"之含义本多，"史"之领域亦广，二者实有息息相通之关系，固可分而不尽可分也。初民于狩猎辛劳之余，围火团坐，燔食所获，于烟焰中快谈祖先之英雄事迹，兴酣更以歌唱舞蹈继之，此盖文学与历史之共同的起源。"文""史"就其发生上言之，可称为一对孪生子，其后虽渐分化，而关系仍属密切。大史家每具文心，大诗人亦多史笔，司马迁与杜甫即为最显著之例证。史学家刘子玄、章实斋，于所作《史通》《文史通义》中，论史与衡文并重，尤足见两者界域之不易划分。迄于最近，盛唱以科学方法治史，史学乃与文学判为两途，成为社会科学之一部门。此在学术上固为一种进步，然以过于重"事"而轻"人"，重常则而轻变象，充类至尽，几将以历史统计学为史学之正宗。流弊所及，"史"只剩留枯燥的名词数字，"文"只剩留浮飘的感情。其实"文"与"史"毕竟均以人类生活为其对象，史书之佳者，特具意境，正与文艺无殊耳。要之，"史"不可无性灵，"文"亦不可无实质，否则治史将等于掘坟，学文亦将等于说梦，其影响殆可致民族活力与热情之衰退，非细故也。是以治史者不宜仅以排此史迹为已足，尤宜注意于抉发史心。文艺作品之有资于史学者，有时或过于碑版传状之类，因后者每只是事迹的铺陈，前者每可见心情的流露，此杜甫、元好问、吴伟业等之作，所以称为诗史欤！且不仅客观之作，可为珍贵之史料，即属于纯主观者，苟能审为体味，亦可洞悉其时代精神，历代作品中，其例亦自不乏也。（尝与何梅岑先生谈及"文""史"问题，每就鄙说加以引申，此节颇采其语。）"文""史"关系，略如上述。《古今》今虽以"散文"相揭橥，吾知其于"史"的方面，（或具体的，或抽象的。）必仍能使读者获得不少之裨益。即以第十七期而论，其有裨于治史者岂鲜乎！（散文小品，其用或优于高文典册，以其简明而生动，易于引人入胜也。）

　　余治史既无所成，为文尤笔舌拙滞，频年东涂西抹，实无足道，《古今》创刊之后，征及拙稿，以备一格，雅意殷拳，勉效绵薄，大惧无以副读者之望也。(《古今》于拙稿时有过誉之介绍语,厚爱可感,然实非所敢承。)兹以一周纪念,复征言于不佞,谊弗可辞,语难中肯,拉杂书此,赘言而已。

(原载《古今》1943 年第 19 期)

# 四十六　六　红

## ——寒斋小识

　　苏州拙政园,久负盛名。《古今》登载《拙政园记》二篇(见第十二、十四两期),斯园掌故,读此可得其详矣。又按明徐树丕(清初犹存)《识小录》云:"拙政园在娄门迎春坊,乔木参天,有山林杳冥之致,实一郡园亭之甲也。园创于宋时某公,至我明正、嘉间御史王某者复辟之。其邻为大横寺,御史移去佛像赶逐僧徒而有之,遂成极胜。相传御史移佛像时,皆剥取其金,故号剥皮王御史。末年患身痒,令人搔爬不快,至沃以沸汤。如此逾年,溃烂见骨而死,其子即贫。孙某至以吊丧为业,余少时犹识之。当御史殁后,园亦为我家所有。曾叔祖少泉,以千金与其子赌,约六色皆绯者胜,赌久,呼妓进酒,丝竹并作,俟其倦,阴以六面皆绯者一掷,四座大哗,不肖子惘然叵测,园遂归徐氏。故吴中有花园令之戏,实昉之此。后人于清朝之十年贱售与海宁陈阁老,仅得二千金云。"亦颇足资考镜。王氏子以摴蒱而失斯园,乃归于徐氏,其间徐氏盖以诈欺之术施之,树丕言之颇悉,关于斯园之一段小史料也。徐之所以得园,行为实甚卑劣,而树丕于先世恶行,若津津乐道焉,虽极状王氏之不堪,乌足掩徐之罪耶?

　　骰一掷而六色皆绯,俗所谓六红也。余因上述一节而更漫述明、清人所纪其它六红故事,以供谈佐。姑就近中浏览所及,弗能备也。

骰,赌具也。徐、王拙政园之得失,亦正由于赌。嫖赌向来并
称,清人记载中有涉及六红之关乎嫖者,如施闰章《矩斋杂记》云:
"泾川孝廉章某,少励操行,以圣贤自誓,既领乡荐,意稍懈,久不
得第。万历间赴公车,同寓少年,挟妓集饮,强之杂坐。微酣,少年
请卜兆,以骰子六红为花状头,夺者得妓。章一掷得之,遂不辞让。
妓体毒将发,逡巡中夕,谓不敢污贵人。某大醉,漫骂曰:'若嫌我
老耳,新状头不病也。'一狎而中毒。榜放又不第,归至半途,疮溃
其鼻,惭见故乡,自经于逆旅。人皆语曰:'可怜六粒骰子,断送半
生道学。'"此言明人事也。又醒醉生(汪康年)《庄谐选录》卷五
云:"某观察,无锡人。尝游吴下,悦妓张小红,小红亦属意观察,
欲嫁之。观察曰:'若汝掷骰得全彩,吾当娶汝。'小红应声取骰盆
至,一掷果六子皆四点。观察大喜,娶以归,生六子。"此言清人事
也。一得意,相传亦佳话,一失意,身死遗笑柄,亦所谓有幸有不
幸欤!

章某虽系入都会试,六红之卜,却非为科名。其有以卜中式与
否者,如《庄谐选录》卷十一云:"乡前辈沈运使栻,乡试待榜,以博
祝曰:'若中式当全绯。'一掷六子皆赤。次日报捷,中式二十四
名,遂成进士,入词林,官至河东盐运使。"此为一科名得意者。又
宋荦《筠廊偶笔》卷下云:"京师一孝廉,会试后,夜候发榜,与友人
掷骰子,约曰:'六子皆红者中。'孝廉得五红,其一立盆边良久始
落,亦红。又先世神主忽然摇动,合家闻叹息声。移时,报孝廉中
矣。"此亦一科名得意者。彼卜于乡试,此卜于会试也。祖先神主
且为之摇动,并有叹息之声闻于众,尤可见科举魔力之深入人心非
同小可矣。(小说中,如《官场现形记》第一回写赵温中举,祠堂设

祭,有云:"赵温一见,认得他是族长,赶忙走过来,叫了一声'大公公'。那老汉点点头儿,拿眼把他上下估量了一回,单让他一个坐下,同他讲道:'大相公,恭喜你,现在做了皇帝家人了!不知道我们祖先积了些什么阴功,今日都应在你一人身上。听及老一辈子的人讲,要中一个举,是很不容易呢:进去考的时候,祖宗三代都跟了进去,站在龙门等,帮着你抗考篮。不然,那一百多斤的东西,怎么抗得动呢? 还说是文昌老爷是阴间的主考。等到发榜的那一天,文昌老爷穿戴着纱帽圆领,坐在上面,底下围着多少判官,在那里写榜。阴间里中的是谁,阳间里的榜上也就中谁,那是一点不会错的。到这时候,那些中举的祖宗三代,又要到阴间里看榜,又要到玉皇大帝跟前谢恩,总要三四夜不能睡觉呢。大相公,这些祖先,熬到今天受你的供,真真是不容易呢。'"又《儒林外史》第四十二回《公子妓院说科场》有云:"大爷道……放过了炮,至公堂上拢出香案来,应天府尹大人戴着幞头,穿着蟒袍,行过了礼,立起身来,把两把遮阳遮着脸。布政司书办跪请三界伏魔大帝关圣帝君进场来镇压,请周将军进场来巡场,放开遮阳,大人又行过了礼。布政司书办跪请七曲文昌开化梓潼帝君进场来主试,请魁星老爷进场来放光。大老爷吓得吐舌道:'原来要请这些神道菩萨进来,可见是件大事。'……大爷道:'请过了文昌,大人朝上又打三恭,书办就跪请各举子的功德父母。'六老爷道:'怎的叫做功德父母?'二爷道:'功德父母是人家中过进士做过官的祖宗,方才请了进来。若是那考老了的秀才和百姓,请他来做甚么呢?'"均可合看。盖世俗对科举之观念,又如是者。)又有以六红(四)卜而得六"三"者。明叶绍袁《天寥年谱别记》(一名《半不轩留事》)自纪万历三十九年应南京乡试时事云:"辛亥……八月试秣陵……九月十日，发榜期也。九日之夜，余与陈发交，昆山德荣、德元兄弟同集宗人中秘白于隅园夜饮，呼卢错斛。有客祝曰：'如四君皆捷，当得全红。'余得全三焉，坐皆大喜曰：'此十八学士登瀛州也。'及五鼓榜发，虚无一人。又一客曰：'全三则红伏于下。'三翻而后红见，固是后来之兆也已。乙卯德荣歌芹，戊午德元，辛酉陈发交，迨甲子而后及余。余遂于乙丑先登南宫，戊辰德元，戌戌发交，亦相次而及也。止辛未阙，是年德荣读礼，后遂谢去，以六馆起家，终为美谈之恨。"骰之"三""四"二色，适居两端，全红俟翻而后见，遂以为后来四人均得中举之兆，且三人获成进士焉。

其关乎军事者，明杨循吉《苏谈》云："韩公雍初任浙江参政，居忧在郡中，而两广蛮弗靖，朝廷以都御史起之，令往征焉。公将行，祖客骈列。酒间，公持骰子祝曰：'看吾此行，能抚定诸夷，不负委任，愿一掷六红。'展手而六骰皆四在盆焉。众客欢庆，公为引满。及到广，一征悉定，卒如所祝。"斯亦一相传之佳话也。宋人所传之狄青事，颇可参阅。蔡绦《铁围山丛谈》云：'南俗尚鬼。狄武襄青征侬智高。时大兵始出桂林之南，道旁有一大庙，人谓其神甚灵，武襄遽为驻节而祷之，且曰：'胜负无以为据。'乃取百钱自持之，与神约：'果大捷，则投此期尽钱面也。'左右谏止，傥不如意，恐沮师。武襄不听。万众方耸视，已挥手，倏一掷，则百钱尽红矣。于是举军欢呼，声震林野。武襄亦大喜，顾左右取百钉来，即随钱疏密，布地而钉帖之，加以青纱笼覆，手自封焉。曰：'俟凯旋，当谢神取钱。'其后破昆仑关，取智高，平邕管。及师还，如言取钱，与幕府大夫共视之，乃两字钱也。"此为狄青鼓励部曲之"神道设教"的一种作用，借斯以壮士气，兼对敌方为先声夺人之举。韩雍所为，或亦即师其意，所用之骰，殆如拙政园得失公案中之六

311

面皆绯乎！（彼为诈欺，此则权谋。）

又相传有一六么之故事，可附及焉。采衡子（清人，宋姓，名待考）《虫鸣漫录》卷一云：“金陵城北大香炉地方，有小土地庙，甚灵。有摇会人某，先期祈祷，许得会酬愿，至期掣第一签，欣然持盒摇毕，揭视，六骰俱么，怒掷而归。少顷，会中来邀，云已得会，盖续摇者皆系六么，后不汇先，会应某得，喜甚，乃新其庙，至今人呼为六点得会土地庙云。”骰之“四”色施以红，相传始于唐明皇之赐绯，通常即呼曰红，每视为最贵。“么”色号为最贱，并无赐绯之说，然亦或施以红，与“四”同色，特六么不称六红耳。

右述数则，杂凑而已。就意义而论，虽无关宏旨，而此类故事之流传，亦颇可见世俗之迷信心理也。

（原载《古今》1943 年第 22 期）

# 四十七　我的书法

我幼年多病,九岁即废塾课,仗着父兄随时教导,得以略知文理,可是读书而不习字,成了习惯,所以我的字写得很坏,(其实还够不上说坏,写字数十年,对于字之应该如何写才算合式,至今不懂。)凡见过的都知道。现在写几段关于我写字的旧事,以博《古今》读者一笑。当年因字坏受窘的情形,回思如在目前,似亦可为今日青年中不喜习字的一种鉴戒也。

## "文章是你自己做的吗?!"

我十五岁那年,山东巡抚周馥在省城(济南)开办一个"客籍学堂"(后来升格为"客籍高等学堂"),招收外籍学子。家中为我报名,叫我应考。所考的只是作一篇文。我于作文是初学,听说考试的时候至少要有三百字才叫做"完篇",巡场以后,见到题目,努力凑成功三百多字。起草既毕,在卷子上誊清,又大大的为了难。字的恶劣不像样,且不必说,对于一个格内装进一个字的"天经地义",就苦难恪守,只好竭力对付着写,往往两个字占三个格,甚至笔画多的字一个字便占满了两格。写完了,自己越看越不像样,没法子,也只好交了卷出场。出榜以前,心中忐忑不定。等到看榜,居然取在前列。

行过开学礼之后,本堂(校)监督(校长)曾叔吾先生按着考取的名次，一一传询。我上去的时候，见他先翻看试卷，又抬眼把我打量一下，问道：'文章是你自己做的吗？'盖因我年龄既小，字迹又甚恶劣，疑心考试时或有"枪手"的情弊也。我觉得很窘，胆子小，不敢多说话，只低低的答了一个"是"字。他又看了我一眼，似乎仍然不大放心，又问了两三句旁的，我于"毛骨耸然"中退下。（后来甚蒙叔吾师赏识，屡加奖擢。时承勖以讲求书法，实为愧对。）

## 拇指与小指

开始肄业之时，教我这一班的中文（国文）教习（教员）是徐守斋。第一次堂课（任教室作文），作了一篇短文。隔了一二天，阅毕发回，蒙他大圈特圈，心中当然一喜。他一本一本的发完了，叫我上前，对我伸出一只手，竖起大拇指头，说道：'你做的这一篇，在班里是这个！'说着，缩回拇指，另把小指竖起，道：'你写的字，在班里是这个！'言毕，全班都笑了。这使我于高兴之中深觉愧窘。（守斋善于诙谐，授课的时候常说点笑话，引起学生兴会。）

## "书法不讲，惜哉！"

第二次堂课，又作了一篇，字数较多。上次文后未加批语，这一次又加了批，原文记得是：'笔阵纵横，识力超迈，为东堂特出之才。书法不讲，惜哉！'奖励之余，喟然兴叹，态度诚恳而严重，不是说笑了。其如"孺子不可教也"何！（"东堂"是"东讲堂"的简称。当时教室叫做"讲堂"，按其方位称"东讲堂""西讲堂"等，这一班在"东讲堂"授课。）

当时读了这个批语，未尝没有愧奋之心，但是因为不喜习字，早成习惯,并觉着缺乏基础,从头学起练起,已太迟了,(其实还不算太迟。)所以一直自暴自弃的下去。(不过渐渐的勉强做到一个字占一个卷格而已。)后来年纪越长越不易再讲此道了。假使守斋师现在见我写字写了几十年还是这样糟法,更不知他要如何叹惜矣!

## "鸦涂不堪!"

我写的坏字,久而久之,师长们看惯了,也就不大注意,好像"见怪不怪,其怪自败"似的了。不过有一次,我又忽然受了一个打击。这次打击,并非中文教习所给予,却是理化教习"大发雷霆",颇出意料之外。

事情是发生于某次学期考试。当下学期开始之后,考试的卷子发交学生们阅看,(看完仍缴回存案。)我在我的理化卷子(忘记是物理还是化学了)内看见横批着四个很大的字:'鸦涂不堪'!知道向来不大看见我的"书法"的理化教习贾紫庭师发了怒了。(分数上也似乎因此特别扣了几分。)同学们见到的,无不大笑,我又受窘一次。

中文教习已经"见怪不怪,",不大理会我这个字的问题了,理化教习却来大挑其眼,岂非有点像俗语所说的"狗拿耗子,多管闲事"乎?但是不应当这样想。紫庭师所施于我的这种触目惊心的训戒,是我应该非常感谢的。

## 圈点遮丑

一方面,这回中文教习籍陆侪师所看的两本卷子(一经义,一史论),卷内一行一行的连圈夹着密点,极为绚烂,并有大加嘉奖的眉批总批。恶劣的字体,经这样一烘托,便好像不怎么难看了。圈点可以遮坏字的丑，实有如此情形也。（不过丑总还是丑，遮遮而已。）

说到这里，引一段书。南亭亭长（李宝嘉）《文明小史》第二十四回（太史维新喜膺总教，中丞课吏妙选真才）有云："……抚台收齐卷子……又打开一本，却整整的六百字，就只书法不佳，一字偏东，一字偏西，像那七巧图的块儿，大小邪正不一，勉强看他文义，着实有意思……心里暗忖：'捐班里面要算他是巨擘了，为何那几个字写得这般难看呢？'随即差人请了王总教来。把卷子交给他，请他评定。这番王总教看卷子……提起笔来，先把金子香的卷子连圈到底。说也奇怪，那歪邪不正的字儿，被他一圈，就个个精光饱湛起来……"圈字遮丑，写来颇能传神，真是"说也奇怪"了。（这回小说中所写的情事，可正该用着曾叔吾师所诘问的"文章是你自己做的吗？"）

## "添注无，而涣改亦未尝有也！"

在"客籍高等学堂"毕业之后，到京应学部的考试。临场患病，力疾入场，写的字比平常还坏。当考中文某一门时，（经、史、文、兵，记不清是那一门了。）同学杜召勋兄的坐位正在我前面，他回头向我的卷子一望，绉绉眉，摇摇头，其时不便交谈，交卷下来之后，他对我说："我以为你总该要写得稍为好些，那知更不像样了！"我说："你当然写得很好。"他笑着说："添注无，而涂改亦未尝有也！"他本是壬寅年的举人（十七岁就中举），写作俱佳。这次考试，四门中文卷，在匆促的时间里，写得异常整齐，概无添注涂改，这个工夫真可佩服。至于我添注涂改了多少，那就不用说了。

科举时代，应乡、会试的，必须在卷子上自己注明添注几（字），涂改几（字），无则注以"无"。相传有一笑柄。一位应试的,很细心,某场卷子写毕,居然一个添注涂改也没有,应当注上"添注无,涂改无"六个字,他当时一高兴,掉起文来,注的是:"添注无,而涂改亦未尝有也!"他这一高兴不大要紧,卷子交上去之后,就因为"犯规"而被"贴出",不完场就落第了!杜兄之语,是根据这个笑柄而来,有趣得很。

在校的时候,中文教习孙竹西师曾对我说:"你的字不如杜生。"我说:"岂但不如而已哉?"

## "就是写得乱点儿!"

民国初年,我在北京,胡孟持兄从济南来信,托我替他访购某一种帖。(他是我的内兄,素来讲究书法,喜欢碑帖之类。)我因为对于此道是大大的外行,恐怕弄错了,就回信辞谢。后来在济南见面,谈及此事,我说:"我不会写字,从来没临过帖,完全不懂,大哥派我这个差使,岂能胜任呢?"他微笑道:"你的字很好,就是写得乱点儿!"词令颇妙,可称蕴藉而"幽默"。

## 窃比老王!

那个老王?湘绮老人王壬秋是也!他论书法有云:"余自廿五以后,迄今五十年,日书三千,作字以亿兆计,然无他长,比人加黑耳。虽复淡墨轻烟,色如点漆,故曰入木三分,笔重故也。"拿我这样"鸦涂不堪",而要上攀湘绮,自然是荒乎其唐的瞎说,然而下笔却也甚重,字迹也称得起"比人加黑",只是"漆黑一团"罢了!打一个诨,就此收科。

(原载《古今》1943 年第 23 期)

# 四十八　两探花:胡家玉与黄赀楫

科举时代,以鼎甲为殊荣。殿试一甲凡三人,赐进士及第(二、三甲则曰赐进士出身、赐同进士出身),嗣谓之鼎甲。第一名称状元,胪唱后即授职翰林院修撰,第二、三名称榜眼、探花,均即授职翰林院编修,以视二、三甲进士之选为翰林院庶吉士,下科时散馆试前列始得在翰林院授职者(二甲授编修,三甲授检讨),待遇实为优异。散馆之试,为庶吉士一紧要关头,往往改官主事、知县等而逐出翰林也。惟鼎甲虽经投职在前,已可放督学、典试之差,应散馆试时地位较为稳固,而亦难绝对保险,如试卷发生疵谬,仍有不获留馆逐出翰林之虞。有清故事,大致如是。道光辛丑探花新建胡家玉,同治甲戌探花晋江黄赀楫,均于散馆时改官主事,回首玉堂,同病相怜,谈者每并举之。如龙顾山人(郭则沄)《十朝诗乘》卷十六云:"状元散馆罕斥退,榜、探则恒有之。初得改员外,孙渊如后,一甲斥退者悉改主事,胡都宪(家玉)以'乌有先生'误书'先王'置劣等,吾乡黄比部(赀楫)以'蔚蓝'误'蔚蔚'置劣等,皆探花也。都宪闻黄事,叹曰:'不图乃得此后辈。'"(其《沧趣楼律赋序》,有"先王之讹,摘疵一字"语,亦即指胡事。)此探花前后辈二人,洵可相提并论焉。(关于乾隆间丁未榜眼孙星衍己酉散馆改主事事,李次青[元度]《孙渊如先生事略》[《国朝先正事略》卷三十五《经学》]云:"五十四年散馆试《厉志赋》,用《史记》

‘翻翻如畏’语，大学士和珅疑为别字，置二等，以部曹用。故事，一甲进士改部，或奏请留馆。时和珅知先生名，欲令屈节一见，先生不往，曰：‘吾宁得上所改官，不受人惠也。’遂就职。又编修改官可得员外郎，前此吴文焕有成案，或谓君一见当道即得之，先生曰：‘主事终擢员外，何汲汲为？’自是编修改主事，遂为成例。”）

胡家玉散馆见摈，如郭氏所云，由于误“乌有先生”为“乌有先王”，盖本诸前人记载。如欧阳宋卿（昱）《见闻琐录》后集卷四述及胡事有云：“总宪散馆题为‘拟司马相如《子虚赋》’。赋成，斑驳陆离，动人心目，惟‘乌有先生’误写‘乌有先王’。倘遇爱才者，则王字出头一撇，加之甚易。而总宪素负才名，书法尤冠一时，忌之者众，故特摘其疵累，皆不肯援笔以保全之也。”即亦言“乌有先王”者。（忆他家所记更有同之者，此说传衍颇盛也。）惟据胡氏所记，则其误乃“管城先生”而非“乌有先王”。胡氏既于辛丑（道光二十一年）授职编修，未及散馆，即于癸卯（道光二十三年）简放贵州学政，任满回京，丁未（道光二十七年）始补应散馆之试。其自订《梦舆老人年谱》记丁未散馆云：“四月补散馆，越日阅卷，穆相居首。予卷分在黄侍郎（琮）处，拟第一，送穆相定前后，置第二。众见首卷序、赋皆有疵，以为不可作馆元，白穆相，穆怒曰：‘由诸公评定。’季仙九取予卷细阅，惊而诧。众视之，则首句有‘即墨大夫问于管城先生曰’，‘生’字误作‘王’字也。复白穆，穆曰：‘此三等卷也。’众曰：‘写作俱佳，一字笔误，置一等后可矣。’穆不许，遂置二等二十名后。引见改部属，分刑部四川司。”其自记如此，当属可信，不知何以竟传为“乌有先王”也。至其题目，自亦非“拟司马相如《子虚赋》”矣。（究系何题，待考。）阅卷诸大臣本以穆彰阿所定首卷有疵，不堪为馆元（散馆试第一名之称），言于穆，盖欲以胡卷易之,不意触穆之怒,而"管城先王"适又被季芝昌看出,于是以穆之迁怒致翰林不保,得失之际,此一字之关系,洵非同小可哉!穆彰阿时以文华殿大学士为军机大臣,阁席、枢席,均居领袖,宣宗倚任最隆,有权相之目,宜诸大臣纵有成全之意,难与固争也。(欧阳氏谓胡疵被摘缘忌之者众,似未必然,至援笔代改,亦未免言之太易。)

黄贻楫于甲戌(同治十三年)以探花授职编修,丙子(光绪二年)应散馆试,又以一字之误改主事。彼误于赋,此则误于诗。诗题为'际天菽粟青成堆(得青字)',句中误"拖蓝"为"拖蔚",(非"蔚蓝"误"蔚蔚"。)遂以三等改主事。李莼客(慈铭)丙子四月二十八日日记云:"钱唐张景祁赋足冠场,而开韵误书'崔嵬'作'崔巍',遂置三等第一。黄贻楫诗中'拖蓝水满汀'句,误书作'拖蔚',置三等第三。陆润庠诗首句'一望茫无极','茫'字误书作'芒',又用'殷其雷','殷'字为平声,而以一等得留。"当时所记如此,盖此次散馆,赋极佳而以一字之误逐出翰林者,尚有一庶吉士张景祁。(赋题为'拟唐李程《日五色赋》[以德动天鉴祥开日华为韵]'。)甲戌状元陆润庠,如李所云,亦几遭不测焉。又翁叔平(同龢)丙子四月二十日日记云:"黄贻楫诗中讹'扰蓝'为'扰蔚',遂置三等。嘻,惜哉!"二十二日云:"访黄济川编修。(散馆列三等,诗中讹一字也,命矣夫!)"甚致叹惋。(扰字即拖字。)十八日举行散馆之试,二十八日乃降谕分别去留,黄氏二十二日头衔固犹是翰林院编修也,惟既列三等,已势在必去矣。

观胡、黄二探花之事,其时科举制度下绳尺之严与束缚性之重,亦可略见一斑焉。

二人失翰林后,均官刑部主事。惟胡氏宦途利达,官至都察院左都御史,曾充军机大臣,足称通显,黄则沈冥部曹,落拓以终,视胡为不侔矣。(胡氏同治间官至兵部左侍郎军机大臣,缘事出军机,后迁左都御史,又缘事获谴,降五品京堂,光绪初补通政司参议,旋引疾开缺,其晚境亦颇不得意。)

(原载《古今》1943 年第 34 期)

# 四十九　读《崇德老人纪念册》(上)

近读《崇德老人纪念册》(衡山聂氏刊),其目为(一)乐山公事略;(二)乐山公诫子书;(三)亦峰公办理新宁余李两姓械门案纪略;(四)亦峰公勘讯赵莫两姓田坦案禀稿;(五)仲芳公轶事;(六)崇德老人高寿厚福之由来;(七)曾文正公手书功课单暨崇德老人跋;(八)崇德老人书不愎不求诗;(九)亦峰公、仲芳公、曾文正公、崇德老人小像;(十)崇德老人自订年谱。

崇德老人为湘乡曾文正(国藩)最幼之女,所谓"满女""满小姐"也。名纪芬,适衡山聂仲芳(缉椝)。诸姊均适名族,而处境皆不佳,惟老人遐龄淑闻,福德兼隆,灵光巍然,世钦人瑞。卒于壬午年十一月二十三日(民国三十一年十二月三十日),寿九十有一。其子其昌、其杰等为刊此册,用资纪念。嘉言懿行,于斯足征,洵贤妻良母之模范人物也。

此册可藉以考见曾、聂两家之事,而关乎政治暨社会之史料,以及名人轶事,复多寓乎其中。即就史料而论,其价值亦殊匪细,固吾人不可不读之书也。

曾、聂两家,其曾氏家世,以文正暨忠襄(国荃)之名著寰区,世多能详,聂氏家世,则知者较少,实亦湘中望族,其先且于雍乾间已以名德见重矣。《崇德老人自订年谱》乙亥(光绪元年)所纪云:"初聂氏自南宋居于江西清江。清初有应禅公者,迁于湖南衡山,

322

是为第十三世。至第十五世乐山公讳继模，以名德重于乡里，精医理，常入县署狱中，为囚治病，自设药店，并以药施之，至老不衰。县令以公为封翁，谢之，而公仍径行不辍。子环溪公（先焘）以乾隆丁巳进士选授山西镇安知县。乐山公驰书训子，言甚深至，载于《经世文编》。寿至九十三，环溪公亦年七十八始卒。环溪公孙京圃公（镐敏）、心如公（镜敏）、蓉峰公（铣敏）联翩科第，扬历曹司，均在嘉庆初年，湘南于时称盛。亦峰公（尔康）即环溪公曾孙也。以咸丰癸丑翰林散馆，拣发广东知县，历宰剧邑，累官至高州府知府，补用道员。广东剧邑，号为难治，公勤恤民隐，循声昭灼，所刊《冈州公牍》等书，为公一生精力所萃。"可见大略。仲芳为亦峰公子，由监司而跻封疆，历抚江苏、安徽、浙江，（册中称中丞公。）开缺后丁母忧，以毁卒。（其弟季萱旋亦以哭母兄而逝。）得旨宣付国史馆孝友传，并赐一门孝友匾额。事迹具详册中。

关于乐山公驰书训子事，《乐山公事略》云："寄书训子，教以治民教士之法。陈文恭公时为陕西巡抚，见其书大为称赏，刊发通省官厅，以资策勉。此书后刻入《经世文编》，为世传诵。"册载原书，庭训官箴，深可玩味。以未尝服官之人，而言之委曲精详若是，尤为难得。书后附有环溪公跋云："桂林陈公抚陕时批先君子此书凡三番，初云：'布衣也，表里雪亮，总由根底深厚，人情物理无不洞悉入微，安得如斯人者出为民福。'既云：'临潼旅次阅镇志，再绎此书，理足词挚，何其真切有味也。直可为居官龟鉴，不仅庭训可传已也。'最后云：'只此一篇，抵过著书数十卷，爱乐为圈注，用广穀诒。'男焘谨述。"陈文恭（宏谋）为乾隆间名臣，久任疆圻，讲求吏治，称许此书，至再至三，信乎其可传也。左文襄（宗棠）于此书亦极注意，见《仲芳公轶事》。据云："先君初竭左文襄公于金陵,年方二十七岁。文襄问先君,有名继模作《诫子书》者,是府上先代否? 先君答是先太高祖。文襄问尚能记忆其文否? 答曰能。文襄曰:'我二十年前于《经世文编》中读此文,甚为嘉叹,至今尚能成诵。'即对先君背诵其文数段。先君于其漏落处为正其误,文襄甚喜,曰:'数典不忘其祖,可嘉也。'"文襄虽以武略显,固亦重视史治者。关于以医术济人事,《事略》更有云:"八十四岁,先煮丁继母忧归,以公高年,遂不复出。一日深夜雪中有敲门乞赴诊者,子先煮起应门,告来人曰:'老人年高,深夜不能惊动,候天明来可也。'公已闻声振衣起矣,即呼子入内曰:'此是生产危急,何可迟误!'遂着屦偕行。其舍己济人之心,如此真切,殆医界所罕有也。"良足风已。

《亦峰公办理新宁余李两姓械斗案纪略》《亦峰公勘讯赵莫两姓田坦禀稿》,读之可见其宦粤政绩之一斑。盖心精力果,尤重民命,异乎俗吏所为也。

曾、聂二家之缔姻,忠襄所主持也。《崇德老人年谱》己巳(同治八年,十八岁)云:"十月间……余之姻事即定议于此时,忠襄公作伐之函今犹在也。纳采、回聘等事皆忠襄公代办。"又按文正日记是年十一月有云:"接澄、沅两弟信。澄劝送眷回籍,沅拟以晚女许聂家,皆有肫诚顾恤之意。久宦于外,疾病相寻,如舟行海中,不得停泊,惟兄弟骨肉至亲能亮之也。"盖深感其意焉。

《年谱》纪幼时事,如癸亥(同治二年,十二岁)有云:"余幼时头上常生虮,留发甚迟,十一岁始留发。因发短年稚,须倚丁婆为余梳头。其时方行抓髻,须以铁丝为架而髮绕之。余闻而以意仿制,为之过大,文正见而戏曰:'须唤木匠改大门框也。'文正平日对儿女极严肃,惟亦偶作谐语。文正又尝对欧阳太夫人云:'满女是阿弥陀佛相。'阿弥陀佛者,湘乡语云老实相也。"家庭琐屑,写来亦有趣致,文正性甚严正,却又以好作谐语著称也。

文正治家,以勤俭为主,其见于《家书》《家训》及《崇德老人年谱》者,不一而足,虽臻通显,而于保持勤俭之家风三致意焉。治家之善,令人叹服。崇德老人自幼亲承庭训,适聂而后,守文正之遗旨,亦以勤俭持家,历久不衰,盖文正之遗泽远矣。

其尤足动人观感者,文正在两江总督任时,为家中妇女定一功课单,分食事、衣事、细工、粗工四项。见《崇德老人年谱》戊辰(同治七年,十七岁)云:

> 是年三月由湘东下至江宁,二十八日入居新督署。五月二十四日文正公为余辈定功课单如左:

| 早饭后 | 做小菜、点心、酒、酱之类 | 食事 |
| 巳午刻 | 纺花或绩麻 | 衣事 |
| 中饭后 | 做针黹、刺绣之类 | 细工 |
| 酉刻过二更后 | 做男鞋、女鞋或缝衣 | 粗工 |

> 吾家男子于看、读、写、作四字缺一不可,妇女于衣、食、粗、细四字缺一不可。吾已教训数年,总未做出一定规矩。自后每日立定功课,吾亲自验功。食事则每日验一次。衣事则三日验一次,纺者验线子,绩者验鹅蛋。细工则五日验一次。粗工则每月验一次,每月须做成男鞋一双,女鞋不验。

> 右验功课单谕儿妇、侄妇、满女知之,甥妇到日亦照此遵行。

> 同治七年五月廿四日　家勤则兴,人勤则健,能勤能俭永不贫贱。

以侯相之尊,兼圻之贵,家中妇女,乃于此种功课单下勤其操作,使今日所谓新式家庭"摩登"妇女见之,当为失笑,然文正治家之精神(淳朴勤俭),斯实寓焉。今时易事迁,固难尽泥,而其命意所在,仍足师法也。崇德老人能师其意,故克以善于持家闻。此册特影印文正手书此项功课单之原迹,并将老人民国三十年手书跋语(时年九十矣)一并影印。跋语云:"吾家世居湘乡深山,距河甚远,地方俗尚勤朴。文正公历游南北,目睹都市浮华虚伪之习,早知大乱之将至,后居高位,深恐家人染奢惰之习,决计仍返乡居,以保存勤俭耕读之家风,此功课单即本斯旨。我国旧日女子习文事者,每每趋向浮华,而厌弃劳作。文正公教余等于勤俭早起衣食工作数事,躬亲督责,不稍宽假。常言人之福泽有限,幼年享用则老年艰窘,凡人均学多作有益于人之事,况此均分内之事乎!回思生平所得受用,皆由受此基本训练之所致也。近来女子教育摹仿西洋,以享乐为目的,视奢惰为当然,其影响于社会国家者已可见矣。因敬刊此单行世,或于民族复兴之教育有所贡献耳。民国辛巳仲秋聂曾纪芬敬识。"词意极其肫切,知湘人淑世之意深也。

崇德老人之手书影印于册者,更有所录文正《不忮不求》诗,以其垂训警切而醒豁,为极佳之格言。凡书数过,或以应乞书者,盖亦含有劝世之意。此为民国三十一年所书,(时年九十有一,即其逝世之岁也。)亦附有短跋云:"同治庚午,先文正公奉命赴天津办理教案,事机严重,虑有不测,手书遗训,作此二诗,以诫子孙。曰:'忮不去,满怀皆是荆棘。求不去,满腔日即卑污。'临难之际,惟以此为训,其重视可知矣。因敬录之,以勖后辈。民国壬午年仲春,崇德老人敬书并跋,时年九十有一。"文正书法,无待赘言。老人亦工于书,九十高龄,字书端劲清润,无一懈笔,盖德器福泽,亦可略见于斯焉。

老人适聂之初,盖亦尝历艰困,后乃渐臻康娱之境,其事颇散见于《年谱》，《崇德老人高寿厚福之由来》更为综括之叙述云："文正公生平以廉俭率属，誓不以军中一钱作家用，嫁女以二百为限。先母结缡，在文正公及夫人逝世之后，奁资较诸子为丰。适先祖慈有存款为银号所倒失，先母遂尽出其所有二千金代偿，以舒堂上之忧。私蓄一空，且至贷欠，家计匮乏，备尝艰辛。先君蒙左文襄公器重，历加委任，幸得薪水以支家用。先母晚年谈及昔时情况，犹有时泪随声下焉。先慈生时，先外祖母欧阳侯夫人已年逾四十，且体弱多疾，故先慈秉赋不强，幼而多病。后因生育，益以忧劳，屡至笃疾，动经数月。中年以后，事境渐顺，体气渐充。六十以后居沪，诸子及媳，诸女及婿，孙、曾外孙数十人，多在膝前。有媳七人，皆系出名门，能色笑承欢。婿四人，皆一时才彦。先慈顾而乐之，其晚景之愉快，固不在物质之享用也。窃综先慈生平，早年拂郁，而晚岁康娱，体质素弱，而竟享高寿，直至九十一岁冬月逝世时，耳目聪朗，神明不衰，一家蒙其福荫，子孙受其化泽。其致之之道，实由夙植德本，乐善不倦，仁慈惜福……敬以所知缕列于左。"所列凡四项，为（一）戒杀放生，（二）节俭惜物，（三）济贫施лл，（四）存心无我，各加叙述。又云："先慈赋性仁厚，心气和平，生平无疾声厉色，对于他人之行事，常曲加谅解，故恼怒时少，愉悦时多。烟酒激刺有碍卫生之物，素不沾唇。牌赌看戏耗损精神之事，概行屏绝。他如饮食有节，起居有时，作事有恒，言语简默，皆为受福致寿之道，亦由恪守文正遗训所得受用也。"由屯而亨，家运之转移，本乎人事。老人厚德载福，其体质亦由弱而强，深得养生之道也。

仲芳中丞受知左文襄，畀任上海制造局差，由是著声，遂得置身通显，扬历封疆，故于文襄极感知遇。而文襄之相待，实亦不同恒泛也。《仲芳公轶事》云："先君初谒左文襄公于金陵……（按此

327

段即前引谈及乐山公《诫子书》一节。）即留饭，并命常进见，见必同饭。次年蒙委任两江营务处会办。营务处即今之参谋处，为筹画军事之机关。自平定新疆归来，数年间初无军事，而文襄注重军备不稍懈，设营务处于署内，每日数小时至处办事，并在处午餐，总、会办皆陪食。其学问之博，谋略之远，治事之勤，求才之切，皆有不可及者。文襄膳食常有犬肉，一日以箸送犬肉至先君饭碗，先君伺隙潜置案上。文襄见之，即曰：'此名地羊肉，味甚美，何为不食？'先君对曰：'素戒食牛犬，不敢犯耳。'文襄笑而诺之。又明年，蒙委任上海制造局会办。时广西越南边事已萌动，文襄命先君赴沪，夜工加紧造械，除夕前一日奉札即行，不许在家过年也。又两年蒙委充总办。先是局中素无造后膛枪炮之设备，先君在局凡八年，任内造成保民铁甲兵舰一只，此为中国自制铁甲兵舰之始，又仿英国阿姆司脱郎自升降式造成十二寸口径大炮四尊，分装于吴淞及大沽两炮台，此为当时各国海防巨炮最大之口径也。时所用之工程师为英人彭托，全用中国工匠，造成世界最新之武器……同时无烟火药、后膛枪、七生的野战炮，亦皆造成。先君离局后，兵舰及大炮均未继续。十年前炮厂尚存未完工之大炮一尊，据称尚系五十前年之半制品云。曾文正公于咸丰季年即延揽科学专家，自制轮船、机器。金陵事定之后，筹设上海制造局，招致天算科学人材，如李壬叔、徐雪村、华蘅芳，后又设方言馆训练学生，延英人傅兰雅君翻译科学书籍……当时局中译印科学工程书籍百余种。先君离局后，傅君旋去。又数年，译书之举遂废。忆在光绪二十五六年已见《无线电》《爱克司光》两书，以后遂无出版。人亡政熄，良可叹也。民国以来，因造枪机器已老，枪厂全停，只造子弹。光绪末年尚造野战炮，后亦渐停。机器日老，不复换新，遂使前人艰难缔造之规模,全行废弃,亦国运为之也……昔年制造局交通不便,先君商之炮队营统领杨君金龙,利用军队,修筑马路,直通法租界,两旁植杨柳,即今之制造局路。其时制造工人、各营弁兵湘人甚众,遂发起建立湖南会馆。初仅三楹,后加扩充,即今日之会馆也。"所叙制造局事,为其重要之史料,中国兵工事业之可追溯者也。(制造局兼办译书事业,以开风气而输入科学知识,亦其时一特色,影响颇巨。)至左文襄之嗜食犬肉,亦名人轶事之罕见他家记载者。(李文忠鸿章有食犬肉之传说。)如《所闻录》云:"李至伦敦时,于英故将军戈登之纪念碑下表敬意,将军之遗族感激之,以极爱之犬为赠。此犬盖于各地竞犬会中得一等赏者也。以此赠李,盖所以表非常感谢之意,不意数日后得李氏谢柬,中有云:'厚意投下,感激之至。惟是老夫耄矣,于饮食不能多进,所赏珍味,感欣得沾奇珍,颐朵有幸'云云。将军之遗族得之大诧,报纸喧腾,传为笑柄。"此无稽之谈也。西人凤盛传华人均喜食犬肉,故有此谣耳。若文襄之事,聂亲见之,则信而有征矣。《所闻录》为民初上海发行中国图书局编印之《满清稗史》所收,未详辑者为谁何。

《崇谱》所述,可相印证,并及崇德老人之谒文襄与文襄所以款接故人之女者,亦足使读者深感兴味。壬午(光绪八年)云:"是年春中丞公随左文襄出省阅兵……来宁就差,亦既两年,仅恃湖北督销局五十金,用度不继,遂略向左文襄之儿媳言之,非中丞公所愿也。是年始奉委上海制造局会办。进见之日,同坐者数辈,皆得委当时所谓阔差而退。文襄送客,而独留中丞公小坐,谓之曰:'君今日得无不快意耶?若辈皆为贫而仕,惟君可任大事,勉自为之也。'故中丞公一生感激文襄知遇最深。是年年终奉文襄命赶制过山炮百尊,限日解宁,竟未遑在宁度岁也。"又云:"文襄督两江之日,待中丞公不啻子侄,亦时垂询及余,欲余往谒。余于先年冬曾一度至其行辕,在大堂下舆,越庭院数重,始至内室,文襄适又公出。余自壬申奉文正丧出署,别此地正十年,抚今追昔,百感交集,故其后文襄虽屡次询及,余终不愿往。继而文襄知余意,乃令特开中门,肩舆直至三堂。下舆相见礼毕,文襄谓余曰:'文正是壬申生耶?'余曰:'辛未也。'文襄曰:'然则长吾一岁,宜以叔父视吾矣。'因令余周视署中,重寻十年前卧起之室,余敬诺之。嗣后忠襄公至宁,文襄语及之曰:'满小姐已认吾家为其外家矣。'湘俗谓小者曰满,故以称余也。"曾、左夙交,后虽相失,旧谊仍在,因文正而厚其女及婿,谈吐之间,亦见老辈风韵,佳话可传。文正长于文襄一岁,文襄固久知之。同治元年壬戌,文正以两江总督拜协办大学士之命,文襄时官浙江巡抚,例于阁臣自称晚生,而致书文正,请仍循兄弟之称,谓仅幼于文正一岁也。迨文襄西征奏绩,以陕甘总督协办大学士,旋晋大学士。光绪元年乙亥答忠襄(时官河东河道总督,与书文襄循例自称晚生)书(见文襄书牍)举前事为言云:"来示循例称晚,正有故事可援。文正得协揆时,弟与书言,依例应晚,惟念我生只后公一年,似未为晚,请仍从弟呼为是。文正覆函云,曾记戏文一出:'恕汝无罪!'兄欲循例,盍亦循此。一笑。"此为曾、左雅谑之关乎年龄者,文襄是时忽对崇德老人发文正生年之问,似非耄而偶忘,殆故示懵懂(俗所谓倚老卖老)以作谈资欤。

(原载《古今》1943 年第 36 期)

# 五十　读《崇德老人纪念册》(下)

至老人所云湖北督销局差，为湖广总督李勤恪（瀚章）所委，谱中亦述其事。辛巳（光绪七年）云："其时李勤恪公瀚章为鄂督，中丞公嘱余于过武昌时以世谊谒李太夫人于节署。李太夫人在宁时故与欧阳太夫人相过从，相距十年，中更多故，一见即殷殷款接。次日札委督销局差，月薪五十两，由制军之如夫人亲送至舟次。余以舟中狭陋，力辞其报谒，特移舟于汉阳以避之，不意其仍渡江而至也。制军又派炮船一艘护送至宁……"则所谓"曾李一家"，题中应有之义也。

仲芳中丞佐理制造局事，李勤恪（兴锐）时为制造局总办，意不谓然，尝具禀左文襄以沮之。《崇谱》甲申（光绪十年）云："初李君兴锐为制造局总办，会禀文襄，欲不令中丞公驻沪，预送干薪，文襄拒之，并催中丞公速到差，不令在宁少留。李后为人禀讦，罗列多款，文襄密饬中丞公查覆。中丞公复委员密查，覆按所控，多有实据。中丞公将据以禀覆文襄，稿已成，旋又毁之，别具稿，多为李弥缝洗刷。继而李以丁忧去，居沪病足，中丞仍时往视之，未尝以前事介怀也。"按《文襄书牍》，关于聂任局差，有壬午覆李书云："聂仲芳非弟素识，其差赴上海局，由王若农及司道佥称其人肯说直话，弟见其在此尚称驯谨，故遂委之。又近来于造船购炮诸事，极意请求，机器一局，正可借以磨厉人才。仲芳尚有志西学，故命

331

其入局学习,并非以此位置闲人,代谋薪水也。来书所陈曾侯旧论,弟固无所闻。劼刚聪明仁孝,与松生密而与仲芳疏,必自有说。惟弟于此亦有不能释然于怀者,曾文正尝自笑坦运不佳,于诸婿中少所许可,即栗诚亦不甚得其欢心,其所许可者只劼刚一人,而又颇忧其聪明太露,此必有所见而云然。然吾辈待其后昆,不敢以此稍形轩轾。上年弟在京寓,目睹栗诚苦窘情状,不觉慨然,为谋药饵之资,殡殓衣棺及还丧乡里之费,亦未尝有所歧视也。劼刚在伦敦致书言谢,却极拳拳,是于骨肉间不敢妄生爱憎厚薄之念,亦概可想。兹于仲芳何独不然?日记云云,是劼刚一时失检,未可据为定评。《传》曰:'思其人,犹爱其树,君子用情,惟其厚焉。'以此言之,阁下之处仲芳,亦自有道。局员非官僚之比,局务非政事之比,仲芳能则进之,不能则禀撤之。其幸而无过也容之,不幸而有过则攻之讦之,俾有感奋激厉之心,以生其欢欣鼓舞激励震惧之念。庶仲芳有所成就,不至弃为废材,而阁下有以处仲芳,亦有以对曾文正矣。弟与文正论交最早,彼此推诚许与,天下所共知;晚岁凶终隙末,亦天下所共见。然文正逝后,待文正之子若弟及其亲友,无异文正之生存也。阁下以为然耶?否耶?至于薪水每月五十两,具禀会后衔,均非要义,弟自有以处之,不必以此为说也。"语极恳到,盖眷念故交与裁成后进,均深具热情焉。述与文正交期终始,亦有光明磊落之概。当文正之逝,文襄家书与子孝威有云:"涤侯无疾而终,真是大福。(赠太傅,谥文正,饰终之典,极为优渥,所谓礼亦宜之也。)惟两江替人,殊非易易,时局未稳,而当世贤能殊不多觏,颇为忧之。"(壬申三月。)又云:"曾侯之丧,吾甚悲之,不但时局可虑,且交游情谊亦难恝然也。已致赙四百金,挽联云:'知人之明,谋国之忠,自愧不如元辅;同心若金,攻错若石,相期无负平生。'盖亦道实语。见何小宋代恳恩恤一疏,于侯心事颇道得著,阐发不遗余力,知劼刚亦能言父实际,可谓无忝矣。君臣朋友之间,居心宜直,用情宜厚。从前彼此争论,每拜疏后即录稿咨送,可谓锄去陵谷,绝无城府。至兹感伤不暇之时,乃复负气耶?'知人之明,谋国之忠'两语,亦久见章奏,非始毁今誉,儿当知我心也。丧过湘干时,尔宜赴吊,以敬父执。牲醴肴馔,自不可少,更能作诔哀之,申吾不尽之意,尤是道理。明杨武陵与黄石斋先生不协,石斋先生劾其夺情,本持正论,后谪戍黔中,行过枉渚,惧其家报复,微服而行。武陵之子长苍(山松)闻之,亟往起居,恰然致敬,呈诗云:'乃者吾翁真拜赐,异时夫子直非沽。奭犹有意疑公旦,奚却由来举解狐。'(后两韵不复记忆,《沅湘耆旧集》中可取视之。)此可谓知敬其父以及父之执者。吾与侯所争者国事兵略,非争权竞势比,同时纤儒妄生揣拟之词,何直一哂耶?"又书牍中答袁筱坞(保恒)有云:"曾侯戛然而止,几生修到?弟挽之云:'谋国之忠,知人之明,自愧不如元辅;同心若金,攻错若石,相期无负平生。'盖亦道实也。顷接来书,知饰终之典备极优渥,朝廷恩礼劳臣,有加无已。涤侯有知,亦当感激图报来生。惟两江局势宏阔,嗣事颇难其人,为可念耳!"(壬申)又答刘岘庄(坤一)有云:"戡乱之才,殊难屈指。而曾侯之逝,于时局尤觉非宜,横览九州,同侣存者无几。宇宙之大,岂可无十数伟材错落其间,念之心瘁。"(同上)披沥肝胆之言,衷怀尤备见矣。后来文襄对文正虽仍不免有不满之口吻,则气矜之隆,未泯争名之念,不愿见谓为文正系下之人物,又当别论耳。至"大福""几生修到"云云,乃自怀晚节之意。时负西征重任,事尚未了,前途蹉跌堪虞也。

曾惠敏(纪泽)奉命出使时,于仲芳中丞有贬词,(不愿令其随使,语见《曾侯日记》,辛巳已有申报馆排印本。)即李以为言,而左文襄谓"劼刚一时失检,未可据为定评"者也。《崇谱》壬午云:"初惠敏之出使也,中丞公本有意随行,以陈氏姊婿在奏调之列,未便联翩而往,不果。及本年春间来电调往,则以堂上年高,不听远离,余又方有身,不克同行,复不果。郭筠老曾为往复代酌此事,其手函尚在。"是惠敏所见已与昔异矣。迨惠敏不朝后,《崇谱》己丑(光绪十五年)云:"是年忠襄公奏保中丞公以道员留苏补用,并交军机处存记。得保后赴京引见。惠敏公在京邸,手画朝日江山于纨扇,并题诗赠行。其诗如次:'朝暾出海月斜初,五色烟云饰太虚。凭我丹青摹造化,祝君绯紫启权舆。阳关四句唱三叠,天保六章图九如。诗画送君情趣永,携归兼当大雷书。'"尤寓引重之意。(诗亦见惠敏诗集,题为《题所画聂仲芳观察妹丈扇》。末二句作"诗画证余情趣永,携归兼代大雷书",有三字不同,盖后经改定者。)

文正同治十一年壬申二月卒于两江总督任,《崇德老人年谱》所述情事云:"是年正月二十三日,文正公对客,偶患足筋上缩,移时而复。入内室时,语仲姊曰:'吾适以为大限将至,不自意又能复常也。'至二十六日,出门拜客,忽欲语而不能,似将动风抽掣者,稍服药旋即愈矣。众以请假暂休为劝,公曰:'请假后宁尚有销假时耶?'又询欧阳太夫人以竹亭公逝世病状,盖竹亭公亦以二月初四日逝世也。语竟,公曰:'吾他日当俄然而逝,不至如此也。'至二月初四日,饭后在内室小坐,余姊妹剖橙以进,公少尝之,旋至署西花园中散步。花园甚大,而满园已走遍,尚欲登楼,以工程未毕而止。散步久之,忽足屡前蹴,惠敏在旁,请曰:'纳履未安耶?'公曰:'吾觉足麻也。'惠敏亟与从行之戈什哈抉掖,渐不能行,即已抽搐,因呼椅至,掖至椅中,舁以入花厅,家人环集,不复能语,端坐三刻遂薨。二姊于病亟时祷天割臂,亦无救矣。时二月初四日戌刻也。"所述有为诸记载所未详者。文正之逝,类所谓无疾而终者,故文襄云然。俞荫甫(樾)《春在堂尺牍》是年与兄壬甫有云:"还杭后闻人言曾文正师事,乃知真灵位业中人,来去分明,固自不同。其身后事皆自料理楚楚,然后归真。二月朔梅方伯入见,劝暂请假,公笑曰:'吾不请假矣,恐无销假日也。'至诚前知,岂不信夫!"亦可参阅。盖预忖将不久留于世,身后诸事,早经料理,无待临终之际也。文正秉赋素强,胡文忠(林翼)尝称其精力过一世人,乃以兵间积瘁,功成而后,忧劳未已,加之办理天津教案,苦心不为舆论所谅,自谓"外惭清议,内疚神明",隐痛尤深,天年以损,年甫六十有二,遽为历史上人物,不克大展抱负,于政治上建立宏规,实中国之大不幸。

《崇谱》关于文正、忠襄置产之事,亦有所述。己未(咸丰九年)云:"忠襄公于是年构新居,颇壮丽,前有辕门,后仿公署之制,为门数重,乡人颇有浮议。文正闻而驰书令毁之。余犹忆戏场之屋脊,为江西所烧之蓝花回文格也。"甲子(同治三年)云:"文正在军未尝自营居室,惟咸丰中于家起书屋,号曰思云馆。湘俗构新屋,必诵上梁文,工匠无知,乃以湘乡土音为之颂曰:'两江总督太细,要到南京做皇帝。'湘谚谓小为细也。其时乡愚无知,可见一斑。忠襄公每克一名城,奏一凯战,必请假还家一次,颇以求田问舍自晦。文正则向不肯置田宅。澄侯公于咸丰五年代买衡阳之田,又同治六年修富厚堂屋费七千缗,皆为文正所责。文正、忠襄所自处不同,而无矜伐功名之意则一也。"又云:"文正官京师时,俸入无多,每年节啬以奉重堂甘旨,为数甚微。治军之日,亦仅年寄十金、二十金至家。及功成位显，而竹亭公已薨，故尤不肯付家中以巨资。至直督任时，始积俸银二万金。比及薨逝，惠敏秉承遗志，谢却赙赠，仅收门生故吏所酿集之刻全集费。略有余裕，合以俸余，粗得略置田宅。"文正、忠襄性行不尽同处，于此亦可略见。忠襄构新居，营建拟衙署规模，盖不免豪杰阔疏之病，若工匠俚颂，虽可笑，却颇有趣。在当时国人心目中，文正固中国第一人也。俗传有劝文正帝制自为者，为文正所拒，实则文正以忠义激厉将士，以纲常名教倡率群伦，使果作异图，何言以对同志及部下乎？稍知文正为人及其时情势者，必不能以此说进也。（有彭刚直玉麟以此相劝之说，最谬。）

惠敏之秉承遗志谢却赙赠，其见于《左文襄家书》者，如壬申六月与子孝威、孝宽等有云："曾文正之丧，已归湘中，致赙不受，劼刚以遗命为言，礼也。"又见于《李文忠朋僚函稿》者，如壬申二月致曾劼刚（纪泽）、栗诚（纪鸿）有云："谨备联幛，并赙仪二千两，极知清风亮节，平生一介必严，岂敢漫以相溷。惟受知如鸿章之深且久，窃禄最厚，若不稍助大事，亦太靦颜，乞勿以恒情视之，即赐察存为幸。"三月致曾劼刚有云："吾弟守不家于丧之训，坚却赗赙。第思师门素无蓄积，即蒙赏银两，计归葬卜地一切，礼文周备，需费尤多。若寻常知交，自概屏绝，如鸿章兄弟等，谊同骨肉，仍不敢遽遗多金，亦虑有累清德，此戋戋者岂尚弗蒙鉴纳耶？"于文忠且然，他更可知矣。

《崇谱》又述及忠襄轶事，亦甚有致。庚寅（光绪十六年）云："犹忆先年忠襄公大阅来沪，查视制造局，局中供张筵席，遵谕以筵设于我宅，并云：'余忌口，只吃肉汤煮白菜，别无所须。'诸儿于是初谒叔外祖，老人顾而乐之云：'吾在湘应试时，考生均衣竹布长衫呢马褂,汝等正与此辈考相公相同。检朴可风,可与吾同餐也。'更衣之顷,中丞公传索宫保之小帽,忠襄公笑曰:'无须。'言次即从袖中取旧瓜皮帽一枚,冠之于首。今犹忆其帽污敝不堪,即此可见忠襄公平日服御之所讲究也。"写来情态宛然。

关于珍玩者,《崇谱》丙寅(同治五年)云:"文正在暑中,无敢以苞苴进者,故太夫人无珍玩之饰。余所忆者,为黄提督翼升之夫人坚欲奉太夫人为义母,献翡翠钏一双,明珠一粒。某年太夫人生辰,又献纺绸帐一铺。此帐吾母留作余嫁奁之用,余至今用之未坏也。又邵位西丈之夫人因避寇率子女至上海。文正公闻之,派轮船威灵密迎邵夫人并二子及已嫁一女至安庆,每月赠银二十两,俾得赁居。后因邵夫人及长子相继逝世,其次子及婿送灵回浙,其女独处,文正命拜欧阳太大人为义母,暂居署中。其女以其逃难时衣中所藏珍珠一粒为赘。此珠旋以赠忠襄夫人。忠襄夫人尝有累金珠花一副,为部将某回乡后所献,号为珍贵。此外所藏器玩,无非玉瓶如意之属,亦未见珍奇异常之物。"此可纠俗传湘军下金陵后洪宫珍尽入曾氏之诬。李伯元(宾嘉)《南亭笔记》云:"会忠襄为文正介弟,攻金陵既破,搜遗敌,入天王府。见殿上悬圆灯四,大于五石瓠,黑柱内撑如儿臂,而以红纱饰其外。某提督在旁诧曰:'此元时宝物也!'盖以风磨铜鼓铸而成,后遂为忠襄所得……闻忠襄于此中获资数千万。盖无论何处,皆窖藏所在也。除报效若干外,其余悉辇于家。"又云:"忠襄既破南京,于天王府获东珠一挂,大如指顶,圆若弹丸,数之得百余颗,诚稀世之宝也。忠襄配以背云之类,改作朝珠,每出熠熠有光,夺人之目。忠襄病笃,忽发喘哮之症,医者谓宜用珠粉,仓猝间乃脱其一,碎而进之,闻者咸称可惜。又获一翡翠西瓜,大于栲栳,裂一缝,黑斑如子,红质如瓤,朗润鲜明,殆无其匹,识者曰:'此圆明园物也。'"若斯之类,良可喷饭。

甲申(光绪十年)之役,上海方面亦因而震动。《崇谱》是年云:"是年七月,法人侵入马江,击沈中国兵舰数艘,惟扬武舰曾还击数炮。虽扬武终被击沈,法提督孤拔亦被我军炮击阵亡。法人讳莫如深,中国反毫无所知。其时北洋连日来数电,云法人欲来占制造局。全局震动,纷纷迁徙。潘镜如家迁苏,蔡二源家迁租界,其余迁租界、迁宁波者不胜纪载,并有中途遭抢劫者。适有卖珠翠之妪曾存翠簪一枝于我处,闻信急来取,云明日即来攻局矣。余虽闻知,亦惟付之天命,并不知着急。一日中丞公忽云:'余已定得一船,宜略为择要检点细软行李,预备紧急时即率小孩等婢媪上船避往松江。'余云:'君将如何?'中丞公云:'余有守厂之责不能走也。'余曰:'余向不以自己性命为重,死亦同死,不必搬动。'中丞公云:'君虽不畏死,其如诸儿何?'余闻其言亦自有理,不觉涕泣,略事收拾,并未登舟。后亦未闻警报。八月,张太夫人因闻上海风声紧急,且知余方有身,遣一仆来沪接吾等回湘。其时法人已将议和,故亦未行。"是役并未波及上海,而上海方面已惊扰如此,盖海疆寡备之故。李文忠于桂、滇陆路大胜之后,以"见好便收"为言,亟成和局,置清议之责备于不顾,实深以沿海为虑也。于此亦可由一隅而见其概焉。

《崇谱》止于辛(民国二十年),时年八十也。(八十以后事,其女婿瞿宣颖撮要附述于谱后。)是岁谈所见八十年来妇女妆束之变迁(附有图说),并及饮食风尚之类,可珍之社会史料也。

民国二十一年老人有《廉俭救国说》,自述旨趣,由其子其杰撰文(附载于《崇德老人八十自订年谱》)陈述古今中外成败得失之故,证之以事效,语重心长,亦甚可读。中有云:"余生值咸丰初年,粤乱初起,先文正公……初以乡绅任团练,后则总制各省军务,统兵至十余万,以廉率属,以俭治家,誓不以军中一钱寄家用,竟能造为风气,与一时将吏以道义廉洁相勉循,故克和衷共济,戡定大难。一二在上位者,克己制欲,而其成效有如此者。先公在军时,先母居乡,手中竟无零钱可用。拮据情形,为他人所不谅,以为督抚大帅之家,不应窘乏若此。其时乡间有言,修善堂杀一猪之油止能供三日之贪,黄金堂杀一鸡之油亦须作三日之用。修善堂者,先叔澄侯公所居,因办理乡团,公事客多,饭常数桌。黄金堂则先母所居之宅也。此即可知当时先母节俭之情形矣。厥后居两江督署,先公常欲维持乡居生活状况,平日衣服不准用丝绸。一日客至,予着羽纱袄,锭有阑干。客去而文正公入,以目注视,问母云:'满女衣何华好?'母亟答云:'适见客耳。'羽纱洋货,质薄而粗,价比呢廉,比湖绸更廉矣。所锭阑干,南京所织,每尺三十文耳。平日亦着此袄,外罩布褂,见客则去罩衣。先公所定章程,子女婚嫁皆以用二百金为限,衣止两箱,金器两件,一扁簪,一挖耳,一切皆在此二百金中。予等纺纱绩麻,缝纴烹调,日有定课,几无暇刻,先公亲自验功。昔时妇女鞋袜,无论贫富,率皆自制,予等兼须为吾父及诸兄制履,以为功课。纺纱之工,予至四十余岁,随先外子居臬署时,犹常为之,后则改用机器缝衣,二十年来此机器常置座旁,今八十一岁矣,犹以女红为乐,皆少时所受训练之益也。余所以琐琐述此者,盖社会奢俭之风,皆由少数人所提倡。贵人妻女实为奢侈作俑之尤,且每为男子操行事业之累,故先公对于予等督责如是之严也。余既早受此等训育,终身以为习惯,选购衣料,常取过时货,因其廉也。忆甲午年在沪道署中,先嫂曾惠敏公夫人来署,见余所买花边式样陈旧,因言:'此物无人用矣。今所行洋花边,花色鲜美,胜此十倍。'予曰:'予已见之,且代人买过,然价视此数倍。余所买者,虽已过时,余自爱之,且喜其价为中国所得,金钱不外流也。'嫂笑云:'靠你一人所省,能有几何?'余曰:'虽然,若人人能如是着想,或皇太后能见及此,而不爱洋货珍玩,则所省多矣。'盖时值慈禧太后六旬万寿,各省督、抚纷纷在沪采办各国奇巧之物,以为贡品……"录资与册中所纪合观。

余曩读《崇德老人八十自订谱》,即感觉甚深之兴味,以为其人可传,所述诸事,更足资治史之考镜,其价值不仅在家乘一方面。兹于老人逝世后,复获读《崇德老人纪念册》,年谱而外,并有其它数种,有裨文献,益非浅鲜。读后漫为谈述,辅以他项资料,用作引申,或可为读斯册者之一助欤!

老人诸子,以云台(其杰)为最有名。(曾任上海商会会长。)初为基督教徒,继则皈依佛教,持戒甚严,不独茹素,并常绝食。中年办《家言旬刊》,多纠正物质文明之失而提倡中国固有文化之言论。又尝著《人生指津》,风行一时。近年因衰疾,以科学方法研究中药,其事可附述,爰据所知,缀志其略。

(原载《古今》1943 年第 37 期)

# 五十一　谈林长民

民初政客好蓄长髯,以大胡子名者颇不乏人,若林宗孟氏(长民),亦其中一有名之人物也。

林氏为福建闽侯人,清末留学日本,卒业于早稻田大学政治科。后来之政治生活,基于是焉。

当在日本时,即为留学界知名之士,众皆属目。曾充留学生公会会长,排难解纷,周旋肆应,翕然被推服。说者谓其有数长:一有才,既具学识,尤善治事,处理公众事务,秩然不紊,遇有困难,亦能善为应付,解除症结。一有口才,善于辞令,辩才无碍。一有财,家本素封,交际所需,不匮于用,是以各方酬酢,不感扞格。留学会长之胜任愉快,斯亦一重要条件。(所谓无贝之才济以有贝之财也。)一有胆,遇事肯担当,不畏葸。具此数长,用能翘然杰出于同时辈流。留学界中之优秀分子,如汤济武(化龙)、刘崧生(崇佑)等,均甚相引重,互订深交。梁任公(启超)时在日主办杂志,发掘政论,林等与通款曲,均后来所谓研究系之中坚也。

归国后,与刘崧生在闽创办法政学堂(私立)。时各省设立谘议局(犹民初之省议会),遂充福建谘议局书记长(犹秘书长),刘氏则由议员而任副议长。同为谘议局之要人,齐名一时,已渐作政治活动。

民国成立,益从事于政治活动,世多知政客中有林长民其人

341

矣。迨袁世凯解散国会,政党失败,政客多落莫。民国三年,在所谓总统之下,有参政院之设立,以副总统黎元洪为院长,汪大燮为副院长,林氏则为秘书长。黎本军人,汪虽久历政途,而于此类议事机关,亦非素习,故院务多倚林以办。

参政院不过袁氏实行独裁政治时一形式的机关,除奉令承教为机械的动作外,势难有所发摅。林氏之任秘书长,亦不过无聊中一相当位置,在政治上固无甚意义也。而处理事务,夙具特长,丰采谈吐,亦为人所注意,时称其秀在骨。余于斯际尝与相晤,见其躯干短小,而英发之概呈于眉宇,貌癯而气腴,美髯飘动,益形其精神之健旺,言语则简括有力,盖无愧政客中之表表者。

其平生其在政界地位最高时,为任段内阁之司法总长。民国六年有复辟之举,段祺瑞誓师马厂,兴兵入京,以梁启超、汤化龙为参赞,林氏亦赞画其间。复辟既败,段以国务总理重组内阁,梁、汤、林联翩被任阁员(国务员)。当时全体阁员为国务总理兼陆军总长段祺瑞、外交总长汪大燮、内务总长汤化龙、财政总长梁启超、海军总长刘冠雄、司法总长林长民、教育总长范源廉、农商总长张国淦、交通总长曹汝霖。汤、梁、林、范号为研究系四阁员。(民初政党活动时,汤、梁为民主党领袖,民主党旋与共和、统一两党合组为进步党,与国民党对立。嗣政党瓦解,产生许多小政团,宪法研究会为政团之一,中多旧民主党人物,后来研究系之称本此。梁、汤以历史之关系被目为研究系首领,林、范则亦系中重要分子。范较接近于梁,林较接近于汤。)未几段与代理大总统冯国璋发生暗潮,(段对南主战,谋武力统一,冯则主和,阴挠之。)以川、湘两路军事失败去职。梁、汤等在阁已颇与段意见不尽合,至是随段下台。(段旋再起,另是一局面矣。)林氏之居政府,仅此一度。下台后镌一小印,曰"三月司寇",以为纪念。

在司法总长任时,对同乡等之求职者,苦于粥少僧多,每向之力言官之不可做,谆劝回家种田。其曾习法学而必须位置者,则特设一机关(其名称似为法制委员会之类,记不清矣),以安插之,其中多为清末在闽所办法政学堂之学生云。其后游英(似以考察之名义出洋),约二三年而归,寓北京景山附近。庭中有梧树二株,故称所居曰双梧庐。

林氏能文,兼能诗,书法亦佳。(闻清末赴日留学之前,书法不工,迨归国,忽已大进,见者颇异之。)游英归国居京,时约在民国十一年,其友王揖孙(世澂)、黄哲维(濬)办《星报》,林氏常以诗稿送登,几无日无之。笺纸精雅,书法美秀,切嘱另钞付排,不愿使其污损,然并不收回,星报同人每分取藏弄焉。又闻前此蒲伯英(殿俊)与刘崧生相继办《晨钟报》及《晨报》,林氏颇为后援。

林并为白话诗,其乡前辈林贻书(开謩)壬戌(民国十一年)正月六十生日,寿以诗云:"世俗爱做寿,近来尤喧哗。人人征诗文,称述他爹嬷;爹比古贤人,嬷是今大家;若是做双寿,鸿光来矜夸;我那儿有空,下笔恭维他。彦京好孩子,孝敬老太爷;表章两三事,事实到不差!分笺来索诗,我诗太槎枒。贻书三先生,认识我的爹;我小的时候,常听爹咨嗟;称赞文恭后,个个有才华;后闻先生显,更乘东海槎;我时在日本,仿佛迎公车;一览已无余,公言无乃夸;前事一转眼,沧海填平沙;先生六十岁,我发也成华;六十不为老,公健尤有加;我爹早下世,楸树几开花;彦京诸兄弟,你真福人呀!做寿来娱亲,用意良可嘉;倘若举音觞,那么就过奢;门外多饥寒,日暮啼无家!"在其历来所为诗中,成一别调。(或以"嬷是今大家"之句为疑,因班昭称曹大家,"家"应读如"姑",不宜仍读本音也。其实"姑""家"二字,古音本同,后乃相歧,今两字异读已久,不必特将曹大家之"家"仍读"姑"音矣。俞荫甫[樾]《春在堂随笔》卷九云:"虞山王应奎《柳南随笔》〈谓〉'曹大家"家"字当读"姑"。钱宗伯诗误读本音。'余谓此论亦未是。盖'家'字读如'姑',乃古音如此。《左传》:'侄从其姑,六年其逋;逃归其国,而弃其家。'《离骚》:'羿淫游以佚畋兮,又好射夫封狐;固乱流其鲜终兮,浞又贪夫厥家。'并其证也。若以古音读者,不特大家之'家'应读'姑',即凡国家、室家,'家'字无不应读'姑';若依今音读,则何不可皆读如'加'也。《后汉书·曹世叔妻传》:'帝数召入宫,令皇后诸贵人师事之,号曰"大家"。'章怀注,'家字无音。'可知唐初并无异读。《广韵》、《集韵》十一模皆不收'家'字。不从今音,则曹大家之'家'字竟无韵可归矣!唐、宋妇人每称其姑曰'阿家',以曹大家例之,似阿'家'亦应读'姑'。然马令《南唐书·李家明传》注曰:'江、浙谓舅为"官",谓姑为"家"。'若'家'必读如'姑',岂'官'必读如'公'耶!"所论通达有致,例证可征。从知"家"字从与"姑"字同义时,亦无须读音同"姑"也。俞说可为读林氏此诗者解惑,故缀录之,俾览观焉。又"家"均读如"姑"之古音读法,今尚有保存未改之处,闽中方音即然。)

民国十四年,段祺瑞在临时执政任,设国宪起草委员会,以林氏为委员长,林遂又与段氏为缘。是时余见之,形容枯槁,呈老态,美髯却已薙去,匪复昔年丰采矣。未几罹郭松龄之难而死,其事甚出一般人意料之外。林与郭无素,其相从由于友人之介绍。郭举兵后,将大有作为,急欲得一有政治才略之名人相助。时军势正顺,前途若甚可乐观。林乃应其延揽入幕,亦欲借郭之成功而握奉天方面政治上之大权也。(闻郭已示意将以奉天省长借重。)至当时北京情形,则"国民军"方与段派有恶感,执政府方面要人有被拘捕者。林感于段氏前途不妙,且颇自危,其亟赴郭军,斯亦为一原因。不图值郭氏之败,卒与祸会。盖军溃之后,乘乡间大车而逃,途中遇张(作霖)军,以机关枪对车射击,急下车避之,竟仍死于机关枪扫射之下。惨已! 时为民国十四年十二月下旬,寿仅五十耳。事后其家多方访觅其尸骸,终未能得。

当其将赴郭氏之招,知交中泥之者颇多,不听而往。林白水(万里)尤甚不谓然。于其行也,在所办《社会日报》中著论非之,有"卿本佳人,何为作贼"之语。盖不满郭氏所为,而深咎其不自贵重顾藉,轻身从之也。

梁任公挽以联云:"天所废,孰能兴,十年补苴艰难,直愚公移山而已;均是死,容何择,一朝感激义气,竟舍身饲虎为之。"警卓沈挚允为传作。语中有自己在,回溯政治生涯,悲愤感慨之意深矣。梁久失志抑郁,于此一倾吐其怀蓄,言为心声,今日诵之,犹可想见其激昂之态度焉。

（原载《古今》1944 年第 38 期）

# 五十二 "老头儿"

　　"老头儿！靠边儿！"今年秋间的一天正在街上蹒跚而行的时候听得后面有人这样叫着，当时猛一听，不大注意，接着又是一声，回头一看，一辆拉着座的人力车正在后面，旁无他人，恍然于所谓"老头儿"也者，便是这位车夫对我的称呼，急忙闪在一旁，让他的车过去，还承他"道"了一声"劳驾"。

　　这是我今年留须后第一次在街上被人唤作"老头儿"的情事，以后就时常听见这个称呼，习惯成自然，不像初听时觉得有点儿新鲜了。

　　岁月侵寻，冉冉老至，须子既留，自然更可取得"老头儿"的资格了。我不会做诗，否则"闻人称老头儿有感"很现成的一个题目，大可吟诗一首！

　　《奇冤报》张别古有言曰："老了，老了，可就不能小了；再要小了，那可费了事了！"谅哉言乎！年光岂能倒流？"老头儿"之少年光景，惟有依稀仿佛于回忆中而已。

　　严范孙（修）自挽诗，有"向道青春难便老，谁知白发急催人"句，叹青春之易逝，感老境之倏来，朱颜年少，为时几何，此言可发人深省。

　　至于我此次取得"老头儿"资格的留须一事，并非出于预定的计划。以年纪而论，本早在可留之列，不过这个现在也没有一准，早也可,迟也可,留也可,不留也可,都无多大关系。这天在一个洗澡堂子里,浴后理发(推光头),理发者在给我刮脸的时候,或者以为我的须子以留起来较为合式,就以商量的口气问了一句:"须子留起来吧?"我以无可无不可的态度随话答话道:"好吧。"于是乎我的须子留起来矣。

曾见有人在五十三岁的时候,用"白发苍颜五十三"的小印,颇为有致,我却不能用,因为已经过了这个岁数,并且虽然苍,而须发均尚未白(发已略有数茎白者,还不够颁白的程度),只可说"已成老翁,但未白头耳"。

明查宾王(应光)《靳史》卷九有云:"真定贾尚书,副臬东省,年才五十六,须鬓皤然,不事涅饰。御史以其老而肮脏,将劾之,正色问曰:'贾宪副高寿几何?'对曰:'犬马之年,八十有二!'御史默然。既退,同列问曰:'何以不实对?'贾曰:'渠以我为老,虚认几岁,成其袖中弹文之美,不亦可乎!'"此人甚有风趣。五十六的岁数,我也快到了,不知道到那时候会不会"须鬓皤然"。

国学补修社旧侣心民先生,为我写了一篇"印象记"(见《古今》第三十一期),文笔生动细致,惓惓之情,甚为可念,只是揄扬处太过分,使我惭愧异常而已。(我是一个极其平凡的人,根本不值得写什么"印象记"也。)他和我见面的时期,我还没有留须,所以他虽然说我现出老态,可是"一眼望去只想到是个中年人罢了"。现在如见到留须后的我,我想他对我当也有由"中年人"确实进入"老头儿"的阶段之感了。

因为我好谈清代旧事,久被人误猜想为岁数已经很大,见面才知道和预料不符。心民于《印象记》里也说:"在没有认识徐先生以前,我总以为……一定是个须发皆白的老者……可是事实上却大错而特错了。"这类情事,以前即往往有之,其例不一。

关于我的年纪之误会,有一件颇为有趣的事。我四十五岁那年续娶,在西长安街新陆春行结婚礼。有一位崔先生,是某大学的教授,他送的礼品,称论上谦抑得过火,仿佛下款用的是"后学"字样。(他因为常看我写的随笔之类而和我认识的,在未见面之前,他大概也当我是个岁数很大的"老头儿",及至见面,虽已知其不然,却还误认我是个宿学前辈,于是就以谦恭的态度用了这样称谓。其实论年纪,他大约比我不过小个十岁或者稍多的光景,论学问,他是个深造有得的学者,我则学少根柢,他如何可用什么"后学"字样呢?"朋友相交,弟兄相称",那才是正理呀。)礼毕将归之时,他那学校新毕业的学生在新陆春聚会,也来到了,顺便参观礼堂,看见了崔先生礼品上的称呼,要知道这个新郎是怎样一个老前辈,就到帐房里打听打听,遇见我的一个侄孙(在那里替我料理事务),彼此接谈,问过"贵姓"之后,知道他和我同姓,就问和新郎是否一家,他答以新郎是"家叔祖"。他们一听,越发要看一看这个老新郎,以为人已到了祖字辈,总该是"皤然一公"了。他便指给他们看,他们看见了,觉得很奇怪,以惊讶的口气说了一句:"原来如此年轻!"后来我这侄孙告诉我,不觉失笑。年将半百,又做新郎,居然被人诧为年轻,不能不说是一件有趣的事。(二十二年十二月上旬)

(原载《古今》1944 年第 39 期)

# 五十三　读翁松禅甲申日记①

甲申光绪十年,即翁相第一次入军机之第三年也。其元旦日记云:

> 丑正多到直房,同人相见一揖,两班②。寅初三刻召见,面赐八宝荷包二分、福字一张。入时三叩首贺新喜,被赐各一叩首。谕以风调雨顺,今年当胜去年。诸臣颂扬数语,即退,更朝衣冠。辰初三刻长信门外行礼毕,仍回直房,到方略馆。辰正三刻上升殿受贺。行礼毕,即赴方略馆换蟒袍补褂,驰赴寿皇殿,随同行礼。内务府官送到荷包一枚。于上到时在路南道旁叩头谢。

此为军机元旦入朝之礼节,不加诠释,恐今人多不解矣。清制无一日不召见军机,元旦君臣第一次见面,较之群臣尤为亲密,故半夜两点多钟即已入值。相见一揖者,军机王大臣无私见之礼,彼此平等,即章京之于大臣,亦不纯以堂属之体相待,有揖而无叩拜。又京官体制,本有揖而无屈膝请安也。四点三刻召见,天犹未明,盖元旦夙兴,虽帝后亦不能耽于安逸。平时虽不如是之早,然阅奏折亦必在未明以前。长信门者太后所居宫门,太后不临正殿,故先

① 本文为瞿兑之、徐一士合著。
② 《翁文恭军机处日记》民国二十八年(1939年)燕京大学图书馆影印本作"两班章京亦一揖"。

349

诣其宫门。此乃正式朝贺,故更换朝衣,越一小时方诣太和殿朝贺皇帝。相距虽不甚远,然群臣两处趋走,亦甚苦矣。军机大臣为内廷差使之最贵要者,凡内廷典礼及扈从行幸皆与群臣绝班,惟大朝会则仍按品级入班。如本官二品则入二品班,三品则入三品班,但军机大臣官未至一品者亦少耳。朝贺事毕即换蟒袍。蟒袍乃礼服,用之于嘉辰庆典。内廷官及三品以上冬季本应穿貂褂,惟元旦穿补褂者,因貂褂反穿不能缀补,不足以示吉庆之意,仍须穿有补服之白风毛外褂也。清制章服最繁,除朝服、礼服外,平日穿常服,而常服又有补褂挂珠者,挂珠而不补褂者,不挂珠亦不补褂者,须视其日之吉凶、事之轻重而别。例如朔望则补褂,斋戒则常服,忌辰则应穿元青褂,然若在斋戒期内,则仍应常服,良以祭为吉礼,故暂变凶从吉也。寿皇殿乃景山内奉祀真容之所。太庙乃大祀,惟四孟月行之。岁时令节则于寿皇殿行家人礼,军机大臣以近密之故,亦许随同行礼。

初六日记云:

> 黎明后即到书房,上已至,辰正汉书始上坐,讲论经史,读《平淮西碑》一篇,写字,读未至午初即退。

按德宗是时年十四,而到书房如此之早,平日须兼读满文习弓箭,其间有召见臣工之事,尚须临御,而读书至未刻方罢,亦不得谓之不勤。翁公日记中每谓功课不紧,不乐诵读,恐亦督责太过耳。帝王典学一如常人子弟之入塾,诚前古所无,不可谓帝王制度之一种进步也。

初七日记云:

> 是日同人先至懋勤殿,进春帖子,置正中案上,一跪而起,俗名跪春。

按春帖子为唐、宋旧俗,惟宫廷中尚沿而不改。今所传东坡法书尚有所书春帖子词,宋高宗亦有之。清制军机及南书房诸臣于立春前进春帖子词五绝一首、七绝二首,黄折红里楷书,上必以是时赐湖笔、朱墨、笺绢,为近臣荣遇,亦古风之遗也。

初十日记云:

> 龙湛霖请选宗室贵戚于书房后在养心殿辅导圣学,仿御前大臣职,云云。慈谕颇不谓然。折留中而已。

按此有鉴于穆宗之昵近小人也。养心殿者,帝之寝殿。清制未时以后即不与臣下相见。在左右者无非阿监之流,自易影响主德,然宗室贵戚亦岂多贤者? 纵使实行,未必即能收效。翁公之意,颇惜其不见采用,其实殊不系乎此。惟此论确属谠言,魏正始中何晏请以大臣侍宴游陈政事论经义,正即此意。君主时代政治根本宜莫逾此。

十七日记廷臣宴礼节,为各书所无,极有价值。略云:

> 午初一刻至南书房少坐,旋由甬道行,至丹陛,分东西班,满东汉西,立戏毯边外北面。上升御座,奏事总管太监引入,就垫跪,一叩,即坐坐垫,菜席先设,〈入席〉赐饭及汤,人各二碗,一叩,特赐御前馔各席一器,一叩,赐奶茶,人各一盂,一叩,菜席撤去换果席。赐元宵,人各五,一叩。食讫,此时进酒者起,众皆离席立,进酒者出槅扇外,脱去外褂,仍挂朝珠,入中门跪,众皆就垫跪。太监实玉斝酒授进酒者,进酒者起,捧酒矩步由中搭渡上,折而西而北,近御座,跪献讫,由西搭渡趋下,于原处叩首,众皆就垫叩,兴,进酒者复由西搭渡升,跪接虚斝,由中搭渡矩步下,于原处跪。太监接斝,酬以爵。受爵一叩,饮讫一叩,众不叩。进酒者出,着褂入座,众咸坐,赐酒,

人各一杯，一叩，赐果茶，一叩，饮讫，众起，挨次趋出殿外，檐下横排，一跪三叩，上起，众退。

此亦古礼之仅存者。廷臣宴每年皆在正月十六七，于乾清宫举行，但惟一品大臣得与。有一人一席者，有二三人一席者，大约殿内东西各列四五席。所备酒肴，大致与外间不异。惟盘脚而坐，最存古意。进酒者以一人为代表，所谓奉觞上寿。此人由上派定，谓之拿酒大臣，例以满人为之。矩步者，凡手捧物则于御前不趋，其行必依直线，如今军队行列然，不得斜行取近也。平日手不捧物，则以疾趋为敬，古人赐入朝不趋所以为优礼也。

十九日记云：

> 沅圃之学，老庄也，然依于孔孟，其言曰，抱一守中，又曰，止念息心，又曰，收视返听，是为聪明。其养生曰，神水华池，时时致念。其为政曰，顺民心。其处世曰，恕。其临事曰，简。其用兵则皆依乎此而已。

按曾忠襄是时方署礼部尚书，任两江者为左文襄，旋以病给假回籍，皖抚裕禄接署，而舆论殊不以为然，乃降谕改以曾署理。翁记中有"庶几威望副此席"之语，盖中兴宿将无多，朝野皆属望于曾也。忠襄之学术偏于老氏阴柔，与文正主张夐所颇异，然自有其一贯处。翁公二月初十日又记云："曾沅圃来谈，饭蔬而去。其人似偏于柔，其学则贯澈汉宋，侪辈中无此人也。"推崇可谓至矣。翁公于文正微有私怨，以文正劾其兄文勤，几陷不测，而雅重忠襄叔侄，于忠襄尤倾服出于至诚。其不以私害公，后之论者当两贤之。（关于忠襄，翁公日记更有如乙亥二月二十九日云："晚访曾沅圃，长谈，得力在宋儒书，大略谓用人当返求诸己，名言甚多，知其成功非幸矣。"癸未十一月二十六日云："曾沅圃来，言时事三端：一中原民生宜恤，一越事不可动兵，一听言宜择，不宜轻发。其谈兵事总不以设险著形为然，多一险即多一败象。其言驭夷以柔以忍辱为主。其言用人则以虚以下人为先，真虚则善言日至矣，类有道之言也。"十二月初五日云："其学有根底，再见而益信，畏友也，吾弗如远甚。"庚寅十月初三日云："闻曾沅浦制军于前日未时星陨，事关东南全局，可虑也。"又关于惠敏，庚午五月十二日云："晤曾世兄纪泽，号劼刚，谈次觉其不群。"丙戌十一月二十一日云："劼刚于各国事务能得要领。"庚寅闰二月二十三日云："访劼刚，问其疾，则鼓在门矣，惊怛。入哭，改其遗折数处。此人通敏，亦尝宣劳，而止于此，可伤也。"撷录以资汇览。）

文正论文、论事、论人，均尚刚，有欲著"挺经"之说，其学术及处事，宗旨可见，然亦颇参以柔道。欧阳兆熊《水窗春呓》有云："文正在京官时，以程朱为依归，至出而办理团练军务，又变而为申韩。尝自称欲著"挺经"，言其刚也。咸丰七年在江西军中丁外艰，闻讣奏报后即奔丧回籍，朝议颇不谓然。左恪靖在骆文忠幕中肆口诋毁，一时哗然和之。文正亦内疚于心，得不寐之疾。予荐曹镜初诊之，言其岐黄可医身病，黄老可医心病，盖欲以黄老讽之也。先是文正与胡文忠书，言及恪靖遇事掣肘，哆口谩骂，有欲效王小二过年永不说话之语。至八年夺情再起援浙，甫到省，集'敬胜怠，义胜欲；知其雄，守其雌'十二字，属恪靖为书篆联以见意，交欢如初，不念旧恶。此次出山后一以柔道行之，以至成此巨功，毫无沾沾自喜之色。尝戏谓予曰：'他日有为吾作墓志者，铭文吾已撰：不信书，信运气；公之言，告万世。'故予挽联中有'将汗马勋名，问牛相业，都看作粃糠尘垢'数语，自谓道得此老心事出。盖文正尝言：'吾学以墨禹为体，庄老为用'，可知其所趋向矣。"文正

353

之以柔济刚，是否即由于欧阳氏之进言，姑不论，要其参用柔道，益属不诬。其克集大勋以此，功高而善于自处亦以此。（其主刚犹不始于治军时，观道光庚子《覆贺耦庚中丞书》已可见。）忠襄赋性亦毗于刚。金陵之役，统师当艰巨，即与诸将帅不相得，多所龃龉，（与文正关系最密切之彭刚直，甚至尝以大义灭亲之说进。）以中怀之抑郁，当简授浙抚而欲请改武职，迨金陵既下即断然引疾归里，嗣官鄂抚，又与鄂督官文恭不睦，严劾罢去，尤见刚锐之气，而因是招嫉，亦不安于位。后此再起，乃尚柔道，督江数载，几于卧治，为政与文正有异同，而善处功名之际，精神上固颇一贯也。

三月初四日记云：

> 恭邸述惇邸语请旨，则十月中进献事也，极琐细，极不得体。慈谕谓本不可进献，何用请旨，且边事如是，尚顾此耶，意在责备，而邸犹刺刺不已。

次日又记云：

> 比入，仍申昨日之谕，两邸所对皆浅俗语，总求赏收礼物，垂谕极明，责备中有沉重语。臣越次言，惇亲王、恭亲王宜遵圣谕，勿再琐屑。两王叩头，匆匆退出，天潢贵胄，亲藩重臣，识量如此。

翁公记中不甚于人有贬词，而此条诛伐如此，诚有不胜其慨愤者，惇王当存而不论，恭王久经忧患，历当重任，何以舍国事不恤而专效宦官宫妾之献谀？意其中亦有隐衷也。然朝议已有谴责恭王之意，初八日记即云：

> 今日入对时，谕及边方不靖，疆臣因循，国用空虚，海防粉饰，不可以对祖宗。臣等惭惧何以自容乎！退而思之，沾汗不已。

此时因外廷疏劾枢臣误国,正与醇王商易枢臣。初十日军机见起后,即有醇亲王起。翁记云:"头起(指军机)匆匆退,而四封奏皆未下。二起(指醇王)三刻多,窃未喻也。"次日又记云:"发两封奏,而盛昱一件未下,已四日矣,疑必有故也。"所谓有故者,即参劾军机也。清制封奏直达御前,虽军机不得见,如系特别重要,即留中不发。故黜陟大权,仍操于君上,若罢免枢臣,只须一纸朱谕也。又次日则记云:

> 闻昨日内传大学士、尚书递牌,即知必非寻常,恭邸归于直房办事,起下传散。始闻有朱谕一道:"恭亲王奕䜣、大学士宝鋆入直最久,责备宜严"云云,"姑念一系多病,一系年老,兹特录其前劳,全其末路"云云。

于是军机全体罢黜,别简礼亲王世铎,户部尚书额勒和布、阁敬铭,刑部尚书张之万,工部左侍郎孙毓汶入军机矣。旧军机中,恭王开差家居,宝鋆休致,李鸿藻、景廉降调,而翁同龢革职留任。翁以帝师之故,而革留仍可不去位,犹为优遇也。清制每召见一次,称为一起,召见某人称为某起,传某人入谓之叫起,召见谓之见起。大抵军机每日见起,余则自请对者必请递膳牌,特召入对者谕令递牌。所谓膳牌者,以用膳时呈递,犹民间之名刺也。若有大事召廷臣会议于御前,则谓之叫大起。此次易枢之事,起因于清流之分党。是时清流多附李高阳,而盛伯羲则持异议,故翁记云:

> 张子青来,始知前日五封事皆为法事,惟盛昱则痛斥枢廷之无状,并劾丰润君保徐延旭之谬,又牵连及于高阳之偏听。

丰润指张幼樵副宪佩纶也。孙济宁为醇邸旧人,恭退而醇进,但醇王以皇帝本生父之尊,不便直枢廷,惟令要事会同商办,故济宁实主持其间,而旋以刑右许庚身佐焉。易枢而后,张皇战备,张赴闽而陈伯潜学士宝琛赴江,卒至张以马江之挫获重咎,身败名裂,陈亦缘事降绌,清流顿衰。醇王主战之意亦不坚,迨桂、滇两路告捷,即从李文忠"见好便收"之说,而济宁遂赞和局之成矣。斯役为光绪初年清流之结局,惟张文襄早膺疆寄,事任愈隆,晚跻端揆,身名俱泰。

按《越缦堂日记》于三月十七日下云:

> 晨泊天津,始知十三日朝廷有大处分,枢府五公悉从贬黜。余濒行时寓书常熟师,言时局可危,门户渐启,规以坚持战议,力矫众违,不料言甫著于纸上,机已发于廷中。先是初八日同年盛庶子疏言法夷事,因劾枢臣之壅闭讳饰,一日逮两巡抚易两疆臣而不见明诏,亦言及张树声之疏防边警,张佩纶之滥保非人。次日又闻东朝幸九公主府赐奠,召见醇邸,奏对甚久。是日恭邸以祭孝贞显皇后三周年在东陵,至十三日甫回京复命,而严旨遂下。萌兆之成,其由来者渐乎。

是事前已略有机朕,外廷已征闻之矣。

翁公与张文襄不洽,世颇知之。而甲申之岁,翁公日记则于张甚有赞誉之语。四月初四云:

> 邸抄内张香涛覆奏口外厅民编籍无碍蒙民一折,洒洒千言,典则博辨,余于此真低首而拜矣。

二十五日云:

> 张香涛来长谈,毕竟磊落君子人也。(按张由山西巡抚被召入觐,二十八日简署两广总督。)

其称许如此。(惟"毕竟"二字似有微旨,或其时有短张于翁者。)又辛巳十一月十四日记云:"授张之洞为山西巡抚,盖特擢也,可喜可喜。"可以合看。不料后来相乖之甚也。至其龃龉情

356

事,文襄极言之。如《抱冰堂弟子记》(罗惇曧《宾退随笔》云:"托名弟子,实其自撰也。")云:"己丑庚寅间,大枢某大司农某立意为难,事事诘责,不问事理,大抵粤省政事无不翻驳者,奏咨字句无不吹求者。醇贤亲王大为不平,乃于所奏各事皆奏请特旨准行,并作手书与枢廷诸公曰:'公等勿借枢廷势恐吓张某。'又与大司农言曰:'如张某在粤省有亏空,可设法为之弥补,不必驳斥。'贤王之意盖可感矣。"大司农即谓翁公,时官户部尚书也。己丑七月文襄即有由两广总督调补湖广总督,是年十一月抵鄂就新职,庚寅已不在粤,盖指户部仍严究其粤任亏空耳。《宾退随笔》述此有云:"大司农为翁同龢,时同龢以户部尚书在枢府,与文襄最不协。恭亲王奕䜣被逐出枢,醇亲王奕譞以皇帝父不便入值,乃诏枢臣遇事与醇亲王妥议。醇王实隐执政权,故能调护文襄也。"大司农即翁,自无疑问,惟翁公甲申罢枢值,至甲午始再入枢府,张言大枢某大司农某,明是两人,大枢某盖谓其时枢臣孙毓汶。乙未文襄在署两江总督任有致翁公书,则正其二次值枢廷时。书云:"之洞方州窃禄,负乘滋惭。自去冬假节东来,江海即已戒严。南防北拨,军多饷巨,既无术以减灶,复计拙于持筹,万不得已,仍出洋款下策,仰蒙大钧斡旋,得邀报可,惠及军民,欢同挟纩。至于之洞平日才性迂暗,不合时宜,道路皆知。若非密勿赞画,遇事维持,必更无所措手。比来屡闻芸阁、叔峤诸人道及,备言我公于畴人广坐之中,屡加宏奖,谓其较胜时流,忘其侏儒一节之短,期以驽马十驾之效,并以素叨雅故,引为同心。惶恐汗流,且愧且奋。昔者李成为魏相而西河奏其功;国朝安溪在讲筵而诸贤展其用。是外吏之得以效其尺寸者,皆由政本为之。方今时势艰危,忧深恤纬,所幸明良一德,翕然望治。我公蕴道匡时,万流宗仰,慨然以修攘大猷提倡海内,内运务本之谋，外施改弦之法。凡有指挥所及，敬当实力奉行，以期仰副荩恫。今日度支艰难，节用为亟，计相苦衷，外间亦能深喻。特以补牢治牖，用费实多，谨当权衡缓急，省啬为之。入告得请，乃敢举行。至铁政、枪炮诸局，当初创设之时，因灼知为有益时局之事，而适无创议兴办之人，遂不能度德量力，毅然任之。所谓'智小谋大'，诚无解于《易传》之讥。然既发其端，势不能不竟其绪，用款繁巨，实非初议意料所及。今幸诸事已具规模，不能不吁请圣恩，完此全局，以后限断既清，规画较易。至其间用款，皆系势所必需。总由中华创举，以致无辙可循。比年来，无米为炊，正如陈同甫所谓'牵补度日'者，尚何敢不力求撙节？必至万不容已之事，始敢采买营造。旁观者但诧手笔之恢阔，或未知私衷之艰苦。此诸事正为讲求西法之大端，伏望范围曲成，俾开风气，则感荷庆幸，岂独一人？公以敷陈古义之儒宗，兼通达时务之俊杰，变通尽利，鼓舞尽神，不能不于台端是望也。"生隙之后，又极致推崇如是，且力言翁期许之厚，而援文廷式、杨锐辈为证，盖翁虽对张不满，然言谈之间，尚非有贬无褒，张即因其对与己相稔者所为许与之言，作感深知己之表示，以为修好之计，并以借款之获俞，称颂钧轴。时方以用款浩繁，蕲政府核准，翁则以帝师枢臣掌度支，惧其与己为难，故如此说法耳。此书在两人关系上甚可玩味，故录资考镜。其后两人仍难水乳，张晚岁犹衔憾不置。编订诗集时，于《送同年翁仲渊殿撰从尊甫药房先生出塞》一首（诗云："玉堂春早花如雪，捧襆揽辔与君别。扶将老父辞青门，西行上陇水呜咽。陇山之外路悠悠，轮台况在青海头。岂独鞍马忧憔悴，花门千骑充凉州。云中太守行召用，吏议虽苛主恩重。出塞不劳送吏嗔，过海喜有佳儿从。君家季父天下奇，[谓叔平丈。]曾辞使节披莱衣。君今为亲

358

行万里，一门孝弟生光辉。幸免清羸似叔宝，更祝白发颜常好。盐泽羽琤须纵观，桐乳盘酥强一饱。闻道韩擒师且班，石城青盖入中原。边尘一斗为君洗，早晚金鸡下玉关。"同治初年，药房由斩监候加恩遣戍新疆时所作也。其时两家交谊，足见一斑。张于咸丰壬子领解，与松禅为乡举同年，同治癸亥探花及第，仲渊则以恩赐进士得大魁，复有一层年谊。）加注云："药房先生在诏狱时，余两次入狱省视之，录此诗以见余与翁氏分谊不浅。后来叔平相国一意倾陷，仅免于死，不亚奇章之于赞皇。此等孽缘，不可解也。"往事回溯，愤懑一至于斯，雅故凶终，良可慨也。（《宾退随笔》云："文襄有送翁同书遣戍诗，自注言与翁氏交情趣洽，而叔平必欲置我于死地，为不可解之语。文襄编诗集时，翁已得罪锢于家。文襄方以大学士在枢府，犹不能忘同龢也。"即指此。张于丁未始以大学士由湖广总督内召入枢廷，翁卒于甲辰，为时已三年矣，不当尚云锢于家。又按张年谱，己酉七月手定《广雅堂诗稿》，癸卯入京以后，时有删易，至是命工写印，翌月即卒。《张文襄公年谱》（胡钧重编）甲子有云："翁文勤公（同书）因案获谴，同治元年逮入诏狱，公两入诏狱中省视。二年十二月有旨发往新疆効力赎罪。是年三月就道，子曾源殿撰（字仲渊）随侍出塞，公赋诗进行。（诗载本集。按公试卷履历，文勤为受业师，仲渊殿撰与公乡举同年，又癸亥榜首。壬戌会试，翁文恭同龢为同考官，见公试卷被摈，为之扼腕，及癸亥登第，引为快事。公抚晋时，日或疏陈口外七厅改制无碍游牧。文恭见之，称为典则博辨，欲低头而拜。入京相见，又称为磊落君子。具见文恭自写日记中。其后文恭获咎，宣统纪元开复原官，实公在枢府斡旋之力。公与文恭分谊始终不薄如此。本集此诗自注不满于文恭，乃有感而发，读者勿以词害意。）"似有

359

意回护,其实不必也。张语若彼,岂寻常不满之词?至谓有感而发,所感不即在文恭乎。(仲渊之举人,亦以恩赐得之。时张早捷乡闱,并非乡举同年,乡举同年乃文恭耳。至壬戌会闱中事,文恭日记中曰春闱随笔,三月二十五日云:"见范鹤生处直隶形四七一卷,二场沈博绝丽,三场繁称博引,其文真《史》《汉》之遗,余决为张香涛。得士如此,可羡也。"四月初六日云:"前所见鹤生处直隶形四七卷,在郑小山处,竟未获隽,令人扼腕。"固足见赏誉之情也。)沃丘仲子(费行简)《慈禧传信录》纪文襄之获擢晋抚云:"后曰:'(张)之洞、(陈)宝琛、宝廷、(张)佩纶四臣果孰堪大任者?'(翁)同龢称:'就四臣论,学问经济,之洞实首选。'(后之洞自谓为同龢所厄者,以同龢后所恶,欲希宠也。)(李)鸿藻亦谓之洞胡林翼弟子,负干济才,后遂特简为山西巡抚。"希宠之说,语近深文。(辛巳张简晋抚,翁虽称善,然未必由翁荐扬。时翁未入枢廷,虽以帝师得君,而德宗尚幼,不能有所主持,高阳方以枢臣用事,与张投分甚深,或与有力。)翁、张之始契而终乖,意者翁公累世京朝贵显,久直内廷,政策颇主内重;膺计相之任,复尚精核,对于疆吏手笔恢宏多所兴举者,每加裁抑,或为所难堪,如李文忠之在北洋,与翁即甚不洽。张、翁相失,似亦因此。在施者当犹谓制裁出于分所应然,在受者则不免深感钳束倾轧之苦矣。至翁于己酉五月追复原官,张在枢府盖与有力。翁夙望在人,新君嗣统,斯亦收拾人心之一道,张未以私嫌妨国是也。翁、张均负时望,同为晚清政界极有名之人物,所影响者甚巨。其二人间关系之演化,则颇为微妙,事甚可述,故于读文恭甲申日记之余,更为钩稽,用相参印。

左文襄五月销假抵京,再为枢臣。(论称"该大学士卓著勋绩,年逾七旬,着加恩无庸常川入值。")翁公十九日记云:

拜左中堂于旃檀寺,未见。(昨日到,尚迟数日请安。)

闰五月二十九日记云:

左相国来长谈,神明尚在,论事不能一贯,大不满意于沅帅,力主战云云。

六月二十一日记云:

访左相谈,虽神情不甚清澈,而大致廓然。反覆云,打仗是学问中事,第一气定,气定则一人可胜千百人,反是则一人可驱千百人矣。

文襄为当时所倚之元老重臣,论兵虽属见道之言,主战亦出许国之诚,而精力之衰,已可概见。(其与忠襄不协,无非由于前后任之意见。)至七月初八日明诏宣示天下,罪状法国,饬各军协剿,十八日文襄奉旨以钦差出赴福建督师矣。廿五日记云:

左侯来辞行,坐良久,意极惓惓,极言辅导圣德为第一事。默自循省,愧汗沾衣也。其言衷于理,而气特壮,曰凡小事精明必误大事,有味哉。劝其与沅浦协力,伊深纳之,怅惘而别。

此别遂成千古,盖文襄竟殁于王事矣。(翌年文襄卒于差次,翁公七月二十八日记云:"闻左相竟于昨日子刻星陨于福州。公于予情意拳拳,濒行尚过我长揖,伤已,不仅为天下惜也。")七月初二日记云:

延煦参左宗棠于乾清宫未往行礼,交部议处。

初六日记云:

醇王参延煦劾左宗棠行礼不到,意在倾轧,交部议处。

十一日记云:

是日吏议上,左相罚俸一年。

此为文襄拜钦差大臣之命赴闽督师前被劾获谴之一事。六月二十六日德宗万寿,(生日本为六月二十八日,以避孟秋时享斋期,改以是月二十六日为万寿节。)诸臣至乾清宫叩祝如仪。文襄以衰惫未到,礼部尚书延煦上疏劾之。文襄交部议处,得罚俸一年之处分。当吏议未上,醇王愤延煦之危词耸听,特疏纠弹。延煦因亦交部议处,考其处分,则部议降三级调用。上谕加恩改为革职留任,仍罚俸一年。虽从宽典,罚已重于文襄矣。《慈禧传信录》所纪云:"宗棠虽出身举人,而科目中人多非同辈,朝官以其骄蹇,颇恶之。又称金顺为己部将,而于广众中诋官文不识一丁,竟得以功名终,旗员大都类然。于是满、蒙籍诸官衔之尤刺骨。礼部尚书延煦遂以万寿圣节宗棠到班迟误行礼失节特疏纠之,略谓宗棠以乙科入阁,已赏优于功,乃既膺爱立,竟日骄肆,乞徵〔惩〕儆。疏入,后示枢臣曰:'此关礼仪事,何非部臣公疏而只煦单衔耶?'(奕)䜣谓宗棠实失礼,但为保全勋臣计,煦疏乞留中,后韪之。奕谟闻而大愤,是日特专折劾煦,谓'宗棠之赞纶扇,特恩沛自先朝,煦何人斯,敢讥其滥。且宗棠年衰,劳苦功高,入觐日两宫且许优容,行礼时偶有失仪,礼臣照事料之可已,不应煦一人以危词耸上听。'言颇激切。后尝以历朝诸后垂帘无戡乱万里外者,居恒自负武功之盛,然实宗棠力也。故(李)鸿章等屡言其夸,后不为动。煦纠疏入,后已不怿,得谟奏,遂以谕斥煦,复敕部议处分。"所纪略得此事之轮廓,而颇有失实。最误者,乃谓后以延煦疏示枢臣奕䜣云云。三月间恭王等已逐出枢廷,此时何能犹以枢臣而有所主张乎?且文襄未免吏议,煦疏亦非留中未发也。因更考关于延煦劾左之谕云:"延煦奏六月二十六日万寿圣节行礼左宗棠秩居文职首列,并不随班叩拜据实纠参一折,左宗棠着交部议处。"醇王奏云:"臣初以为纠弹失仪,事所常有。昨阅发下各封奏,姑见延煦原折,其饰词倾轧,殊属荒谬。窃思延煦有纠仪之职,左宗棠有失仪之愆。该尚书若照常就事论事,谁曰不宜。乃借端訾毁,竟没其数十年战阵勋劳,并证其不由进士出身,甚至斥为蔑礼不臣,肆口妄陈,任情颠倒。此时皇太后垂帘听政,凡在廷臣工之居心行事,无不在洞烛之中,自不能为所摇动。特恐将来亲政之始,诸未深悉,此风一开,流弊滋大。臣奕谭于同治年间条陈宗人府值班新章,虽蒙俞允所请,仍因措词过当,奉旨申饬。今延煦之疏,较臣当日之冒昧不合,似犹过之。”奉谕:“钦奉懿旨,前据延煦奏万寿圣节行礼左宗棠并不随班叩拜,当将左宗棠交部议处。兹据醇亲王奕谭奏称,延煦纠参左宗棠,并不就事论事,饰词倾轧,借端訾毁,甚至斥为蔑礼不臣,肆意妄陈,任性颠倒,恐此风一开,流弊滋大等语,延煦着交部议处。”延煦原疏未能觅得,而就醇王疏推之,大端可见。《慈禧传信录》所述数语,亦颇得其仿佛,盖煦疏用重笔,醇疏亦用重笔也。醇王素重文襄,翁公日记中历历可征。至延煦谓“左宗棠秩居文职首列”,大学士居文臣首班,而其时文襄且为首辅也。文华殿大学士李鸿章久为首辅,武英殿大学士宝鋆次之。李于壬午以丁母忧暂开阁缺,(开大学士缺而不补人,迨服阕仍补原缺。)甲申三月宝鋆休致,左遂以东阁大学居阁臣首席。是年八月李服阕仍授大学士,有旨左宗棠班在李鸿章之次。十月更授李鸿章文华殿大学士,灵桂由体仁阁大学士晋授武英殿大学士,额勒和布授体仁阁大学士,有旨额勒和布班在灵桂之次。四相之序为李、左、灵、额,两汉相居前焉。普通之例,大学士以殿阁之衔为次,而有时不拘。左官东阁大学十余年,班次晋而阁衔不改,犹之乾隆朝之刘统勋也。是年慈禧太后

五旬万寿,九月二十六日记云:

> 皇太后自长春宫移储秀宫,上龙袍褂递如意,内府官花衣
> 递如意,有戏。

按后所居之宫,他书罕载,阅此可知之。皇帝龙袍褂,即臣下
之蟒袍,俗称花衣。递如意者,满俗凡庆典皆如是,若令节及生日
亦以如意赐臣下。十月初十日为万寿正日,记云:

> 到东朝房更朝衣,由景运门入,至西边朝房恭俟。辰初二
> 刻皇太后御慈宁宫。上率百官行庆贺礼,作乐宣表,一、二品
> 及内廷人员在长信门外行礼毕,醇亲王行礼,门开仗仍立,仍
> 到东朝房换衣。坐帐房吃官饭。巳初二刻入座,戏七出,申初
> 三刻退,凡二十六刻。有小伶长福者,长春宫近侍也,极憨巧,
> 记之,此辈少为贵也。

读此记想见海疆多事战士致命之秋,宫廷之中尚粉饰承平如
此。玉宇琼楼,龙旗雉扇,俨然全盛威仪。至宠狎伶竖,又非雅音
法曲之比,翁公深有慨乎中矣。又二十日记云:

> 自前月二十至今日,宫门皆有戏,所费约六十万,戏内灯
> 盏等用十一万,他可知矣。

其言外致讥之意可见。

十一月初五日记授读作诗情形云:

> 膳后作诗,题为汉章帝。上援笔立书曰:"白虎亲临幸,
> 诸儒议五经。惜哉容窦宪,谏诤未能听。"每日臣侍侧,不免
> 检韵或讲典故。今日臣离案观书,未发一语,真云章第一篇
> 矣,喜而敬识。

按德宗冲年好学,记中屡言。比年渐长,则颇惮于诵读,记
中亦屡言之,然亦未始非师傅过于胶柱不能诱启之故。慈禧待穆

宗虽亦责备,而督课不甚严,待德宗督课稍严,然不甚责备,记中亦常及之。其实姿性初不平常,观此诗可见。十四岁天子如此,亦难得矣。

（原载《古今》1944 年第 45 期）

# 五十四　关于盛伯熙

　　清光绪初年,言事者意气发舒,或畅论国是,或勇于纠弹,京朝政状,颇呈活气。至甲申之岁(光绪十年),朝端乃突起巨变,有军机处王大臣全体更易之事。自雍正间设立军机处,渐夺内阁之权,形成实际上之政府,枢臣更动,固亦事所常有,而若此次之同时获谴,全盘易置,在军机处实空前绝后之举也。

　　德宗幼龄嗣统,两宫太后循同治朝故事,垂帘听政,颇能虚衷求治,朝政号为清明。孝钦(慈禧太后)虽事权积重,而对于孝贞(慈安太后),以向来名分之关系,犹存严惮之意。迨辛巳(光绪七年)孝贞逝世,孝钦惟我独尊,浸骄矣。惟恭亲王奕䜣,勋勤久著,凤望犹隆,时仍以皇叔领袖枢垣。孝钦不无顾忌,弗便任性而行,故思去之以自便。隐忍待机,已非一日。会法越事亟,言事者锐意主战,不满于政府应付之畏葸濡滞,多集矢枢臣,疏纠其失。时局正在紧张,机会大可利用。意园主人盛伯熙(昰时官左庶子)一疏,言之尤力,遂为直接之导火线,成易枢之局。是年三月事也。孝钦特颁懿旨,其责备枢臣暨表示所由罢斥之语,为“恭亲王奕䜣等始尚小心匡弼,继则委蛇保荣,近年爵禄日崇,因循日甚,每于朝廷振作求治之意,谬执成见,不肯实力奉行。屡经言者论列,或目为壅蔽,或劾其委靡,或谓簠簋不饬,或谓昧于知人。本朝家法綦严,若谓其如前代之窃权乱政,不惟居心所不敢,亦实法律所不容,

366

只以上数端,贻误已非浅鲜,若仍不改图,专务姑息,何以仰副列圣之伟烈贻谋?将来皇帝亲政,又安能诸臻上理?"其处分之语,则"恭亲王奕䜣、大学士宝鋆,入直最久,责备宜严,姑念一系多病,一系年老,兹特录其前劳,全其末路。奕䜣着加恩仍留世袭罔替亲王,赏食亲王全俸,开去一切差使,并撤去恩加双俸,家居养疾。宝鋆着原品休致。协办大学士吏部尚书李鸿藻,内廷当差有年,只为囿于才识,遂致办事竭蹶;兵部尚书景廉,只能循分供职,经济非其所长,均着开去一切差使,降二级调用。工部尚书翁同龢,甫直枢廷,适当多事,惟既别无建白,亦有应得之咎,着加恩革职留任,退出军机处,仍在毓庆宫行走,以示区别。"同时谕简礼亲王世铎,户部尚书额勒和布、阎敬铭,刑部尚书张之万,在军机大臣上行走,工部左侍郎孙毓汶在军机大臣上学习行走。(后数日又谕刑部右侍郎许庚身在军机大臣上学习行走。)翌日复特降懿旨:"军机处遇有紧要事件着会同醇亲王奕譞商办。"此次政局上之大变动,以绌恭为主,实际上即是以醇代恭。奕譞为皇帝本生父,不便入直,故特以会商要事之名义领枢政。枢臣凤以首席最蒙倚畀,事任极重。世铎庸碌尸位,奕譞实综机务,而才不逮奕䜣,政治上资望亦非其比,孝钦便其近己(奕譞妻为孝钦之妹)且易与也,故援以代奕䜣,事前与之密议乃发。(罢斥奕䜣等之旨,闻即为与奕譞素甚接近之孙毓汶所草。)奕譞既夺政权于奕䜣之手,而孝钦即借以大逞厥志矣。后此孝钦日益奢纵,政象日非,致危中国而促清运,论者每深慨于甲申之际焉。

命下之后,朝列骇然,群指目伯熙,伯熙亦不自安。张之洞《广雅堂诗集·朝天集》(光绪二十九年癸卯入觐时所作)有《读盛伯熙集》一首云:"密国文词冠北燕,西亭博雅万珠船。不知有意还无意,遗稿曾无奏一篇。"言外对此嗟惋之意可味。(时伯熙奏议尚无刻本,其后《意园文略》收奏议一卷,仅得十一篇,盖十之三四耳。此疏竟不传,当甲申斥罢枢臣时,原疏即未发钞也。)曩之洞官京朝时,与张佩纶等见称清流党,言事侃侃,大张清议。(于枢臣中,颇倚李鸿藻为重。之洞既擢任封疆,佩纶犹在朝,为清流党中棱锋最著者,气盛势炽,有炙手可热之概。伯熙虽亦清流人物,而弗善之。)此次弹章,原文不可见,而据翁同龢日记所述闻诸张之万者云:"盛昱痛斥枢廷之无状,并劾丰润君保徐延旭之谬,又牵连及于高阳之偏听。"亦约略可知其意态,盖总劾枢臣,复特论李鸿藻、张佩纶也。(马江败后,同龢日记有云:"访语盛伯熙……其评量人物良是,诋张幼樵一巧字甚切。")易枢以后,佩纶旋被命赴闽,以当难关,偾事获咎,一蹶不振。其它清流人物,除之洞外,亦多失意。清议衰而政纪因之腐,孝钦恣意于上,遂酿成后来之恶果矣。伯熙素负清望,謇直敢言,此疏之上,固激于外患,本乎忠愤之忱,其效乃如斯,意固不能无悔,疏稿亦闷而不传耳。

伯熙于易枢后即感觉其失宜,乃又上疏云:"恭读邸钞,钦奉慈禧端佑康颐昭豫庄诚皇太后懿旨,军机处遇有紧要事件着会同醇亲王奕譞商办,俟皇帝亲政后再降懿旨。钦此。仰见皇太后忧国苦心,以恭亲王等决难振作,以礼亲王等甫任枢机,辗转思维,万不得已,特以醇亲王秉性忠贞,遂违其高蹈之心,而被以会商之命。惟是醇亲王自光绪建元以后,分地綦崇,即不当婴以世事,当日请开去差使一节,情真语挚,实天下之至文,亦古今之至理。兹奉懿旨,入赞枢廷。军机处为政务总汇之区,不徒任劳,抑且任怨。醇亲王怡志林泉,迭更岁月,骤膺烦巨,或非摄养所宜。况久综繁颐之交,则悔尤易集;操进退之权,则怨讟易生。在醇亲王公忠体国,何恤人言,而仰度慈怀,当又不忍使之蒙议。奴才伏读仁宗睿皇帝圣训:嘉庆四年十月二十二日奉上谕,本朝自设立军机处以来,向无诸王在军机处行走者,正月初间因军机处事务较繁,是以暂令成亲王永瑆入直办事,但究与国家定制未符,成亲王永瑆着不必在军机处行走等因。钦此。诚以亲王爵秩较崇,有功而赏,赏无可加,有过而罚,罚所不忍,优以恩礼,而不授以事权,圣谟深远,万世永遵。恭亲王参赞密勿,本属权宜,况醇亲王又非恭亲王之比乎。伏恳皇太后懔遵祖训,收回醇亲王会同商办之懿旨,责成军机处臣尽心翊赞,遇有紧要事件,明降谕旨,发交廷议,询谋金同,必无败事。醇亲王如有所见,无难具折奏陈,以资采择,或从容召对,虚心延访,正不必有会商之名始可收赞襄之益也。"玩其辞意,悔心已萌。奕䜣当国,行事固有未洽人意处,而尚能持大体,防微渐。孝钦曾加挫抑,而不能竟去之,兹乃乘机斥逐,俾图自便。伯熙之劾枢廷,措词当极严厉,期其易于动听,以抒忧国之怀,而主旨不过鞭策政府,枢臣纵因之有所易置,度亦仅一二人之更动(如李鸿藻),此外或并有所裁抑(如张佩纶),非即欲逐去奕䜣而尽易枢臣也。此次举措,出其意外,且于孝钦隐衷,似略已窥见,深虑将来之事局,故又抗章言之,力请收回奕譞会商要事之命,并因之而及诸王领枢之非祖制,(奕䜣领枢,本缘政治上特殊关系,不可为训,犹取其资望较著,对孝钦可有所匡持耳。兹既罢去,若从此不以亲贵柄政,亦属甚善也。后来清卒以亲贵用事而亡,伯熙虽不及见,似亦虑之夙矣。)更主紧要事件决诸廷议之询谋金同,微旨所在,(盖欲防孝钦之恣意。)庶几语长心重。同时锡钧、赵尔巽二人亦以奕譞名分地位不宜膺枢臣商办之命为言。奉懿旨:"据左庶子盛昱、右庶子锡钧、御史赵尔巽等奏醇亲王不宜参预军机事务各一折,并据盛昱奏称嘉庆四年十月仁宗睿皇帝圣训,本朝自设立军机处以来向无诸王在军机处行走等因。钦此。圣谟深远,允宜永遵。惟自垂帘以来,揆度时势,不能不用亲藩进参机务,此不得已之深衷,当为在廷诸臣所共谅。本月十四日谕令醇亲王奕谭与诸军机大臣会商事件,本为军机处办理紧要事件而言,并非寻常诸事概令与闻,亦断不能另派差遣。醇亲王奕谭再四推辞,碰头恳请,当经曲加奖励,并谕俟皇帝亲政再降懿旨,始暂奉命。此中委曲,尔诸臣岂能尽知耶?至军机处政事委任枢臣,不准推诿希图卸肩,以专责成,经此次剀切晓谕,在廷诸臣自当仰体上意,毋得多渎,盛昱等所奏应庸议。"自辩若斯,良以奕谭地位特殊,不得不有一番说词以拒言者也。(锡钧、尔巽疏均言及恐枢臣藉奕谭商办而有所推诿。)此犹云断不能另派差遣。翌年乙酉奕谭即又拜总理海军衙门事务节制沿海水师之命,而颐和园工程用款,遂取自海军经费,并滥纳报效,幸门大开矣。(此为孝钦不顾法令不经部臣任意滥行而卖官之举动,伯熙其时亦尝疏谏。)使奕䜣犹在政府,固难有是也。(奕谭在亲贵中,亦有贤王之目,被利用于孝钦,乃致蒙讥。且以孝钦之猜鸷,奕谭处嫌疑之地,渐亦见忌而自危,庚寅以忧惧终。奕䜣闲废十年,至甲午始再起领枢,意气消磨,非复当年。戊戌四月逝世,未几有政变之事,庚子遂致大乱,国几不国矣。孝钦所致也。论者犹谓奕䜣若在,当能维持匡救,使变乱不作云。)

政象由甲申易枢而日非,伯熙忧之。建言率不见用,徒抱孤愤。戊子(光绪十四年)典试山东,以"立乎人之本朝而道不行耻也"命题,牢骚可想。翌年己丑即引疾解职,(官国子监祭酒,久而不迁,盖以謇谔忤时之故。)抑郁家居者十载。己亥(光绪二十五年)十二月卒,年仅五十。时已历戊戌政变,庚子之乱亦正在酝酿，即将实现矣。

## 意园胜概

伯熙美才高致，雅望清阶，以天潢之隽，处饶裕之境，延接胜流，主持风会。居裱褙胡同，有园曰意园，景物宜人，交游谈讌，每集于斯，或被招下榻其间，为承平时一人文荟萃之所，士林称羡，其名夙著焉。诸家记载，关于斯园者，如李莼客（慈铭）《越缦堂日记》同治十二年癸酉四月初八日云："同年宗室伯希孝廉（盛昱）柬约初十日赏牡丹。伯希……年少好学，家有园亭"。初十日云："上午入城，至裱褙胡同，赴伯希之招……牡丹半落，香色未减，亭馆清幽，廊槛迤曲，叠石为山。屈曲而上，上结小台，可以延眺。垂杨婀娜，薜荔四垂，其居宇亦雅洁闲敞，都中所仅见也。是日预坐诸君，皆同隽少年，意兴烂漫，酒未及半，已大醉。同往山后习射，予独裴回花间，遍倚阑槛，甚得佳趣。"十二日云："是日补作前日盛伯希家赏牡丹词一阕。《翠楼吟》（同年宗室伯希孝廉盛昱，肃恭亲王曾孙，协揆文恪公孙也。家有园亭极胜，其闺人及令妹皆能诗。初夏招赏牡丹，裴回阑槛，艳情欲语，赋此赠之）：曲槛留春，华轩敞夏，当年朱邸分赐。香尘随步径，还随处雕阑堪倚。小山织峙。又飞阁流丹，回廊萦翠。重帘底，绿杨垂处，乱花横砌。最爱千朵娇红，似绛幡朱节，舞鸾飞坠。天风环佩响，更深院沈沈歌吹。艳情谁寄。正钿匣裁诗，金凫添麝。人微醉，锦屏双影，折枝横髻。"意园牡丹，见重京师，斯为招庚午乡举同年赏讌之一番雅集。（越缦科名晚达，中举时年已四十二，适倍伯熙之龄。至是伯熙二十四，越缦则四十五矣。故称侪辈曰同隽少年，谓伯熙年少好学。伯熙光绪丁丑成进士，越缦庚辰，迟伯熙一科。）杨子勤（钟羲）《雪

371

桥诗话》续集卷八云:"意园林亭极胜,牡丹尤各色俱备。己亥春杪,余以换官出都,伯熙治具祖饯,赏咏竟日,偶读悫伯先生《翠楼春·赠伯熙》一词,亦初夏招赏牡丹作也。"回溯癸酉旧事,相距已二十六年,越缦之卒,亦已五年,是年冬伯熙亦逝世矣。又所撰《意园事略》云:"所居意园,为文恪旧邸,有亭林之胜,庋金石书画之室曰郁华阁。"郁华阁为园中最名贵之所,与意园均每作伯熙之别称,如《事略》《文略》均称意园,《遗集》称郁华阁是也。奭召南(良)《伯羲先生传》云:"公生长华腴,而喜与文人游……家有园亭,高高下下,俨具邱壑。喜莳花。庭前牡丹四畦,朱栏绕之,助其名贵。宜晴阁后奇石四五朵,杂以名花,饶有野趣。自去官后,交游日稀,公赋诗云:'顾曲无人王粲死,旧欢渺渺隔山河。'盖伤之也。己丑后,意园文酒之会渐少,颇形索莫矣。"就以上所引,可于意园景况,稍知梗概,而均言之未详。近阅《悔斋师友赠言录》,悔斋者,曹县徐继孺,伯熙戊子典试山东所得士也。首录《意园先生书一通》(伯熙光绪二十一年乙未作,有"瑟缩家居,不与人事"语,想见意气萧索之态)。《悔斋跋识》(光绪三十一年乙巳)云:"继孺以光绪戊子应本省乡试,受知意园先生。己丑初春闱北上,先生招致意园居住。乃偕黄子柯、邹申甫两同年寓处泰堂之南院。蒋性甫盟弟后至,寓喜爽轩之西室。意园为先生祖文恪公旧邸,亭台幽胜,地在东城裱褙胡同,门北向。入门而左为住宅,其右则意园也。圆门东向,有旧题意园二字者,意园门也。入园门南折,有室,为研香馆。其西迎门对峙作斗室,其上为平台,台上构小亭。由斗室中穿后壁而入,缭曲行石洞中,出洞登山,却达平台之上。凭栏西望,一带皆假山。其北有堂南向,为怀荩堂,先生家祠,春秋朔望祭奠之地。扁额墨色犹新,圣祖仁皇帝御书也。循假山而西,有书房三间,其后敞轩,古柏极茂。其西北隅书室三间,对面青石壁立如剑,自外窥之,竹石掩映,不见有室,是为半隐山房。再西为游廊,折而南,循西墙,为小亭,琴台石鼓,容六七人。循游廊而下,其南平敞,约五六亩,遍植花木。北望山势纡回,竹木蓊郁,翛然有出尘之想。循山南麓而东,一径曲折,通研香馆。其西迤南有角门,北向。入而东折,为喜爽轩。再东,正厅为处泰堂,扁额成亲王书。再东,偏院为知止斋,其东与住宅西墙相连。继孺等寓南院,出处泰堂东,过知止斋前,折而北,抵大门,乃往来出入之路也……比庚寅再寓意园,先生已退居林下。通籍后侍先生谈谦,与都中诸名流从容论议,颇有开发。壬辰散馆,三寓意园……"悔斋笃于师门,寓意园者凡三次,纪之较悉。阅此,于园之内容,所知可略备矣。(徐继孺,字又稚,晚号悔斋。同治癸酉拔贡,官黄县训导。以光绪戊子举人成庚寅进士,入翰林。癸巳以编修典试陕西。甲午督学河南,差满回京后乞外,用保送知府指分山西,历署太原府、汾州府,补潞安府,巡抚毓贤甚赏之。庚子之乱,毓贤以教案被诛,徐亦缘是夺职严谴。民国六年在曹县原籍办保卫团,殉土匪陷城之难。其略历如此。民国二十四五年间豫省门人为刊《徐悔斋集》《悔斋师友赠言录》,风义可称。)

关于意园,更询诸知其原委之杨鉴资君。鉴资为雪樵先生子,雪樵则伯熙表弟,夙相契厚也。(伯熙纂辑《八旗文经》,雪樵相助以成之,并撰《意园事略》,著其生平,又为编刊《郁华阁遗集》《意园文略》,以传其诗文。)据所谈,意园与住宅在崇文门内西裱褙胡同,共一大门,旧时正门在麻线胡同,门南向。文慤尝封不入八分辅国公,斯即当时公府之门。迨伯熙之时,以既已不为公府,不欲仍其旧,乃改由后门出入。门在西裱褙胡同,北向,即以此为正门,故谈者均言褙褙胡同而不及麻线胡同焉。文恪营建意园,极意从事,房舍景物,诸费研讨,迭有改作,俾愈精致,盖历三次之修葺,始为定局。传至伯熙,以名流冠冕,主此名园,尤为相得益彰。惜伯熙逝世,后嗣不振,未能保守弗替,民国十余年间已易主,今麻线胡同山中商会北京支店即是也。易主之前曾至,昔年胜概,犹可得其仿佛。园中景物,假山最妙,有所谓十八磴者,脍炙人口。大雨之际,水势奔流,呈瀑布之观,说者谓在斯园中若睹黄山佳景云。(鉴资又言,甲申参劾枢廷奏稿,其尊人亦尝向伯熙询及,伯熙不愿谈也。)

　　鉴资以录存伯熙遗札二通相示,均己亥(即其逝世之岁)所作,甚可读。其一为致于次棠(荫霖)者,中有云:"去年初秋至满城为鉴兄送行,相晤之际,彼此都无一言,惟有暗泣。今者事机虽缓,而默观大局,亦惟有缄泪相寄而已。重光继照,忧国爱民。弟残废余生,苟幸遂其饔飧室家之计者,惟恃圣人忧勤惕厉之心。其甲兵之众,才能之多,可恃而未可深恃也"。念切忧时,语挚而旨深。"事机虽缓"盖指孝钦废立之谋,"重光继照"则谓孝钦之再出训政,"忧国爱民"云云,愤郁而以蕴借出之,雪樵癸酉(民国二十二年)诗(见郁华故物有感而作)所谓"继照从知事已非"也。戊戌政变,事在八月,初秋暗泣,似已怵大变将作矣。(鉴兄似谓李秉衡鉴堂,亦伯熙稔交。李庚子御敌殉难,世论以仇外诟之。其人固非孝钦私昵,见危授命,何可厚非?至其由牧令洊跻封疆政声尤著,惟素主守旧,对戊戌新政,当非所忻赞,若忠主忧时之心,要有一致耳。当时新党人物,伯熙似亦不皆推许也。)前此张香涛(之洞)曾劝其销假再仕,答书有"欲尽言责则今之柄大权者非吾君"之语,深愤德宗之受制孝钦,亦可参印。至自谓"残废余生",则札中又有云:"弟今年右髋忽不良于行,近习医药而不肯自治,带此末疾以明其不出而就官,非故为高尚,上负君父之深恩,借此略可自解。然牵引臂筋,遂复久荒笔墨,少悒悒耳。"于氏时官湖北巡抚,湖广总督即张香涛,札云:"方今蒙泉硕果,并在鄂中。香涛前辈,清德雅量,时辈无双,又与三哥为故人,顾香翁道广,三哥节高,其行政用人,岂能事事相合;积之数年,门生属吏恐将各有所主,万一意见参差,君子相争,小人遂得以指其隙,傥一网打尽,岂非吾道之深忧。更愿三哥时时敛心抑志,有面折无后言。全交之道,不外此六字,弟所敬献刍荛惟此。香翁与三哥,金石之交,久而弥坚,愿三哥之坚益求坚,默存而内省也。"督、抚同城,势位相亚,同官相处,易生扞格。张于性行有异,伯熙深虑其政见抵牾,交道不终,手书劝诫,恳挚如斯。后张、于果不相得,亦征先见。

又一则致梁节庵(鼎芬,时在张幕)者,亦殷殷以张、于恐生意见为虑,属为调护。其言云:"鄂多君子,张主权,于主经,恐日久有意见,兄已作书与次老预劝之。君子和而不同,小人同而不和。彼此相救则善,彼此相非则败。兄于次公事事奉以为师,然谆谆不令兄坐火车,兄亦不从也。弟与两君皆至交,望时时调护之。"可同览。于历官亦颇有声,而以守旧闻,其力阻伯熙乘火车,足见一斑。札又云:"编录《八旗文字〔经〕》,乃承许可,并浼香公付梓,感何可言,亦不待言。子勤书来,谓弟言经字胜于业字,此廉生以三场策问对八旗文经,故欲改之,究竟经字业字孰胜,仍当请香公酌定。兄以有

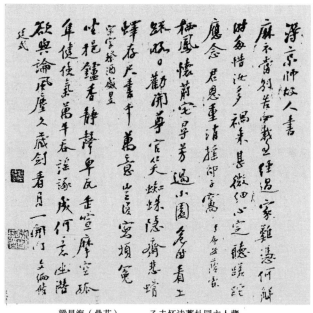

梁星海（鼎芬）　　　　乙未怀诗薰朴园主人藏

函致谢,并求其作刻书序,序文即以业字改经字发挥亦好。
此书体例,杂仿前人总集,不题撰人,仿《新安文献志》也。
拙序意甚隐,弟与子培必了了。子勤信中又谓底本全付吾
弟,今续得文数篇,即以缄上。子勤谓奏议类宜多采,又谓
子培云编录时别有意。子培洵是解人,鄙见仍未可滥收也。
烦渎清神,何以克报"。(致于札亦有云:"去年编录文遂成
五十六卷,香涛允为刻梓,已别具函,晤时代致谢忱,并促成
之也"。)为关于《八旗文经》名称体裁暨付梓缘起之事,可
供读斯书者之考镜。斯书之成,由雪樵致力相助,梁氏及王
廉生(懿荣)、沈子培(曾植)亦与商及也。伯熙叙文,谓
"《典论·论文》曰:文章经国之大业。讵虚语哉"。命名文

经及尝欲改经字为业字,根据相同,后卒仍而未改,或即取决于张,"文业"自不若"文经"较适耳。书成而伯熙旋逝,不获见其行矣。

(原载《古今》1944 年第 46 期)

# 五十五　北京的轿车

近阅报载北京市各项车辆统计,内有轿车三辆。昔日此物北京甚多,为都人代步唯一之具。清末马车、人力车等兴用,渐颇取而代之,惟乘轿车者尚属不少。迨入民国,乘者益减,逐形统计衰替,驯致街市中绝不易睹。似为天然淘汰之结果,今北京已无复此物之存在矣。据此统计,居然犹有三辆,得备一格,可谓晨星硕果也。物稀为贵,此残余之三辆轿车,庶几名物,而于报端见之亦颇足令人兴怀旧之感焉。

清初京朝官乘轿(肩舆),后多改乘轿车。俞曲园(樾)《春在堂随笔》卷九云:"王渔洋《香祖笔记》,言京朝三品官以上,在京乘四人肩舆,舆前藤棍双引喝道,四品官自金都御史以下,只乘二人肩舆,单引喝道。按此,可见国初京朝官威仪之盛。余道光中入都,尚书以上犹无不肩舆者。至光绪丙戌,余送孙儿陛云入都会试,相国张子青,尚书徐荫轩,见访寓庐,皆乘四人肩舆,然时谓汉人肩舆止此一顶半而已。所以云半顶者,以荫轩尚书乃汉军,不纯乎汉也。后闻潘伯寅、许星叔两尚书皆乘肩舆,则余已出京矣。"其时贵官率亦乘轿车也。

轿车驾以骡,故亦谓之骡车,惟骡车之在北京,实犹后起,其前乃驾以驴或马,称驴车、马车,特此马车非西式之马车耳。车之有旁门近于西式马车者,号后挡车,其制为纪晓岚(昀)所创。

姚伯昂(元之)《竹叶亭杂记》云:"乾隆初只有驴车,农中丞起在部当差,犹只驴车,惟刘文正(统勋)有一白马车,见马车即知刘中堂来矣。自川运例开,骡车始出,名曰川运车。乾隆三十年后,京中惟马车多,骡车尚罕。车之有旁门,自纪文达始创。车旁开门,碍于转轴,于是将轮移后,始有后挡之制。"为关于轿车之掌故,可资征考。盖自乾隆季业,北京驾车以骡者始渐多。光绪季年暨宣统间,京朝贵官,乘轿车(骡车)者尚夥,一品官乘轿或轿车,二品以下仍以轿车为常。忆盛杏孙(宣怀)官邮传部侍郎时即乘轿,在当时二品宫中为罕见,盖曾加太子少保衔,宫保之身分较尊,与普通之侍郎稍有不同耳。其间马车(西式)已兴,喜乘者亦已不乏矣。(大抵司交涉或与外人方面有交际往来者,马车尤为必备之具。)

关于潘伯寅(祖荫)之轿车暨改而乘轿,传有趣事。谏书稀庵主人(陈恒庆,字子久)《归里清谭》(又名《谏书稀庵笔记》)云:"潘文勤伯寅……为工部尚书……尚书尚俭,不乘肩舆,一车而已。驾车白骡,已老矣。某岁伏雨过多,道途泥泞,行至宣武门外,老骡陷于淖,不能起。尚书告其仆曰:'前有一车,悬工部灯笼,急呼之,予附其车。'问之,果为工部司员,且门生也。是早为尚书堂期,故早起入署,急下车相让。尚书曰:'此车为吾兄之车,吾兄入车内,予坐车前足矣。不允,予将徒行。'乃同车而行。其白骡从此病惫,乃赁一轿,命仆人舁之。仆未练习,一日行至正阳门,雨后路滑,前二人仆,尚书亦仆于地。道旁观者大笑。有识之者曰:'此管理顺天府事,父母官也。奈何笑之!'尚书起立,曰:'本来可笑!'乃乘轿而归。京师传为笑柄。凡骡之青色者,年老则变白。潘府中骡多白,故京师人语云:'潘家一窝白,陈家一窝黑。'"笑柄足供噱助,亦可谓之名人佳话也。(此工部司员既系潘氏门生,潘似不应以兄称之,盖陈氏涉笔时未遑致详耳。潘氏以工部尚书顺天府兼尹卒于光绪十六年庚寅,在兼尹任尽心民事,办赈尤瘁心力,于父母官之称,当之无愧。陈氏亦尝官工部司员,后历言路,由给事中外放知府。所云'陈家一窝黑'之陈家,盖即自谓其家,道光朝宰相陈官俊,其先世也。)

在新式车辆未兴用之前,轿车代步,其时亦颇觉方便,长途短途,均获其用。惟未经乘惯不能适应其动荡之势者,则不免碰头之苦。黄天河(钧宰)《金壶浪墨》卷六云:"道光三十年庚戌春,将以廷试入都,三月十日与涟水张禹山、白沙水少泉、袁浦王紫垣会于王营,明日启行。车左右倾侧,辄与头角相触,避之且愈甚。车夫曰:'子读《易》乎?其道用随。柔子之体,虚与委蛇,左之右之,勿即勿离。骨干在中,不患脂韦。'予笑曰:'是诚名言,君子之徒也。内方外圆,利用如车。命名思义,说在老苏。有子之识,何为乎仆夫?'"诙谐语,甚有致,盖乘坐轿车,为避免碰头起见,须讲适应其动态之道耳。(若常坐此车,成为习惯,则不烦戒备而自能委蛇其间左右成宜矣。)至车夫之果否出口成章,可不深论也。

又无名氏《燕市百怪歌》有云:"黄轮黑轿,巍然高耸,嗷然一声,谨防头肿!"碰头是患,传神之笔。歌作于民国初年,一时北京轿车已渐少,然在代步之具中犹保有相当之地位,今则在"燕市"欲一尝此"头肿"而"嗷然"之滋味,亦匪易易矣。

有署名"蓬园"者著一小说曰《负曝闲谈》,逐回披露于《绣像小说》(小说定期刊物,每月二期,商务印书馆出版,创刊于光绪二十九年癸卯),第八回写周劲斋到京后坐轿车情状云："劲斋上了车，那管家跨了车沿，掌鞭的拿鞭子一洒，那车便电掣风驰而去。周劲斋在车里望去，人烟稠密，店铺整齐，真不愧为首善之区。忽然那里转了弯，望左边一侧，劲斋的头在车上咕咚一响，碰得他头痛难当，随即把头一侧，那里知道，这车又往右边一侧，劲斋的头又在车上咕咚一响，这两下碰得他眼前金星乱迸……好容易熬了半日，熬到一个所在。"乘车挨碰，写得颇有趣味。余于民国二十二年对此书曾为评考，就此节所书有云："写周劲斋坐车挨碰，并非挖苦，的是南方人没坐惯北方的轿车（骡车）难免的事。一次挨碰，必是脑袋上左右连碰两下，过来人当知之，此处描写得甚细。至于'那车便电掣风驰而去'，形容的字眼实在太用得过火了。不过在书中所写当时的北京城市，'行'的工具之车，不但没有什么摩托车、电车之类，就连马车、人力车、脚踏车之类也还没有，则轿车比载重的所谓大车来，便算快得多。著者更特加以动目的形容，于是乎'电掣风驰'矣。记得庚子年，我同吾兄凌霄等，随侍先君在山东，由武定府往省城的路上，先君坐的是一辆双套轿车，（两个骡子拉着走的叫双套，是上长路用的。不上长路的，用一个骡子拉，叫做单套，如周劲斋所坐的便是。）我们坐的是一种'大车'，（极笨大，便于堆放多数行李。一辆大车上套着的牲口，多至五头，往往牛、马、骡、驴四项俱全。）大车走得极慢，和轿车同时出发，我们眼看走在前面的那辆轿车，觉得飞也似的快。（也就仿佛所谓'电掣风驰'。）打尖，住店，都是轿车先到了许久，然后大车从容不迫的来到。时至今日，在'行'的工具中，轿车自然也早已算落伍了。所谓快所谓慢，本来不过是比较之词而已。"今谈轿车，斯亦可资参阅。清代北京富家及讲究排场者,对于轿车暨驾车之骡多加意讲求用相矜诩。其时好事者且有赛车之举,以行速自豪。民初犹间有之,今早无闻矣。

（原载《古今》1944 年第 47 期）

# 五十六　关于多尔衮史可法书牍

距今岁甲申前三百年之甲申，为明崇祯十七年，亦即清顺治元年。明、清两代，于斯递嬗，洵中国历史上极可纪念之一甲申也。是年李自成陷北京，明思宗殉国。清军旋逐去李自成，入而定都，明则南都拥立福王由崧（弘光帝）。史可法以阁部（大学士兵部尚书）督师江北，统率四镇，冀图兴复，事虽不终，节概凛然。清摄政王（睿亲王）多尔衮，对可法亦极重视，认为南邦之代表人物，特与书招降。可法覆书，不为所屈。两书均甚可诵。世钦可法之孤忠大节，于覆书尤多称道，清人亦致赞誉焉。其文未至淹没不彰者，则清高宗搜求表扬之力也。汲修主人（清礼亲王昭梿）《啸亭续录》卷三云："纯皇帝尝阅睿忠王传，以其致明史忠正公书，未经具载回札，因命将内阁库中所贮原稿补行载入，以备传世，真大圣人之用心，初不分町畦也。尝闻法时帆言，忠王致书，乃李舒章（雯）捉刀，答书为侯朝宗（方域）之笔也。二公皆当时文章巨手，故致书察时明理，答书义严词正，不惟颉颃一时，洵足以传千古，亦有赖忠王、阁部二人之名节昭著故也。"两书之见重，可见一斑。清修《明史》，《史可法传》中未载两人通书事，高宗敕修《历代通鉴辑览》，于是年十月"我大清兵西讨李自成，分兵下江南"之提纲下，缀以"先是我睿亲王多尔衮令南来副将韩拱薇、参将陈万春等赍书致史可法，可法旋遣人答书"语，备录两书原文。御批云："幼年即羡闻我摄政睿亲王致书明臣史可法事,而未见其文。昨辑《宗室王公功绩表传》,乃得读其文。所为揭大义而示正理,引《春秋》之法,斥偏安之非,旨正辞严,心实嘉之。而所云可法遣人报书语多不屈,固未尝载其书语也。夫可法明臣也,其不屈正也。不载其语,不有失忠臣之心乎!且其语不载,则后世之人将不知其何所谓,必有疑恶其语而去之者,是大不可也。因命儒臣物色之书市及藏书家,则亦不可得,复命索之于内阁册库,乃始得焉。卒读一再,惜可法之孤忠,叹福王之不慧,有如此臣而不能信用,使权奸掣其肘,而卒致沦亡也。夫福王即信用可法,其能守长江为南宋之偏安与否,犹未可知,而况燕雀处堂,无深谋远虑,使兵顿饷竭,忠臣流涕,顿足而叹无能为,惟有一死以报国,是不大可哀乎!且可法书语初无诟谇不经之言,虽心折于睿王,而不得不强辞以辨,亦仍明臣尊明之义耳。余以为不必讳亦不可讳,故书其事如右,而可法之书,并命附录于后。夫可法即拟之文天祥,实无不可,而《明史》本传乃称其母梦文天祥而生,则出于稗野之附会,失之不经矣。"其对可法之赞叹称扬,与其表彰明末死难诸臣暨定《贰臣传》,宗旨固属一贯,要亦以可法立身行己之可敬耳。《清史列传》(清代国史馆稿)《和硕睿亲王多尔衮传》,即本其指而兼录史书,至"心折"云云,关乎高宗本人发言之立场,宜其云尔也。可法自是文天祥一流人物,却不必附会梦兆,持论通达。

又按《东华录》(王先谦编)所载两书,详其月日。多尔衮系顺治元年七月壬子(二十七日)致可法书兼具首尾,可法书则首列"大明国督师兵部尚书兼东阁大学士史可法顿首谨启大清国摄政王殿下",尾缀"宏光甲申九月十五日"。福王由崧是年五月即帝位,诏以明年(乙酉)为弘光元年。斯时新君已颁新年号,却尚未到新年号之元年,而此书若仍称崇祯十七年,或有不便之处,乃书"弘光甲申"字样。("弘光"作"宏光"者,王氏避清高宗讳,循例以"宏"代"弘"也。)严格论之,于义未合。

奭召南(良)从事清史馆十余年,与修《清史稿》,有《史亭识小录》十二篇,为献疑辨难之作。其《睿史二书不录说》一篇云:"或问余曰:'当摄政王之入燕也,首致书于明阁部史可法,援引《春秋》,责备甚至,曲意招徕,许之封爵,史公报书不屈,亦复敷陈经义,备陈祥瑞,皆焕然大文也。自乾隆表章以来,无不艳称之者。子修《睿王传》也,独略而不录,抑有说欤?'余曰:'窃尝闻之矣。凡史官采录章疏文议,务取切中时势,关系成败,昭示功罪,乃著于篇。如《史记·韩信传》载蒯通反复陈说之言,即以明淮阴之不反;《汉书·甘陈传》所叙刘向、谷永、耿育之疏,即以明陈汤之有功;《通鉴》存荆邯之言,则明公孙之失势也;《明史》纪御史马录之奏,则知李福达之狱为不实也。是皆重伦物之文,亦即取为论断之资。今摄政王之致书也,所引《春秋》不书葬不书即位之义,按之东晋南来往事,已不尽合。又谓翩然来归,尔公尔侯。焉有君子而可货取,诱致而效,宜废甲兵? 又谓李闯非得罪于本朝,且将用为前驱。夫天下之恶一也,方以仗义讨寇为德,而忽借资寇兵,并其义举而涂抹之,失辞甚矣! 史公复书,引经则合,侈瑞则非。江干涌木,焚表升云,是浮诞之谈,失秣厉之气。行文颇袭当日公牍俗体,非至文也。尝综国史考之:顺治元年二月睿亲王奉命出师伐明,(索文忠公索尼笔记谓为轮班出兵,盖承郑王上年出兵而言。)行过锦州,吴三桂乞师书至,犹以敌国自居,此间亦依违答之。迨李闯逼近,三桂迫促乞降,渝关战罢,受封平西。先是范文肃启事,仅以完守河北为言,既入燕京,乃窥南服。虎据鹰趾,太公已然,良平常规，有进无退。军谋内定，无假一纸书也。二年英、豫二王灭闯之师，三年肃王歼献之师，堂堂正正，奚事文诰？昔建武招致陇蜀，数降手书，卒至用兵而后底定，手书何益哉？陈《志》不载诸葛出师后表，欧《史》不载世宗伐唐之檄，盖文诰不切事实，则屏而弗录，固前史之通义也。二书之不录，犹是志矣。若夫子云《齐书》，最多文札，班录扬赋，辄至连篇，但求取充篇幅，不顾取讥通人，庸足法哉！"其论虽亦言之成理，而似不免迂执。两书各表态度：在多尔衮方面，则卧榻之旁不容他人鼾睡之意气，已充分表见；在可法方面，则鞠躬尽瘁以死自誓之精神，亦宣白甚明。而当时双方强弱之势，尤以流露于两书字里行间，纵词令上或失检点，致有语病，固难掩其史迹上之价值，乃视如毫无关系之浮文泛语，遽为抹杀，岂史家所宜？此盖无待详悉推论者也。召南才士能文，史学亦雅具根柢，此说则意过其通，有欠允惬耳。至印成之《清史稿》，《睿忠亲王多尔衮传》中，实载致可法书，不如召南所云。按金息侯（梁）《清史稿校刻记》云："列传则《后妃》《诸王》为邓君、柬君及金君兆蕃原稿，皆金君复辑。"盖复辑者所补，非柬稿之朔也。（《多传》于致可法书之后云："可法旋遣人报书，语多不屈。"未著其内容，按《明史·史传》既失载，《清史〔稿〕·多传》固亦不妨撷录报书，俾资并观。）

草拟两书之人物问题，多书出李雯手，传说无异，史书是否即为侯方域所草，则颇有歧说。李莼客（慈铭）《越缦堂日记》光绪七年辛巳七月初二日云："史忠正复睿亲王书，近人考定以为桐城何亮工所作。亮工乃大学士如宠之孙，以诸生入忠正幕。而彰〔彭〕躬庵《耻躬堂集》谓乐平王纲字乾维所为，礼亲王昭梿《啸亭杂录》又以为侯朝宗作，皆传闻异辞。朝宗亦尝在忠正幕，躬庵为当时人,亮工与纲它无所见,疑未必能为此文,惟朝宗文笔颇相似。王亮生《国朝文述》竟题为何亮工作,非传疑之慎也。睿忠亲王原书,云出李舒章手,相传无异词,盖当不谬。然原书简严正大,远胜答书,盖开国之辞直,亡国之辞枝。舒章《蓼斋集》中,亦未有能及此作者也。"对史书之果出谁手,亦难断定。(忆更有谓王猷定所草者。)至其对两书之轩轾,虽似成败论人,而细按之,则史书固然名作,实有不及多书处,盖形势所在,措词本有难易也。清人以新兴民族,挟方张之势,自入北京,即气吞全国,词令之间,操纵随心,义纵有未正,而词可甚严,理纵有未直,而气则极壮,气盛遂若言宜矣。明人则对清积怖已久,当京师沦陷思宗身殉之后,南都拥立,主昏政苟,幸北兵之未至,偷娱旦夕,将帅惟尚私争,督师仅存虚号,可法忠忱苦志,一筹莫展。双方形势上强弱判然。(弘光之朝,以疆土及兵数论,犹非小弱,无如实际已无可为耳。)覆书虽对于招降表示不屈,而自怀弱点,措词之分际,良有难焉者,委曲回护之中,难免馁怯支饰之态,彼已完全不认有建国对立之资格矣。此犹不得不殷殷以世通盟好为言,弗敢以其蔑视而稍示决绝之意,可喟也。

　　史书侈谈详〔祥〕瑞,可谓无聊之极思。"大江涌出枏梓数十万章,助修宫殿。"语尤可笑。夏存古(完淳)《续幸存录·南都杂志》云:"……神木者,此系高皇帝建殿之余材,积在南工部库中,且朽矣。一时遂称为嘉瑞,致兴土木之功。迨三殿落成,国运从之以毕。当时大臣,处天崩地坼之变,不思祥桑之修省,徒引祯祥以愚民,不学无术,亦一至于此……"愚民者更以愚敌,敌可以此愚之乎?(宫殿成,加恩大臣,可法由太傅晋太师,力辞未受。)

(原载《古今》1944 年第 48 期)

# 五十七　荔枝与杨梅

夏日佳果,荔枝最负盛誉。粤、闽均产荔枝,四川亦有之。白乐天(居易)《荔枝图序》云:"荔枝生巴峡间。树形团团如帷盖,叶如桂,冬青,华如橘,春荣,实如丹,夏热,朵如葡萄,核如枇杷,壳如红缯,膜如紫绡,瓤肉莹白如冰雪,浆液甘酸如醴酪。大略如此,其实过之。若离本枝,一日而色变,二日而香变,三日而味变,四五日外色香味尽去矣。"名文状名果,珍美娇贵,写来极其不凡,读之使人馋涎欲滴。诗句则白氏之"嚼疑天上味,嗅异世间香",杜牧之(牧)之"一骑红尘妃子笑,无人知是荔枝来",苏子瞻之"日啖荔枝三百颗,不辞长作岭南人",为世传诵,亦均足为此果声价上之渲染。其它见于纪述及歌咏者,多不胜举,类皆甚致叹美,他果罕其伦比也。

然不喜荔枝而加以贬词者,亦非无其人。如梁应来(绍壬)《两般秋雨盦随笔》卷三云:"余向慕岭南荔支之美。戊子二月至广州,三月至潮阳,其时荔支尚未实也。偶于大令王潜庵先生(鼎辅)席上谈及之,先生曰:'子毋然!荔支于北不如葡萄,于南不如杨梅,徒浪得虚名耳。'余初闻而未信,比还至惠州,舟中啖之,果然,乃知先生之语真定评也。因为诗纪其事,中有句云:'媵来西域才为婢,卖到南村合是奴!'"即对荔枝大加贬抑,不辞唐突焉。(戊子盖谓道光八年。)

更考之,则前乎梁氏者,毛大可(奇龄)亦对荔枝甚表不满。毛氏《西河诗话》卷二云:"予在闽食櫑支,值五月将晦,以急归不能待,连日购食,终不惬意。土人谓候早故味劣,又谓远佳故近恶。予不谓然。夫时近夏仲,不为先候,犹是外府所致,壳红肪白,如卵如晶,衣掀肌见爪到液流之际,不为失稔,而吞纳一过,津涩气腥,大不如人言所云,则直谓之曰不大佳可耳。时同食者,诸暨骆士遴,予门杨卧,皆谓予言然,各纪以诗。张杉尝云白杨梅佳于櫑支。予未贪櫑支时,尝问杉其味。杉曰:'子第食杨梅差似,但比白杨梅小减耳。'予谓宁食杨梅勿贪櫑支。杨梅出予邑最佳。唐郑公虔云:'越州宵山有白熟杨梅。'宵山者萧山之误。"毛、梁二氏之说,可云同调,异乎向来对荔枝之品评,盖口之于味,固有难于尽同者。

杨梅产江浙等处,亦夏果之有名者,特声誉犹稍逊于荔枝耳。江文通(淹)《杨梅赞》云:"宝跨荔枝,芳轶木兰。怀蕊挺实,涵黄糅丹。镜日绣鞶,照霞绮峦。为我羽翼,委君玉盘。"推崇杨梅,虽已以跨荔为言,然似借荔枝以重杨梅之声价,与毛、梁辈之特贬荔枝,意义上盖为有间。至江后之咏述杨梅者,多以荔枝相拟,固绝好之陪衬也。为荔枝与杨梅争长,事有趣者,如陶秀实(谷)《清异录》云:"闽士赴科,临川人赴调,会京师旗亭,各举乡产。闽士曰:'我土荔枝,真压枝天子,钉坐真人,天下安有并驾者?'抚人不识荔枝之未腊者,故盛主杨梅。闽士不忿,遂成喧竞。旁有滑稽子徐为一绝云:'闽夸玉女含香雪,吴美星郎驾火云。草木无情争底事,青明经对赤参军。'"可供噱助。(临州为抚州治。)

毛、梁不喜荔枝,前此则文徵明(璧)不食杨梅,事亦可述。阎秀卿《吴郡二科志》文苑中列文氏,所纪有云:"食性多禁,尤不喜杨家果，人或笑之，作解嘲诗。其词曰：'南风微微朝夜吹，暑雨未到此山□。此时珍果数何物，五月杨梅天下奇。纤牙仿佛嚼冰雪，染指顷刻成胭脂。论名列品俱第一，我不解食犹能知。天生我口惯食肉，清缘却欠杨梅福。冰盘满浸紫葳蕤，常年只落供今日。千金难致漠北寒，北人老去空垂涎。渠方念之我弃捐，食性吾自知吾偏。十年枉却苏州住，坐令同侪笑庸鄙。几回欲作解嘲诗，曾未沾唇心不死。叶生生长杨梅坞，眼看口唻日千颗。愿从君口较如何，补作西崦杨梅歌。'"自谓食性之偏，说法与毛、梁之贬荔枝不同。

毛、梁所纪，一轩杨梅而轻荔枝，一兼谓荔枝不如葡萄。汪钝翁（琬）之论，则正美杨梅以拟葡萄。其《说铃》云："客指燕地蒲萄，问予吴中何以敌此。予答曰：'橘柚秋黄，杨梅夏紫。'言之已使津夜液横流，何况身亲剖摘？"又云："昔陈昭问庾信蒲萄味何如橘柚，信曰：'津夜液奇胜，芬芳减之。'尉瑾曰：'金衣素里，见苞作贡，向齿自消，良应不及。'然则蒲萄、橘柚旧已齐名，独未有以杨梅敌者，止见江淹一颂耳。既已齿及，足令此果长价。"名果品题，亦足备览。

苏子瞻似尝于名果之拟荔枝，右杨梅而左葡萄，盖或言西凉葡萄可对闽广荔枝，苏氏以为未若吴越杨梅也。又忆宋人咏杨梅有"味方河朔葡萄重，色比卢南荔子深"之句。均可作汪说之补充资料。

时届夏日，聊写《荔枝与杨枝〔梅〕》一篇，以应时令。至品第二果之甲乙，余之意见若何，则孤陋拘墟，俭于口福，不敢强作解人，漫事平章也。

（原载《古今》1944 年第 50 期）

# 五十八　掌故答问①

问:清末议废八股时,颇有力争之者,于古亦有其比否?

答:隋、唐本以诗赋取士,唐、宋间场屋间之重赋,亦犹明、清之重八股,其有识者亦极不以之为然。宋仁宗时石介、何群等上言,以赋取士,无益治道,及下朝臣议,则以为进士科始隋唐数百年,将相多出此,不为不得人,且祖宗行之已久,不可废也(事见《宋史·隐逸传》)。王荆公诗云:"当时赐帛俳优等,今日抡才将相中。"即刺讥此事。荆公变法,改用经义,原以救诗赋之弊,不料至明、清,经义又变为腐烂之八股,转不如诗赋犹可觇实学矣。

问:殿试鼎甲名次,是否天子亲主之?

答:明、清所谓殿试,又曰廷试,因在殿廷举行之故,唐、宋即有廷试之称也。本于汉代之临轩亲策,故题目及论文,仍依汉代故事。不曰题而曰策问,不曰文而曰对策;开始用臣对臣闻四字,策尾用谨对二字。天子不能一一亲阅,则派读卷大臣。不曰阅卷而曰读卷者,以示不敢代阅之意也。读卷大臣拟定名次后,以最前十本进呈,请于其中钦定一甲三人,其余以次为二甲第一至第七,大率即照原次序,不加更动。亦偶有因查出身籍贯而更改者,以非至御前不能拆弥封也。前十卷进呈之制,自康熙二十四年始,见《郎

---

① 本文为瞿兑之、徐一士合著。

潜纪闻》引《贡举考略》。

前十本进呈后,间亦有因文字承契赏而特擢者,如同治癸亥科张之洞由第四本拔为探花,光绪乙未科骆成骧由第三本拔为状元,喻长霖由第十本拔为榜眼均是。

问:清代大考翰詹之制,其缘起若何?

答:有清大考翰詹之制,发轫于顺治间。顺治十年三月谕内三院云:"朕稽往制,每科考选庶吉士入馆读书,历升编、检、讲读及学士等官,不与分任,所以诹求典故,撰拟文章。充是选者,清华宠异,过于常员,然必品行端方,文章卓越,方为称职。乃者翰林官不下百员,其中通经学古与未尝学问者,朕何由知? 今将亲加考试,先阅其文,继观其品,再考其存心持己之实据,务求真学,备朕异日顾问。自吏、礼两部翰林侍郎,三院学士,詹事府詹事以下,各候朕旨亲试,分别高下,以昭朕慎重词臣之意。"(内三院者,内翰林国史院、内翰林秘书院、内翰林弘文院也。时为内阁乃翰林院之合体。至所谓吏、礼两部翰林侍郎者,指其时吏、礼侍郎之兼翰林之职者,此沿明制。)旋御太和门亲试以甄别之。此后来大考制度之权舆也。乾隆二年五月谕云:"翰林乃文学侍从之臣,所以备制诰文章之选。朕看近日翰詹等官,其中词采可观者固不乏人,而浅陋荒疏者亦不少,非朕亲加考试,无以鼓励其读书向学之心。自少詹、读讲学士以下,编修、检讨以上,满、汉各官,着于本月初七日齐赴乾清宫,候朕出题亲试。倘有称病托词者,着另行具奏,朕必加以处分。考试之日,着乾清门侍卫察视。"届日亲试,擢黜有差,于是大考翰詹渐垂为定制矣。(后来多在保和殿行之。)此为一种不定期考试,随时可以举行,并严禁规避;前列者固有升擢之荣,名次在后者则有降黜或罚俸之处分,故文字或书法荒疏者视为畏途,嘲翰林诗所谓"忽闻大考魂皆落"也。（间有特旨免试者，如同治五年徐桐、翁同龢是，以在弘德殿行走之故，尊重帝师也。）

问：清代各省主考（正、副考官），例由京员简充，亦有由外膺简者否？

答：雍正间有之。梁绍壬《两般秋雨盦随笔》云："大学士无锡嵇文敏公（会筠），雍正癸卯以河南巡抚即为河南正考官。交河少司寇王公（兰生），雍正壬子以安徽学政即为江南正考官。典试由外改充，前此未之有也。"此盖仅有之例，后亦无闻。若主考之就简学政（或本省或他省），则不乏耳。

问：大挑缘起如何？

答：举人经三科会试不第，可就大挑一途，其制始于乾隆丙戌科。吏部议选法：一等用知县，又借补府经历，直隶州州同、州判，属州州同、州判，县丞，盐大使，藩库大使，凡九班；二等以学正、教谕用，借补训导，凡三班。见《郎潜纪闻》。

又按前乎此者，雍正五年闰三月谕曰："向来各省县令多循资按次照例选用之员，故其中庸碌无能者有之，少不更事者有之，以致苟且因循，贪位窃禄，诸凡阘冗，职掌废弛。此等之人，尚不能顾一身之考成，岂能为地方之凭藉乎？今因会试后天下举子齐集京师，朕思其中有才品兼优之士，是以特加遴选，畀以县令之任。朕之所望于尔等者，不仅在于办理刑名，征收税赋，簿书期会之责而已"。次月又就会试下第举人挑选各省教职，谕曰："向来教官因循偷惰，全不以教训为事。朕屡颁谕旨，而积习如故。因于尔等下第举人中择文理明通者引见命往。"斯为举人大挑之权舆，至乾隆时始垂为定制耳。

问：世俗相传旧时富贵家择婿，往往以新登科第之少年未娶者为对象,甚至施以强迫,此真有其事否?

答:自科举制度施行后,登科者极为世重,富贵之家以为择婿之对象,事恒有之。其施以强迫者,亦尝为一种风气。宋人彭乘《墨客挥犀》有云:"今人于榜下择婿,曰脔婿,其语盖本诸袁山松。其间或有不愿就而为贵势豪族拥逼不得辞者。尝有一新先辈,少年有风姿,为贵族之有势力者所慕,命十数仆拥致其第。少年欣然而行,略不辞避。既至,观者如堵。须臾,有衣金紫者出曰:'某惟一女,亦不至丑陋,愿配君子,可乎?'少年鞠躬,谢曰:'寒微得托迹高门,固幸,待归家试与妻子商量看如何?'众皆大笑而散。"势家于新登科者择婿,乃至拥逼图成,致有此项话柄,事甚可笑。而当时实有此风,固可概见。(先辈为唐、宋时得科第者之称。)传奇(如《琵琶记》)、戏剧(如《铡美案》)之演宰相、天子招状元为婿事,亦有由来矣。

问:两淮产盐量为全国最,其引地亦最广,远者达湖南南部,虽属国家定制,其事殊不便于民,不审此制究何所始?

答:此制恐自唐已然矣。盖当时长江流域,概仰淮盐,而五岭之道险艰,粤盐产量又少,遂不为道远之民生计。有清一代,湘南诸县粤盐之私运,迄无法禁绝,故定制淮盐达衡州而止。《宋史·塞周辅传》云:"先是湖南例食淮盐,周辅始请运广盐数百万石分鬻郴、全、道州,又以淮盐增配潭、衡诸郡。"其由来已久可知。

问:陕、豫、鄂三省交界之区,即嘉庆时教匪滋乱之地,其地在古代已为乱原,其故何在? 其沿革如何?

答:元至正间流贼即据荆襄上游作乱,终元世莫能制。洪武初邓愈以兵剿除,空其地,禁流民不得入。然地界秦、豫、楚之间,又多旷土,山谷厄塞,林箐蒙密,中有草木可采掘以食。正统二年,岁饥,民徙入不可禁。众既多,罔禀约束,其中巧黠者稍相雄长,天顺、成化中遂有刘通之乱，而项忠讨平之。不数年禁渐弛，复乱。祭酒周洪谟著《流民说》略言，东晋时庐、松之民流至荆州，乃侨置松滋县于荆南；淮〔雍〕州之民流聚襄阳，乃侨置南淮〔雍〕州于襄西，今当增置郡县，听附籍为编氓。于是朝廷采其议，命原杰抚治之。以襄阳所辖郧县居竹、房、上津、商、洛诸县中，道路四达，且去府治远，山林深阻，猝有盗贼，遥制为难，乃拓其城，置郧阳府，以县附之。并置湖广行都司，增兵设戍，而析竹山置竹溪，析郧置郧西，析汉中之郧阳置白河，与竹山、上津、房咸隶新府。又于西安增山阳，南阳增南召、桐柏，汝州增伊阳，各隶其旧。是郧阳为明中叶以后新设之区域，其长官称抚治而不称巡抚，盖一特别行政区也。清代罢此制，遂伏乱阶云。

问：旗兵驻防之原委如何？

答：驻防之制，人多以为始于防汉人之反侧，其实非也。自顺治定都燕京，即于盛京设八旗驻防兵，而各直省之设驻防转在稍后，且驻旗兵以控形胜之议转自汉人发之。康熙初魏文毅裔介疏请撤满洲兵还驻荆襄，虽未及采用，而后来制度实推本于此也。定制除满、蒙沿边各处外，西安、成都、荆州、广州、福州、杭州、江宁各有将军一人，立营垒，自成军区。旗兵长子孙为久驻计，往往习其地方言，惟不能杂居通婚耳。将军与总督同城者，总督有故，或摄其事，平时则不得干涉民政及军政。外此各险要处所依次设都统、副都统、城守尉等官，惟湖南、广西、云南、贵州无旗兵。当满人初入关之际与汉人风俗习惯不同，必有不易融洽者，择地驻军不与汉民混杂，未尝非权宜之善策也。

问：帝王专制之害，似觉近代已较古代为轻，盖后世将古制中之不近人情者稍加改革，故尊严虽未减，而为害已不若古昔之甚，不知有实证否？

答:近代帝王家之制度,确有胜于前代者。如清代家法,每日视朝,从不间断,且从无日晏视朝者,内监虽有营私纳贿者,犹不敢公然干预政事,皇子入学读书作文,与士大夫家完全相同,师傅得加责罚,故皇帝无不能亲裁章奏者,王公多能诗文。此皆昭然人所共知之事。大抵家法之改良自宋始。宋元祐间吕大防曾历举之云:"自三代以后,唯本朝百二十年,中外无事,盖由祖宗所立家法最善。臣请举其略:自古人主事母后,朝见有时,如汉武帝五日一朝长乐宫。祖宗以来,事母后皆朝夕见,此事亲之法也。前代大长公主用臣妾之礼。本朝必先致恭,仁宗以侄事姑之礼见献穆大长公主,此事长之法也。前代宫闱多不肃,宫人或与廷臣相见,唐入阁图有昭容位。本朝宫禁严密,内外整肃,此治内之法也。前代外戚多预政事,常致败乱。本朝母后之族皆不预,此待外戚之法也。前代宫室多尚华侈。本朝宫殿止用赤白,此尚俭之法也。前代人君虽在宫禁,出舆入辇。祖宗皆步自内庭,出御后殿,岂乏人力哉?亦欲涉历广庭,稍冒寒暑,此勤身之法也。前代人主,在禁中冠服苟简。祖宗以来,燕居必以礼,窃闻陛下昨郊礼毕具礼谢太皇太后,此尚礼之法也。前代多深于用刑,大者诛戮,小者远窜。惟本朝用法最轻,臣下有罪,止于罢黜,此宽仁之法也。"其事亲、治内、待外戚及宽仁之法四条,有清均尚承而不改。

问:清代皇子教育,其情事如何?又幼年皇帝,如何从师受业?

答:清代家法,皇子教育,甚为认真。其就学之所曰上书房,师傅选翰林充之,谓之上书房行走。大臣任教者,则有上书房总师傅之称。皇子每日进书房甚早,课程亦严。乾隆间赵翼尝为军机章京,爆直内廷,其《檐曝杂记》,纪皇子读书云:"本朝家法之严,即皇子读书一事,已迥绝千古。余内直时,届早班之期,率以五鼓入,时部院百官未有至者,惟内府苏喇数人(谓闲散白身人在内府供役者)往来黑暗中。残睡未醒,时复倚柱假寐,然已隐隐望见有白纱灯一点入隆宗门,则皇子进书房也。吾辈穷措大专恃读书为衣食者,尚不能早起,而天家金玉之体,乃日日如是。既入书房,作诗文,每日皆有程课,未刻毕,则又有满洲师傅教国书,习国语及骑射等事,薄暮始休。然则文学安得不深? 武事安得不娴熟? 宜乎皇子孙不惟诗文书画无一不擅其妙,而上下千古,成败理乱,已了然于胸中,以之临政,复何事不办? 因忆昔人所谓生于深宫之中,长于阿保之手,如前朝宫庭间,逸惰尤甚,皇子十余岁始请出阁,不过宫僚训讲片刻,其余皆妇寺与居,复安望其明道理,烛事机哉? 然则我朝谕教之法,岂惟历代所无,即三代以上亦所不及矣。"其言似近谀颂,而情事要自可征。近支亲贵子弟,亦得承命入上书房读书。

皇帝未即位时,亦皇子也。且清自康熙时建储发生纠纷,后罢建储之制,皇子中亦无复太子非太子之别。(光绪间孝钦立端王载漪之子溥儁为大阿哥,读书于弘德殿,又类建储矣,惟未几即发黜。)故言皇子读书,未即位之皇帝即在其内矣。惟值冲主践阼,势不能不特有读书之所,其事较皇子尤形郑重,乃更指定宫殿选任师傅授读,称某宫某殿行走,同治间祁隽藻、李鸿藻等之直弘德殿,光绪间翁同龢、孙家鼐等之直毓庆宫,宣统间陆润庠、陈宝琛之直毓庆宫是也。虽贵为天子,而对师傅敬礼有加,师傅之课读,亦从严格,不能敷衍了事。翁同龢尝傅穆宗,其傅德宗,在同列中尤专而久。观其日记中所纪,关于皇帝就学情事,可见大凡。师傅教授汉文,多以汉人充之,体制甚隆。除为文字上之教授外,兼有规励德性、匡正过失之责,此在翁氏日记中,亦多可见。至教授满文及骑射之满师傅,亦称"谙达",则体制较杀焉。

问:宋代制度有迥异于近代者为何?

答:最奇异者为选尚公主者,降其父为兄弟行,见《宋史·公主传》。不但改其辈,且改其名,如王溥子贻正,所生子克明,尚太宗女,改名贻永(见本传)。紊乱祖孙父子之序如此,诚匪夷所思者。然按《宋史·孙永传》"世为赵人,徙长社。年十岁而孤,祖给事中冲,列为子行。冲卒,丧除,复列为孙。"盖昭穆之不讲,臣庶之家固有其俗矣。

问:宋制有所谓京朝官差遣院者何解?

答:自魏晋以来,百官铨选均属吏部。宋初承五代弊习,京外各官多由方镇擅除。欲矫其弊,乃不除正官,而但遣京朝官临时摄其任。譬如州县不除刺史、县令,而但遣人知某州事、知某县事,其税务、工务诸官,亦皆遣人监临。至于诸路财务、刑务各要政,则遣使为之,或曰某某使,或曰提点某某,或曰提举某某,皆临时差遣而非正式官吏,故不归吏部。太宗太平兴国五年,沿京朝官除两省御史台,自少卿监以下,奉使从政于外受代而归者,并令中书舍人郭贽等考校劳绩,品量材器,以中书所下阙员类能拟定引对而授之,谓之差遣院(见《续资治通鉴》)。宋亡而后,知府、知州、知县皆已成正式官吏,即无所谓差遣矣。

问:旧时府佐通判一职,对府属亦居长官地位,而事权不属,为人所轻,有"摇头大老爷"之目。此官始于何时?初制若何?

答:此官之置,始于宋初,每与长吏争权,有监郡或监州之称。欧阳修《归田录》云:"国朝自下湖南,始置诸州通判,既非副贰,又非属官。故常与知州争权,每云:'我是监郡,朝廷使我监汝。'举动为其所制。太祖闻而患之,诏书戒励,使与长吏协和,凡文书非与长吏同签书者,所在不得承受施行。自此遂稍稍戢。然至今州郡往往与通判不和。往时有钱昆少卿者，家世余杭人也，杭人嗜蟹，昆尝求补外郡。人问其所欲何州，昆曰：'但得有螃蟹无通判处则可矣。'至今士人以为口实。"又《宋稗类钞》（清潘永因辑）云："宋初惩五代藩镇之弊，置通判以分知州之权，谓之监州。有钱昆少卿者，余杭人，嗜蟹，尝求补郡。人问其所欲，昆曰：'但得有螃蟹无通判处则可。'此语风味似晋人。东坡云：'欲问君王乞符竹，但忧无蟹有监州。'即用其事。"亦本于宋人纪载。从知其时之通判颇有权力，异乎明、清府佐之通判也。（元不设通判。）

问：州县衙门有公生明之额，昉于何时？

答：元许有容《至正集》云："林州州治西北有公明亭，圮废已久，金承安间，宋懃记文石刻故在。一日其守若僚请书'公生明'三字，揭之州堂，日视以为儆。"疑即始此也。

问：山东曲阜县知县，曾由圣裔充任，此制何时改革？

答：清初沿前朝制度，以孔子后裔知曲阜县。乾隆间以其制非便，乃将曲阜知县一缺改为题缺（由本省大吏遴员奏补之缺），二十一年谕："吏部议覆曲阜县知县改为题缺一本。阙里为毓圣之乡，自唐、宋以来，率以圣裔领县事。夫大宗主鬯，既已爵列上公，而知县一官，专以民事为职，奉法令则以裁制伤恩，厚族党则以偏枯废事，甚至因缘为奸簠簋不饬者有之，且亦非古人易地而官之道。我国家尊崇先圣，远迈前朝，延恩后叶，有加无已，岂于此而有靳焉？但与其循旧制而致瘝官，有乖政体，何如通变宜民，俾吏举其职，民安其治，于邑中黎庶、孔氏族人，均有裨益。着照该部所议。"自是孔裔乃不更领曲阜县事。

（原载《古今》1944年第51期）

# 五十九　状元与美人

《孽海花》一书，因所谓"状元夫人"之名妓傅彩云（赛金花）而命名，其清季所成者，第二回（金榜误人香魂坠地）为本书发起者金松岑（天翮）所作，先写一闺秀嫁丑状元事，当时甚为读者所注意，盖谴责小说（用鲁迅语，见所撰《中国小说史略》），方风靡一时也。金氏痛詈科举制度，而以此项故事形容国人迷信科名之甚。其所写云："……那顺治皇帝，天亶聪明，知道中国民情只重科名，不知种族，进了中国，开宗明义第一章就是开科取士。这回殿试取出来的第一名，就是开国第一个状元了。这开国第一科第一名的状元，自然与众不同，格外荣耀。这人是谁呢？在下没看过《登科记》，记不真切，仿佛是姓房叫国元。当时词林传一段佳话，颇足表明全国科名的迷信。原来这房国元当日听了胪唱，自然照例的披红簪花，游街归第，正是玉楼人醉金勒马嘶的时候，不道这个风声，一传十，十传百，就传到了一个闺秀耳中。这闺秀的姓名籍贯，一时也记不得，但晓得她平日看见那些小说盲词山歌院本，说到状元郎，好像个个貌比潘安，才如宋玉，常常心动。这日听见房国元的消息，又是开国第一个状元，不晓得如何粉装玉琢，绣口锦心，不觉一往情深起来。眠思梦想，不到几个月，就恹恹成病了。闺秀的父母，先原不懂，再三诘问，这闺秀才告诉为个这缘故。父母只有此女，溺爱甚深，连忙替他去打听。谁知不巧，这状元早有正室了。

父母回来告诉闺秀,原想打断他这条念头,谁知那闺秀对父母道:'儿志已定,宁为状元妾,不作常人妇的了。'那父母没法,只好忍了这口气,托冰人到房国元那里去说。那状元听了,也诧异得很,然感他一点痴情,慨然允了。到了结缡这日,有些好事文人,弄笔吟客,送催妆诗,赠定情赋,传杏苑之尘谈,作玉台之眉史,喧噪一时。闺秀这日也自谓美满姻缘,神仙眷属,几生修到矣! 谁知到了晚上,更深客散,状元送客归房,那闺秀正在妆台左侧,忽见锦幔一掀,走进一个稍长大汉来,面黑如镬,眼大如铃,两道浓眉,一部长须,且痘斑满面,葱臭逼人,那闺秀大吃一惊,狂喊道:'何处野男儿!'旁边侍女仆妇都笑道:'这便是状元郎归房了!'闺秀这一气,直气得三尸出窍,六魄飞天。当时无话,知道自己错了。等得大家睡静,哭了一场,走到床后,不免解下红罗,投环自尽。列位想,一个人最宝贵的是性命,看那闺秀,只为了状元两字,断送一生! 全国人迷信这科名的性质,也就可想而知。性命尚且不顾,那里有工夫顾得到国家不国家呢?"此段文字,可谓出力描写,彼时读者多感兴味。曾孟朴(朴)民国修订并续撰之本,将此段删去。其《修改后要说的几句话》言其理由:"原书第一回是楔子,完全是凭空结撰。第二回发端还是一篇议论,又接叙了一段美人误嫁丑状元的故事,仍是楔子的意味,不免有叠床架屋之嫌,所以把他全删了。"又关于本书之撰著,据云:"金君发起这书,曾做过四五回……把继续这书的责任,全卸到我身上来。我也就老实不客气的把金君四五回的原稿,一面点窜涂改,一面进行不息……前四回杂糅着金君的原稿不少。即如第一回的引首词和一篇骈文,都是照着原稿一字未改,其余部分也是触处都有,连我自己也弄不清楚谁是谁的。就是现在已修改本里也还存着一半金君原稿的成分。

从第六回起才完全是我的作品哩。"金君与本书之关系如此。美人误嫁丑状元之一段故事，当是金稿，其间或亦有曾氏点窜涂改之处也。今惟"曾朴所叙"之《孽海花》通行，"爱自由者（金）发起，东亚病夫（曾）编述"之《孽海花》浸废，此段文字恐将归于淹没，不更为人道及，以其尝被重视，故表而出之。

此丑状元之姓名作"房国元"，盖以"房"谐"亡"，由其"谴责"之意，可不深论。至其究指何人，若如所云"顺治皇帝……进了中国……开国第一个状元"，当然为顺治三年丙戌科状元傅以渐。以渐山东聊城人，官至武英殿大学士，为状元而宰相者，并无闺秀误嫁而自杀之事，且其貌非丑，亦与金氏所写不符也。

其貌之非丑，于何征之？征之于清世祖（顺治帝）所绘"状元归去驴如飞"图。陈云笙（代卿）《慎节斋文存》卷上有《御画恭纪》一篇云："光绪丙申夏四月，东昌府（聊城县为东昌府治，今废府存县）学博王君少炜，邀余至相府街傅宅恭阅世祖章皇帝御画。一绫本山水，峰峦树石，纯是董北苑家法，气韵之厚，绝非宋元人所能，神品也。一纸本达摩渡江图，科头左顾，双手拥袂向右，赤足踏一苇，衣纹数笔如屈铁，气势飘逸，直逼吴道元，能品也。一绢本青绿，大树下一人，面如冠玉，微须，若四十许人，跨黑卫，二奴夹侍，一执鞭拥驴项而驰，一回顾若有所语，骑者以手扶其肩，即丌国殿撰傅相国以渐也。神采如生，尤为妙品。上书唐人七绝，末'状元归去马如飞'，'马'易作'驴'，盖世祖戏笔也。家传中谓：相国官翰林时，常乘驴扈跸，两奴左右侍，若防倾跌，世祖顾之而笑，因绘图以赐。相国衣履悉如今式，惟貂冠朱缨无顶戴，盖国初制尚未定，至雍正十年始加顶戴也。山水上题'顺治乙未御笔赐傅以渐。'朱印三：〈一〉'广运之宝'，方三寸。一'顺治乙未御笔'，长四寸广一寸二分。一'顺治御笔',方一寸五分。达摩图题印皆同,但无寸五方印。是日同观者为曹大令偁、孙广文宗闵、王孝廉维言暨予犹子新佐。"自跋:"谨案:章皇帝统一天下,自乙酉入关登极,至是方十有八龄,文德武功,冠绝前古,万几之暇,娱神丹青,天纵多能,直合顾、陆、关、荆为一手。观于赐图跸路,犹想见君臣相得之乐,千载一时,令人敬慕无已。是日又见傅相国自画盆景,凤仙花二本,朱粉阅二百余年如新,设色工妙绝伦⋯⋯"清世祖以创业之主,兼工六法,斯亦足见一斑。虽颂扬容有逾量,要为善于斯道者,(清初人记载,如王阮亭——士禛——《池北偶谈》卷十二——《谈艺》——云:"康熙丁未上元夜,于礼部尚书王公崇简青箱堂,获恭观世祖章皇帝御笔山水小幅,写林峦向背水石明晦之状,真得宋元人三昧。圣上以武功定天下,万几之余,游艺翰墨,时以奎藻颁赐部院大臣,而胸中丘壑,又有荆、关、倪、黄辈所不到者,真天纵也。"卷十三——《谈艺》——云:"戊申新正五日,过宋牧仲慈仁寺僧舍,恭睹我世祖章皇帝画渡水牛,乃赫蹄纸上用指上螺纹印成之,意态生动,笔墨烘染所不能到,又风竹一幅,上有'广运之宝'。"亦可参阅。)兼知以渐之亦能绘事也。至'状元归去驴如飞',不独佳画可传,且属大有风趣。画中之以渐,见谓'面如冠玉',其非丑状元可知矣。(世祖六岁在关外即位,翌年甲申即入关,非乙酉也。)张诗舫(祥河)《关陇舆中偶忆编》云:"顺治开科状元为东昌傅相国(以渐)。相国尝扈随圣驾,骑蹇驴归行帐,上在高处眺望,摹写其形状,戏题云'状元归去驴如飞'。画幅仅二尺许,设色古茂。余道出东昌,登傅氏御画楼。其裔孙傅秋坪前辈(绳勋)出赐件获观,恭纪一诗。允宜采入画苑为佳话云。"可与陈氏所纪同阅。

世祖诚善画矣,而"状元归去驴如飞"图中之傅以渐,面貌是否毕肖,宜更有旁证。彭羿仁(孙贻)《客舍偶闻》云:"世祖幸阁中,中书盛际斯趋而过,世祖呼使前,跪,熟视之,取笔画一际斯像,面如钱大,须眉毕肖,以示诸臣,咸叹天笔之工。际斯拜伏,乞以赐之,笑而不许,焚之。世祖御笔,每图大臣像以赐之,群服天纵之能。"盖画家的清世祖,于所绘人物,固具面貌肖真之特长,且喜为人图像,使以渐貌果丑陋,断不绘为"面如冠玉"耳。(其绘盛际斯像,颇似今之所谓"速写"。)

金氏所写之丑状元故事,实由康熙五十七年戊戌科状元汪应铨事而来。袁简斋(枚)《随园诗话》卷三云:"汪度龄先生中状元时,年已四十余,面麻身长,腰腹十围。买姜京师。有小家女陆氏,粗通文墨,观弹词曲本,以为状元皆美少年,欣然愿嫁。结婚之夕,于烛下见先生年貌,大失所望,业已郁郁矣。是夕诸同年饮觯巨杯,先生量宏兴豪,沉醉上床,不顾新人,和衣酣寝,已而呕吐,将新制枕衾尽污腥秽。陆女恚甚,未五更,雉经而亡。或嘲之曰:'国色太娇难作婿,状元虽好却非郎!'"此即金氏所写之根据无疑,惟并非顺治创业首科状元。金氏盖忆及此项故事,加以渲染,而于其时期及人物末遑致详耳。应铨字杜林,亦作度龄,江南常熟人,其先休宁人。(时江苏、安徽二省共为江南省。)虽中状元,仕未大显(仅由修撰官至左赞善),其名不著于后。王东溆(应奎,常熟人)《柳南随笔》卷四云:"吾邑向有官儒户田,多诡寄,弊窦百出。雍正二年奉旨汰去,而一二奸胥辈私以汪宫赞(应铨)出名,投牒县令,冀免革除。故事,官批讼牒,必以朱笔点讼者姓名。其人或系缙绅,则用圈焉。时县令为喻宗桂,误以笔点汪名。汪闻大怒,作诗一绝云:'八尺桃笙卧暑风,喧传名挂县门东。自从玉座标题后,又得琴堂一点红!'"亦其轶事。又忆类斯之事亦有属之他人者,殆传闻之歧也。

傅以渐不独无以貌丑致一女子悔憾雉经而亡之事,且别有一段美人佳话,见于记载。毛祥麟《对山书屋墨余录》卷三云:"溧阳伊密之,才气豪上,明季之佳公子也。喜蓄声伎。尝以三千金聘王素云于吴中,色艺为诸姬冠。一日忽有山东傅生投刺〔刺〕请见,阍人以非素识却之,不得,然后见。既见,不及他语,但曰:'山东傅某,闻公佳姬中有素云者,艳倾宇内,愿一平视,公其许之否乎?'伊逡巡谢曰:'劳君远涉,兹请少休,得徐议。'傅复慷慨言曰:'某数千里徒步而来,无他渎也。公幸许我,诚当少俟,否则无过留。'伊首肯,傅始就座。时日已暮,即命酒款之。数巡后,灯烛辉映,环佩锵然,侍女十余辈拥素云出见。傅起立凝睇久之,叹曰:'名不虚也,此来无负。'因即告别。密之坚挽之,傅曰:'得睹倾城,私愿已遂,岂为饮食哉?'不顾径去。伊怏怏如有失,隐识此生非常流,既而曰:'吾何爱一妇人,而失国士?'即乘骏马,追及之三十里外,挟以俱归,礼款益厚。一夕引之入曲室,锦绮华缛,供张悉备,乃揖傅言曰:'君此来虽出无心,此中殆有天意。今吾以素云赠君,此室即洞房,今晚即七夕也!'傅辞以义不可,且嫌夺所爱。伊曰:'君何疑?赠姬事,自古有之。念君力不能致佳丽,以吾粉黛盈侧,岂少此女,且以君为丈夫,故有是举,乃效书生羞涩耶!'语未毕,侍者已导素云出拜。傅惊喜过望。既留逾月,伊又为之治装,奁物外更资以数千金。傅归,安然为富人矣。无何,闯寇肆逆,明社遂墟,我国家定鼎燕京。有诬告十旧姓蓄异谋者,密之亦为所陷,犹以平昔之惠,人多为之地,而久匿山泽,昭雪无由。时傅值朝廷开科,已由大魁历清要,十余年间,遂跻宰辅。密之得间寓书问起居。适傅扈跸出都，素云发书，始知伊尚未死，惊叹流涕，如感心疾。傅归，即谓之曰：'妾幽忧善忘，不知母家安在。'傅曰：'卿岂忘诸乎？若伊密之者非耶？'曰：'然则密之又安在？'曰：'痛遭冤祸，家没身亡已久矣。'素云曰：'以君一介寒儒，岂无生人之累，乃得专心向学，坐致通显，此恩谅不忘。设密之而至今在也，将何以报？'曰：'苟及其生而报之，身且不惜，他何计焉！'乃以书示傅，傅阅竟，方沈吟间，素云即截发与誓曰：'脱不能报，富贵何为！'傅乃遍谋之朝士将同申奏，会以告讦者多不实，天子察前十姓枉，傅遂乘间以请，于是密之得蒙恩返里矣。方是时，傅尝迹伊所在，专使邀入都。密之复书峻却，且言：'某昔日之施，君今日之报，前后之事既奇，彼此之心交尽。自兹以往，君为熙朝重臣，某为山林逸士，两无所憾，不在相见也。'傅与素云得书后，俱叹息不置，而时论亦以此益高之。"此项状元与美人之佳话，所纪纵或不免有所妆点，足资谈助，与丑状元故事适相反映。

又有名妓嫁状元以生活上之不惯而仳离者，其事亦可同览也。钮玉樵（琇）《觚剩》续编卷三（事觚）云："吴门有名妓蒋四娘者，小字双双，媚姿艳冶，儇态轻盈，琴精弈妙，复善谈谑，花月之筵，坐无双双，不足以罄客欢也。昆陵吕状元苍臣遇于席，一见倾悦，以千金买之，携至京师，而置花市画楼，穷极珍绮，以资服馔，自谓玉堂金屋，称人间偶配，而双双以为琼盏芙蓉，雕笼鹦鹉，动而触隅，非意所适。顺治甲午除夕，共相饯岁，出两玉卮行酒。吕斟其旧者奉蒋，曰：'此我家藏重器，为卿浮白。'蒋以新者自与，仍以旧者还吕，曰：'君虽念旧，妾自怀新！'吕意怫然，明年放归吴门。双双构室南园，颇有草木之胜，昆山徐生，其旧识也，泛扁舟访之。蒋留荟话。徐生曰：'四娘已作状元妇，何不令生状元儿，而重寻旧游

406

耶?'双双曰:'人言嫁逐鸡犬不若得富贵婿,我谓不然。譬如置铜山宝杯于前,与之齐眉举案,悬玉带金鱼于侧,与之比肩偕老,既乏风流之趣,又鲜宴笑之欢,则富贵婿犹鸡犬也,又奚恋乎! 尝忆从苍臣于都下时,泉石莫由怡目,丝竹无以娱心,每当深闺昼掩,长日如年,玉宇无尘,凉蟾照夜,徙〔徒〕倚曲栏之间,怅望广庭之内,寂寂跫音,忽焉肠断,此时若有一二才鬼从空而坠,亦拥之为无价宝矣! 人寿几何,难逢仙偶。非脱此苦海,今日安得与君坐对也。'徐生大笑而别。"吕即傅以渐次科顺治四年丁丑状元吕宫,号苍忱,亦作苍臣,江南武进人。官至内翰林弘文院大学士,亦状元而宰相者。其掇大魁晚于以渐一年,而入相则早一年。(宫顺治十年即为大学士,以渐望岁始膺揆席。)

纪晓岚(昀)《槐西杂志》卷一有云:"同郡某孝廉,未第时落拓不羁,多来往青楼中,然倚门者视之漠然也。惟一妓名椒树者,(此妓佚其姓名,此里巷中戏谐之称也。)独赏之,曰:'此君岂长贫贱者哉!'时邀之狎饮,且以夜合资供其读书。比应试,又为捐金治装,且为其家谋薪米。孝廉感之,握臂与盟曰:'吾倘得志,必纳汝。'椒树谢曰:'所以重君者,怪姊妹惟识富家儿,欲人知脂粉绮罗中尚有巨眼人耳。至白头之约,则非所敢闻。妾性冶荡,必不能作良家妇。如已执箕帚,仍纵怀风月,君何以堪? 如幽闭闺合,如坐图圄,妾又何以堪? 与其始相欢合,终至仳离,何如各留不尽之情作长相思哉?'后孝廉为县令,屡招之,不赴。中年以后,车马日稀,终未尝一至其署。亦可云奇女子矣。使韩淮阴能知此意,乌有鸟尽弓藏之憾哉!"此河间举人某,虽非状元,亦是科甲人物。此妓之事,甚可与蒋双双事合看,因附及之。至纪氏援之以论韩信,不免为迂阔之谈。

刘葆真（可毅，即《孽海花》第十三回之会元刘毅）有《书姚三保事》，其人亦一名妓也。文云："姚三保，故江宁伎，以色名。洞庭叶芝屏过江宁，其所善绳三保美。雨，芝屏饮且醉，夜往见三保。雨右至右袂障，左则障左袂，淋漓项脊皆湿，足践泥溅有声。径登三保床。三保自他归，烛之，痘瘢连夸颊如钱，自咽以上酒声阁阁暴溢，瞋目曰：'此何所？'曰：'余姚三保也。'芝屏亟起持三保视曰：'嘻！'当是时，三保名闻青溪间，饶财者争先欲见不得，独喜与芝屏居。芝屏伯兄仕河南，号严正。三保欲归芝屏，伯兄坚不欲，曰：'吾家世无此凉德！'则强芝屏游西安。凡二年，假他事至江宁。老妪襁一子出，曰：'嘻！母死六日矣。'先是，芝屏游西安，有以白金三千媒三保者，事急，曰：'予一弱女子，芝屏夜冒雨过，不以为亵，义不可忘，呱呱者或得生，命也。'投之妪，仰药死。"此则不以貌丑为嫌，且情义挚笃，欲嫁未遂而为之死，亦颇可与丑状元故事作相反之陪衬，并缀录之。

（原载《古今》1944 年第 53 期）

# 六十　关于读书人

## 书生吐气

曩以文章取士，读书人于仕宦居极优越之地位，所谓"天子重英豪，文章教尔曹。万般皆下品，惟有读书高"。"满朝朱紫贵，尽是读书人"，利禄之途，足以歆动一世也。社会往往以轻视穷酸为戒，以"十年窗下无人问"者每"一举成名天下知"耳。清人记载，如刘葛庄(廷玑)《在园杂志》卷二云："明季一富户，有二婿，一已为守备，一尚是儒生。富户轻生重备。后备历升副总兵，任边上。生联捷南宫，以御史差巡九边，过其境。副总披执郊迎，夜带兵马拥护。五鼓，副总亲为传报，禀请阅操。生于枕上赋一绝云：'黄草坡前万甲兵，碧纱帐里一书生。而今始信文章贵，卧听元戎报五更！'"写书生之扬眉吐气，此诗可谓极饶兴会，传神之至。明代监察御史之职，虽仅正七品，而势分尊严，(清升御史为从五品，而其尊严反较明为杀，盖官职之势分有不可以品级论者。)当仕途重文轻武，已成惯例，副总兵官虽具有帅体之二品大员，(明代副总兵官，多以都督金事充之，正二品也。)不能不低首下心于"代天巡狩"之白面书生的钦差察院也。

"善书"类之《太上宝筏图说》(黄正元纂辑，于《太上感应篇》各句分别加以注案)，其"偏憎偏爱"句案语云："周清源，娶督标张游击次女为妻。张系行伍出身，不知文墨，见周谈诗论文，心窃厌之。长婿林诚，娴弓马，官守备，为所深喜。两婿既分爱憎，两女虽俱亲生，相待亦多偏枯。长女归宁，则乘舆进中门，父母笑语相迎，家人殷勤伏事，一切管待，如款上宾。次女来，则由角门而进，粗茶菜羹，如待下人。女亦性傲，非有大事不归。周屡困小试，不能得青衿，内兄弟皆以老童生呼之。一日，长婿奉差过台，带槟榔回，内兄弟群聚而食，周适至，取一枚食之。众曰：'此物消食，尔食他何用？'周笑而受之。时逢开鸿词科，周以布衣上京应试，得列优等，为翰林检讨。京报到闽时，张游击方侍制府早堂，制府贺曰：'令婿喜信，尔知之乎？'张错认是长婿，对曰：'林诚居守备，已出望外，何敢更萌妄想？'制府笑曰：'此何足道？我所贺者，令次婿周某钦点翰苑耳！'张叩谢毕，即飞马回署。时署中正延女宾，演戏，长女盛服居客位，次女另在一处，以布幕遮之。张气急汗流，谓其妻曰：'二婿恭喜作翰林矣！'众女客褰帷为女道喜，或送衣裙，或送珠翠，邀与同席。女微哂曰：'寒士之妻，那有此福！'所赠一切不受。张令鼓吹开门，众仆簇拥送归。周后点学差，回籍祭祖，内兄弟皆出郭迎接。周不提前事，惟各送槟榔一盒以愧之。数年后，林亦升三边副帅。周以金都奉敕巡边，林介胄伏道，至夜，持筹报更。周于帐中作诗曰：'赤羽金戈百万兵，指挥如意听书生。当年曾记居前席，今夜辕门报五更！'此可见人生穷达有命，彼偏憎偏爱者只有形其势利耳。"此项故事，盖即由上述之一种话柄更加渲染而成，诗句与刘记略有异同，意旨不殊，亦为读书人吐气者，惟传神处较逊。起家一云由科举，一云由鸿词，要均为读书人以文章受知遇而膺显职耳。金都御史正四品，每为巡抚之头衔，位更尊矣。（清初沿明制，亦设斯官，后废。副帅即谓副总兵官，亦沿明制，后概称副将,秩从二品。)清代凡开博学鸿词科二次,第一次在康熙十八年己未,取列一等第九名授职翰林院检讨者为周清原(江南武进人,字雅楫,号蝶园,以监生应试,后官至工部侍郎,有诗名),《宝筏》所云,盖即指斯人,与刘记又有明、清之异焉。语柄相传,其时其人,往往而歧,类如是矣。岳家势利之见暨贫婿以穷酸骤贵之大同小异的话柄,相传亦多。至槟榔之谑,本南北朝宋刘穆之事,见于史册。《南史·刘穆之传》有云:"穆之少时,家贫诞节,嗜酒食,不修拘检,好往妻兄家乞食,多见辱,不以为耻。妻江嗣女,甚明识,每禁不令往。江氏后有庆会,属令勿来,穆之犹往。食毕,求槟榔,江氏兄弟戏之曰:'槟榔消食,君乃常饥,何忽须此?'妻复截发市肴馔,为其兄弟以饷穆之,自此不对穆之梳沐。及穆之为丹阳尹,将召妻兄弟,妻泣而稽颡以致谢。穆之曰:'本不匿怨,无所致忧。'及至醉,穆之乃令厨人以金柈贮槟榔一斛以进之。"此节亦大有小说意味,可与《宝筏》所云合看。"话柄"渊源,斯亦一例。穆之"内总朝政,外供军旅……裁有闲暇,手自写书,寻览篇章,校定坟籍"(本传语),读书人也。

关于"书生"之诗,又据余德水(金)《熙朝新语》卷二云:"鄞县屠纯甫粹忠……中顺治戊戌进士,累官至兵部尚书。先是圣祖以粹忠老年矍铄,御书修龄堂匾额赐之,又赐御临赵孟頫行书曰:'白鹿城头百万兵,碧油幢下一书生。如今始识为儒贵,卧听元戎报五更!'乃大司马之预兆也。"诗与刘氏所述尤多相同,既已早见赵孟頫书,自非明、清人之句。相传之故事,每出依托,信史之难,可概见焉。

读书人以寒畯骤贵,事固往往有之,然不获知遇皓首无成者亦正不乏,此所以又有"一命二运……"之说及"文章憎命"之叹也。

## 厕上看书

手不释卷之读书人,或于如厕时亦携书阅之。昔人尝悬为厉戒,怵以报应之事。如清钱梅溪(泳)《履园丛话》卷十七(报应)言折福有云:"戴尧垣《春水居笔记》载杭州余秋室学士厕上看书折去状元一事甚详。乾隆壬子七月,余初次入京,见学士,即问此事,学士曰:'有之。'可见尧垣之言非妄。大凡人有于厕上看书,最为可笑。""云间蔡礼斋者,为侍郎鸿业之孙、左都御史冯公光熊外孙,通才也。最喜在裔桶上看书,乡试十余科不第,以援例作江西县丞,候补南昌,穷苦殊甚。有长子甚聪慧,未婚而死,礼斋亦旋殁。余尝劝之,不听。其一生困顿者,又安知不如余学士之折福耶?"戴氏笔记,余未见,惟见梁敬叔(恭辰)《劝戒近录》详言其事,未知视戴氏笔记如何。《劝戒近录》卷一云:"余秋室学士(集),文采风流,甲于两浙。初榜下未得馆选,以纂修四库书积劳擢至学士。余少时闻其名,辄以为古人;后乃知家大人公车诣京时曾及见学士,尝因间私请曰:'先生书法精妙乃尔,何以不得鼎元?'学士笑曰:'此我生平一故事,微君问亦将告君。记得丙戌科榜下归班时,有广东吴某来访,因延入。吴曰:君其出恭看书耶?予怪之。吴曰:"我亦犯此罪过。去岁曾大病,梦入阴司。自念母早寡,予以遗腹抚而成立,今先母卒,母将无依,痛哭求阎王放还,待母天年。王取生死簿阅之,顾判官曰:'彼阳寿尚未终,何以勾至?'判官曰:'此人出恭看书,已夺其寿算矣。'王命取簿,则一册,厚寸许,签书,'出恭看书'四大字。王展阅至予名,予方跪迎案前,叩头哀泣,因得偷目视册,果减寿二纪。予之上名,即君也。君名下,注:浙江钱塘人,壬午举人,丙戌状元。以下禄位注甚长。乃于状

412

元字用笔勾去，改进士二字。王谓判官曰：'彼死惟以母为念，可谓孝子，且世间不知此罪最重，犯者甚多，无以劝谕，盍放之还，俾流布人世，有则改之，可以自赎，冀罪册中人不至太多，亦可贷寿一纪，然此十二年中，亦须示薄罚，毋令其自适也。'于是判官以笔点予头，痛甚，大叫而苏，则已死去一昼夜矣。今顶间一疽，医亦罔效，大约即判官点处也。"时予闻吴言，方愕然痛悔，誓改前愆。方发誓愿时，正四库修书诏下征召之日也。'"可见果报之说致严于斯焉。（余氏虽不得状元，犹成进士，复以阴司之间接警告而誓改前愆，致获官至学士，殆所谓不幸中之幸欤。若蔡氏以通才而久困场屋，微员穷苦，子死身亡，其罚盖尤酷矣。）

"厕上看书"，既垂戒如右，而前乎此者，"文成三上"之语，却又传为读书人之佳话的典故。三上之一，即厕上也。语本宋欧阳永叔（修）《归田录》所自述，乃从厕上阅读书籍者说起。《归田录》卷二云："钱思公虽生长富贵，而少所嗜好。在西洛时，尝语僚属，言：'平生惟好读书，坐则读经史，卧则读小说，上厕则阅小辞，盖未尝顷刻释卷也。'谢希深亦言：'宋公垂同在史院，每走厕必挟书以往，讽诵之声琅然闻于远近。其笃学如此。'余因谓希深曰：'余平生所作文章，多在三上，乃马上、枕上、厕上也。盖惟此尤可以属思尔。'"欧阳氏厕上为腹稿，非有形迹。钱、宋之事，后人不免病其亵渎，如余氏所述，阴律所宜严。宋如厕而高声朗诵，尤可怪，当时则誉其笃学也。明陆文量（容）《菽园杂记》卷十三论之云："此虽足以见二公（按谓钱、宋）之笃学，然溷厕秽地，不得已而一往，岂读书之所哉？佛老之徒，于其所谓经，不焚香不诵也，而吾儒乃自亵其所业如此，可乎？若欧公于此构思诗文，则无害于义也。"倘更严格论之，欧阳氏构思诗文于厕上，有时或亦难免默诵

413

经籍,不亦近亵乎?清潘长吉(永因)《宋稗类钞》卷八(搜遗)云:
"司马温公独乐园之读书堂,文史万余卷,晨夕翻阅,虽累数十年
皆新,若手未触者。尝谓其子公休曰:'贾竖藏货贝,儒家惟书耳,
然当知宝惜。吾每岁以上伏及重阳间,视天气晴明日,即净几案于
当日所,列群书其上,以曝其脑,所以年月虽深,终不损动。至于启
卷,必先视几案洁净,借以茵褥,然后端坐看之。或欲行看,即承以
方版,未尝敢空手捧之,非惟手污渍及,亦虑触动其脑。每至看竟
一版,即侧右手大指面衬其沿,随覆以次指面,捻而挟过,故得不至
揉熟其纸。每见汝辈多以指爪撮起,甚非吾意。今浮屠老氏辈每
尊敬其书,岂以吾儒反不如乎?当宜志之!'"(此亦宋人记载,兹
姑就案头之《类钞》,所录引之。)对于书籍之护惜,可谓周至之极。
其尊敬之旨,以释道为喻,犹之陆氏,知其定不厕上看书也。(《履
园丛话》言折福又有云:"广陵有醢商女,甚美,尝游平山堂,遇江
都令,令已醉,认此女为娼也,不由分辨,遂笞之。女号泣,即回家。
其父兄怒,欲白太守。是夜梦神语之曰:'汝平日将旧书册夹绣
线,且看小说曲文,随手置床褥间,坐卧其上。阴司以汝福厚,特假
醉令手以示薄惩,否则当促寿也。'事遂止。后痛自悔改,以夫贵
受封。雍正初年事。"如所云,厕上看书而外,凡不敬书册者,阴司
均予惩谴,乃至旧书册夹绣线亦为罪状,尤难论乎今日'书厄'之
世矣。)

(原载《文史》[上海]1944年第3期)

# 六十一　左宗棠与牛

清名臣湘阴左宗棠，光绪十一年酉卒于福州差次，距今岁乙酉恰六十年也。上年（光绪十年甲申）中法之战起，宗棠以大学士在枢廷，特授钦差大臣，赴闽督办军务。（同治间曾官闽浙总督，闽其旧游之地也。）时宗棠老矣，犹思一当前敌，大张挞伐，奏"攘夷"之绩，会和议成，志不得伸，以病迭请开缺，谕准交卸差使，回籍调理，未及行而卒。（寿七十有四。）清廷以其为高勋硕望之耆臣，优诏赐恤，称以"学问优长，经济闳远，秉性廉正，莅事忠诚""叠著战功""懋建勋劳""运筹决胜，克奏肤功""竭诚赞画，悉协机宜""扬历中外，恪矢公忠"等语，追赠太傅，特谥文襄，入祀京师昭忠祠、贤良祠，并于湖南原籍及立功省分建立专祠，饰终之典隆焉。一代名臣，如此结局，亦可谓不寂寞者矣。

李孟符（岳瑞）《春冰室野乘》纪宗棠轶事有云："文襄解江督任，乞假归湖南，其婿陶往起居。陶故文毅公之公子也。文襄语之曰：'湖南出两江名总督三人，一即尊公，一曾文正，一即予也。然两公皆有不及予处，予亦有不及两公处。'陶叩其故。曰：'尊公惜未封侯拜相，文正侯相矣，未得还乡，此两公不及予处。予所不如两公者，则长髯耳！'（文襄状貌极与李壬叔相类。）"（此则为坊本《春冰室野乘》所无。《野乘》载于清末梁任公——启超——所办杂志《国风报》，仅第一年所登有单行本，此见第二年第八期，未及

415

收也。)又陈伯弢(锐)《袌碧斋杂记》有云:"文襄治军二十年,自陕还朝,授军机大臣,出督两江,乞假一月回湘省墓。出将入相,衣锦荣归,观者塞途。一日,就婿家宴饮,婿为安化陶文毅公子,谓之曰:'两江名总督,湖南得三人,一为汝家文毅公,一为曾文正公,其一则我也。然渠二人皆不及我,文毅时未大拜,文正虽大拜而未尝生还。但我亦有一事不及二人,独无其须耳!'合座欿然。"想见昼锦之荣。两家记载,大同中有小异。陈氏谓语在抵任江督前还乡时,较允。宗棠辛巳(光绪七年)出督两江,曾先回籍,甲申在江督任虽亦以病准假,然因有诏敦促,旋即销假入京(重任枢臣),其闻似未果归里也。至陈氏谓仅言大拜,则似未若李氏所云,并举封侯拜相更为近真,以二者均人臣之隆遇,宗棠虽稍不慊于侯封之二等,(国藩一等侯,宗棠二等侯,有谓其不甚满意者。)然当此夸耀之际,如竟略之,则在本题若有剩义矣。(有清故事,汉员拜相,多为曾官翰林者,否则亦必进士出身,独宗棠以举人出身而入阁,实为异数,李鸿章称为"破天荒相公"。其封爵,由一等伯晋二等侯,湘中曾传有预兆。王闿运《湘绮楼日记》言及长沙县城隍神有云:"观城隍神出游,牌题左伯侯,向以为谬,今思之,此殆秦汉古字,左伯者今佐霸也。左季高初封伯,人知其必侯,以此为符,亦祯祥之先见者已。"虽附会而颇巧合。至佐霸云云,亦以意为之,未必即为确诂,姑存一说而已。陈康祺《郎潜纪闻》有云:"长江千里,再造于杨[岳斌]、彭[玉麟]手。康祺按京口为长江咽喉,其地夙有杨彭岭,康熙间汤文正公尝作游记,今载集中,惟公亦不解命名之何义,由今思之,伟人未生,嘉名先锡,青山无恙,战绩长留,事皆前定,不信然欤!"可与左伯侯传为宗棠由伯而侯之祥一事类观,均会逢其适耳。)

宗棠名位之崇高如是，却有以牛自况之说。易蔚儒（宗夔）《新世说》卷七（排调）云："左季高体胖腹大，尝于饭后茶余，自捧其腹曰：'将军不负腹，腹亦不负将军！'一日，顾左右曰：'汝等知我腹中所贮何物乎？'或曰满腹文章，或曰满腹经纶，或曰腹中有十万甲兵，或曰腹中包罗万象，左皆曰否否。忽有一小校出而大声曰：'将军之腹，满贮马绊筋耳！'左乃拍案大赞曰：'是，是！'因拔擢之。盖湘人呼牛所食之草为马绊筋，左素以牛为能任重致远，尝以己为牵牛星降世，曾于后园凿池，左右列石人各一，肖牛女状，并立石牛于旁，隐寓自负之意，及闻小校言，适与夙志符合，故大赏之也。"此说颇饶兴趣；惟谓其自以为牵牛星降世，则牵牛星与织女星虽可简称为牛女，然牵牛与牛究属二而非一，故牛女之旁，更立石牛；既以食草之牛自喻，似无须自命牵女星矣。宋党进食饱，扪腹叹曰："我不负汝！"左右曰："将军固不负此腹，此腹负将军，未尝少出智虑也！"此见宋人记载，传为趣谈，宗棠自道，盖戏用其语；按其宦历，其部曲不能率以将军称之也。

另有一说，则谓宗棠自诩腹中绝大经纶，如《清朝野史大观》（辑者署"小横香室主人"）卷七（清人逸事）所述云："左文襄在甘肃时，一日值盛夏，解衣卧便榻上，自摩其腹。一材官侍侧，公顾之曰：'汝知此腹中所贮何物？'对曰：'皆燕窝鱼翅也。'公笑叱曰：'恶，是何言！'则又曰：'然则鸭子火腿耳。'公大笑而起曰：'汝不知此中皆绝大经纶耶！'材官出，语同曹曰：'何等金轮，能吞诸腹中，况又为绝大者耶！'闻者成捧腹。"宗棠优于策略，俯视群流，绝大经纶之语，于清〔情〕理中亦所或有，然不若易氏所述牛喻一说更为有致。（易氏未言时地，似亦即指在陕甘总督任时。）宗棠西征，与士卒同甘苦，自奉颇俭，燕窝鱼翅之类，固不轻食。

前乎此者，已有相传之苏轼故事，亦以腹中何物问人也。如毛子晋（凤苞，后改名晋）辑《东坡笔记》卷上所述云：“东坡一日退朝食罢，扪腹徐行，顾谓侍儿曰：‘汝辈且道是中何物？’一婢遽曰：‘都是文章。’坡不以为然。又一人曰：‘满腹都是机械。’坡亦未以为当。至朝云，乃曰：‘学士一肚皮不合入时宜！’坡捧腹大笑。”可合看。疑关于宗棠之说，亦即本此也。

更有相传之苏轼与章惇事，如辗然子（宋元怀）所辑《拊掌录》云：“章子厚与苏子瞻少为莫逆交。一日子厚坦腹而卧，适子瞻自外来，摩其腹以问子瞻曰：‘公道此中何所有？’子瞻曰：‘都是谋反的家事！’子厚大笑。”上说为轼自以腹中何物问人，此说则为轼言人腹中所有以答其问。二者虽异，而机杼略同，似亦有相互之渊源，并附缀之，以资类观。

宗棠以清代名臣而见谓自况为牛，宋代名臣司马光则有见嘲为牛之说，嘲之者苏轼也。潘长吉（永因）《宋稗类钞》卷六（诙谐）云：“东坡在元祐，以高才狎侮公卿，率有标目，独于司马温公不敢有所轻重。一日相与论免役差役利害不合，及归舍，方卸巾弛带，辄连呼曰：‘司马牛！司马牛！’”借古人以致谑，以牛目光，讥其执拗，如俗所谓牛性也。亦连类而及之，聊供噱助。

关于宗棠，又有拜命赴闽督师时面奏放生之牛托梦之说，见《石遗先生（陈衍）年谱》卷二（其子声暨编）《旃蒙作噩》（乙酉，光绪十一年）云：“八月，左恪靖侯宗棠薨于福州。初上年七月朝命左侯督办福建军务，年齿已高，颇耄昏，拜命日奏陈于西太后曰：‘臣此去必奏凯；臣昔日所放生之牛，已托梦告臣矣！’太后大笑。盖左侯为总督时，有牛将被宰，突奔督署大堂，跪乞命，左侯放诸鼓山者也。”此项传说，恐非事实。宗棠虽性近疏放，兼值耄惫，然奏对之际,何至荒伧若是? 总统老湘营广东陆路提督刘松山,勋劳甚著,宗棠西征,深资其力,于其攻金积堡中炮而死,极为痛悼,经奏请优恤,迨金积堡既克,复上《请追奖劳臣以昭激劝折》(同治十年辛未二月二十一日)更为乞恩,有云:"伏念阵亡提督刘松山……果锐忠勇,绝少比伦,不幸仓猝为飞炮所中,垂危之际,犹以金积未平,属所部努力报国,语不及私,并饬其侄锦棠将遗骸藁葬吴忠堡,必俟事平始归骨先陇。昨金积既平……臣提讯解到金积堡回众,均称:刘帅亡后,堡中夜静,时闻戈马之声,如怒潮涌至,每月约三四次或五六次,贼中每疑官军夜袭,不敢解衣就卧。而上年十一月十六夜三鼓,平凉城外,忽闻大声呜呜,山谷响应,守城将士疑为狼嗥,开炮轰击,迨比缒城出视,了无所见。臣时徘徊帐中,觉其有异,后得诸军驰报,是日马化漋就擒矣。然则前史所载,毅魄忠魂,时露灵异,诚未得谓其尽属虚语也。"叙述松山死后显灵,言之历历,是宗棠固尝以鬼神之事入奏,惟旨在表扬名将忠烈,在当时奏牍中犹未为怪特,与面奏梦牛之说,自难一概而论也。宗棠卒于乙酉七月下旬,未至八月,(翁同龢是年七月二十八日日记云:"闻左相竟于昨日子刻星陨于福州。公于予情意拳拳,濒行尚过我长揖,伤已;不仅为天下惜也!")特赐恤之谕颁于八月十九日耳。(至陈氏所云放牛鼓山,盖即闽之鼓山也;'为总督时',指前官闽浙总督。)

(原载《风雨谈》1945 年第 19 期)

# 六十二　异　味

　　《红楼梦》第七十五回,写荣国府大观园赏中秋,有贾政说笑话的一段:"贾母便命折一枝桂花,命一媳妇在屏后击鼓传花:若花在手中,饮酒一杯,罚说笑话一个。于是先从贾母起,次贾赦,一一接过,鼓声两转,恰恰在贾政手中住了,只得饮了酒。众姊妹弟兄都你悄悄的扯我一下,我暗暗的又捏你一把,心里想着,倒要听是何笑话儿。贾政见贾母欢喜,只得承欢。方欲说时,贾母又笑道:'若说得不笑了,还要罚。'贾政笑道:'只得一个,若说不笑了,也只好愿罚。'贾母道:'你就说这一个。'贾政道:'一家子,一个人最怕老婆。'只说了这一句,大家都笑了;因从没听见贾政说过,所以才笑。贾母笑道:'这必是好的。'贾政笑道:'若好,老太太先多吃一杯。'贾母笑道:'使得。'……于是贾政又说道:'这个怕老婆的人,从不敢多走一步。偏是那日是八月十五,到街上买东西,便见了几个朋友,死活拉到家里去吃酒。不想吃醉了,便在朋友家里睡着了。第二天醒了,后悔不及,只得来家赔罪。他老婆正洗脚,说:"既这样,你替我舐舐就饶你!"这男人只得给他舐,未免恶心要吐。他老婆便恼了要打,说:"你这样轻狂!"吓得他男人忙跪下,求说:"并不是奶奶的脚肮脏;只因昨儿喝多了黄酒,又吃了月饼馅子,所以今儿有些作酸呢!"'说得贾母与众人都笑了。贾政忙又斟了一杯,送与贾母。贾母笑道:'既这样,快教人取烧酒来,别教你们有媳妇的人受累!'众人又都笑起来。"贾政在书中是一个很有道学先生气派的人,平常没什么风趣,此回却写他说笑话,而且说的又是一个涉于鄙猥的笑话,所以格外显得有趣。

清笔记小说里,有可以同这个笑话的情事合看的,顾莲士(光杰)《后聊斋志异》卷三有《风坚月饼》一则云:"本邑西乡,有姓米名禄者,以贩货为业,生平忠厚多才,所欠眼甚短视耳。妻贾氏。一日米禄自鲁反里,时适中秋,觉四境桂香扑鼻,于是酒兴蓬勃,即将所沽香醪腌鱼鸭肉,夫妻宴庆佳节,叙天伦乐事。酒阑瀹茗,试二泉水,促膝高谈久别衷怀,不觉忘晓。自后米禄息踪家庭数月方出。其妻因夫素嗜月饼,常吃姑苏之最佳者,藏数十斤于家。一日夜贾氏洗足,米禄早睡,其妻留足皮于几,诘朝米禄先起,见之,疑为月饼零星,遂以舌吮而尝之口,言曰:'此谁吃月饼留之也?何暴殄天物如此!物虽好,惜风坚矣!'细嚼而尽,尚未知其味也。此可为解颐语,故录之。"这两段情事,对照着看来,更足令人发笑。(《后聊斋志异》作于清末署"梁溪顾光杰莲士著"当是无锡县人,所谓"本邑"便是说的无锡。"试二泉水"便是指惠山有名的"第二泉"而言。)

钱梅溪(泳)《履园丛话》卷二十一(笑柄)有云:"王司农茂京,性畏蟢子,每见必惊惧失色。西田相国,其叔也,一日令舆夫密置数枚于肩舆中,嘱勿使知之。明日,司农升舆,忽见蟢子,惶惧仆地。将责舆夫,从者具以实告。然司农之愤独犹未释也,计思有以报之。越日命工修足,呼僮聚其皮,将酒醋蔗糖,共贮于瓶,以遗相国。明旦遇于朝,谓司农曰:'昨日见惠之品,大嚼之而无味,究系何物耶?'司农莞尔答曰:'老叔以蟢子见吓,小侄不得不以老脚皮奉敬也!'"这段清人所记的叔侄互开玩笑的故事里,也有上当而误吃脚皮的一节，堪与上段同供噱谈之助。（那是自己上当，这是受欺骗的报复而上当。）

还有一个明朝的话柄。祝枝山（允明）《九朝野记》云："解学士缙与吕尚书震一日谈及食中美味。吕曰：'驼峰珍美，震未之识也。'解云：'仆尝食之，诚美矣。'吕知其诳己，他日得一死象蹄胫，语解曰：'昨有驼峰之赐，宜共飨焉。'解即大嚼去。吕寄以诗曰：'翰林有个解痴哥，光禄何曾杀骆驼？不是吕生来说谎，如何嚼得这般多！'为之哄然一笑。"死象蹄胫，也可算得是一异味，不知是怎样烹调的。大嚼之际，不知和那大嚼糖醋老脚皮的，感觉上的异同若何！

近人的记载中，则大华烈士（简又文）《东南风》续集七九云："有一广东老乡，初到北平，欲买荸荠煮汤，即吩咐大师傅买'马蹄'（粤人呼荸荠为马蹄），厨子果然千辛万苦找得'马蹄甲'归，如命煮汤以进。老乡尝之，惊叫'为甚么北方的马蹄如此之苦，又苦过耳粪？'（意谓耳屎也。）"马蹄，象蹄，更可同类而观了。

（原载《风雨谈》1945 年第 21 期）

# 六十三　图王越南之李扬才<sup>①</sup>

　　法越关系,今为一问题,有待于圆满之解决。回溯甲申(清光绪十年,西历一八八四)中法之役以前,越南本中国属邦,中国屡为之排难解纷,无利其土地之意,惟尽其上国之义务而已。若遣将于己卯(清光绪五年,西历一八七九)代平李扬材之乱,亦一重要事件。时国人不甚注意其事,诸家记载,对此少所叙述。

　　李莼客(慈铭)《越缦堂日记》己卯二月二十日云:"都中自去冬坊市小儿忽歌云:'太平年! 太平出,十八女儿想丈夫,妈妈好糊涂!'遍传内外城。近日乃闻李扬才事。李扬才,广东人,历从楚军,绩功至记名提督,别为营部,防剿广西,所部渐至十余万。去年署广西右江镇总兵,代者未定,巡抚杨重雅檄令去任。扬才乞缓期,不许,且令遣散所部,扬才索饷,亦不许,遂怒率所部出太平关,投书重雅,言:'中国既不能容,当并力图越南,以自存活。'迭破越南诸郡县,直捣其国都。越南告急,法兰西亦移书通商衙门,而扬才众益盛,至百余万,遂克其都城。扬才自创国号曰'新',改元'显清'元年,名所都曰'太平府',岂童谣此之验欤!"(是年三月十三日又云:"邸钞:诏广西巡抚杨重雅来京另简。重雅江西德兴

---

　　① 本文所引《越缦堂日记》《壶天录》等文献中之"李扬才""李扬材"为同一人,遵从原文不作统一。

人,辛丑翰林,尝知成都府,颇有政声,及为监司,渐不振。抚粤西,以不职闻。[李扬才之狱,被劾逼变。]兹诏来京。")童谣附会之说,可不深论,他所述盖亦不免传闻未谛之处,而李扬材要亦庶几一时之雄焉!

扬材卒失败而死,淮阴百一居士(行名待考)《壶天录》卷中纪其颠末云:"李扬材者,广东合浦人",或曰灵山人。状貌魁梧,膂力过人,闻人谈兵术辄乐之。父兄使游学,不听,弃而习武。时江南发逆盘踞金陵,扬材附焉,后投诚于粤西提督冯公子材营,投效讨贼。冯公时扼兵镇江,试其勇,命为五十夫长,专守南门。扬材结其众以恩,众心感,贼屡攻屡却,叙全城功擢都司。苏省奏凯,冯公赴柳州任,扬材侍之不去。洎冯公剿左、右江及援安南剿窜逆,扬材以偏裨随营,恢复数十城,迭著战功。安南地土民情,于是尽悉。冯公上其功,累迁记名总兵,得俊勇巴图鲁名号,褒封三代,嗣又署浔洲协副将。扬材一勇夫耳,禄位尊显,亦可谓不负其功矣。无何而裁汰之议起,例应归田。扬材乞留粤西抚标下,不之许,复乞隶粤督部下,又不许,中心怏怏,进无可效,退无数亩自安,于是有虬髯客西侵安南矣。先时发逆既平,余党窜入越南,官军与越南会剿根株未除,将十洲一隅割异之①,俾自征其租税,十余年,海内亡命者视为逋逃薮,众集五厶,分为黄、黑二旗,至是与扬材合,肆出骚侵,所向披靡。粤督刘岘庄上其事,朝廷震怒,命军门冯子材剿办,以扬材系其旧部也。而越南国向无兵备,惊惶特甚。扬材复得覃四妹所守水师老巢,名水帘洞,外滨大海,内接沃壤,安置家

---

① 《壶天录》光绪七年(1881年)上海申报馆铅印本作"将十洲一隅租税割异之"。

属,已乃迫东京总督办米粮火药。总督恐受蹂躏,从之。嗣又攻破太原之龙眼洞,洞固险要重镇也。越南有总制七省黄经略,饬刘黑赴援,连败绩。海拿东北有泰梧连城,皆为扬材所据。海拿距东京不远,越京之势益急,而扬材之气益张。越京一破,宗社邱墟,国王乃星夜致书粤督求代奏。其略曰:'辖下革弁李扬材,无端起衅,扰乱我边陲,倾覆我郡邑,纵横我畎亩,煽惑我民人,震惊我社稷。下邦恭顺天朝,不可谓不至矣,乃有狂寇扰其藩封。阁下总制南方,允宜兴歼渠散胁之师,为扶弱锄强之举。朝旨命提督冯子材剿办,恐未获迅为荡平,且当日黄旗匪党窜南之时,非冯公剿办乎!何以余孽蔓延未已也?下邦孱弱,民未知兵,板荡之忧,无时或释,痛鉴前车,思安版宇,故恳据情上奏,请旨饬直隶总督李肃毅伯,或饬陕甘总督左恪靖侯,星驰南下,督办军政,庶叛镇速伏斧钺之诛,南民立解倒悬之苦'云云。然而秦庭虽哭,汉将难飞;所幸黄、黑旗党叶成林先为粤省大宪招抚,已愿投诚,观望徘徊,仅守十洲不出,李势少孤。冯公督兵进剿,驻太原府,李将校闻风解散,并不交锋,如仆固怀恩之于汾阳王,避不见面。人谓冯与李有师生谊故耳,抑知冯之慷慨兴师,兵精将锐,出关时固誓不两立欤?先声夺人,拉朽摧枯。冯遣将弁于左禄、左大等处先后招出李逆养子罗来贵并陈有连等六百余人,李之焰于是大杀。己卯三月中旬冯公督军连克左舍、那飞、滩头、湖口等处,逼近者岩。者岩前有长湖围绕,后有崇山壁立,林深箐密,坚筑巢垒,李逆股匪恃险负嵎。冯公亲临矢石,肩受重伤,士卒用命。四月四日克复者岩,毁大小坚巢百余座,斩获不可胜计,生擒伪元帅锺万新并李逆妻妾,伪王印一颗,中镌'奉天承命皇图巩固帝道复昌'十二字,惟李逆远逸,搜缉不获,将穷其巢而焚之。李逆素有心腹交甲乙二人。当初乱时,乙曾言越南必无所成。冯公出关阻其后路,越南之某将军又扼其进取之地,首尾皆敌。当者岩被围时,乙已自裁,遗书请李戮其尸,以正其当日不能极言之罪。洎乎巢穴已失,李逆溃众潜逃至一村名土瓜者,仓皇投宿。村人疑而询之,李乃吐实,当为村人及逻缉营弁纠执,解营邀功。或云:李逆知情罪重大,无偷生理,念老母陷逆党,弥切痛心,乃于九月初旬自投冯公营,请领逻缉赏银一万两赡其母,以终天年。要之,皆就擒也。典刑既正,传首示众,于是越南之地烽烟无警矣。使李逆果有自知之明,于纵横群盗中而束身归命,仕宦尊荣,垂二十年,亦可谓初念不及此,乃以不得志于官,故智复炎。既欲以越南为安身立命处,锋锐所指,直逼东京,冯公之师未抵南郊,彼已正位越南,以臣服中朝为词,此犹为计之得也。讵料不规全势而辄干叛逆之诛,至于粮尽援绝,釜中之鱼,笼中之鸟,此必然矣。"盖虽责其妄动,而又未尝不哀其不能直踞越都以成王越之业也。所述情事,类为具体,可资览观。(其详犹待续考。)越王对李畏怖之甚,虑冯子材之力弗克平之,(似更以其与李有旧,惧其阴予援助。)欲得当时中国统兵勋臣位望居第一流之李鸿章、左宗棠任其事,对冯有不足之词,而乱事卒平于子材,即后来甲申之役奏谅山大捷之首功也。子材迭为越南平乱,著威惠。甲申之役,越官、越民争助之。当期既克谅山,进规北宁,且有扬材弟某约为内应之说。子材以肃清全越自期,而清廷动于李鸿章"见好便收"之主张,与法议和罢兵,越南遂尽为法有。

《壶天禄〔录〕》所述越南之黄经略,盖即黄佐炎,(罗瘿公,悼融〔聶〕《中法兵事本末》云:"佐炎为越南驸马大学士督师,督、抚均受节制,若清初之年羹尧也。"刘黑盖即黑旗军刘永福越南之招,曾破法军,官三宣副提督。)甲申之役,唐景崧衔命赴越招刘永福,亦曾以王越为说词。(《中法兵事本末》云:"景崧见永福,为陈三〈策〉,言:'越为法逼,亡在旦夕,诚因保胜传檄而定诸省,请命中国,假以名号,事成则王,此上策也。次则提全师击河南,驱法人,中国必能助饷,此中策也。如坐守保胜,事败而投中国,恐不受,此下策也。'永福曰:'微力不足当上策,中策勉为之。'")景崧佐永福王越,虽未有事实,而后来清廷以甲午之役割台湾,台人尝戴唐(署台湾巡抚)、刘(南澳镇总兵,帮办台防)为总统以抗日焉。(景崧在台北,永福在台南。台人上台湾总统印章于景崧,文曰'台湾民主之章'。迨景崧离台,台人又上总统印章于永福,永福未受,仍称帮办。当时虽不能敌日本之暴力而保台,史迹上是昭台人对日不屈之义概。)

翁文恭公(同龢)光绪十七年辛卯二月十一日云"刘岘庄来。此人精细……言前此李扬材之获,伊在两广煞费苦心也。"当冯子材以广西提督统军为越南平李扬材之乱,刘坤一官两广总督,有调度之责。

(原载《子曰丛刊》1948 年第 1 期)

# 六十四  清季豪门外商银行存款案

征用豪门国外存款之议，言之已屡，赞成者多，而至今尚未见诸实行，据云事实上有困难，将来究竟如何，非局外人所能预知也。清末曾有一桩公案，系关于政界豪门在国内之外国银行存款者，可资谈助。

庆王奕劻自光绪廿九年癸卯春为军机大臣首席，贪名甚著，（金息侯［梁］《光宣小记》有云："近人论军机，尝以权、位、势、利四字评之，谓恭王初议政，可称有权；迨罢后复起，即礼王入值，仅保位而已。荣禄善于迎势，而不能阻拳乱，足见其难。至庆王，惟知为利，愈趋愈下，更无论矣。"指同治以后诸枢臣领袖，颇趣。）为清议所指目。翌年甲辰，以存款汇丰银行为言路所论。其事见于私家记载者，如沃丘仲子（费行简）《近代名人小传》亲贵类传奕劻有云："尝寄资六十万某银行，适其同〔司〕事者被辱于载振，告御史蒋式瑆劾之，令孙家鼐等察复，劻亟令销簿籍。虽奏上谓事非实，而是六十万已为式瑆与司事者朋分之，劻无如何。"又其《慈禧传信录》卷下第十七章云："自春煊退，劻益无忌惮，取贿日富，皆以贮之外国银行。有某银行司事华人某，与载振饮妓寮，为振所辱，衔之，言于御史蒋式瑆：'劻某日新贮资六十万，可疏劾之。行察时，劻若托销簿籍，则此款我二人朋分之，君可富；若劻不我托，我必以实告察办者，则劻必罢枢要，君直声且震天下,更必获大用。'式珵大喜。疏入,令大臣察覆。劻果托是司事者注销存据,遂以察无实据入奏。式珵落职,竟分得资三十万,以落职京曹骤致巨富,为京师电灯公司股东,被举为总理,世皆知所由来。后稍稍传禁中。后曰:'奕劻老而务得,宜其有此!'"又陈子久(恒庆,笔名谏书稀庵主人)《归里清谭》云:"姜侍御续娶为王氏,有嫁资巨万。入门以来,用度浩繁。数年资罄,王氏不能食贫,不免诟谇其夫,反目者日数次。侍御闻枢廷王爷有百万之款存汇丰洋行。洋行司事与侍御相契,乃秘商一计,令侍御奏参王爷贪婪,存储洋行者数百万。上命大臣率侍御往查;洋行司事乃暗改簿,将款支出,入于私囊。王爷敢怒而不敢言。迨查无实据,侍御以诬参革职,洋行司事分给侍御二十万,骤得巨资,乃市新房,设庖厨,以悦妇人。予见《阅微草堂》记有家贫年荒妇人自鬻其身以养其夫,今侍御自鬻以养其妻,正作对比。都人赠以联云:'辞却柏台,夜无鸒豸;安居华屋,家有牝鹳。'夜以洋色写于砖壁,洗之不能去。"以上所述,可见此事之轮廓,而颇有未尽谛处。疏论奕劻存款者为掌广东监察御史蒋式珵(字悍甫),非姜姓。陈氏于光绪季年亦官台谏,不应误书其姓,殆以同官而有所讳欤。言其家庭各节,他家记载所未详,惟不关本案之内容。曰洋行者,盖谓洋人所设置银行耳。原奏所举奕劻存款汇丰银行之银数为一百二十万两。蒋为光绪壬辰三甲进士,由庶常授职翰林院检讨,转御史。此奏之结果,系得'回原衙门行走'之处分,仍官检讨,非革职。奕劻此项存款,据闻蒋盖与同谋之汇丰银行买办平分之。北京电灯公司之建设,固可云深得奕劻之助力也。奕劻子载振,时官商部尚书,费氏谓事缘与银行司事者饮妓寮而起,待考。至所云'春煊退',

之岑春煊由邮传部尚书被挤而来简两广总督旋复开缺而言,事在丁未(光绪三十三年),后于本案三载,未宜并为一谈。又,受命查覆本案者为鹿传霖等,非孙家鼐;惟载振以杨翠喜事被劾一案(词连奕劻)系由家鼐与醇王载沣查覆,事亦在丁未。

式珵疏论奕劻存款,措辞颇巧,系以令其入股官立银行为说,谓:"本年二月十三日,户部奏请设立银行,成本四百万金,户部任筹其半,下余二百万金招商入股,月息六厘,业经奉旨依议在案。臣风闻上年十一月二十二日,日俄宣战消息已迫,庆亲王奕劻知华俄银行与正金银行之不足恃,乃将私产一百二十万金送往东交民巷英商汇丰银行存放。该银行明知其来意,多方刁难,数往返始允存放,月息仅给二厘,鬼鬼祟祟,情殊可悯。该亲王自简授军机大臣以来,细大不捐,门庭若市。上年九月间经臣具折奏参在案。无如该亲王曾不自反,但闻外官来谒一律免见,聊以掩一时之耳目,而仍不改其故态。虽以伊父子起居、饮食、车马、衣服异常挥霍不计外,尚能储此巨款。万一我皇上赫然震怒,严诘其何所自来,臣固知该亲瑟〔王必〕浃背汗流,莫能置对。准诸圣天子刑赏之大权,责以报效赎罪,或没入赃罚库,以惩贪墨,亦未为过,而圣朝宽仁厚泽,谊笃懿亲,若必为此已甚之举,亦非臣子所愿闻也。应请于召见该亲王时,命将此款由汇丰银行提出,拨交官立银行入股,俾成本易集,可迅速开办,而月息二厘之款遽增六厘,于盖亲王私产亦有利益。将使天下商民闻之必易口一辞曰:'庆亲王尚肯存此巨款,吾侪小民何所疑惧?'行见争先恐后,踊跃从事,可以不日观其成矣。"奏入,得旨(三月二日)派左都御史清锐、军机大臣户部尚书鹿传霖带同该御史即日前往该银行确查具奏。旋经清锐、鹿传霖覆奏云:"……传知御史蒋式瑆一同前往汇丰银行,适值是日礼拜,该行无人。复于初三日未刻再往,会晤该行管事洋人熙礼尔即买办杨绍堭,先藉查考银行章程为词,徐询汇兑及存款各事。迨问至中国官场有无向该行存款生息,彼答以银行向规何人存款不准告人。复询以与庆亲王有无往来,彼答以庆亲王则未经见过。询其账目,则谓:华洋字各一份,从不准以示人。诘之该御史所陈何据,则称:'得之传闻。言官例准风闻言事,是以不揣冒昧上陈。'谨将确查情形据实缮折上陈,伏乞皇太后、皇上圣鉴。"盖银行方面拒以账目相示,不听查阅,对所闻亦弗允相告也。经此一参一查,式瑆等之目的即可于"传闻""风闻"中达矣。覆奏笼统,不下断语。奉上谕(初四日):"言官奏参事件,自应据实直陈,何得以毫无根据之词率意陈奏?况情事重大,名节攸关,岂容任意污蔑?该御史着回原衙门行走,姑示薄惩。"此案遂如是含胡了结。孝钦后(西太后)当国,于此事不肯深究,否则何不更诘式瑆所谓之传闻者究系闻诸谁何乎?

又据言复盦述此案查办经过云:"某侍御疏劾,奕劻贪婪纳贿,举汇丰隐含存款为证,有旨派鹿传霖、清锐查办。传霖等官尊齿宿,而暗于外情,以银行为存款之地,宜察视其簿册,则衣冠舆从以往,而是日适值星期。比至,门局甚严,叩之无应答者。即途人问焉,方知其休息不办事,怅然而返。翌日复往,有西人自称大班者出见,态甚倨。问何事至此,则以奉旨澈查奕劻存款对,因索阅其存款名册。大班曰:'行中定例,此册不得示人。'时去庚子未久,洋势方张,传霖等不敢再诘,踉跄辞出,遂以查无其事覆奏。某侍御以所奏不实,回原衙门行走。有知其事者云:'奕劻存款属实,奏劾之举,乃银行中人勾串为之,事后据其款而瓜分焉。奕劻莫敢问。'"足供考镜。其情事可与南亭亭长(李宝嘉)《官场现形

431

记》,卷三十三(查帐目奉札调银行)所写江宁布政使至上海查候补道余荩臣在汇丰银行存款各节合看。

（原载《子曰丛刊》1948 年第 2 期）

# 六十五　随园与曲园

　　袁子才(枚)有二子,长名通,乃未生子时抚弟之子为嗣,年逾六十,始自生一子,名迟,序居次。报载通、迟两系后人,因争随园遗址产权,涉讼多年,近由南京高等法院判决评分,此案当可告一段落矣。按袁子才早谢宦途,负文誉,主诗坛,晚福甚佳。其随园亦著称于时,号金陵名胜。姚姬传(鼐)《袁随园君墓志铭》,谓:"君本以文章入翰林有声,而忽摈外。及为知县,著才矣,而仕卒不进。自陕归,年甫四十,遂绝意仕宦,尽其才以为文辞歌诗,足迹造东南山水佳处皆遍,其瑰奇幽邈,一发于文章,以自喜其意。四方士至江南,必造随园投诗文,几无虚日。君园馆花竹水石,幽深静丽,至椸檻器具,皆清好。所以待宾客者甚盛,与人留连不倦,见人善,称之不容口,后进少年诗文一言之美,君必能举其词,为人诵焉。君古文四六体,皆能自发其思,通乎古法,与为诗尤纵才力所至,世人心所欲出不能达者,悉为达之,士多效其体,故《随园诗文集》,上自朝廷公卿,下至市井负贩,皆知贵重之,海外琉球有来求其书者。君仕虽不显,而世谓百余年来极山林之乐,获文章之名,盖未有及君也。"山人清福,可见其概。园由人建,人亦以园称焉。(袁氏诗文,非姚所引为同调者,措语甚有分寸。)

　　袁建随园以居,甚自憙,凡六记之,有矜诩之意。如《随园五记》云:"吾志愿有限,而所诣每过所期。自分官职得郡文学已足,

433

而竟知大邦；家计得十具牛已足，而竟拥百亩园；得一椽已足，而竟四记之，疏名目而分咏之。私揣余怀过已哉，不意数年来过之中又有过焉。余离西湖三十年，不能无首邱之思，每治园，戏仿其意，为堤，为井，为里外湖，为花港，为大桥，为南峰、北峰。当营构时，未尝不自计曰：‘以人功而仿天造，其难成乎。纵几于成，其果吾力之能支，吾年之能永否？’今年幸而皆底于成。嘻！使吾居故乡，必不能终日离其家以游于湖也，而兹乃居家如居湖，居他乡如故乡，骤思之若甚幸焉，徐思之若过贪焉。”于此可略见随园之规模，而袁氏得意之态，亦可以知矣。

又其《随园诗话》卷十一有云：“随园四面无墙，以山势高低难加砖石故也。每至春秋佳日，士女如云。主人亦让其往来，全无遮阑，惟绿净轩环房二十三间，非相识者不能遽到。因摘晚唐人诗句，作为联云：‘放鹤去寻三岛客，任人来看四时花。’”盖私人园林，而兼具今日之公园性质焉。

《批本随园诗话》——冒鹤亭（广生）考系伍拉纳之子舒某（或云舒仲山）所批——于此节有批云：“余十二岁，随家母到随园三次，饭后见其太夫人，并其四妾，皆不美，同声抱怨：‘此处不好。四面无墙，闹鬼，闹贼。人家又远，买食物皆不方便，鸱鸮豺狼，彻夜叫唤，不能安睡’云云。亦可笑也。”又于卷九有批云：“余记十一岁时，家君任江宁藩司，一日随业师黄望庭先生……同到随园。子才出迎，款待甚周，时年六十余，康健如少壮，面麻而长，微须已半白，身高五尺余。园中窗嵌玻璃，皆紫、蓝各色。肴馔精雅，吃面四碗而散。乾隆辛亥，余年二十岁，以三等侍卫乞假省家君于闽督任，再过随园，子才时往苏州。比到苏州相见，子才已七十六岁，向余索诗，答以不会作诗深为惋惜，令伊女弟子作点心两盘，酱葱蒸鸭一盘,蛏干烂肉一盘为赠。余馈以四十金而别。比嘉庆己卯,三过随园,则荒为茶肆矣。"亦关于随园(园与人)之小掌故。袁氏卒于嘉庆二年丁巳,(寿八十有二。)至嘉庆二十四年己卯,为时二十二年。

　　《随园诗话》卷二,谓《红楼梦》中之大观园即随园,虽似附会之谈,却亦不无来历。胡适之云:"我们考随园的历史,可以信此话不是假的。"(详见所撰与己相提并论。如《红楼梦考证》。)后于袁氏之俞荫甫(樾),亦以清才雅望,早离仕途,则朴学大师也。其书札(《春在堂尺牍》)中屡道及袁氏,与肃毅伯、李少荃同年前辈,云:"顷阅邸抄,知承恩命,摄篆两江……樾桥寓津门,又将三载。今年承崇地山同年延修《天津府志》,而苦无经费,未能设局,不过从故书中钞撮,终朝伏案,劳而无功,因思金陵为名胜之区,又得阁下主持其间,未识有一席之地可以位置散材否? 近世以浙人而作白下寓公者,惟随园老人,至今艳称之。其人品,其学术,均非樾所心折,然其数十年山林之诩,实为文人所罕有,而非尹文端为制府,则亦能有此耶? 樾之薄福,固不敢希冀随园,而阁下勋名,则高出文端万万矣。企予之私,率尔布陈。"深羡其清福,而后来亦庶几焉,特不同者自有在耳。又如《上曾涤生爵相》云:"金陵晋谒,小住节堂,一豫一游,叨陪末座,穷园林之胜事,叙觞咏之幽情,致足乐也。忆袁随园《上尹文端启事》云:'日落而军门未掩,知铠前尚有诗人;山游而僚属争看,怪后车上携隐者。'樾以山野之服,追随冠盖之间,颇有昔贤风趣,而吾师勋业,高出文端之上,奚啻倍蓰,则樾之遭际,亦远越随园矣。"尹继善与袁为师生,曾国藩与俞亦师生,其事尤可相拟也。又如《复王韬甫比部》云:"随园局势,其人品,其诗文,不免失之流荡,然其大节实无可指摘。以仆自问,经

435

术既不足名学,诗文亦未足成家,徒以小有聪明,妄事撰述,虚名过实,海外皆知,遂是外人谬以随园相比,方深惭愧,乃如足下云云,转似以鄙人下伍随园为耻者,得无相待过高,与满壁谀词分谤乎?"盖自视歉然,而谓袁氏未可厚非。其以文人享名而获清福,视袁实亦庶几焉。所云"海外皆知",指日本讲求汉学之士,颇有慕名请教者,见《春在堂随笔》等。(姚《志》言琉球人求袁书,《随园诗话》则载高丽人重价购求事,如补遗卷四云:"方明府于礼从京师来,说:'高丽国使臣朴齐家,以重价购《小仓山房集》及刘霞裳诗,竟不可得,怏怏而去。'亡何,金畹香秀才来,又说此事,与前年方公维翰所云相同,但使者行名不同耳。余按史称新罗国请冯定撰《黑水碑》,吐谷浑有《温子升文集》,外夷慕化,往往有之,况高丽原有箕子之余风乎?"批本云:"高丽书买来京,凡遇厂肆新出诗文小说,无不购归,不论美恶。本无名动外国之足言。即琉球、安南国人,来购书者,无不如是。随园之诗,或尚指名购取,至云以重价购刘霞裳诗不得怏怏而去,则直臆说也。"刘为袁氏门人。)

俞氏在苏州建有曲园,人亦以园称。至曲园之为园,《春在堂随笔》卷六云:"余在吴下筑春在堂,旁有隙地,治一小圃,名曰'曲园',率用卫公子荆法,以一'苟'字为之。"又书札《与李筱荃制府》云:"弟故里无家,侨居吴下,而寓庐逼仄殊甚。今秋偶于马医巷西头买得潘氏废地一区,筑屋三十椽,用卫公子荆法,以一'苟'字了之,而其旁尚有隙地,因于其中叠石穿池,杂莳花木。地形狭长,自南至北修十三丈,广止三丈,又自西而东广六丈,修止三丈,似曲尺形,即名之'曲园'。一曲之士,聊以自娱,无当大方家数也。"小型之园,其规模自难与随园颉颃,而得此自娱,亦不失为文人之一种清福。

袁、俞学术与为人均有殊,而事之相类似者,固可述。其受知尹继善、曾国藩,亦兼巧合。《随园诗话》卷一云:"己未闻朝考题是'赋得因风想玉珂',余欲刻画'想'字,有句云:'声疑来禁苑,人似隔天河。'诸总裁以为语涉不庄,将置之孙山。大司冠尹公与诸公力争,曰:'此人肯用心思,必年少有才者,尚未解应制体裁耳。此庶吉士之所以需教习也。倘进呈时,上有驳问,我当独奏。'群议始息。余之得与馆选,受尹公知,从此始。未几,上命公教习庶吉士,余献诗云:'琴爨已成焦尾断,风高重转落花红。'"此为尹、袁之文字因缘。《春在堂随笔》卷一云:"余自幼不习小楷书,而故事殿廷考试尤以字体为重。道光三十年,余中进士。保和殿覆试,获在第一,人皆疑焉。后知其由于湘乡相公。湘乡得余卷,极赏其文,言于杜文正公,必欲置第一。群公聚观,皆曰:'文则佳矣,然仓猝中安能办此? 殆录旧文耳。'湘乡曰:'不然。其诗亦相称,岂诗亦旧诗乎?'议遂定,由是得入翰林。追念微名所自,每饭不敢忘也。时诗题为'浅烟疏雨落花天',余首句云:'花落春仍在。'湘乡深赏之,曰:'此与"将飞更作回风舞,已落犹成半面妆"相似,他日所至,未可量也。'……同治四年,余在金陵,寓书于公,述及前句,且曰:'由今思之,蓬山乍到,风引仍回,洵符落花谶矣,然比年杜门撰述,已及八十卷,虽名山坛坫,万不敢望,而穷愁笔墨,倘有一字流传,或亦可言春在乎。'……因颜所居曰'春在堂'。他日见吾师,当请为书此三字也。"此为曾、俞之文字因缘。二者不大可并观欤?

　　袁入翰林,以庶当散馆,作令江南,其时有《改官白下留别诸年同》云:"三年春梦玉堂空,珂马萧萧落叶中。生本粗才甘外吏,去犹忍泪为诸公。红兰委露天无意,黄鹄摩霜夜有风。莫向河梁频握手,古来沟水尚西东。""顷刻人天隔两尘,难从宦海问前因。夕阳自照平台树,修竹谁栽小宛春?五月琴装催下吏,一时酒盏遍骚人。相看行李无他物,剩有蓬山雪满身。""青溪势曲近家居,天许安仁奉板舆。此去好修循吏传,当年枉读上清书。三生弱水缘何浅,一宿空桑恋有余。手折芙蓉下人世,不知人世竟何如。""绕袖炉烟拂未消,征衫还带五云飘。江山转眼离双阙,风物从头问六朝。报国文章公等在,出都僮仆马蹄骄。他时烟雨琴河外,还听钧天碧玉箫。"又《落花》云:"江南游客惜年华,三月凭阑日易斜。春在东风原是梦,生非薄命不为花。仙云影散留香雨,故国台空剩馆娃。从古倾城好颜色,几枝零落在天涯。""也曾开向凤皇池,去住无心鸟不至,扫径适当风定后,卷帘可惜客来时。肯教香气随波尽,尚恋春光坠地迟。莫讶旁人怜玉骨,此身原在最亮枝。""风雨潇潇春满林,翠波帘幕影沈沈。清华曾荷东皇宠,飘泊原非上帝心。旧日黄鹂浑欲别,天涯绿叶半成阴。荣衰花是寻常事,转为韶光恨不禁。""小楼一夜听潺潺,十二瑶台解佩环。有力尚能含细雨,无言独自下春山。空将西子沈吴沼,谁赎文姬返汉关?且莫啼烟兼泣露,问渠何事到人间?"……情绪可征。翰林散馆改官,若有仙凡之判,其时风尚若是也。

袁氏自嗟不获留馆,俞氏则留馆授职,惟不数年即于河南学政任被劾罢官,亦未得久居翰苑也。《春在堂随笔》卷一自述应散馆试后戏作改官之诗一事,谓:"余壬子散馆后,未引见,戏书一诗黏斋壁云:'天风吹我下蓬瀛,敢与群仙证旧盟?好向玉堂称过客,重烦丹笔注微名。升沈有数人难挽,造化无心事总平。却笑随园老居士,落花诗句太关情。'跋其后云:'散馆改官,口占一律。'同年慎延青毓林见之而笑。及引见后,蒙恩授职编修。延青过余斋,喟然长叹。余问何叹,延青曰:'吾叹此一首好诗,将来编集时竟无从安顿也。'相与大笑。然余不久即免官,回首玉堂,真同过客。'天风吹我下蓬瀛,斯言验矣。'"盖对于玉堂仙境,固甚关注;虽笑袁之落花诗,而得失萦情,心境实有同焉者。

袁、俞均享大年,(俞卒于光绪三十二年丙午,寿八十有六。)其母又皆老寿,亦其相同处。《春在堂随笔》卷八云:"梁敬叔观察尝书楹联见赠云:'家有百旬老母,身为一代经师。'结构雄壮,颇有伊墨卿先生笔意,然下句非所克当,虽受之而未敢县也。拟请易其下句云:'春在一曲小园。'戊寅岁老母见背,遂亦不复以此请矣。恩竹樵方伯亦尝书一联见赠,乃用随园老人旧句云:'已烦海内推前辈,尚有慈亲唤小名。'余则欣然受而县之;戊寅以后始撤不县。"用袁句恰好。('前辈'兼广、狭二义,盖泛指耆旧外,并指翰林前辈也。)

《春在堂随笔》卷十云:"《袁随园纪游册》,乃其元孙(按元孙即玄孙,清人避圣祖讳字也)润字泽民所藏,介沈旭初观察携来乞题诗……所到之处,大家闺阃,以及风尘中人,各有品评,乃至于慈溪县中偕牙役至管押处看所押之二妓,则未免太不自重矣。又载刘霞裳妻曹氏,脸盘好,眉目秀,惜肌肤非玉雪,手爪欠青葱,只算六七分。以门生之妇,而评读至此,亦殊太亵。后与刘霞裳有隙,亦因此。余于随园诗文初不甚菲薄,然观此等事,不能不为先生惜。率题数绝句而归之。诗亦不存于集,聊记于此。诗云:'杂钞朋旧数篇诗,详记筵前花几枝。到老爱才兼爱色,八旬人似少年时。''友朋投赠见情深,此老能存坦白心。记载分明无讳饰,几般礼物几封金。''日日舟窗几局棋,输赢几子必书之。忽然大怒因棋负,趣笔兼传一扣儿。''术士江湖不是仙,每因文士得流传。许公九十一年寿,拆字先生陆在田。''垂老年华至性存,殷殷不忘故人孙。途中持赠无多物,报答当年荐馆恩。''天生原是不羁才,未免难将礼法该。可笑姣鸾囚凤处,先生亦为看花来。''斜斜整整不成行,更有捉刀人在旁。此是欧公《于役志》,不论工拙尽文章。'"袁氏晚年之情态,与俞氏之品评,略具于此。两人性行,袁放诞而俞谨饬,自相径庭,而袁之天性不薄,坦白率真,亦颇为俞所许也。(前者有相士谓袁寿七十六,袁作生挽诗,寄友征和,事并无验。兹又有拆字者言其寿九十一,后八十二卒,亦未验也。)

《随园诗话》补遗卷三云:"乾隆戊午科,余与阿广庭相公同出四川邓逊斋先生之门,榜下一别,于今五十四年矣。公出将入相,以忠勋爵至上公;而余乞养还山,卖文为活。先生常向人云:'我门生不多,而一文一武,足胜人千百。'余闻之赧然;哭先生有句云:'共说师门原不忝,敢云文武竟平分?'诗载集中。后公在杭州勾当公事,托今观察方次耘驰檄见招,而余适游武夷,无由进谒。今年奇丽川抚军陛见,公在宫门垂问余甚殷。奇公于路上吟一绝见寄云:'中侍传宣递膳牌,平明待诏立金阶。白头宰相关心甚,问了黄河问简斋。'"又《春在堂随笔》卷一云:"肃毅伯、李少荃制府,于乡榜为同年,于翰林为前辈,然未尝一面也。同治元年,公奉命抚江苏,驻上海。有商华伯太守者,亦甲辰同年也。公见之,问曰:'浙江同年有孙琴西、俞荫甫二人,颇识之否?'以相识对。问所在,无以应也。适章采南修撰视学闽中,取道上海,亦甲辰同年也。华伯尚知余在天津,以告公。公喜曰:'若致书,先为吾道意。'余闻而感之,然不知公何以知余也。同治四年,余始识公于金陵,请其故。公曰:'湘乡告余也。庚戌会试后,余问湘乡今科得人否,举君名以告,因识不敢忘。去年余充江南乡试监临官,见湘乡于金陵,犹能诵君覆试时诗也。'樾叹曰:'以樾之不肖,犹未见弃于师友如此,可感亦可愧矣。'……未几,公延余主讲苏州紫阳书院。"又云:"湘乡公喜谐谑,因余锐意著述,戏之曰:'李少荃拼命做官,俞荫甫拼命著书,吾皆不为也。'余闻而自愧,亦以自喜;然少荃伯相,功业烂然,为中兴之冠,余穷愁著书,酱瓿上物耳。且自中州罢归,已逾十稔,而所著书止一百余卷,乃与中兴名臣同一拼命,岂命果有贵贱乎?"曾门有李鸿章、俞樾,邓门有阿桂、袁枚,情事亦颇有相似处。(李之于曾,本年家子,尝以文字请业。其师生关系,非缘考试受知。)

论学术者,袁、俞不并称,惟梁卓如(启超)《论中国学术变迁之大势》第八章(近世之学术)第一节(永历康熙间)痛诋毛奇龄,而谓:"后此袁枚、俞樾辈,皆直接汲毛氏之流。"殊不伦。此见甲辰(清光绪三十年)《新民丛报》。其后梁氏论述中国学术,不更作此论调矣。

袁氏提倡女子作诗,广收女弟子,并有《湖楼请业图》以张之,其事甚著。《随园诗话》中,亦每乐道。其最得意者,如补遗卷五有云:"今年余在湖楼招女弟子七人作诗会,太守明希哲先生(保)从清波门打桨见访,与诸女士茶话良久,知是大家闺秀,与公皆有世谊,乃留所坐玻璃画船,绣褥珠帘,为群女游山之用,而独自骑马还衙。少顷遣人送华筵二席,玉如意七枝,及纸、笔、香、珠等物,分赠香闺为润笔,一时绅士艳传韵事……汪解元(润之)之夫人潘素心赋排律三十韵,其略云:'欲话天台胜,西湖折简忙。传经来绣谷,设帐指山庄。云母先生座,金钗弟子行。词宗新染翰,郡伯远贻筐。白璧光如许,红裙礼未将。天当桐叶闰(闰七月),人岂竹林狂(来者七人)?画纺玻璃嵌,轻簪翡翠妆。逍遥孤屿外,容与断桥旁。送别凭圆月，催归带夕阳。千秋传韵事，佳话在钱塘。'孙臬使女云凤亦有'羲之虚左推前辈，坡老留船泛夕晖'之句。太守有十二金钗，能琴者名梧桐，能诗者名袖香，最小者名月心，会前一日皆执贽余门。"（批本云："明保系和珅继母之堂弟，原系漕督嘉谟之子，满洲正红旗人，善于谋利，江南及口外皆有其买卖。在杭州太守任内，养美姬十数人，专为应酬权贵之用……然为人却通脱风雅。以事落职家居，园亭歌舞，无不精绝。所蓄苏州戏班名迎福，殁后数年，今亦一败涂地矣。"）又补遗卷八云："女弟子席佩兰，诗才清妙……今春到虞山访之，佩兰有君姑之戚，缟衣出见，容貌娟婑，克称其才，以小照属题……佩兰小照幽艳，余老矣，不敢落笔，带至杭州，属王玉如夫人位置补景，孙云凤、云和两女士题诗词。余跋数言，以志一时三绝云。"又补遗卷十云："金纤纤女士，诗才既佳，而神解尤超。或问曰：'当今诗人推两大家，袁、蒋并称，何以袁诗远至海外，近至闺门，俱喜读之，而能读蒋诗者寥寥？'纤纤曰：'乐有八音，金、石、丝、竹、匏、土、革、木皆正声也，然人多爱听金、石、丝、竹而不甚喜听匏、土、革、木。子试操此意以读两家之诗，则任、沈之是非即邢、魏之优劣矣。'人以为知言。纤纤又语其郎君竹士云：'圣人曰《诗》三百，一言以蔽之，曰'思无邪'。'余读袁公诗，取《左传》三字以蔽之，曰"必以情"。古人云："情长寿亦长。"其信然耶！'"又云："吴江严蕊珠女士，年才十八，而聪明绝世；典环簪为束脩，受业门下。余问：'曾读仓山诗否？'曰：'不读不来受业也。他人诗或有句无篇，或有篇无句，惟先生能兼之。尤爱先生骈体文字。'因即背《于忠肃碑》千余言。余问：'此中典故颇多，汝能知所出处乎？'曰：'能知十之四五。'随即引据某书某史，历历如指掌。且曰：'人但知先生之四六用典，而亦知先生之诗用典乎？先生之诗专主性灵，故运化成语，驱使百家，人习而不察。譬如盐在水中，食者但知盐味，不觉有盐也。然非读破万卷且细心者，不能指其出处。'因又历指数联为证。余为骇然。因思虞仲翔云：'得一知己，死可无恨。'余女弟子虽二十余人，而如蕊珠之博雅，金纤纤之领解，席佩兰之推尊本朝第一，闺中之三大知己也。"言之津津，夸炫之情可以概见，盖不无缘饰之处，宣传或过其实云。（补遗卷五云："西泠〔泠〕诗会，有女弟子某，国色也，〔张〕香岩必欲见之，着家奴衣，随余轿步往，值其病，废然而返。后信来招我谈诗，香岩喜，仍易服跟轿，冒大雨走五里许，值其家有识香岩者，香岩望见大惊，奔还，衣服尽湿，身陷坎窞，乃赋诗自嘲云：'听说凌波有洛神，思量觌面唤真真。谁知两度成虚往？始信三生少凤因。红粉得知应笑我，青衣着尽不如人。襄王那有阳台梦？空惹巫山雨一身。'"盖以为颇有趣味而载之，而实不免低级。若是者，尤礼法之士所深嫉也。）

袁之有女弟子，颇为论者所不满。章实斋（学诚）之诋斥，态度最为严厉。如其《丁巳札记》有云："近有无耻妄人，以风流自命，蛊惑士女，大率以优伶杂剧所演才子佳人惑人。大江以南，名门大家，闺阁多为所诱，征诗刻稿，标榜声名，无复男女之嫌，殆忘其身之雌矣。此等闺娃，妇学不修，岂有真才可取？而谓邪人播弄，浸称风俗。人心世道，大可忧也。"此亦时代关系。袁以好色著闻，尤难见谅耳。袁友赵云松（翼）戏撰控词，亦有"引诱良家子女，蛾眉都拜门生"之语，列为罪状之一，传为口实。

俞樾亦尝有女弟子，然实可云在有无之间。《春在堂随笔》卷十云："张贞竹，字碧筠，慈溪女子也。其祖客湖北，工会计，颇有居积，遂于汉口开药材行。其祖死，其父不能嗣其业，久之，大折阅,遂踉跄而归。归而故乡亲友皆责夙负,不得已,至杭州投其所亲,而所亲死矣。赁居一草棚。有县役欲为子求娶其女,不可,役大怒,买其所赁草棚而焚之,遂无所栖止,寄居尼庵。贞竹当祖在时,家固温饱,延师课其兄,贞竹亦从之读。师能为大字,贞竹兄妹日观其用笔之法,遂亦能书。至是,兄前死矣,独贞竹在。既穷困甚,乃于路旁卖字。今处州太守陈君六笙,时在省垣,其仆出行于市,见而异之,言于陈君,陈君召而试之,大悦,为之延誉,稍稍有所得。陈君旋赴处州,贞竹失所依,母又病,遂又大困,闻余至杭州,诣右台仙馆求见,余言于当事者,稍润色之。已而又至吴下,余屋后适有小屋数间,即使居焉。吴中求书者颇众,得洋钱三百枚;辞余入京,依其亲串。后闻其亲串又前死,京中不能久居,仍复南归。今不知所往。此女颇有朴茂之意,所书字有大至一丈者。曾书一‘鹤’字见赠,长八尺许,笔力雄伟,似不出女子之手,亦可异也。余欲张其名,因许之刻一小印曰‘曲园女弟子’。苏杭间得润笔颇丰,未始不因此。然其父阘茸,挈妻女游行四方,非计之得者;且恐此女将来未必能得所归。偶忆及之,为之太息。”此“曲园女弟子”,与“随园女弟子”,情事大异,惟既许挂名,名义上总算亦有女弟子矣。俞之对张贞竹,颇示惓惓,亦未尝无师弟之情谊。

张贞竹之身世,俞氏记之颇悉,其人亦可附俞氏而传。惟俞氏深以其流落为虑,致慨惜之意,读《春在堂随笔》者,或亦为之怅惘。近读俞氏曾孙婿郭筱麓(则沄,别号龙顾山人)《十朝诗乘》,卷二十一于此有所纪述,可作《春在堂随笔》之补充。据云:“随园广收女弟子,尝绘《湖楼请业图》,为世訾诋。俞曲园先生主讲紫阳甚久,门下名英俊,独不收闺秀。尝有西泠〔泠〕叶墨君女史,过俞楼不遇,留诗四首,末韵云:‘斗山望重龙门峻,可许侬家里雪无?'后相遇沪上,复以诗为赘,固却之。又有张贞竹女史,其父业贸迁,家中落。织造某慕贞竹色,延入署,使授女公子音律,既而谋置箟,使人示意张父。父愤然曰:'吾虽贫,安能鬻女?'斥之去。后贫甚,展转至吴下。先生怜之,割宅后空屋使居,令贞竹授闺媛琴。贞竹感甚,请师事。先生拒之,而贞竹始终执弟子礼。会钱英甫大令丧偶,——大令粤人,为徐花农督学所得士,于先生称再传弟子,因为媒合遣嫁。其《右台仙馆遣嫁张贞竹女士》诗云:'洞房酒后集簪缨,一笑来将行辈争。都说曲园女弟子,今朝下嫁小门生。'浙人传为佳话。内子琬君为先生曾孙,其善琴即贞竹所授。"阅此,可知张贞竹未致流落无归,盖后又依俞,经俞氏媒合遣嫁,有"女弟子下嫁小门生"之佳话也。并知更有一女诗人叶墨君求为曲园女弟子而不果。曲园与随园,诚大异其趣耳。贞竹工书法,兼善音律,才艺可称。俞门有此女弟子,虽为真受业,(却尝受业俞家。)亦益为曲园声色。郭氏所述,当闻诸其妇俞琬君(贞竹琴弟子),言遣嫁前情事,与《春在堂随笔》所载,间有出入,大体无甚歧异。

(原载《子曰丛刊》1949 年第 6 期)